巨变与突围

李晓鹏 著

碰撞中的清帝国

1644—1840

天地出版社 | TIANDI PRESS

图书在版编目（CIP）数据

巨变与突围：碰撞中的清帝国：1644—1840 / 李晓鹏著 . — 成都：天地出版社，2024.2
　　ISBN 978-7-5455-7745-7

　　Ⅰ. ①巨… Ⅱ. ①李… Ⅲ. ①中国历史—研究—清代 Ⅳ. ① K249.07

　　中国国家版本馆 CIP 数据核字（2023）第 084617 号

JUBIAN YU TUWEI：PENGZHUANG ZHONG DE QINGDIGUO：1644—1840

巨变与突围：碰撞中的清帝国：1644—1840

出 品 人	陈小雨　杨　政
作　者	李晓鹏
责任编辑	孙　裕
责任校对	杨金原
封面设计	左左工作室
责任印制	王学锋

出版发行	天地出版社
	（成都市锦江区三色路238号　邮政编码：610023）
	（北京市方庄芳群园3区3号　邮政编码：100078）
网　　址	http://www.tiandiph.com
电子邮箱	tianditg@163.com
经　销	新华文轩出版传媒股份有限公司

印　刷	玖龙（天津）印刷有限公司
版　次	2024年2月第1版
印　次	2024年3月第2次印刷
开　本	710mm×1000mm　1/16
印　张	22.25
字　数	336千字
定　价	78.00元
书　号	ISBN 978-7-5455-7745-7

版权所有◆违者必究

咨询电话：（028）86361282（总编室）
购书热线：（010）67693207（营销中心）

如有印装错误，请与本社联系调换。

目 录

引子　精准预言：对大清帝国覆亡结局的猜想　　　　　　　　001

第一章

天下浩劫
文明视角下的明清换代

一、亿万生灵：明朝末年人口数量与明清换代的人口损失　　007
二、底线战争：明清换代的三方交战模式　　　　　　　　　014
三、四川惨屠：谁是川渝人口灭绝的主凶　　　　　　　　　020
四、文明三问：明清换代大屠杀的根源辨析　　　　　　　　026
五、剥茧抽丝：多维度视角下的明清换代史　　　　　　　　032

第二章

南明悲歌
阶级局限与必亡的命运

一、闯王之死："联虏平寇"战略下的两败俱伤　　　　　　037
二、隆武皇帝：郑芝龙海商集团的政治投机　　　　　　　　042
三、五省督师：李成栋反正与湖南的再丧失　　　　　　　　045
四、忠贞余响：堵胤锡之死与忠贞营的败落　　　　　　　　049
五、假封秦王：大西军联合南明抗清的曲折传奇　　　　　　050

六、桂林大捷：李定国西征与孔有德败亡　　　　　　055
七、两蹶名王：战略性的胜利曙光　　　　　　　　　058
八、孙李内讧：抗清运动最后希望的破灭　　　　　　063
九、三藩肇乱：降将主导的回光返照　　　　　　　　067

第三章

康熙皇帝
帝制的强化与被忽视的产业降级

一、李约瑟难题：近代中国为什么会落后？　　　　　073
二、筚路蓝缕：中华民族开发江南的千年历程　　　　075
三、明亡英兴：晋商南下与英国崛起　　　　　　　　081
四、御驾亲征：反击准噶尔叛乱　　　　　　　　　　085
五、博学鸿儒：笼络汉族士大夫　　　　　　　　　　089
六、南山文祸：重启文字狱　　　　　　　　　　　　097
七、九龙夺嫡：两废太子背后的皇族内斗　　　　　　099
八、择贤而立：雍正继位的政治谜底　　　　　　　　111

第四章

雍正革新
从征战到治理的战略转折

一、革故鼎新：高薪养廉的"抄家皇帝"　　　　　　121
二、皇权之巅：清朝皇权背后的军政权力结构　　　　130
三、模范督抚："明星官员"的曲折仕途　　　　　　137

目录

四、整治朋党：残酷镇压皇族党争　　145
五、大义觉迷："出奇料理"的谋反大案　　148
六、联合专政：对汉族士绅的打压与拉拢　　154

第五章

千面乾隆
帝制盛极而衰的宿命

一、由宽入严：乾隆执政风格的剧变　　165
二、痛下杀手：被激怒的皇帝和他的责任心　　171
三、平定西北：清王朝在新疆的治理　　180
四、"文治"风暴：精心布局的文字狱狂潮　　184
五、忠君理学：清朝对儒家道统的打击与改造　　194
六、带头贪腐：晚年乾隆与宠臣和珅　　200
七、闭关锁国：贸易的繁荣与思想的贫困　　205
八、盛世饥馑：英国人眼中的乾隆盛世　　213

第六章

欧洲崛起
现代转型与外部冲击

一、千年黑暗：基督教统治下的中世纪　　223
二、十字东征：东方文明的光芒照进欧洲　　230
三、航海时代：全球贸易体系形成　　236
四、合纵连横：英国崛起的战争与谋略　　241

五、海权帝国：理解西方文明特质的一个重要视角　　247

六、工业革命：科学理论与产业实践的成功融合　　257

七、罗马法系：来自远古的西方王权与法制传统　　267

八、文明三劫：军事入侵对中华文明的巨大伤害　　272

九、北守南攻：中国古代地缘政治战略变迁　　280

第七章

鸦片战争

帝制末期的危局时刻

一、白莲教起义：虚假盛世的落幕　　291

二、"仁宗"之治：又一个儒家圣君出现了　　295

三、嘉道中衰：道光新政与汉族士绅的崛起　　304

四、虎门销烟：小心翼翼的禁毒行动　　312

五、一败涂地：鸦片战争的进程与结局　　317

六、何以家国：清军惨败的意识形态根源　　324

七、漫漫征途：中国人民寻求民族复兴的开始　　331

后记　论文明史观与战略史观　　338

引子　精准预言：对大清帝国覆亡结局的猜想

公元1867年，清穆宗同治六年。这一年，曾国藩56岁。

三年前，这个湖南出生的汉族文人，破天荒地被清政府授予了一等侯爵，并世袭罔替。其他如太子太保、大学士等荣誉头衔更是不一而足。这些惊人的荣誉，当然都是为了表彰他镇压太平天国起义的功劳。

不过，朝廷的宠幸看起来总是那么反复无常。就在前一年，因为镇压北方的捻军起义长期未见成效，曾国藩还被严旨责备，丢掉了剿捻督师、钦差大臣的头衔。但朝廷念其劳苦功高，未再追加其他更严厉的处罚，让他回任镇压捻军之前担任的两江总督，管理中国最为富庶的江南地区。

曾国藩不仅战功赫赫，而且知人善任。他在镇压太平天国期间提拔了一些将领，有很多在仕途上走得不错，其中不乏担任巡抚、总督等职位的封疆大员，可谓"门生故吏遍天下"。甚至有坊间议论，曾国藩若是举旗一呼，召集门生故旧、湘兵楚勇，想要推翻清朝廷、恢复汉人江山、自己当皇帝，也不是不可能的事。

与这些耸人听闻的传言不同，曾国藩本人并没有什么野心，一心一意要做个忠臣，为清廷鞠躬尽瘁。到任两江后，他便立刻投入造轮船、办铁厂的"洋务运动"中，积极引进西方先进的军事技术和工业设备，使出浑身解数挽救这个在内忧外患中千疮百孔的大清帝国。

公务倥偬之外、茶余饭后之间，曾国藩有一大爱好，就是与脾气相投的幕僚闲谈古今人物、指点天下大事。

六月二十日这天晚上，曾国藩又来找他的心腹幕僚赵烈文叙谈。他对赵烈文说："最近北京那边有朋友过来，讲了京城的一些新闻。说现在北京很乱，抢劫杀人之类的大案时常发生,已经到了明火执仗的地步;大街上乞丐成群,有些穷人家的妇女甚至连裤子都穿不起。京师之地,竟然民穷财尽到了这样的地步,恐怕天下会有异变。你对此有什么看法?"

赵烈文对曾国藩说:"天下一统已经很长时间了,盛极而衰、合久必分是必然之理,无法改变。现在朝廷权威犹在,各方势力仍然不敢轻举妄动,短期来看,国家应该不会很快土崩瓦解。据我观察,将来真正的异变,肯定是中央政府先垮台,然后天下无主,陷入军阀混战。这样的剧变大约会在五十年内发生。"①

这一番直白的预测大出曾国藩意料,他一时半会儿竟然不知道该说点儿什么。曾国藩皱着眉头愁了半天,才憋出一句:"那是否可以效仿西晋和北宋的旧事,南迁避祸,延长国运呢?"

赵烈文摇头道:"恐怕只会一次性覆灭,无法重复西晋和北宋的故事了。"②

曾国藩仍不甘心,说道:"本朝君德正,或不至此。"——本朝的历任皇帝都工作努力、勤勤恳恳,对天下国家非常负责任,与前朝的皇帝不同,是不是可能避免这样的命运?或者起码国运比前朝更为长久一些?

对这个"君德"之说,赵烈文毫不客气地驳了回去:"本朝君德确实比较正,但也已经享国两百多年,回报不可谓不丰厚。真正的问题在于本朝在建国初期,杀人太多,夺取天下的手法过于简单粗暴。后来的皇帝虽然努力以德泽加以弥补,但相对于当年惨重的杀戮而言,还远远不足以弥补,不可能因此扭转天道。"③

这番话说得很露骨,把清朝政治中最敏感的话题抛出来了。话说至此,曾国藩无力再辩,只得叹气道:"那我就只能日夜忧叹,希望自己早点死掉,以免亲眼看到国家社稷覆灭了。"④

---

① 赵烈文《能静居日记(二)》:"天下治安,一统久矣,势必驯至分剖,然主威素重,风气未开,若非抽心一烂,则土崩瓦解之局不成。以烈度之,异日之祸,必先根本颠仆,而后方州无主,人自为政,殆不出五十年矣。"赵烈文:《能静居日记(二)》,岳麓书社,2013年版。
② 赵烈文《能静居日记(二)》:"恐遂陆沉,未必能效晋、宋也。"
③ 赵烈文《能静居日记(二)》:"君德正矣,而国势之隆,食报已不为不厚。国初创业太易,诛戮太重,所以有天下者太巧。天道难知,善恶不相掩,后君之德泽,未足恃也。"
④ 赵烈文《能静居日记(二)》:"吾日夜望死,忧见宗祐之陨。"

这段对话被赵烈文记录在当天的日记中。曾国藩死于1872年，赵烈文死于1893年，都未能看到清王朝最终的结局。直到1912年，清朝终于灭亡。覆灭的方式是清帝退位，清政权一夜灭亡，没有再割据偏安的机会。此后，果然天下大乱，中国陷入了旷日持久的军阀混战之中。赵烈文的预言，精准得让人吃惊。

仔细回顾这次对话，赵烈文的预言有一个根本出发点：两百多年前清朝统一中国之时，杀人太多，简单粗暴，对王朝最终的命运有很大影响。这让清廷统治的合法性相当脆弱，一旦中央权威垮塌，王朝就会迅速土崩瓦解，不可能还有机会偏安一隅、割据一方。

赵烈文，江苏常州人。常州位于扬州和嘉定之间，北距扬州约100公里，南距嘉定约150公里。明清换代之际，清军南下，以"扬州十日""嘉定三屠"为代表的大屠杀给江南人民留下了惨痛的记忆。后来的清朝统治者虽然不惜利用"文字狱"试图彻底消灭关于那场大屠杀的一切文字记录，但这样的"努力"，终究还是失败了……

第一章

天下浩劫

文明视角下的明清换代

一、亿万生灵：明朝末年人口数量与明清换代的人口损失

改朝换代，哪有不死人的道理？但清朝定鼎，杀的人确实也太多了。

明清换代，可能是人类历史上最大规模的人口毁灭事件之一。根据杜车别（孙海宁）在《明末清初人口减少之谜》中的估计，明清换代的人口损失很可能超过了 2 亿，超过第二次世界大战造成的全球死亡人数的总和。

当然，这是最高的估计。葛剑雄在《中国人口史》中认为，明末总人口在 2 亿左右[①]，到了清朝初年只剩下了 7000 多万。即使按照这个偏低的估计，明清换代带来的人口损失也在 1 亿左右，这仍然是一个惊人的数字。

一直以来，很多历史学家、人口学家认为，明朝末年中国的人口应当在六七千万左右，最多也就 1 亿多一点。但明朝初年的人口就已经达到 7000 万——洪武二十六年（1393 年），朱元璋为了制定收税标准，对全国户口和土地进行过普查登记。根据这个普查资料可以推算出，明朝初年的人口应该在 7000 万左右[②]。这个数字是很靠谱的，因为当时国家已经统一了 20 多年，各级行政机构运行成熟。在朱元璋的治理下，政府机构的清廉高效保持得相当不错。

此后 200 多年，明朝内部始终保持总体和平稳定，人口应该会持续增长。明朝之前，北宋时期的人口增长率，从宋太宗太平兴国五年（980 年）到宋徽宗大观三年（1109 年）的 129 年间，人口的平均年增长率是 9‰左右，人口达到了 1 亿。[③] 北宋的人口统计比明朝靠谱，因为它有严密的保甲制度，而明朝没有。明朝之后，到了中华民国时期，通过现代意义上的人口普查，可以估算出当时

[①] 葛剑雄《中国人口史（第一卷）》（复旦大学出版社，2002 年版）："（明朝人口）在 17 世纪初接近 2 亿大关"；"1630 年，中国人口约 19200 万"。

[②] 曹树基：《中国人口史（第四卷）》，复旦大学出版社，2000 年版。这一数据是在洪武时期的户口普查数据基础上校正而得。

[③] 吴松弟：《中国人口史（第三卷）》，复旦大学出版社，2000 年版。

的人口平均年增长率是8.2‰[1]。明朝的社会稳定程度超过了北宋和民国，增长率只会更高，不会更低。

对明朝的人口增长率，明末科学家徐光启在《农政全书》中有过一个估计："生人之率，大抵三十年而加一倍。自非有大兵革，则不得减。"三十年翻一倍的增长率，折合下来是大约每年增长2.4%。徐光启是数学家，对数字有清晰的概念，又是明朝人，他的估计应该是权威的。这大大高于我们8‰至9‰的估算。考虑到小规模战乱和饥荒的因素，按照8‰来估算古代和平时期人口增长，也只会低估不会高估。

即使按照8‰的增长率计算，明朝经过200多年的和平时期，人口总量也可以从7000万增长到5亿，即便增长到两三亿以后增速放缓，超过4亿总是没有问题的。

这么多人，按照当时的生产力能否养得起呢？

答案是，不仅养得起，还能丰衣足食，甚至奢侈享乐。就土地的供养力来说，明朝后期，张居正主持变法，对天下田亩进行测量统计，明朝全国耕地面积是12.2543亿亩。[2] 耕地面积测量后得到的结果，是国家收税时用的标准，因此相对保守，只会少量不会多量。

明末农耕技术高度发达，全国平均亩产偏低的估计是260斤[3]，中等的估计是346斤[4]，偏高的估计可以达到400斤[5]。其中，吴慧的《中国历代粮食亩产研究》一书在研究古代粮食产量的文献中影响力较大，是一本经典著作，自1985年出版以来多次再版，在史学界有较高的认可度。不过，吴慧的估计主要是基于明朝中

---

[1] 杜车别：《明末清初人口减少之谜》，中国发展出版社，2018年版。
[2] 《明神宗实录·卷三百七十九》："是岁户口田赋之数……官民田共一千一百六十一万八千九百四十八顷八十一亩有奇……屯田子粒地共六十三万五千三百四十三顷七亩八分六厘三毫有零。"官民田土和屯田子粒地相加即为12.2543亿亩。
[3] 郭松义：《明清时期的粮食生产与农民生活水平》。见《中国社会科学院历史研究所学刊（第一集）》，社会科学文献出版社，2001年版。
[4] 吴慧：《中国历代粮食亩产研究》，中国农业出版社，2016年版。
[5] 杜车别：《明末清初人口减少之谜》，中国发展出版社，2018年版。

前期的资料，而且没有把双季稻的因素考虑进去。杜车别的估计用的多是明末的资料。这样，两个人的估算就并不矛盾，即明朝中前期的平均亩产可以达到346斤，明朝末期可以达到亩产400斤。这两个估算数据也都没有考虑红薯、玉米等高产农作物在明朝后期的引进和推广，只计算了稻米和小麦这两种主粮的产量。

一般认为，每人每天需要摄入相当于2000千卡的食物。印度在20世纪60年代到80年代的人均食物热量摄入也长期维系在这个水平。[①] 即每人每年需要730000千卡的食物摄入量。每公斤的大米热量大约是3500千卡。由此可知，人均粮食年产量大约208公斤以上即可基本实现温饱，而且还能养活大量脱离农业生产的城市人口和工业人口。若明朝平均亩产为260斤，两亩土地的产量养活一个人绝无问题，人均2.5亩地就可以丰衣足食；若是亩产400斤，人均2亩地就能产生较多的农业剩余。

12亿亩的耕地，最多只需8亿亩用来种粮食，就可以养活4亿人。剩下的4亿亩用来种植蔬菜、油料作物、动物饲料或者棉花、桑树等为手工业服务的经济作物，供4亿人吃穿用度也完全没有问题，而且还可以创造极大量的农业剩余产品，供上层阶级奢侈享乐。

在大部分地区保持和平、土地粮食产量足够、手工业高度繁荣的情况下，明朝人口保持正常的增速，一直增长到4亿，不会有什么障碍或瓶颈。

那么，为什么明末的实际人口数量会大大高于官方的统计数据呢？

这是因为，明朝征税实行土地税和人头税（含劳役）并行的制度。土地数量曾经多次重新丈量，作为征税的新依据。但征税的户口，两百多年从未进行过大规模的重新调查登记，都是各个地方根据人口的死亡和出生数量每年进行调整。这种调整到了明朝中后期已经完全沦为形式：一年一年原样照抄，或者随意做一点增减，以免看起来没有任何变化。登记在册的纳税和服劳役的户口数，洪武十四年（1381年）是1065万户[②]，到了近200年之后的万历六年（1578年）

[①] 数据来源：https://ourworldindata.org/agricultural-production
[②] 《明太祖实录·卷一百四十》："是岁计天下人户一千六十五万四千三百六十二。"

是 1062 万户[1]，竟然基本没变化，还少了 3 万户。这显然不可能，说明在估计明末人口的时候，在册户籍数已经失去了参考价值。

纳税人口和实际人口之间的比例，万历年间出使中国的西班牙人拉达在《记大明的中国事情》中举了两个实际的例子："有个叫夏苏的人对我们说，他户内有 70 人，但他只纳七个人的税；另一个人对我们说，他户内约 60 人，他只交四个人的税。"在这个记录中，第一个例子的纳税人口与实际人口的比例是 1∶10；第二个例子是 1∶15。若是 1∶15，则 7000 万的纳税人口，就要对应超过 10 亿的真实人口；若是 1 比 10，则对应 7 亿的真实人口。就算打个六折，估算一个纳税人口后面还隐藏着五个未纳税人口，那么明末人口总数也超过 4 亿。这样的估算很粗略，样本也太少，但确实可以从另一个角度支持我们根据人口增长率得出来的结论，合理推测明末人口在 4 亿左右。

除了总量的统计，对于 4 亿人口的空间分布，杜车别在《明末清初人口减少之谜》中也有详细的测算和史料分析。当时全国最大的城市是南京和苏州，人口为三四百万；杭州、北京、广州则在 200 万左右。这种估算有诸多史料作为依据：比如，明朝在南京生活的顾梦游有"城内连云百万家"之说，又有"南京十三门内外人家几十余万"的史料记录；修于万历年间的《杭州府志》说"（杭州）城有四十里之围，居有数百万之众"。李伯重在《江南的早期工业化（1550~1850 年）》中引用明代笔记，记载了杭州最主要的粮食供应仓库，每两个月就要消耗 62 万石粮食[2]。这个数量足够养活 200 万人；1650 年清军在广州屠城，被杀害的人数就高达 70 万[3]。此外，杜车别还根据史料记录的建筑和人口密度进行了对照估算。[4]

一般地区级别的商业中心城市或政治中心城市，如扬州、济南、福州、开封、武昌、临清、南昌、西安等，人口则在 100 万左右。如崇祯年间高起潜在给皇

---

[1] 《明史·食货一》："万历六年（1578 年），户一千六十二万一千四百三十六。"
[2] 参考李伯重：《江南的早期工业化（1550~1850 年）》，社会科学文献出版社，2000 年版。
[3] 《广州市志》："清顺治七年（1650），清军攻广州，死难 70 万人"；黄佛颐《广州城坊志》引用清人方恒泰《橡坪诗话》的记载："城前后左右四十里，尽行屠戮，死者六十余万人。"
[4] 杜车别：《明末清初人口减少之谜》，中国发展出版社，2018 年版。

帝的奏章中就说:"(临清)无论南北货财,即绅士商民近百万口。"① 也就是说,即使不算南来北往的流动人员,临清的常住人口也近百万。《扬州十日记》中记录,清军在扬州屠城,被杀害的人数就有80多万。

需要注意的是,我们所说的"城市人口"指的是"居住在城镇化地区且脱离农业生产的人口",而不是"居住在城墙内的人口"。古代城墙是用于军事防御的,其大小主要跟政治军事地位有关,跟人口关系不大。在很多地方,大部分城市居民平时并不住在城墙内,用今天看到的古代城墙范围来推算人口密度进而判断城市人口上限的算法是错误的,而且会差得很远。在一些经济发达、人口众多的地区,因为深处内陆腹地,城墙又矮又小,主要也就防个强盗。相反,在一些人口稀少的边关重镇,城墙却高大雄伟。据明朝史料记载,苏州"吴闾至枫桥,列市二十里",闾门是苏州城墙的西门,从这里到枫桥(今苏州枫桥景区),商业和住宅就绵延二十里,这些人显然要算作城市人口。《中国城市历史地理》中也讲道:"明代济南成为省会后……城内空间拥挤不堪,一些住户、商人、官僚,甚至行政机关,只好在城郊选址建房,致使城郊迅速形成人烟稠密的居民区。"②

1642年,开封被李自成围城的时候,亲历开封守城的白愚在其著作《汴围湿襟录》中,记录了开封城内人口的保甲统计。这个数字肯定是准确的,因为涉及城防安全和粮食分配,而且统计范围也很清楚,就在城墙范围内,此时城外的居民也跑进来了。最终统计数据是"王府、乡绅、士民概得十万余户,每户约十丁口,统计得百万余"。很显然,明末开封人口超过了100万。而且这还是明末北方农民大起义爆发10多年以后的数据,鼎盛时期人口数量只会更多。开封在明朝并不算是很重要的政治经济中心,用今天的话来说,也就是个二线城市,跟临清、济南在一个水平线上。

此外,府城、州城的人口数当在10万至50万之间,县城人口在2万到10万之间③。就府城而言,以赣州为例,康熙《赣州府志》称:"赣当明季户籍十万八千,

---

① 《明清史料·甲编》。
② 马正林:《中国城市历史地理》,山东教育出版社,1998年版。转引自杜车别:《明末清初人口减少之谜》,中国发展出版社,2018年版。
③ 杜车别:《明末清初人口减少之谜》,中国发展出版社,2018年版。

丙戌十月城破，存者三千户。"也就是说赣州在明末有10.8万户，被清军屠城以后只剩3000户。按每户5人算，明末赣州有50多万人①，被屠杀后还剩1万多人。拉达在《出使福建记》中记录说："泉州城有五万多人户，不包括那些住在城郊的，城郊多而大。"即泉州在城墙内生活的人就有约25万，城郊还有大量人口。

就县城而言，山东济宁明末人口就在10万以上②。崇祯元年（1628年），湖北荆州公安县一场大火就烧掉了5000多间房子③，若按每户5口人计算，受灾人口在2.5万以上。这只是一场局部大火，并没有毁掉大部分城区，所以公安县县城人口必然在5万以上。而公安县只是一个偏僻的普通县城，不是区域商业或交通中心。

嘉靖三十五年（1556年），陕西华阴县地震，死亡人数统计出来，有名有姓的竟然超过了83万④，创造了人类历史上地震造成死亡人数最多的纪录。陕西在明朝属于边境地区，人口相对江南地区来说比较稀少。一场大地震，死亡约百万人，可见当时中国人口密度之高。⑤

此外，当时还有很多乡村集镇。这些集镇在沿海地区，因为手工业发达也聚集了大量的非农业人口——江西景德镇就聚集了数万制作瓷器的工人。

明朝有1138个县，若县城平均人口为3万，就有约3500万城镇人口；府城

---

① 户均5口是估算古代人口的常见参数。曹树基《中国人口史》中列举了几个典型例子，如《汉书·地理志》中平均每户4.67人；明《绩溪县志》记录的明初民户和儒户平均人口约为4.5人，而军户平均人口约为7人，匠户平均约为6.3人；金朝宗室（不含奴婢）户均5.7人。此外，根据付永贤的研究，清末民初的户均人口是5.5人。梁方仲《中国历代户口、田地、田赋统计》中，算出1911年中国户均5.17人。
② 曹树基《中国人口史（第四卷）》中，根据明末济宁一次大火焚毁"数万间"民房的记录，得出济宁人口不少于10万的结论。杜车别则认为，这场大火主要波及城南，不可能将济宁城全部房屋焚毁超过一半，不然史料中应该会有"焚毁过半"或"全城被毁"之类的说法，则济宁人口应在20万以上。
③ 《崇祯长编·卷十一》："湖广荆州府公安县大火焚五千余家，文庙、城隍庙皆烬，死者二百余人。"
④ 《明世宗实录·卷四百三十》："压死官吏军民，奏报有名者八十三万有奇。时致仕南京兵部尚书韩邦奇、南京光禄寺卿马理、南京国子祭酒王维祯同日死焉，其不知名未经奏报者复不可数计。"
⑤ 我们可以作一个对比，1920年，宁夏海原地震是人类有记录以来烈度最高的地震，死了28万人；1976年唐山大地震，死了24万人，另有16万人重伤——即使考虑到明朝时的医疗条件很差，假设16万重伤人员放到明朝地震全都救不活，那么发生在中国首都旁边工业城市的特大地震所制造的伤亡人数也不到明朝发生在西安附近的华阴地震死亡人数的一半。而且1976年的中国人口是10亿。另外，古代的木质建筑物在地震中所能制造的伤亡实际上还要小于砖瓦结构建筑。

140个，州城193个，人口平均二三十万，就有约8000万人口；省城13个，平均人口100多万，加上南北两京人口共400多万，就是2000来万人。① 再算上数以千计的小乡镇和人口数量庞大的商业手工业集镇，明末中国城镇人口超过1.5亿应该是没有问题的，甚至可能达到2亿。

再看农业人口。根据明朝典籍《沈氏农书》和《补农书》中的数据，嘉兴、湖州地区一位常年雇工可耕种稻田8亩，同时再负责管理桑田4亩，一个人可耕作的土地是12亩。② 何良俊在《四友斋丛说》中提到，在松江地区西边平坦的土地上，一对夫妇利用水车等工具，可以种植25亩地，若勤劳肯吃苦，可以耕作30亩地；但东边是丘陵地形，耕作、施肥、引水都非常麻烦，一对夫妇就只能种植5亩地了。③ 全国各地平原耕地和山地上耕地的比例不太好说，若简单取算术平均数，则为（30+5）÷2=17.5亩。

一般来说，平整的耕地往往用于种粮食，坡耕地则用于种植经济作物。即使考虑平地种粮、山地种桑的特点，人均可以多种点地，全国平均下来，一对夫妻耕作20亩地应该是上限。再参考"一个常年雇工可以耕种稻8亩，桑田4亩"——雇工应该是男性，耕种能力更强，女性耕种数量较少，主要起辅助作用，则男女平均每人可耕种约10亩地——男性12亩、女性8亩，不会更高了。明朝12亿多亩的耕地，就需要1.2亿的劳动力（含女性）。

古代农村劳动年龄人口占农村总人口的比例大致是50%，另外一半就是15岁以下的青少年和50岁以上的老人。④ 1.2亿劳动力，大约就对应2.4亿的总人口。

---

① 《明史·地理志》记载，明朝有府140，州193，县1138。
② 张显清：《明代后期粮食生产力的提高》，载《经济史》，2006年第1期。
③ 何良俊《四友斋丛说·卷之十四》："盖各处之田虽有肥瘠不同，然未有如松江之高下悬绝者。夫东西两乡，不但土有肥瘠，西乡田低水平易于车戽，夫妻二人可种二十五亩，稍勤者可至三十亩。且土肥获多，每亩收三石者不论，只说收二石五斗，每岁可得米七八十石矣。故取租有一石六七斗者。东乡田高岸陡，车皆直竖，无异于汲水。稍不到，苗尽槁死。每遇旱岁，车声彻夜不休。夫妻二人极力耕种，止可五亩。"
④ 据广西师范大学付正贤在硕士论文《清末至民初人口结构实证研究——基于乡土志数据》中统计，清末民初的农村人口年龄结构是十五岁以下占39.94%，六十岁以上占3.81%，合计为43.75%。清末民初为战乱时期，老年人口生存能力较低。且古代六十岁以上的人口比例整体都很低，由此推之，大部分人的健康状态必然在六十岁以前的一段时间就不再允许其正常从事农业劳作。因此劳动力按照大约50%的比例估算。

但明朝的城镇人口中"流民"居多，也就是没有城镇户口、从农村进城务工的农民。"流民"必然以青壮年为主，老弱更多地会留在农村，所以农村人口中老弱的比例会更高一些。这样算来，农村人口 2.5 亿肯定是有的。

把 2.5 亿农业人口和 1.5 亿城镇人口相加，也有 4 亿人。

总体而言，我们用多种方法进行估算，明末人口数量都应该在 4 亿左右。基本逻辑是：明朝初年有 7000 万人，经过 200 多年的和平发展，如果前期按照北宋和民国的人口增长速度增长，达到一定程度后放缓，可以轻松超过 4 亿；再看土地产量，养活 4 亿人口很轻松；再看城市人口数量，各种一手资料的抽样调查（时人估计、粮食消费、保甲统计、地震死亡、火灾损失、屠城收尸记录等），可以支持 4 亿人口的推论。4 亿人分布在什么地方（两京、省会、府城、县城、乡镇、农村）可以说清楚。至于官方统计的人口为什么会大大低于 4 亿，也有合理的解释。这一估计是合理的，没有夸大。相反，如果低于 4 亿，反而会跟很多史料矛盾，无法自圆其说。

当然，尽管有如此详尽的分析，很多读者可能暂时仍然难以同意明末人口达到 4 亿的观点。从古代史料中得到总人口的可靠数据，确实也十分困难。即使不认同明末人口有 4 亿，较为权威的《中国人口史》也得出了明末人口达到 2 亿的结论，由此推算，明清换代也至少带来了 1 亿人口的损失。

二、底线战争：明清换代的三方交战模式

这 4 亿多人，到了清朝还剩多少呢？

顺治十二年（1655 年），中国人口统计数据大约是 7000 万[①]；康熙二十四

[①] 顺治十一年（1654 年），清政府下令组织了一次大规模的全国人口清查。最后清查结果载于《清世祖实录·卷之九十六》："人丁户口一千四百三万三千九百有奇。"若按每户 5 口人计算，则大约在 7000 万人。战乱之后，户均人口数或已不足 5 人，那可能就会更少。

年（1685年），"三藩之乱"结束后，人口数量估计超过1亿[①]；到了乾隆二十九年（1764年），中国人口数量超过2亿[②]。顺治十二年（1655年），天下还没有完全平定，统计数据未必可靠；但乾隆二十九年的数据应该是很准确的，因为乾隆的父亲雍正皇帝推行了"摊丁入亩"的税收改革，取消了人头税。税收只和土地挂钩，不再和人口数量挂钩，不再需要瞒报人口数量来逃避税负了。而且雍正时期还建立了严密的保甲制度，极大地提高了人口统计的准确性。按照和平时期人口的自然增长率来倒推，"三藩之乱"结束以后，也就是清朝初年最后的大规模战争结束后，全国人口在1亿左右当为合理的数据。

从4亿多人减少到不足1亿，这就是明清换代的人口损失。超过3亿人口的死亡，绝大部分都是和清军作战造成的损失。

为什么清军应该对明清换代的人口损失负主要责任？

明清换代，主要是三股势力作战：明军、清军（1636年后金政权改名为大清）和农民起义军。在农民起义军和明朝政府军之间的战争中，极少牵连到不参战的普通百姓，因此伤亡主要集中在参战的军队中。

明军军令极严。嘉靖时期，剿灭沿海倭寇的浙江总督朱纨未经批准就杀了96个在交战期间违反禁令向倭寇销售食物和淡水的商人，被告到了皇帝那里，就被临阵撤职，逮捕进京问罪。朱纨愤而自杀。崇祯三年（1630年），后金围攻北京，进京勤王的山西巡抚耿如杞，因为军队缺乏粮饷而放纵部下沿途抢劫，在北京解围后即被判处死刑。到后来，中央政府财政破产，完全没办法给军队发放粮饷，只能放任部队的劫掠行为，军队纪律废弛，抢劫成为普遍现象，奸污杀人等事情时有发生，但仍然不屠杀平民，甚至连大规模杀降的事情都没有发生过。

农民军由吃不饱饭的贫民和领不到工资的士兵组成。他们的打击对象主要是地方豪强士绅，对普通百姓不仅不会烧杀抢掠，反而会发放救济、免除赋税。在起义初期，因为鱼龙混杂，一些地痞流氓土匪强盗也趁火打劫，干了一些烧

[①] 《清圣祖实录·卷之一百二十三》："人丁户口二千三十四万一千七百三十八。"若仍按每户对应5个人计算，则总人口超过了1亿。

[②] 《清史稿·志九十五·食货志》："乾隆二十九年，二万五百五十九万一千一十七口。"

杀抢掠的事情，但很快就被战争形势所淘汰——要么被纪律更好的农民军消灭，要么因为失去民众支持而被明军镇压。

由于农民起义最后失败，因此目前能看到的历史记录都是仇视农民军的文人们写的。他们把农民军描写得特别坏，走到哪里都是一路杀人放火而来。但就算在这样的文献记录中，我们也可以发现，基本没有出现真正无差别的滥杀行为，只是偶尔出现一些"杀掠甚惨""焚杀甚酷"之类的修饰词汇。《豫变纪略》是亲历过明末农民战争的文人郑廉所作，基本立场也是反农民军。这本书里提到李自成军队攻克过的城市总共有54座。根据杜车别的整理，这些被攻克的城市，郑廉大概有三种记叙模式[1]：

第一种是说"贼"破某城，某知县骂"贼"而死，某举人骂"贼"而死，或者是投井自杀之类，没有滥杀的记录。这种情况的城市占了45座，比例为83%。

第二种情况是除了点名被杀的官员士绅，还要加上一句"杀掠甚惨""死者甚众"之类的话。这种情况的城市有5座，占9%。

第三种情况就是"合城屠戮""怒而屠之""屠某某城"，这种情况的城市有4座，占8%。

但是经过仔细考证，第二种和第三种情况，大部分都是修辞性质的渲染，没有实际事例。比如对李自成军队打下襄城县，记载中说"当是时，全军覆没、合城屠戮"。但分析上下文，"合城屠戮"其实只是为了跟"全军覆没"对仗而做的修辞，并非实指屠城。根据郑廉的记载，襄城县被破以后，参与守城的190个生员被割了鼻子砍断腿作为惩罚[2]。连守城的人都不杀，当然也就没道理屠城。唯一靠谱的记录就是归德府。城破以后，李自成有组织地杀了1万多人，原因不明。大规模杀戮的比例是1/54。

起义军不仅不滥杀百姓，对官员士绅也会加以区分。郑廉记载，商水县城有一个乡绅张质退休在家，在山西当过知县，名声清廉。商水县被起义军攻破

---

[1] 杜车别：《明末清初人口减少之谜》，中国发展出版社，2018年版。
[2] 《豫变纪略》："贼深根诸生为乔年守城，悉取而劓刖之，凡百九十人。"郑廉：《豫变纪略》，浙江古籍出版社，1984年版。

以后，军中有很多山西人感激张质在山西时候的德政，不但不杀，反而请入营中款待。起义军围攻开封的时候，专门开了一条逃生通道，放出城中妇女老幼3万余人。围攻商城县时也是一样，《豫变纪略》里面还记录了当时守城的知县和生员王承统的一段对话。知县说："这些乱贼还知道网开一面，是不是也有仁慈之心啊？"王承统说："那不过是让老百姓都跑掉，好削弱守城的力量而已。"

围城的时候，城里人越多，粮食消耗得越快。守城的一方，也一定会把青壮年都组织起来参与守卫，不会放他们逃走。即使围城的一方故意放人，能从城里逃走的也只能是老弱，不会削弱守城力量。因此放走平民对攻城弊大于利。兵法虽然有"围师必阙"的说法，但开一个口子的目的是让被围的敌人放弃抵抗逃跑，方便围城一方在敌军逃窜时冲杀对方。起义军放开一个口子却不在两边布下埋伏杀人，只可能是因为怜惜普通百姓，而不是为了方便攻城。

总之，明军和起义军双方虽然彼此恨之入骨，但大体上还是遵守了"文明的底线"，极少发生无差别的大规模屠杀。尤其重要的是，当时中国的经济中心和人口最密集的地区是东南沿海，包括今天的江苏、浙江、上海、福建、广东，以及安徽、江西东部等，而明末农民军主力从未进入过这些地区。明军与农民军反复拉锯的主战场一直在人口相对较少的河南、河北、山西、陕西等地。因此，农民起义战争对全国人口总量的影响不会很大。即使把饥荒的因素考虑进来，人口减少也应该在千万这个数量级。

与此相对照的是元末农民起义的人口损失。元末高峰时期人口数量不足9000万[1]，明朝洪武二十六年（1393年）约7000万。绝对损失人口约2000万，比例大约为1/4。纯粹的农民战争对人口的破坏基本就是这个量级。而明军和农民军交战于西北、华北、华中地区，没有波及明末人口最密集的江南、华南地区，

---

[1] 北宋人口高峰在宋徽宗时期，金兵南侵之前，大约为1亿。此后金灭辽、灭北宋、南下（女真军队杀遍了当时中国经济最繁荣、人口最密集的地区，一系列的屠杀导致人口锐减），战争连续不断。然后又是元灭金（中国北方人口损失殆尽）、灭西夏、灭南宋（人口高峰约6000万）。元灭南宋后，中国人口应在6000万以下，因为元兵也有屠城的习惯。从元统一中国（1279年）到元末农民起义爆发（1351年）之间，只有73年的时间，元末高峰期人口不会超过9000万（从《元史》记载的户口数推算，元朝高峰期人口数也就6000万）。对照主流学者对元朝人口的诸多估算证据和结论，元末高峰期人口数不超过9000万，这个结论应该是靠谱的。以上数据来源于《中国人口史（第一卷）》。

其涉及的总人口也就 1 亿多不超过 2 亿，人口损失数量可以与元末互相印证①。

相反，清军对明朝的征服，有组织的屠城和对抵抗地区人民的无差别屠杀成为一种常规做法，作为彻底消灭对方战争潜力和抵抗意志的战略工具，这才导致了超过 2 亿人的死亡。②

清军屠城之所以是普遍现象，直接原因是清军有"守城必屠"的军规。攻城的时候只要敌方不投降，就一定会在攻克后屠城，以此制造威慑力。屠城对清军而言不是"泄愤"，也不是"习惯"，而是"军事纪律"。如《清实录》记载，顺治五年（1648 年）郑亲王济尔哈朗南征的时候，圣旨就命他："抗拒不顺者，戮之；不得已而后降者，杀无赦。"③ 这就是军令，不是下令单单屠某一个城，而是作为一个原则性的军事纪律。后来济尔哈朗在湖南屠城，就是依据这个军令。

这条军事纪律是北方一些民族的老规矩。清军所屠的并不限于城，在乡村地区照样进行无差别屠杀；而且投降的也不一定不屠，比如清军入关时期曾经攻击过河北永平。永平没有抵抗就投降了，照理可以不必屠城。但后来明军打过来，清军不打算守卫，临走之前还是屠了城，为的是不给明朝保留人口资源。

清廷面对各路将领大肆吹嘘自己疯狂杀人的奏章，总是以鼓励奖赏作为回

---

① 有读者希望本书将明清换代的人口损失与之前秦汉唐宋等历朝历代改朝换代的人口损失情况作对比，以此来证明农民起义的人口损失小于少数民族入主中原。但对于元朝以前改朝换代的人口损失，由于史料限制，已经不可能有靠谱的估计结论。网上有很多关于历朝历代改朝换代人口损失的估计，有些相当耸人听闻，但都不可靠。有一些学者做过研究估算，但受基础史料限制，其结论也不可能准确。对这些估计，现存史料不能证实也不能证伪。我们只能是根据明清时期较可靠的史料得到结论，然后去倒推，假设之前的改朝换代应该也是类似的情况；而不可能用之前的不可靠的史料记录来估算改朝换代的人口损失情况，然后用来辅助证明或证伪我们对明清换代人口损失的结论。元末明初的人口损失数据的估算结论，其可靠程度也不如明末清初，只能作为参考。

② 关于清军入关屠城的记录，《中国人口史（第五卷）》和《明末清初人口减少之谜》两书均有较为详细的史料摘抄，感兴趣的读者可以阅读这两部书了解更多详情。对于清军大规模屠城的事实，两书都讲得差不多，只是关于死亡人数的估算，后者大大高于前者。还有一种说法是，明末中国发生了一场空前的大瘟疫，造成人口减少超过一半。这样的说法经不住史料考证。在当时的各种第一手史料中，包括现在能找到的墓志铭，有名有姓死于瘟疫的人，比例低于 1‰。在大臣们的奏章中，也找不到有暴发大瘟疫的记录，没有一支明军曾经报告过因为瘟疫而大规模减员。由此可以推测，所谓大规模瘟疫，不过是后来清朝统治者为了掩盖其屠杀行径而编造的谎言。

③ 《清世祖实录·卷之四十》。

应。相反，对于心慈手软不肯胡乱杀人的，则会加以问责。比如顾诚《南明史》中记载，顺治六年（1649年）二月，吴三桂手下的总兵任珍，在战斗中俘虏了49名明军士兵，没有杀掉。这事被兵部知道了，就觉得不正常，于是向多尔衮汇报。多尔衮下旨说，"阵获之人抚而不杀……此事甚不合理"，令兵部给吴三桂发文，让他核查解释。① 这跟明朝军事纪律正好相反，杀人不用解释，不杀人反而要被调查；胡乱杀人受到奖励，仅49个人不杀，都会被朝廷责问。

在这种军事原则的指导下，清军自然是能多杀就尽量多杀，以杀人多为荣为功。

除杜车别外，另一位对《明清史料》档案有过详细研究的学者是李光涛，他参与了《明清史料》的编辑工作。在清军的屠杀问题上，其结论如下：

> 这十一本史料（《明清史料》甲编、丙编），几乎每页都有清军屠杀人民的事件记录。这些报告杀人的奏章，所得到的皇帝批示，几乎也都一样：知道了，有功的官兵请兵部按功论赏。这十一本史料，在整个顺治期间的档案中所占的比例，不过千分之一二。但在这千分之一二中，杀人之酷烈就已经可见一斑了。流寇杀人很多，但主要杀的是富人、官吏以及不愿意投降之人，还有就是暴怒之时会妄杀多人。但清军不同，见人就杀，专以杀人为目的。（清军对四川的屠杀）……先后持续了数十年，凡是不愿意服从的、不愿意剃发的、躲进深山不愿意编户为民的，都被杀掉。然后赤地数千里，比张献忠杀的人多了十倍二十倍都不止……清军屠杀之惨，绝非李自成、张献忠等可比。②

---

① 《清世祖实录·卷之四十二》。
② 李光涛《明清档案论文集》："据《明清史料·甲编》二至六，凡五本，《丙编》五至十，凡六本，共十一本，此十一本之史料，几于页页俱杀人纪事。而此杀人之本章，所蒙之朱批，大都又皆曰：知道了，有功官丁，兵部察奏。此十一本史料，如以当初整个顺治朝之全部档案计之，其所占之数量，只仅仅千中一二而已、千中之一二，杀人之酷烈，犹如此可畏……""然据当时之文件看，流贼之杀人诚多矣，杀富人、杀官吏、杀不从者，更于暴怒时妄杀多人，若建州则逢人即杀，无物不抢，盖专以杀人为目的，非徒以为手段而已。（清军对四川之屠杀）……后先相映盖数十年，凡不从者，凡不薙发者，凡遁山谷不为编户之民者，彼皆杀之，然后赤地数千里，此又浮于张献忠十倍二十倍不止矣。……"转引自杜车别：《明末清初人口减少之谜》。

三、四川惨屠：谁是川渝人口灭绝的主凶

在明朝核心版图中，抵抗到最后的是四川地区，受战争摧残最严重的也是四川地区。明朝末年，四川地区大约有几千万人口[①]。经过明清战争，到了康熙初年，只剩下数万人[②]。

四川大屠杀的责任，清朝以及投降清朝的官员完全栽赃给了张献忠。但张献忠是1647年死的，此时距离康熙十九年（1680年）四川人口最低点还有30多年。张献忠死后，他手下的部队很快就离开了四川，前往广西、云南等地。随后，清军肃王豪格就带数万人马入川，试图占领四川。如果此时四川人口已经被张献忠屠杀殆尽，豪格应该会很顺利地占领四川。

但实际情况是，在大西军离开四川的情况下，豪格的大军仍然未能横扫全川，在南下过程中屡屡遭遇失败。击败豪格军队的是四川地方军阀杨展。豪格是清军名将、皇太极的长子，参加过清军征服蒙古的一系列战役，后来又在锦州之战、松山之战等一系列关键性战役中立下过战功。张献忠就是在和豪格交战的过程中被击杀的。要想击败豪格亲自带领的大军，需要很多的兵力和极强的后勤保障能力。如果四川人口都被张献忠杀光了，哪里来的人力物力对抗豪格的大军呢？

杨展所统治的地区不仅兵精粮足，而且还救济过从清军占领地区逃过来的大量难民。光是救济难民就用了上百万石粮食。一般救济难民不可能每人发下一年的口粮，救济一个月也足够渡过难关了。按每人救济粮为三斗计算，杨展救济川西、川北难民的数量就在300万人以上，如果把得到救济银子的人也算上，

[①] 任乃强在1947年写的《张献忠屠蜀辨》中曾经对明末的四川人口有一个粗略估计："于时蜀中人口稠密，应不止《明史·地理志》所载三百余万之数。若其与今日密度相当，则应有五千万人。是献忠所杀，也不过百分之一也。若其密度为今之半，亦有二千余万人。"

[②] 康熙十九年（1680年），四川松威道王骘在给康熙的上疏中说四川"自荡平后，休养生息，然计通省户口，仍不过一万八千余丁，不及他省一县之众"。按一个丁户对应五个人计算，也不过八九万人。战乱之后户均人口可能降低，那人数就会更少。（《清史稿·卷二百七十四·列传六十一》）

就更多了。也就是说，张献忠死后，光是从川西、川北地区跑到川南地区的难民估计就有 300 万以上。杨展后来死于四川军阀的内讧，证明四川其他地区的军阀实力也不弱，更能说明四川人没被张献忠杀光。

由于军阀之间的矛盾，豪格虽然败走川南，但清军仍然可以控制四川北部一部分地区，还任命了四川巡抚，负责管理和军事镇压。四川巡抚李国英在顺治五年（1648 年）的报告中说："不意王驾凯旋，寇党又复四起，……全川皆贼，已成燎原之势。"[①] 两个月后又报告说："肃王平定凯旋之后，余孽蜂起，无地无贼。"[②] 这里的"凯旋"当然是自吹自擂，意思就是豪格的大军撤出四川以后，整个四川到处都是抗清起义，到了"全川皆贼""无地无贼"的地步。若是四川人都被张献忠杀光了，这些让四川巡抚紧急向中央求援的"贼"又是从哪里来的？

大西军在云南、广西等地站稳脚跟以后，张献忠的继承人孙可望又派遣刘文秀带兵杀回四川。黄宗羲《永历纪年》说："蜀人闻大军至，多响应。于是，重庆、叙州诸府县次第皆复。"[③] 黄宗羲是东林党一派，非常仇视农民起义，后来又派儿子和弟子帮清朝撰写《明史》，没有道理为大西军说好话。如果张献忠在四川疯狂杀人，蜀人听说张献忠的军队又回来了，肯定是跑都来不及，又如何会"多响应"呢？

四川遍地发生反清起义行动，四川人民积极欢迎大西军杀回四川，表明了两个事实：第一，张献忠死后，四川人还多得很；第二，四川人民对杀掉张献忠、赶走大西军的清军并不买账，反而很欢迎大西军回来抵抗清军。可见，就算张献忠在四川有杀人行为，跟清军入川制造的死亡数量比起来也不在一个数量级上，川人对此心里是有数的。

关于张献忠到底有没有在四川展开大屠杀，相关的历史考据非常多。这个问题已经争论了上百年，诸多材料已被翻来覆去地争论，我们不细讲，这里只做一下总结。支持"张献忠屠蜀"的文献记录，大概可以分为三种。

第一种是遭遇屠杀的人物或其后代记录的亲历材料。张献忠在四川确实杀

---

① 《明清史料·丙编·第 7 本》，北京图书馆出版社，2008 年影印本。
② 《明清史料·甲编·第 3 本》，北京图书馆出版社，2008 年影印本。
③ 黄宗羲：《黄宗羲全集（第 2 册）》，浙江古籍出版社，1986 年版。

了很多人，但主要是明朝的宗室、官员、地主、豪强，以及他们组织起来对抗农民起义军的军事力量。这批人同时也是最有文化的一群人，其中很多人的后代后来投降清朝。他们把自己家族所受的屠杀记录下来，中间再夹杂一些道听途说的骇人之语。从入川之前的事迹来看，张献忠杀人比李自成更狠一些，手段也更为残暴，在四川连续与南明政府军、各路军阀和地主豪强武装反复征战，杀人肯定不会少。但不能说明张献忠进行过类似于清军"扬州十日""嘉定三屠"这样无差别的大屠杀，更不能说明四川人口从几千万减少到几万人的罪魁祸首就是张献忠。

第二种是详细描写张献忠在四川进行无差别大屠杀的材料。如果这些材料真实可信，那么"张献忠屠蜀"当然也就真实存在。但遗憾的是，经过清朝长达上百年的文字狱，今天我们能看到的史料基本上都已面目全非。比如记录张献忠屠蜀最详细的《绥寇纪略》，它的作者吴伟业并没有到过四川，而是根据一本来历不明的《鹿樵野史》写的。而且写完之后，"为不肖门生邹漪窜改十五，遂无完本"。——清朝编写《明史》的时候搜集史书，吴伟业的学生邹漪对《绥寇纪略》进行了全面修改，十成文字中有五成文字被窜改了。因此这种材料确实难以采信。

在《明史》撰写过程中，除了《绥寇纪略》，另一重要参考文献是毛奇龄的《后鉴录》。毛奇龄是《明史》的重要编纂者，万贵妃给明宪宗的后宫堕胎的"故事"就是他写到《明史》里边去的。他更像是一个小说家而不是史学家，在他记录的"历史"里边，有很多的事在其他任何地方都看不到。比如关于明太祖朱元璋死后殉葬的记录，明朝各个时期的史料里都没有记载殉葬人数，只有毛奇龄的《胜朝彤史拾遗记》精确地说是 46 个人①，天晓得这么精确的数字他是从哪里看来的。

毛奇龄在《后鉴录》里对张献忠杀人的方式进行了有趣的总结，比如用狗去闻犯人，狗走到谁跟前就杀谁，叫"天杀"；派军队分屠各州县，叫"草杀"，等等。别的文献中都没有，只有毛奇龄编写的野史里边有。按照《后鉴录》的

---

① 《胜朝彤史拾遗记》："初太祖以四十六妃陪葬孝陵，其中所殉，惟宫人十数人。"

记录，张献忠用五花八门的奇怪方式杀人，竟然总共杀了超过6亿人①。这种材料显然是不可信的。

第三种材料最独特，就是外国传教士的记录。有很多人其他材料都不相信，但觉得外国传教士的记录实在是不能不信。杜车别对此做了考证，很有说服力：外国传教士对张献忠屠蜀的记录集中体现在《圣教入川记》这本书中。但这本书的作者、法国人古洛东出生于1840年，这本书的成书时间大约是四川大屠杀发生200年之后，其资料来源的可靠程度是需要仔细考察的。

书中有关张献忠屠蜀的记录是从别的地方转载过来的。转载的来源是安文思的《一六五一年中国著名大盗张献忠暴行记》。另外一本外国传教士的《鞑靼战记》里边，也记录了张献忠屠蜀的事情，但内容也同样来自安文思的这个文章。也就是说，安文思是总来源。

安文思是葡萄牙传教士，他在清朝初年去四川传过教，还在张献忠的军队里面担任过官职。他有资格记录四川大屠杀。不过，在大西军失败以后，安文思被清军逮捕了，1662年被送往北京，遭到严刑拷打，受夹棍两次，并被判处绞刑。但不知何故，清廷最终没有杀掉安文思，后来甚至让他陪伴年少的康熙皇帝。根据其他传教士写作的《安文思传》，安文思花了很大一番心思，学了不少西方工匠的本事（可能是制作钟表之类），用来讨好康熙皇帝。最后安文思因为双脚曾受夹棍之刑旧伤复发而死。

显然，安文思写作《一六五一年中国著名大盗张献忠暴行记》的时间只能是他被清廷逮捕并遭受酷刑逼供之后。这段时间，他开始醉心于学习工匠技术讨好康熙皇帝。这种情况下写出来的文献很可能是在抹黑张献忠，可信度堪忧。

实际上，张献忠从未占据过四川全境，不具备进行全域性屠杀的基本条件。通过对各方面史料去伪存真，大体可以得到张献忠入川到阵亡期间的行为轨迹：他在1644年从重庆方向进入四川，后来攻占成都，然后以成都为中心向四周攻城略地。这一时期的张献忠，一心想把四川当作根据地，还在成都登基称帝。他只对明朝皇室和官员进行杀戮，对百姓是很好的，采取了开科取士、治安保甲、

---

① 《明史·列传第一百九十七·流贼传》据此记载："将卒以杀人多少叙功次，共杀男女六万万有奇。"

鼓励开荒、严惩官员贪污等一系列手段，试图建立有效的治理机制。

后来，各地士绅豪强联合南明政府军进行反扑，张献忠的控制范围迅速萎缩。到了 1645 年 3 月，只有成都和保宁府（川北地区）两个地方还在大西政权的控制之下。[①] 接连失利之后，张献忠感到失败在所难免，开始情绪失控，不断采取滥杀和酷刑的方式来对待他认为不可靠的人。但张献忠主要是对军队和政权内部进行清洗，而没有对普通老百姓进行无差别屠杀。

张献忠意识到成都已不可能守得住，打算往西南方向撤退。撤离之前，他命令部队到各地尽可能多地抢掠钱粮，拒不交出钱粮的人一律处死。这是张献忠最接近无差别大屠杀的一次行动。但还是以抢掠钱财和粮食为主，不以杀人为主。而且他手下有相当一部分的起义军将士并不愿意如此滥杀，孙可望、李定国、刘文秀、艾能奇、白文选等主要将领都跪地请求张献忠收回此命令，被张献忠拒绝。但既然执行层反对这个命令，即便勉强执行也一定会大打折扣。

过度的内部清洗和对成都地区的劫掠让张献忠众叛亲离。大部分四川籍的士兵因害怕被杀而逃亡。保宁府守将刘进忠是四川人，拒绝执行清洗和劫掠的命令，干脆向清军投降。

最后，张献忠毁掉成都城墙，将城内焚烧一空，北上与清军交战。这支没有了道义信念支撑的农民军部队严重丧失战斗力，在跟豪格带领的清军交战时，张献忠战死。张献忠的失败说明了农民起义军一旦丢掉自己作为暴政反抗者的正义立场，就一定会很快覆亡。

张献忠死后，大西军南下前往云南贵州一带。在行军路上，主要的将领召开会议，推举孙可望为新的首领。孙可望上任后的第一道命令，就是将支持张献忠进行内部清洗和劫掠普通百姓的汪兆龄等人处死。此后，大西军纪律始终很好，在云南开辟根据地，后来又北上抗清，一直很受老百姓拥戴，没有再出现公然纵兵劫掠和滥杀平民的事情。

纵观大西军在四川活动的整个过程，张献忠有可能进行大屠杀的时间，只有他在成都称帝到他死亡的两年；进行屠杀的地点，只可能是成都一带。因为只

[①] 顾诚：《明末农民战争史》，光明日报出版社，2012 年版。

有成都府是他能实际控制的。虽然保宁府刘进忠也是张献忠部下，但他拒绝执行屠杀士兵和劫掠百姓的命令。

过度猜忌并屠杀起义队伍内部的四川将士，派兵无差别劫掠百姓财物，焚毁成都，这些账无疑应该算到张献忠头上。张献忠也从农民起义的领袖人物，最终成为起义队伍中遭人唾弃的败类。

但是，张献忠的杀人数量，相对于整个四川地区几千万的人口总量而言，仍然只占了极少的一部分，其滥杀无辜的区域也只是四川地区的一小部分。"张献忠屠蜀"这个表达方式总体而言不符合历史真实情况。张献忠在四川（主要是成都附近）确有无差别屠杀的暴行，这是无可否认的。但将四川人口屠杀殆尽并非张献忠所为。被张献忠杀害的四川人民，任乃强在《张献忠屠蜀辨》中的估计是 50 万人，杜车别则认为"最夸张也不会超过 100 万"。

大西军败走云南，豪格乘胜占领了成都。然后，豪格带兵南下，败于杨展等人，向北撤退回陕西。杨展收复成都。没过多久，清军又来打成都，杨展认为成都没有守卫的价值，主动撤走。清军再次占领成都。这次占领之后，清军认为城里只有数千人，整个城市已经残破，没有占领价值，决定撤回绵阳。

成都作为四川地区的政治经济中心，明末时人口应该在 200 万以上[①]。等清军第二次占领的时候，只剩数千人。200 万左右的人口损失是谁造成的？只有张献忠、豪格和杨展有可能搞过大屠杀。杨展以仁义著称，把川南治理得很好，又是四川本地势力，几乎不可能搞大屠杀。剩下的就只有张献忠和豪格。究竟是谁做的？

这个事情现在无从考证，不过清军马上又干了一件很缺德的事：他们在做出撤回绵阳的决定后，把城中幸存的那几千人也给杀光了。[②] 这样看来，豪格第一

[①] 根据任乃强的估计，明末四川人口在 2000 万至 5000 万之间。杜车别在《明末清初人口变动之谜》中估算为 4000 万，占了全国人口总数（按 4 亿估算）的 10%。今日四川和重庆总人口过亿，差不多也占了中国总人口的 10%，而成都市人口已超过 2000 万，高于广州、苏州等城市。以此推之，明末时成都人口当不会少于广州、苏州。前文已估算广州、苏州人口都在 200 万以上，则成都亦当不少于此数。

[②] 顾山贞《客滇述》："清将梁一训驱残民数千，北走至绵州，尽杀之，成都人殆尽。"

次撤出成都的时候，屠城的嫌疑很大。就算大部分建筑和城墙已被张献忠焚毁，豪格也很有可能再屠一遍，以免给杨展留下人口资源。

此外，豪格从四川撤退回陕西，在路上足足走了 70 天[①]。这段时间长得不可思议，感觉不像撤军，倒像是在旅游。当时全国到处都在打仗，豪格带领的这支部队是清军核心主力，四川的仗打完了不赶紧去支援其他战场，却如此不急不慢地在川北闲逛，着实可疑。从四川成都到陕西汉中，正常行军 20 天足够了。多出来的 50 天时间，豪格的大军干啥去了？很可能就是根据撤退屠城的习惯，沿途不断屠杀人民并劫掠钱粮，不给敌人留下资源。考虑到第二次占领成都后，清军连城里残存的几千人都不愿意留给对手，都要残忍地杀掉，他们在此后二三十年中与南明军、大西军和吴三桂反复争夺四川，镇压人民起义，将四川各地人口屠杀殆尽的可能性是很大的。只有他们有能力、有动机这么做，而且他们也有足够多的"前科"。

萧一元在《清代通史》中考证，1647 年，刑科给事中陈调元在给皇帝的揭帖中提到清军在四川的军事行动时说："不得已而动大兵剿之，民贼相混，玉石难分，或全城俱歼，或杀男留妇。"这也说明，清军在四川等地镇压反抗的过程中，将起义地区的普通百姓一并杀掉或"杀男留妇"是习惯性做法。

四、文明三问：明清换代大屠杀的根源辨析

清军在统一中国的过程中进行大屠杀，是人类历史上罕见的暴行。与张献忠在成都地区的暴行不同，清军的屠杀与个人品质无关，也不是偶发现象，而是时间长达半个世纪、范围覆盖整个中国（西北到甘肃宁夏，东北到辽西辽东，东南到广东福建，西南到云南贵州）、连续几代人（从努尔哈赤、皇太极、多尔衮、顺治一直到康熙）的有组织的大规模人类屠杀事件。

这是一个证据充分的历史事实。不过，如何看待这个事情，却有很大争议。尤其是清王朝统治了中国 200 多年，并且缔造了巨大的帝国版图，后来又参与

[①] 杜车别：《明末清初人口减少之谜》，中国发展出版社，2018 年版。

了抵抗西方殖民入侵的战争。满族也是中华民族大家庭的一员。

有一种观点认为，为了维护民族团结、继承清王朝留下来的国家版图，这段历史尽量就不要提了，甚至有人故意掩饰清军暴行，将人口减少的主要原因归结为瘟疫、农民起义等；而另一种观点则截然相反，认为这就是一场少数民族对中原王朝的侵略战争，清朝不能代表正统。

前者就不必细说了，历史终究是历史，为了政治正确而故意掩盖甚至扭曲这么重要的一段历史显然是不对的。我们叙述历史，总会有所选择。因为历史事件实在太多了，历史资料实在太丰富了，不可能全都讲。但选择也要有个底线，对于如此大规模的、证据确凿的人口屠杀，视而不见是不行的。

对于后一种观点，则需要详细辨析一下。

满人（女真）起家的地方是建州三卫。这三个卫是明成祖朱棣亲自下令设立的军事驻防机构，属于明王朝"皇帝—五军都督府—都指挥司—卫—所"五级军事系统。因此建州地区属于明朝版图，没有疑问。这跟金灭北宋、蒙古灭南宋都不一样——金和蒙古建立政权之前并不属于北宋或南宋版图。努尔哈赤的父亲和爷爷，都曾经担任建州卫的首领，也带着其部族士兵跟随明朝辽东总兵李成梁到处征战。努尔哈赤年轻的时候还在李成梁的家里当过侍卫。相比一般的册封，这种从属关系要密切得多。因此，后金政权的建立，时人认为是典型的明王朝内部叛乱。所以，努尔哈赤一宣布建国，明朝就要派兵去打他，这不是侵略，是平定叛乱。它跟万历年间的播州叛乱性质差不多：播州从唐朝开始就由杨姓土司进行管理，居民以苗民为主，明朝在这里设立播州宣慰司，但历任指挥使都由杨姓土司世袭，跟建州三卫情况是一样的。播州之役也是平叛战争，不是侵略战争。

清灭明，是叛乱成功，不是外国入侵。

但仅从国家内部叛乱和平定叛乱的角度来分析明清换代肯定是不够的，它无法解释为什么会出现如此大规模的屠杀。我们必须换一个新的视角——文明的视角。

古代中华文明的主要特质是农耕文明，农耕核心区域是若干大平原——关中平原、华北平原、长江中下游平原、四川盆地、珠江三角洲平原、辽河平原等。

这是中华文明的核心区域。围绕着中华文明核心区域的地区，包括东北大小兴安岭一带、蒙古高原、青藏高原、云贵高原等非农耕区域，生活着许多以游牧、渔猎为主的少数民族。这些地区是中华文明的外围区域或第二圈层，同样属于中华文明的范围。再往外，就是朝鲜半岛、日本、中南半岛等地区，是中华文明的辐射区域或第三圈层。相对于中华文明核心区域，这些地区独立性较强，但也深受中国文化的影响，属于广义的中华文明范围。

曾经征服过中原地区的蒙古族和女真族，都生活在中华文明的第二圈层。他们对中原地区的征服，相对于汉族而言，是少数民族入主中原。但如若从人类文明的宏观视角来看，仍然是中华文明内部的战争，是中华文明内部相对落后的部族对核心区域文明部族的征服。清王朝与明王朝的关系，比蒙古与南宋的关系更加密切，这种内部征服的性质也就更明确。

基于以上分析，对于明清换代这一重大历史事件，我们认为它至少具有以下两重性质。

首先，这是一场中华文明内部不同民族之间争夺统治权力的战争。对中华文明核心圈层——中原地区——的人民而言，这是少数民族入主中原。但相对于中华文明第二圈层以外的地区而言，战争的胜利者无论是谁，对外都可以代表中国。

其次，这是一场中华文明内部落后文明征服先进文明的战争。它导致了中华文明的大倒退。绝对不能将反抗斗争看成是违反历史潮流、反对国家走向大一统的分裂行动。中原军民对清军入关的抵抗、对清政府暴政的反抗，是先进文明对落后文明的反抗，总体而言具有高度的正义性。

两个性质同时存在，这对我们理解清王朝建立以后的历史发展脉络具有重要意义。

要理解清楚这两个性质，我们还需要作进一步的深入思考，回答以下三个问题：

第一，什么是文明？

第二，不同的文明是按照什么原则来区分的？或者说如何界定不同文明的地理或民族范围？

第三，文明之间先进与落后的判断标准是什么？

我们先给文明下一个定义：文明，是由主观意识驱动的物质与精神产品创造系统。

文明是一个创造系统，它由主观意识驱动。没有主观意识，纯粹由自然界的力量形成的金银矿产、花草树木、鱼虫鸟兽……都不算文明。这里的"主观意识"比人类意识的概念更加广泛，不是只有人类才能创造文明，如果有外星生命，他们也可以创造文明。如果人类灭亡了，还有别的动物进化成为智慧生物，它们也可以创造文明。

动物也有主观意识，但它们只能觅食捕猎，不从事生产，更没有文化艺术等精神产品的创造。因此，一些高智商动物的聚集，比如猴群、狮群，虽然群体内部有简单的社会关系，但不能算文明。

只会刀耕火种，没有文化艺术等精神产品创造的原始人类算不算文明呢？考虑到主观意识与自然力量的区别，我们认为，必须要有精神产品的人类群体才算是文明。精神产品的门槛可以很低，在石壁上画出简单的线条代表太阳、月亮、花草树木都可以算，不一定必须有文字，但是必须要有精神产品，光知道捕猎和播种还不能算是文明。

文明是一个系统。系统这个概念很模糊，可大可小。已知最大的文明系统就是人类文明，可以把整个人类社会都包含进来。再次一级的文明就是几个文明大系——中华文明、印度文明、希腊文明、基督教文明、伊斯兰教文明等。中华文明内部，我们也可以说有汉族文明和女真族文明、蒙古族文明的区别。最小到多小？一个人，既能种地又能写字，既能创造物质产品又能创造精神产品，算不算一个文明？从概念来看，可以算。不过细分到这个层面就没有多大的研究意义了。

文明的划分，主要是两个标准：物质生产方式、精神文化特质。根据物质生产方式，可以分为游牧文明、渔猎文明、海洋文明、农耕文明、工业文明等。古代中华文明从有文字以来都属于农耕文明。

精神文化的范围比较广泛，但其核心应当是主流的世界观、价值观，也就是对人与自然的关系、人与人的关系、人类存在的价值这些基本问题的回答。

据此可以分为蒙昧文明、神圣文明、世俗文明等——蒙昧文明信仰原始宗教,神圣文明信仰有完整理论体系的高级宗教,世俗文明允许多元化宗教信仰并认同世俗政权高于宗教权威。

蒙昧文明比较落后,物质生产和精神文化创造力都很弱,很早以前就开始被淘汰或边缘化。中古时代的文明大系主要就是两大文明体系:中华世俗文明体系和中华文明以外的神圣文明体系。神圣文明主要包括基督教文明、伊斯兰教文明和印度教文明等。[①]

一般来讲,围绕在先进文明周边的蒙昧文明,在生产方式、政治体制、文化宗教等方面都会受到先进文明的影响,不算是独立的文明系统,而是先进文明系统的外围圈层。后金领袖学习中国传统搞登基称帝,并大量使用汉人参与政治治理,从中原地区学习了先进的冶金和武器制造工艺,又依靠与中原地区的贸易获得大量先进生产工具……从这些角度来看,后金属于中华文明外围圈层当无问题。

接下来我们就需要回答第三个问题:判断一个文明相对于另一个文明是先进还是落后的标准是什么?我们说入主中原是一个落后文明对先进文明的军事征服。凭什么这么讲?

再次回到我们对文明的定义"物质与精神产品创造系统"。显然,先进的文明,就是能够以更高的效率生产物质产品,创造更高水平的精神文化产品的文明。

物质产品的生产效率比较好衡量,也就是我们常说的社会生产力。明朝中原和东南沿海地区的生产力水平远高于还处在渔猎阶段的女真社会,这一点毋庸置疑。但精神文化产品不太好对比衡量。若是说艺术的话,毕加索的画和《清明上河图》哪个更"先进"?这个没法说。一个社会文化的核心产品并不是艺术品,而是它的社会制度。社会制度是社会文化的核心,尤其是政治经济制度——也就是生产关系和上层建筑,是在精神文化层面衡量文明先进与否的最重要的指标。

[①] 古希腊和古罗马文明也是世俗文明,但它最终被蒙昧文明、基督教文明和伊斯兰教文明所毁灭。

不过，政治经济制度的先进与否同样难以客观衡量。中原地区的政府治理体制和商业贸易机制肯定比女真部落更加先进，这一点似乎显而易见。但仍然需要一个可定量对比的标准来证明这一点。尤其是清王朝跨越了古代和近代，等到后来中国面临西方殖民入侵和日本侵略时，这种先进与落后的对比就更加复杂了。

我们必须从更深刻的层面来思考这个问题：不管是物质产品还是精神产品的生产创造，都应该是为人——也就是人类文明中的那个"主观意识"——来服务的。让"主观意识"生活得更幸福，应当是文明的价值所在。

物质产品的生产效率比较，应该以对人类有益而非有害的物质生产为标准。因此，以伤害人类为目的而制造的武器，不应该成为衡量文明先进与否的标准。战争双方谁使用的武器更先进，与双方谁先进谁落后无直接关系。

社会制度的先进与否应该以提升人类幸福的能力为标准。我们认为，有利于延长人的生存寿命，改善人的身体健康，提高人的人身自由和精神幸福感的制度是比较先进的制度；反之，就是比较野蛮落后的制度。这些标准，在一些细微的和涉及主观体验的地方，会存在无穷无尽的争议，越是到现代社会，争议就会越大。不过在古代或近代社会，争议就相对少一点。我们可以认为，在先进与落后的评判标准方面，至少有一个共识：越是先进的文明，就越会审慎地对待人类的生命和身体完整。这应该是很基础的标准。喜欢大规模屠杀人类或者广泛采用肢体刑罚的文明，显然比努力控制大规模屠杀和取消了肉刑的文明更加野蛮。①

通过对"文明三问"的回答和分析，我们得出结论：明清换代的战争，其首要性质，是中华文明内部落后的渔猎文明对先进的农耕文明的征服。

同一个国家，内部的民族相互平等，但文明却有先进与落后之分。或者说，

---

① 这个标准推导不出废除死刑或肉刑就一定比没有废除的文明更先进。如果保留死刑可以有效地威慑暴力犯罪，减少因暴力犯罪而带来的死亡案件的发生，那么保留死刑的文明就可能比废除死刑的文明更先进。我们所用的标准应该是把文明看成一个整体，计算平均水平得到的结论。单纯的刑法体系，只是文明的一个组成部分。如果宽松的刑法在减少对罪犯的死刑或肉刑的同时，实际上增加了伤害普通人生命或身体完整的犯罪，全社会总体来讲被暴力伤害致死或致残的人增加了，那么废除死刑、肉刑的文明就比没有废除死刑、肉刑的文明更加野蛮落后。

不同民族的文明程度存在先进与落后之分。如果仅立足于民族视角来分析明清战争，那么中国版图内的任何一个民族，都有权参与统治权力的争夺，清王朝的建立就和朱元璋推翻元朝、朱棣发动靖难之役没有多大区别。从国家民族的角度来看，我们就只能将清军统一过程中的大屠杀看成是改朝换代的正常事件，甚至可以为了强调国家统一和民族团结而故意忽略、掩盖甚至美化其大屠杀行为。反之，如果从民族视角去揭露清军惨无人道的大屠杀，就很容易把它跟狭隘的大汉族主义联系起来，甚至认为清王朝的历史不属于中国历史，而是中国人被外族殖民统治的历史。总之，就是在国家和民族的分析框架内，有诸多重要且尖锐的矛盾无法得到合理解释。

只有从文明的视角来解释，这个问题才能说清楚。这场中国历史上空前的大屠杀，其首要性质不是民族矛盾，而是中华文明内部两个不同发展阶段的文明的冲突。落后文明对先进文明的征服，是人类文明的倒退；反之，先进文明对落后文明的征服和统治，则是人类文明的进步。相对于中华文明的核心区域——农耕地区，当时的满族社会还处在比较落后的文明发展阶段，其生产方式以渔猎为主，部落制、奴隶制色彩浓厚，其军事体制中还保留了"守城必屠"的野蛮规则。因此，明清换代是一次十分典型的历史倒退，这种倒退的主要表现形式之一，就是曾经生活在先进文明中的大量人口被疯狂屠杀，连带着无数先进科学技术和人文知识的毁灭。

五、剥茧抽丝：多维度视角下的明清换代史

在分析明清换代这段历史的时候，我们实际上使用了三个主要视角：阶级视角、国家（民族）视角、文明视角。从这三个不同的视角看历史，能够看到不同的东西，得到一些不同的结论，只有将这些结论综合起来，对历史的理解才能更有深度。明清换代用单一视角已经很难解释清楚，所以才需要多种视角。到了近代，中华文明遭遇西方现代文明的入侵和冲击，涉及的层面就更多，就更需要我们在这几种视角之间不停转化。

第一，明清换代的阶级视角，主要是用于分析明（含南明）政府与农民起

义军的关系。农民起义军代表了被压迫阶级的反抗，其诉求带有强烈的阶级正义性。在民族和文明层面上，双方处于同一民族、同一水平。农民起义推翻明王朝的腐朽统治，建立一个新的王朝，符合历史进步的潮流，将有利于国家强大与文明进步。

第二，明清换代的国家（民族）视角，主要是用于分析清政权与中国领土主权的关系。满族是明王朝统治下的一个少数民族，其政权建立属于明朝内部的民族叛乱。通过战争夺取中央政权，其政权可以继承明王朝的"法统"，并对外代表中国。近代西方与清王朝的战争当然也就是对中国的入侵。中国内部通过政变、革命等各种形式建立起来的新政权，可以继承清王朝的"法统"，拥有其原有版图的主权。

把民族视角和阶级视角结合起来。清军先吞并了蒙古，然后再入主中原。满蒙军事集团在入关以后，大量接受了明王朝原有军事力量以及地方豪强、东林党等官僚精英的投降，共同镇压了农民起义，篡夺了农民起义军推翻明朝政权的革命成果。清政权的性质，是满蒙军事集团与中原豪强阶级的联合，其政治体制中有一部分民族歧视政策，以维护满蒙军事集团相对于中原豪强集团的政治特权，但更多的还是阶级压迫政策，满汉统治者联合起来对民众进行统治和剥削。

第三，从文明的视角来看，就是中华文明内部外围落后圈层对中心先进区域的军事征服，从而导致了史无前例的大屠杀和文明的准毁灭性倒退。

为什么大屠杀应该从文明的视角而不是民族的视角来看？

我们必须清楚，屠城的清军很多以满族为主，比如入关之前的"入塞杀"，在河北、山东等地的屠杀。但也有很多屠杀行为的决策者和执行人，实际上并不是满族人或蒙古族人，而是汉人。比如著名的"嘉定三屠"，屠城军队的统帅就是投降清军的前农民起义军将领李成栋，屠城的士兵当然就更以汉人为主。广州大屠杀，屠城军队的统帅也是降清的前明军将领——平南王尚可喜与靖南王耿继茂。

这些汉人将领和士兵，在代表明朝政府或农民起义军战斗的时候并不屠城，但在投降加入清军以后，却犯下如此骇人的罪行。野蛮的屠城行径，并不在于民族血统的区别——汉族将领和士兵对于本民族的无辜人民也依然下得了杀手。

清军入关时总兵力在10万左右[1]，包括了蒙古八旗和汉军八旗。萨尔浒之战，努尔哈赤投入了6万军队，这应该是满族士兵的上限。后来经过毛文龙的东江军长期打击，再加上其他多次战争经历了伤亡，入关时真正的满族士兵人数应该不超过5万人。

所以，本书在叙述屠杀事件的时候，使用的词语始终是"清军"，而非"满族"或"满洲兵"，清军的概念包括满洲八旗、蒙古八旗、汉军八旗以及降清的汉族军队。就绝对数量而言，清军中汉族士兵的数量最多，死于汉族士兵刀下的汉人百姓，也比死于满洲兵刀下的汉人百姓数量更多。

这场持续数十年、遍布全中国的有组织的大屠杀，背后的主要推动力并不是来自民族仇恨，而是文明差异。

大屠杀的直接原因是清军存在野蛮的"守城必屠"的军令或军事惯例，以及清朝统治者对军队屠杀行为的故意放纵。汉族将领在明朝统治下，会千方百计掩盖军队滥杀无辜的行径，害怕遭受惩罚；而在清廷统治下，则在奏章中大力吹嘘自己不分良莠的无差别屠杀，将其作为一种表功的方式。清朝统治者对此也总是加以褒奖，鼓励他们这样做。

因此，尽管明清换代大屠杀的执行者大多数是汉族将领和汉族士兵，但大屠杀主要责任仍然是满洲贵族统治者。它体现出了文明的落后性，而不是民族血缘差异和一般性的文化差异。

---

[1] 《大义觉迷录》："至世祖章皇帝入京时，兵亦不过十万。"

第二章

南明悲歌

阶级局限与必亡的命运

一、闯王之死:"联虏平寇"战略下的两败俱伤

在明清换代的整个过程中,农民起义军或者来自民间的反抗具有强烈的正义性。人民的反抗应该成为那个时代的历史叙事主线,并得到充分的肯定。著名历史学家顾诚的《南明史》开创了以农民战争为主线的历史研究模式,是有关明清换代的经典著作。

南明政权是明末反动统治阶级苟延残喘的地方割据政权。这个政权极度仇视农民起义军,在一开始就定下了"联虏平寇"的基本战略——联合清军消灭起义军。只是由于清军拒绝联合,反而主动进攻南明政权,南明政权才不得不采取消极防御的政策与清军开战。但南明政权自始至终都拒绝联合农民起义军共同抗清,只要稍有喘息,就向起义军发起攻击,或者想办法挑拨起义队伍内部的矛盾制造分裂。南明政权内部,高层忙于争权夺利,各路军阀势力各自为政,而且大部分势力缺乏抵抗到底的决心,骑墙投机心态盛行,一旦形势有变就随时准备投降清军。

精英阶层无法实现团结一致,是抗清斗争失败的主要原因。

崇祯上吊自杀、李自成在北京登基称帝以后,明王朝即宣告灭亡,大顺政权暂时成为明朝的"法统"接替者。由于清军入关,大顺政权放弃北京撤退回到陕西,中国便形成了包括大清、大顺、大西、南明等多个政权割据一方、逐鹿天下的局面。此时南明不是正统、大清不是正统、大顺也不是正统,谁打赢了谁就是正统,暴力成为最终也是最直接的手段。

大顺军撤退以后,华北地区曾经投降大顺的地方军阀和豪强立刻反攻,杀掉大顺军将士,然后向清军投降——这些反动、无耻、腐朽的明末统治阶级在关键时刻毫不含糊,在民族大义和阶级利益之间坚决选择了后者。清军招降各路军阀豪强后势力大增。

在清军与大顺军争夺陕西、河南等地的时候,江南地区的南明政权乐于袖

手旁观。大部分南明高官不是蠢就是坏，希望双方两败俱伤。他们不知道，清军其实把他们当成了头号消灭对象。清军没有预料到起义军的战斗力和斗争意志都大大超过南明政府军。由于南明皇帝有朱明血统，因此清军把南明政权作为统一中国的最主要障碍，将起义军仅仅列在第二位。

等陕西、河南基本平定以后，清廷摄政王多尔衮将清军分兵两路：一路是以满蒙军事力量为主的清军核心主力，由多铎统率南下，准备一举消灭南明政权；另一路由英王阿济格、吴三桂带领，从大同出发，南下前往延安，从北面攻打李自成的根据地陕西——这是当年李渊、李世民父子在太原起兵反隋，南下攻占长安的路线。

多尔衮的这个决定在战略上犯了错误：他把两支主力在空间上长距离分开，跟当年的萨尔浒之战一样，很有可能在局部丧失兵力优势，遭到重创。尤其是把最强的战斗力分到南路，而实际上当时农民军的战斗力已经远远高于南明政府军了。

但大顺军方面并没有抓住这个机会，他们也犯了一个很严重的战略错误。在多铎大军刚刚开始南下，还没有深入南方腹地与南明军交战的时候，大顺军立刻组织在河南怀庆等地展开反攻，连续攻克济源、孟县等地。清军怀庆总兵金玉和带兵出战，全军覆没，金玉和及其副将、参将均被大顺军击毙。大顺军乘胜进攻怀庆府的府城沁阳，清军卫辉总兵祖可法带兵增援，也被围困于城中。消息传到北京，摄政王多尔衮大惊失色——这是清军自袁崇焕杀掉毛文龙后遭遇的最严重的失败。

怀庆战役在局部取得了胜利，但在战略上却是极大的错误和败笔。我们不清楚它是李自成安排的，还是当地大顺军自己发起的。总之，怀庆战役改变了多尔衮对整个战局的战略判断，他意识到，农民起义军才是威胁清军统一中国的最可怕的敌人。他立刻命令多铎的大军停止南下，转而向西去攻打潼关。这样，李自成在陕西就面临着两路大军夹击的不利局面。

李自成原本计划在延安附近与阿济格的清军展开战略决战。阿济格兵力只有8万，而且有很大部分是刚投降的大同守军，他们远道来袭，如果双方在延安附近决战，大顺军集中10多万精锐，以逸待劳，获胜的把握很大。重挫阿济格的军队之后,由于多铎带领的清军主力会深入江南地区,被南明军队拖住,那么大顺军乘机反攻,清军北方空虚,就会面临非常危险的境地。

李自成退出北京以后,几乎没有在山西、河北地区组织抵抗,而是快速撤退进入陕西,地盘虽然丢得多,主力损失其实不大,在战略上似乎有诱敌深入的意思。从这个角度来看,怀庆战役很有可能不是他部署的,而是留在河北的大顺军自己发动的。这也暴露了大顺军在组织上的严重问题——由于从陕西进攻北京和从北京撤退的速度都太快了,指挥系统出现严重脱节,导致"一招不慎、满盘皆输"的悲惨结局。

等清军主力不再南下,而是向潼关开拔以后,大顺军面临的形势就很严峻了。潼关守军只有不到1万人,无法抵抗。李自成犹豫再三,决定放弃在延安决战的设想,带领主力南下守卫潼关,试图先在潼关击退多铎的军队,再回过头去打阿济格和吴三桂。

此时,最大的胜负手其实已落到南明政府手中。多铎带兵前往潼关,清军主力部队几乎全部都指向了陕西方向。此时清军在河南、河北、山东兵力十分空虚,少量的守军也几乎都是新降的原明朝军队。南明政府手握数十万兵马,若此时发兵北上,地方大部分守军会骑墙观望,甚至闻风而降。多铎大军首尾难顾,如果掉头去打南明起义军,大顺军就可以乘胜追击;如果不掉头,北京空虚,局面更危险。

但是很显然,南明高层绝不会有救援起义军的觉悟。有几个地方官员倒是上书南京请求发兵北伐,但遭到了严厉的斥责。南明兵部尚书史可法的思路更是清奇,竟然建议派兵前往陕西,会同清军一起剿灭大顺军。不过这些争论都没有实际意义,因为南明各路军阀拥兵自重,中央政府根本就调不动,不管是"联虏平寇"还是"北伐中原",都只能在奏章上过过嘴瘾。军阀们都想保住自己的地盘,让别人去送死,因此南明军最终选择了按兵不动。

清军与大顺军在潼关展开激战。经过大约20天的战斗,双方仍然不分胜负。李自成多次主动出击,希望快速击退敌军,然后回师再去打阿济格,都以失败告终,只能依靠潼关固守。

从多铎带兵前往潼关,已经过了一个月。在此期间,南明方面坐山观虎斗,落得清闲。一个月后，阿济格和吴三桂带领的另一路清军已经越过延安南下，即将进入关中平原，逼近西安。大顺军主力在潼关，西安空虚。大顺政权的许多物资，以及军官们的家属都在西安。如果西安失守，坚守潼关就没有意义。1645年正月，李自成只能将主力撤出潼关，返回西安。

李自成撤退后，潼关守将马世耀立刻向清军投降。

清军接受投降后设下埋伏，将7000降军全部杀掉。[1] 事后，他们声称这是因为发现马世耀派出奸细联络李自成主力回援，里应外合夹击清军，因此马世耀是诈降，清军被迫杀降。

这种说法很可能只是借口。如果诈降是李自成的谋略，那么必然会提前说好里应外合的方式，无须投降以后再来联络。如果不是李自成提前做好的安排，潼关守军投降以前不通知李自成，而是在投降以后再派人去追李自成，请他带兵返回夹击清军，李自成绝不可能相信，等于多此一举，给清军送上杀降的理由。当时的情况是，大顺军主力还在，清军占领潼关后需要继续追击，没有时间慢慢消化这刚投降的7000人马，也不可能把他们留在潼关，这应该才是清军决定杀降的主要原因。

李自成回到西安后并未久留，只带走了家属和物资，南下经蓝田、商洛往襄阳撤退——这是当年刘邦带兵攻打咸阳的路线。

清军不战而占领西安。然后，由阿济格、吴三桂南下追击李自成，多铎部回头再去打南明。南明政权看热闹的好日子就此结束了。

多铎统兵南下，1645年四月廿五日攻克扬州，杀兵部尚书史可法，屠城10日——此时距潼关战役只过了3个月。然后，弘光帝朱由崧出逃安徽芜湖，南明政府高官打开南京城门投降清军。多铎命降将刘良佐带清兵追击朱由崧，于五月廿二日将其活捉，后押送至北京杀害。

在多铎南征的同时，阿济格也带兵对李自成穷追猛打。大顺军连战连败，不断往南撤退。在1645年五月初四这一天——也就是"扬州十日"屠城的最后一天——李自成带数万人马行军到湖北通山县九宫山下，自己带了28个骑兵外

---

[1] 顾诚：《明末农民战争史》，光明日报出版社，2012年版。

出侦察，不料遭遇当地团练的袭击。这些团练是当地的地主豪强组织起来保卫本地不受流寇侵扰的队伍，他们以为这二十多人是普通流寇，仗着人多一拥而上，李自成在混战中不幸身亡。

李自成没有儿子，也没有指定过继承人。在清军的连续追击中，许多重臣名将要么战死，要么投降。李自成死后，大顺军内部没有再出现一个公认的皇位继承人，大顺政权也就宣告覆亡了。大顺军剩余部分散到许多地方，各自独立作战。

南明这边，朱由崧被捕以后，潞王朱常淓在杭州被拥立为监国——因为朱由崧没有立即被杀，皇位暂时还没有空缺，所以只能监国不能称帝。

潞王朱常淓，就是之前被东林党认为非常贤能、应该取代朱由崧继承崇祯皇位的那个人。现在，由于朱由崧被俘，东林党"立贤"的理想终于变成了现实。事实证明，朱常淓不愧为东林党看得上眼的人物，在软弱无耻方面跟东林党有一拼。他一上台就主张割让江南四郡给清军，以谋求议和，当然被清朝拒绝。然后他就决心降清。清军围攻杭州、将士们还在浴血奋战之时，他竟然亲自到城墙上以酒肉劳军——不过不是犒劳南明军，而是清军。还在为保卫监国而战的将领们目睹此情景，极为愤慨，随即放弃守城，转而南下拥立鲁王朱以海为新的监国。

农历六月十四，朱常淓开城投降，被押送到北京。他在北京又上疏清廷"恭谢天恩"，自称：我原来的驻地卫辉地区被李自成等草寇侵害，不得已南下到杭州避祸；幸而"王师南下，救民水火，即率众投诚"，对清廷给以"日费"和"房屋"感激不尽，表示全家每天都会穿着草鞋布衣烧香拜佛，祝颂清朝统治者"圣寿无疆"。①

即便这样摇尾乞怜，清廷仍不打算放过他。把朱常淓关押了几个月之后，清廷宣布发现朱常淓"私匿印信、图谋不轨"而将其处斩——跟在潼关杀降的借口差不多。

---

① 顺治二年十一月初九日"沐恩朱常淓谨揭为恭谢天恩事"，原件藏第一档案馆。转引自顾诚：《南明史》。

二、隆武皇帝：郑芝龙海商集团的政治投机

朱常淓投降以后，南安伯郑芝龙会同吏部尚书黄道周等几位高官，在福建拥立了朱元璋的第九世孙朱聿键担任监国。20天后，朱聿键在福州正式登基称帝，改元"隆武"。这就是南明政权的第二任皇帝——隆武帝。

差不多同一时间，鲁王朱以海在浙江绍兴宣布监国，史称鲁监国。这是两个各自独立的政权。朱以海没有称帝，但也没有承认隆武政权。

拥立隆武皇帝的关键势力是南安伯郑芝龙。他本来是东南地区的海商。明朝虽然名义上有"海禁"，但这是东南豪强集团垄断海外贸易、规避海关税收的一个借口，专门用来对付没有特权背景的普通商人。东南沿海地区的真实情况是海外贸易高度发达，有背景、有靠山的海商，生意做得风生水起。郑芝龙就在豪强集团的政治支持下，在西方殖民者——主要是荷兰和西班牙——以及日本、中国三者之间做生意，还时常劫掠其他商船，既做海商又做海盗，从中大发横财。到了1627年，郑芝龙已经可以控制超过700艘商船[①]，而且拥有自己的海上武装。这一年，为了争夺对台湾的控制权，郑芝龙跟驻守台湾贸易据点的荷兰守军打了一仗，并取得胜利。

6年后，也就是1633年，郑芝龙的海军在福建金门附近再次打败荷兰东印度公司的舰队，获得了对台湾海峡的控制权，对经过台湾海峡去往浙江、日本等地的商船收取保护费。鼎盛时期的郑芝龙拥有3000艘商船[②]，是整个东南亚地区当之无愧的海上霸主。

郑芝龙一直把东南沿海地区的明朝官员笼络得不错。等他势力壮大，明朝政府海军实际上也无力跟他正面抗衡。经过长时间的谈判，双方终于达成招抚

---

① 董应举：《崇相集选录》。
② 据德国学者指出："他除靠那一项强暴的营业税收外（指每舶例入二千金），又靠本身的投机生意，而终于积攒起一笔莫大的资产，他的船只计有三千，他令其船主们巡航到暹罗、马尼拉、马六甲等地，就豪华以及财富而论，他凌驾在他君主的唐王……"转引自林仁川：《明末清初私人海上贸易》，华东师范大学出版社，1987年版。

协议，郑芝龙被明朝任命为海军游击将军，后来又升任总兵、都督。郑芝龙也把他的驻地从台湾移回福建，在晋江安海镇建府，带着他原来的海军打击其他小股海盗，维护沿海治安，成效显著，时人皆称"八闽以郑氏为长城"。荷兰人多次试图联合其他势力挑战郑氏海军的霸权，都被击败。海上贸易的好处有大部分落入郑芝龙集团手中，每年白银收入超过千万两，接近明朝全国财政收入的一半[①]。

明朝灭亡以后，南明政权对于郑芝龙更为依赖，封他为南安伯、福建总镇，负责福建全省军务。朱常涝投降后，最有资格担任监国的应该是桂王朱由榔——他是明神宗万历皇帝的直系孙子，是弘光帝朱由崧的堂弟，也是万历皇帝后裔中的唯一确定还活着的男性，跟明朝皇帝的血缘关系最近。朱聿键只是朱元璋儿子的后裔，跟皇帝血缘已经很远了。但当时朱由榔远在广西，郑芝龙急于争取拥立皇帝的功劳，便选择了朱聿键。

朱聿键称帝后，郑芝龙被册封为南安侯，负责南明政权所有的军政事务，达到了自己政治生涯的顶峰。郑家的亲戚也都跟着封侯封伯，权倾朝野。

隆武帝朱聿键是一个比较有血性的皇帝。还在当藩王的时候，得知清军围攻北京，他就不顾藩王不能带兵的大忌，自己召集了一支军队北上勤王。结果崇祯皇帝严厉谴责了朱聿键，不但不准朱聿键北上，还褫夺了朱聿键的唐王王爵，将爵位给了朱聿键的弟弟。一直到朱聿键当监国，这个王爵也没恢复，还在他弟弟头上。

朱聿键登基之后，立刻就想带兵北上去跟清军作战。但郑芝龙是海盗海商出身，只对海上利益感兴趣，并不想把自己的老本儿放到陆地上去跟清军火拼。他拥立朱聿键无非还是为了保住自己在福建沿海和海上贸易领域的好处。郑氏家族掌控皇帝以后，就开始以中央政府的名义到处出售高级爵位，狠狠地赚了一笔，对朱聿键北伐的要求完全置之不理。皇帝得不到一兵一卒的支持，只能干瞪眼。

[①] 《台湾通史》："海舶不得郑氏令旗者，不能往来。每舶例入二千金，岁入以千万计，以此富敌国。"连横：《台湾通史》，广西人民出版社，2005年版。

吏部尚书黄道周以皇帝的名义征兵，召集了一支3000人的队伍。[①]出征之时，隆武帝除了给他一些可以用来封官的空白诏书，一两军饷也拿不出来。君臣二人洒泪而别。

黄道周是个理学书呆子，是崇祯时期党争的积极参与者，因为敢跟皇帝对着干而闻名天下。但除了用理学思想参与政治斗争，他对其他事情一窍不通。黄道周没有对军队做任何训练，就将这点可怜巴巴的兵力分成三路北上，分别攻取三个重要关口，结果三战三败，几乎没有给清军造成任何损失就全军覆没，自己也成了俘虏。被俘后，黄道周拒绝投降，被杀。

朱聿键得到消息，决定不顾郑氏家族的阻拦，自己带兵北上与清军作战。郑芝龙这次竟然予以放行，还给了皇帝几千兵马和一些粮饷。其实，郑芝龙私底下已经决定降清，放走朱聿键只是不想背上出卖皇帝的骂名。

朱聿键带着几千老弱病残从福建出发，想前往湖南寻找督师何腾蛟，那里还有一支忠于隆武政权的强大武装。这支武装主要来源于李自成在湖北九宫山被杀以后留下的大顺军残部。李自成死后，大顺军余部分散成了十多支不同队伍的联盟，将领们都对自己的队伍有独立指挥权。李自成的义子李进和李自成的妻兄高一功是其中比较有权威的领袖，但都尚不足以被大家拥戴继承李自成的皇位。

大顺军攻破北京，逼得崇祯皇帝上吊自杀，因此被南明政权视为不共戴天的仇敌。湖广总督何腾蛟是顽固的理学士大夫，非常敌视农民起义军，但他手下只有一些地方小军阀，被大顺军打得落花流水。这让他不得不接受其学生和亲信、湖北巡抚堵胤锡的意见——招抚农民军。

堵胤锡是南明官员中少见的英雄人物，具有战略眼光，并且始终以民族大义为重。他明白腐朽的南明政府军战斗力低下，特别是军事将领大多腐败无耻而且目光短浅，不能成为反清的依靠，只有和农民军结盟才可能取得胜利。

取得何腾蛟的同意后，堵胤锡主动联络李进和高一功，希望能够与他们联合抗清。他只身一人进入大顺军军营，讲明忠孝大义，慷慨激昂，主张联合抗

[①] 黄宗羲《明文海》："先生之行也，招募市人才三千耳。"

清,情意恳切。高一功等人被堵胤锡的诚意感动,经过内部商议,决定摒弃前嫌,以明军的旗号参与抗清斗争,称"忠贞营",接受堵胤锡统一调遣。

这样,湖南地区一下子就"出现"了十几万的精锐南明军——也就是忠贞营,再加上一些小军阀,号称 30 万大军①,成了忠于南明政权最强大的军事力量。何腾蛟也跟着加官晋爵,被加封为太子太保、兵部尚书和五省督师。朱聿键想去湖南,就是这个原因。

郑芝龙在放走朱聿键后,接受了清朝闽粤总督的头衔,投降清朝。清军一路南下,追着朱聿键到处跑。1646 年八月,朱聿键在福建汀州被清军抓获。他拒绝投降,多次试图自杀未果,最终绝食而死。

郑芝龙北上迎接清军。他本以为自己既然被封为闽粤总督,就可以继续在福建沿海当"土皇帝"——这也是他降清的主要动机。清廷当然不会让这种实力派人物继续盘踞一方,找了个理由把他带回北京,封了个侯爵软禁起来。郑芝龙的儿子郑成功一开始就拒绝跟随父亲北上迎接清军,得知郑芝龙被带往北京,便再次举兵反清。

清廷多次让郑芝龙给郑成功写信劝降,都被郑成功拒绝。失去利用价值的郑芝龙及其家人先是被囚禁,然后被流放到东北宁古塔服苦役,最后在康熙年间被全部处斩。这个风云一时的海上霸王、政治上的投机者,终于还是落得了一个悲惨的结局。

三、五省督师:李成栋反正与湖南的再丧失

隆武皇帝死后,他的弟弟唐王朱聿鐭在广州登基称帝,年号"绍武"。与此同时,桂王朱由榔在两广总督丁魁楚、广西巡抚瞿式耜的拥立下在广东肇庆宣布监国,随后跑到了广西梧州登基称帝,年号"永历"。绍武政权和永历政权彼此不承认,还互杀使者。这个争议随着清军南下很快结束——1646 年十二月十五,清军

---

① 何契《晴江阁文钞·堵太傅传》:"有侄锦代领其众,同自成妻弟高一功等渡洞庭湖踞山寨,众尚三十余万";"御史钱邦芑也上言:出空爵一日收三十万兵,免湖南百万生灵涂炭,抚臣此请良善。"

攻破广州城[①]，绍武帝拒绝投降自杀，绍武政权只存在了一个多月就灭亡了。

隆武—绍武一脉覆亡，朱由榔以万历皇帝孙子的身份成为皇帝，便不再有任何争议。不过他的日子也很不好过。清军打下广州城后，又相继攻取东莞、肇庆等地，然后进兵广西，在1647年攻占了梧州。朱由榔又紧急逃往桂林。

到了1648年二月，几乎所有人都意想不到的转机突然出现了——统率十多万大军、从浙江一路打到广州的清军将领李成栋竟然宣布"反正"，归降南明。南明不费吹灰之力，就将广东和半个广西"收复"。

这个事件根源在清军内部的矛盾。在辽东时期和入关初期，清朝统治者对于手下的汉族将领是很舍得重用重赏的，辽东时期从山东带兵投靠清朝的孔有德、耿仲明、尚可喜都直接封王，吴三桂献出山海关也封了王。但打到后来，特别是李自成被杀、弘光帝被俘以后，清廷觉得统一天下的大势已定，对汉族将领的功劳也就不再那么重视。李成栋带兵扫荡浙江，然后一路从福建南下，攻克广东全省，进军广西，先后擒获隆武帝朱聿键和绍武帝朱聿鐭，可以说是功高盖世。按照之前的标准，封侯甚至封王都是可以的。就算不封王侯，起码应该给一个两广总督这样的高级官位。结果清廷竟然连广东巡抚的位置都没给他，两广总督和广东巡抚的职位由兵力和功劳都比李成栋小得多的满人将领佟养甲担任。李成栋只得到了一个广东提督的头衔。按照李成栋统率的兵力和他立下的战功，这简直就是一个羞辱性的职位。

1648年的正月廿七，清朝任命的江西总兵金声桓、副将王得仁率先宣布"反正归明"。原因跟李成栋一样，就是在带兵投降清朝以后，清廷给他们的封赏没有达到预期。金、王二人在清军攻取江西的过程中功劳最大，在"赣州之屠"中屠杀40万人。他们满心以为凭借屠杀同胞的功劳，能够换来总督和巡抚的位置，结果只被任命为总兵和副总兵。朝廷还另外派了一个巡抚来管着他们。二人遂发动兵变，杀掉巡抚，归降南明。

当时，清廷打压新投降的汉族将领，应该是普遍现象。金声桓、王得仁反清以后，江西、湖广、福建等地很多新降的汉军将领纷纷响应。李成栋看到这

[①] 戴笠《行在阳秋》："十五日，清陷广州……唐王被获，自尽。"

个局面，也在同年的二月份宣布反正。

李成栋的反正，极大地改变了双方军事力量对比，全国抗清形势为之一变。

除广东全省直接变成南明的地盘以外，最为有利的局面出现在了湖南。湖南东边紧靠江西、南边紧靠广东。孔有德、耿仲明、尚可喜这三个汉族藩王带着清军主力已控制了湖南的主要城市，眼看江西有变，直接威胁南京、浙江一带，这是清廷绝对不能接受的，于是紧急将"三王"主力调往江西镇压金声桓、王得仁的叛乱。这下清军留在湖南的兵力就很少了。而何腾蛟在湖南及其周边有忠贞营等近30万军队，完全有望一举收复湖南的主要城市。这样，在战略上就可以使广西、广东、湖南、江西连成一片，再以广东和湖南之兵救援江西，就有很大的希望围歼"三王"。

堵胤锡看清了这样的局势，立刻带手下兵马在湖南发动反攻。1648年四月收复常德。同月，清军将领陈友龙在靖州宣布"反正归明"——原因也是孔有德另外找了个人来当靖州的一把手，引起陈友龙不满。陈友龙占领靖州城以后，又连克州县，与占领常德的堵胤锡呼应，对省城长沙形成威胁。

但偏偏在这个时候，五省督师何腾蛟出来搅浑水了。他自己的嫡系部队已经被孔有德等人打得落花流水，逃出了湖南，跑到了广西桂林跟永历朝廷混在一起。眼见堵胤锡和陈友龙两路大捷，他也命部下带兵进攻广西全州。李成栋反正后，全州当时已成孤岛，清廷广西巡抚和总兵带兵退入湖南永州固守。何腾蛟的军队收复全州后，又北上去攻打永州，但战斗力太差，长期围困却无法攻克。

湖南是在何腾蛟手里丢掉的。现在收复湖南的大好时机出现，何腾蛟却发现自己的嫡系部队竟然连一个湖南城市都打不下来，不由得对堵胤锡和陈友龙心生嫉妒。特别是陈友龙，在降清以后曾经带兵去攻打过何腾蛟的老家，俘虏了他的家属（并未杀害）。何腾蛟于是公仇私仇一起报，下令其嫡系、南安侯郝永忠从广西柳州出发，北上靖州地区袭击陈友龙部。

郝永忠声称自己北上攻打辰州，路过陈友龙防区的时候突然发动攻击。陈友龙毫无防备——谁也想不到这还需要防备——最后全军溃败，带着残兵败将逃往广西向永历朝廷告状。

在这种关键时刻，作为南明最高级别军事长官的何腾蛟竟然干出这种丧心病狂的混账事，实在令人震惊。陈友龙既然溃败，不仅乘胜进攻长沙的计划破灭，他攻下的那些州县也被清军重新占领。堵胤锡在常德的军队再次成为孤军。

不过，没过多久，好消息再次传来。原先被"三王"主力击败退入湖北、四川交界山区的忠贞营，也在堵胤锡的调遣下反攻进入湖南，号称"数十万"，具体多少不详。九月，忠贞营与堵胤锡在常德会师，然后连战连捷，在很短的时间内就攻克了长沙府所属的大部分州县，只有长沙和浏阳还在清军的控制之下。长沙城成了孤岛。

从十一月十一日开始，忠贞营开始围攻长沙。此时长沙守军只有3000人，忠贞营和堵胤锡部数万人马日夜攻城，一边放箭一边"掘城凿洞"，志在必克。长沙总兵徐勇在城头督战时也中箭受了重伤，忠贞营攻克长沙已是指日可待。

但就在长沙城即将被攻破的时刻，何腾蛟紧急下令忠贞营和堵胤锡撤围，前往江西救援金声桓部。

这个莫名其妙的命令也是何腾蛟嫉妒心发作的结果。长沙是在他手里头丢的，他觉得一定要自己收回来，不能让堵胤锡和忠贞营抢了头功。

堵胤锡是何腾蛟的直接下属，还曾经是他的学生，没法跟何腾蛟硬抗，只得服从命令撤围。但何腾蛟的嫡系此时距离长沙还很远，根本就没机会打到长沙城下。

何腾蛟对此并不在意，以为长沙空虚，早晚必为自己所取。于是他坐镇湘潭，不慌不忙地指挥嫡系四下攻打一些几乎无人守卫的州县，慢慢"包围"长沙。但清廷并不是白痴，知道湖南空虚，在调走"三王"主力的同时，派遣郑亲王济尔哈朗统率清军主力从北方南下增援湖南。何腾蛟情报闭塞，对此一无所知。到了第二年（1649年）正月，济尔哈朗大军进入湖南，何腾蛟的嫡系部队纷纷望风而逃，此前收复的州县几乎全部丧失。清军从俘虏中得知何腾蛟在湘潭，济尔哈朗亲自带领精锐长途奔袭，突然将湘潭包围。何腾蛟来不及逃走，只能带兵死守，但守卫了仅仅一天就被清军破城。

城破之后，清军按照守城必屠的规矩，在湘潭屠城8日。

何腾蛟被俘以后，倒是很有气节，拒绝投降，于正月廿七日被杀于湘潭流水桥下的一个小坡下。据说行刑之前他猛拍地上的石头，把手掌都拍烂了，大呼：

"可惜！可惜！"也不知道他可惜个啥。

对何腾蛟之死，我们只能说一句"活该"。

四、忠贞余响：堵胤锡之死与忠贞营的败落

湖南既失，不久又传来江西省会南昌被清军攻破的消息。忠贞营和堵胤锡部救援江西的使命自然无法完成，进退失据，在清军的追击中损失惨重，只能分头撤退进入广西。本地军阀和南明政权的官员认为他们是来抢地盘的，不仅拒绝提供帮助，还发兵攻击。忠贞营受到重创，在广西停留了一段时间后，最终再次回到四川湖北交界处的夔东山区，以游击作战的方式坚持抗清，史称"夔东十三家"，一直到康熙年间才被清军扑灭，是坚持到最后的南明抗清武装。但因为力量薄弱，并未能对全局产生重大影响。

李成栋"反正"以后，永历皇帝朱由榔决定回到当年宣布监国的广东肇庆，将自己置于李成栋的庇护之下。这个危在旦夕的小朝廷一天也没有忘记搞党争。广西军政势力因为拥立朱由榔称帝有功，称"西勋"，代表人物是庆国公（广西军阀）陈邦傅和内阁大学士、前广西巡抚瞿式耜；李成栋在广东这边的势力称"东勋"，代表人物是李成栋和他的义子李元胤。在"西勋"内部又分为两派，瞿式耜代表的一部分小军阀地盘受到大军阀陈邦傅威胁，因此他又经常与"东勋"联合起来打压陈邦傅。

这几派人物彼此钩心斗角，又都把一心抗清的堵胤锡视为威胁。堵胤锡所带领的残部是南明正牌政府军，竟然也遭到沿途军阀的袭击。他进入广西，就被广西军阀攻击；进入广东，就被广东军阀攻击，损失惨重，带着残兵败将回到肇庆。

朱由榔倒是很信任堵胤锡，让他入阁辅政。但皇帝本人就没有实权，内阁辅政说话就更没有人听。堵胤锡不断被以"丢失湖南"等罪名弹劾，深感自己难以在朝廷立足，自请再次带兵北上抗清。朱由榔知道留他在身边于事无补，加封他为太子太师、吏部尚书、兵部尚书、总督直省军务等一大堆高级头衔，派他出征。但跟当年朱聿键派黄道周出征一样，朝廷没法给堵胤锡一两银子。

各路军阀都拒绝派兵，只有忠贞营残部的刘国昌愿意跟随。

1649年十一月，堵胤锡因心力交瘁，死于征途。

堵胤锡死后，刘国昌带兵退回广东，再次被本地军阀势力袭击，被迫进入广东山区。后来广东沦陷，他还以打游击的方式继续抗清。但也跟"夔东十三家"一样，无法对大局产生任何影响。

忠贞营将士们的爱国热情和抗争精神令人敬佩。他们的抗清斗争，为明末农民起义增添了值得自豪的一笔。但他们终究还是失败了，其主要教训就是在李自成死后没有建立起一个坚强的领导核心，在跟南明政权的联合中放弃了太多的独立性。围攻长沙时，让撤退就撤退，让调往江西就调往江西。他们被堵胤锡个人的人格魅力所折服，却看不到背后整个南明政权的反动本质。最后的结果就是，十几万很有战斗力的军队分散作战，给南明政府军当炮灰。清军打过来的时候，政府军先跑；进攻的时候，政府军先去抢功劳；撤退的时候，地方军阀还要袭击他们。这种情况下，忠贞营的快速败亡就是不可避免的了。

革命战争中，外部势力趁火打劫的情况随时可能发生。当内外部主要矛盾发生变化的时候，革命者一方面要以国家民族大义为重，积极与曾经的敌人联合；一方面又绝不应该忽视隐患，那就是反动势力一刻也不会忘记消灭革命力量，因此决不能放弃自己的独立性，而应该加强内部团结，建立一个坚强的领导核心，执行自己的战略路线，对待反动势力要坚持以斗争求团结，实现双方在战略上的积极配合，绝不是无条件服从。

五、假封秦王：大西军联合南明抗清的曲折传奇

李自成的大顺军力量基本退出历史舞台后，另一支农民起义军开始在舞台上出现了。

大西军余部自张献忠死后，从四川撤退进入云南，并且推举出了新的领导人孙可望。在孙可望带领下，大西军在云南休整了近两年的时间。这两年的时间孙可望也没闲着，主要是搞根据地建设，扫荡了云贵地区的小军阀，委派地方官员，建立了比较完整的行政系统，开科取士、鼓励开荒、招兵买马等。经

过两年的建设，大西政权对云南地区的统治已经十分稳固，社会安定，兵精粮足，农业生产迅速发展。

一切准备完善，孙可望决定带兵北上，参与全国抗清的大业。当时孙可望的身份是盟主，还没有称王称帝。出于策略考虑，他决定承认南明皇帝的"正统地位"，请求永历帝朱由榔加封他为秦王——张献忠是从秦地也就是陕西地区造反出身的，在成都称帝之前，曾经自称秦王。孙可望希望以此封号来取代张献忠在大西军中的权威领导地位。

张献忠有四个义子，老大孙可望、老二李定国、老三刘文秀、老四艾能奇。其中，李定国和刘文秀分别拥有一支势力强劲的嫡系队伍，独立性较强，称"西府"和"南府"。孙可望老大的地位不够稳固。他一方面觉得，南明皇帝的旗号可以用于号召其他抗清力量；一方面也觉得从南明皇帝那里获得一个爵位，可以名正言顺地节制李定国和刘文秀。

1649年，孙可望派出亲信杨畏知等人前往广东，于四月初六到达肇庆，请封秦王。

这对永历朝廷来说是天上掉馅饼的大好事。此时清军已经重新占领了江西、湖南，何腾蛟被清军俘杀，江西的金声桓、王得仁兵败自杀，李成栋亲自北上与清军作战，在一个多月前战死，情况十分危急。突然冒出来一支有钱、有粮、有地盘的生力军，愿意拥护南明朝廷共同抗清，简直就是救命稻草，南明应该不顾一切地紧紧抓住才是。

但朝廷重臣和地方军阀却不这么看。李成栋的义子李元胤害怕大西军加入政权后影响他对皇帝的控制力，指示其控制的傀儡大臣上书，力主"可望贼也，不可以封"。贵州军阀担心大西军抗清需要经过他们的地盘，害怕丢失地盘，也力主不可封。忠于皇帝的文官们则拿出祖制，声称明朝祖制就是异姓不能封王，孙可望是反贼头子，当然就更不能破例。

朝臣当中也有一部分人赞成封王，但数量不多又没有实权，无力改变局面。杨畏知一看，封秦王肯定没戏了，就建议朝廷封孙可望为"大西王"之类的两字王——一字王是亲王、两字王是郡王，虽然低了一级，但好歹是个王爵，他们也好回去交差。于是朝廷又对这个建议继续展开热烈讨论……

就这样，在清军四处扫荡反清势力的局势下，南明政府为了孙可望的头衔问题争论了好几个月。最后，朝廷决定，只给孙可望封一个公爵，给李定国和刘文秀封侯爵。而且还使了个阴招，就是声称等将来谁抗清有功之后再封王爵，也就是故意挑拨孙可望与李定国、刘文秀的关系，将来谁功劳大谁就封王。

杨畏知无可奈何，带着封公爵的诏书垂头丧气地往回走。

堵胤锡当时还在带着刘国昌出征，得到消息，深知如果只封公爵，双方必定决裂。半路拦下杨畏知，紧急给皇帝连续上了两封奏章，阐明利害，请求封孙可望为两字郡王"平辽王"，并加封李定国、刘文秀为公爵。永历皇帝收到堵胤锡的奏章，终于壮着胆子同意了。

孙可望能否接受二字王的封号？杨畏知感到并无把握。等他忐忑不安地回到云南时，却发现大西军上下一片喜气洋洋，各地军民都沉浸在朝廷将孙可望封为秦王的喜悦之中。

杨畏知当时就蒙了，这是怎么回事？

一打听，明白了。原来是"西勋"陈邦傅干的"好事"。

之前，陈邦傅和瞿式耜一起拥立了朱由榔称帝，自以为功高盖世，可以把皇帝控制在手中号令天下。不料李成栋"反正"以后，朱由榔就去了肇庆，瞿式耜也跟李成栋的"东勋"一派合流一起去了，这让陈邦傅倍感失落。

朱由榔在广西称帝的时候，陈邦傅弄到一些空白诏书，用来给自己的亲信封官，或者拿来卖官赚钱。得知孙可望请封秦王而永历朝廷争议不休的消息，陈邦傅决定利用这个机会打击"东勋"和瞿式耜，于是拿出还没有用完的空白诏书，以皇帝的名义加封孙可望为秦王，在上面瞎写一通不伦不类的胡话，比如"朕率天下臣民以父师事王"，命其"监国"，赐"九锡""总理朝纲""节制天下文武兵马"，等等。然后又铸造了一枚"秦王之宝"的金印，派手下冒充朝廷使者，抢先送往云南封孙可望为秦王。

孙可望看到"诏书"，大为感动，想不到南明皇帝君臣竟然胸怀宽广、礼贤若渴至此。他安排了隆重的仪式，亲自郊迎使者，对着诏书磕头称臣，带领三个兄弟和众将士一起高呼万岁，再登上秦王宝座，接受大家的跪拜祝贺。然后，用黄布把诏书内容抄成很多份，布告其治下各州县，令各地军民欢庆三天。这一系列仪式表明孙可望统辖的大西军和云南全省都已经尊奉南明永历朝廷。孙可望本人的领导地位得到肯定，大西军内部团结也因此得到了加强。[1] 孙可望随即下令三军整装待发，准备奔赴抗清前线作战。

然而，杨畏知等人的归来，无情地打破了这个美好的愿景。

孙可望明白事实的真相以后极为愤慨。他已经把受封秦王的事情搞得云南全体军民众所周知，突然要降为二字王，必然颜面扫地、权威尽失。这种事情对于一个领袖人物来说，完全不可以接受。但他还是希望能够避免决裂，选择暂时封锁消息，把陈邦傅的诏书内容抄一份送往南明朝廷，并附上解释，说明自己在不知情的情况下已经受封秦王、公告全省，无法改变，请朝廷重新发一个诏书真封秦王。

平心而论，孙可望在这个事件中没有任何过错。这完全是南明政权内部斗争搞出来的荒唐事儿。甚至连陈邦傅的空白诏书也确实是皇帝发的，盖的章也是真的，从某种意义上讲，上面写的内容就是具有法律效力的。就跟我们在一份空白支票上签字一样，人家拿去随便填个数字，银行都可以照单支付而不用承担法律责任。孙可望也确实没有任何退路，不可能再受封二字王。他的要求也不过分，就是真封秦王，让他在面子上过得去，而陈邦傅诏书中那些过分吹捧的待遇名分则可以去掉。

但南明朝廷方面竟然毫无灵活性，坚决拒绝真封秦王。

孙可望深感羞辱，决定将错就错——既然你朝廷不肯另发新的诏书，我就认准了原来那个诏书合法有效，不仅要当秦王，还要"监国"。他把那个诏书又抄了好多份，宣布自己已经尊奉永历朝廷，现在奉旨征讨清军，而且还"节制天下兵马"，沿途明军必须服从秦王和监国调遣。

云南附近的贵州、四川、广西这些地方的军阀被这个诏书搞得不知所措：朝廷确实把孙可望封王了，只是头衔上有争议，内中细节大多数人并不清楚。但不管怎样，永历朝廷本来就管不住各地军阀，诏书细节自然无人关心。军阀们只认实力。孙可望和李定国带兵进入贵州，刘文秀进军四川，一路都是打过去的。

---

[1] 顾诚：《南明史》，光明日报出版社，2011年版。

孙可望消灭了贵州本地军阀以后，又仿照他在云南的做法，迅速在贵州地区建立起一套垂直的行政管理系统，鼓励开荒、维护治安、征兵收税等工作很快就有条不紊地开展起来。

刘文秀进入四川的过程也十分顺利。之前，永历朝廷任命了"四川巡抚"李乾德。李乾德是崇祯四年（1631年）的进士，因为在当中书舍人的时候敢于上书骂皇帝而出名，后来当了御史，管理过一些地方。他拿着南明朝廷的任命诏书，找到在四川保卫战中击败了清朝亲王豪格的川南军阀杨展，想叫杨展交出钱粮管理等民政权力，只管军事。

杨展控制的地区是当时四川生产发展得最好、社会秩序最安定的地区。这都要归功于杨展的治理才能，跟南明朝廷毫无关系。杨展当然拒绝了李乾德的无理要求，建议他去重庆，那里被清军扫荡后，人口稀少，目前既没有清军也没有军阀势力，可以自己去开府征兵，管理一方，也算是为南明政府收复失地。杨展表示可以提供钱粮支持。

重庆是从东部入川的门户，清军如果要再次攻打四川，很可能走这条路。李乾德没有胆量去守卫重庆，于是秘密联络另外两个小军阀武大定和袁韬，由李乾德出面办招待，请杨展吃饭，设下埋伏，将杨展乱刀砍死。三人合谋吞并了杨展的地盘。

杨展被害事件，跟袁崇焕擅杀毛文龙的事件类似。杨展也是一个在乱世中自力更生成长起来的抗清英雄。他可以在乱世中把川西地区治理得井井有条，也能在战场上击败清朝亲王统率的大军，却因为不愿意轻易接受无能无耻的文官精英的所谓"节制"，而被非法阴谋杀害。明末腐朽的统治阶层，总是一再主动消灭那些能够也愿意拼命拯救国家民族的伟大人物。不彻底地清算和反思他们的罪行，中华民族永无真正的复兴之日。

李乾德、武大定等人不得人心，川南局势持续动荡不安。刘文秀的大军来到以后，纪律严明、深得民心。武大定和袁韬派兵抵抗，被迅速全歼。剩下的小军阀也很快就被荡平。

孙可望下令逮捕李乾德，送往贵阳，要亲自审问他杀害杨展的罪行。李乾德走到半路投水而死——也有一种说法是被痛恨他的士兵丢进水中淹死的。不管怎样，他都死有余辜。

这样，在很短的时间内，贵州全省和四川的西部、南部就成为大西军的控制范围。

六、桂林大捷：李定国西征与孔有德败亡

在大西军不断告捷的同时，永历朝廷正在清军的攻势下逐渐陷入绝境。朝廷在不给孙可望封秦王的问题上态度强硬，在清军的铁骑面前却硬不起来。随着李成栋的败亡，清军逼近肇庆。永历朝廷只能祭出最后一个法宝——跑路，再次从肇庆跑回广西梧州。

清军兵分两路，一路由平南王尚可喜与靖南王耿继茂（耿仲明之子）带领南下进攻广州，经过十个月的围攻后占领广州；一路在孔有德的带领下进入广西，兵锋直指桂林。桂林守军在清军来到前就已经一哄而散，但桂林留守大学士瞿式耜认为自己有守土之责，不愿逃跑，跟桂林总督张同敞一起在总督府喝酒，等着清军到来。二人被俘后都拒绝投降，随即被杀。

瞿式耜跟何腾蛟一样，是明末那种不怕死但又愚蠢无能的士大夫代表。他极度仇视农民军，在打击忠贞营和反对给孙可望封王方面态度强硬，跟何腾蛟惺惺相惜，是何腾蛟在朝廷中的内应。但瞿式耜留守桂林多年，在清军来临的时候连个像样的抵抗都组织不起来。被俘以后又自比文天祥，不降而死。

桂林既失，梧州空虚。永历朝廷被迫向之前在内斗中被边缘化的"西勋"陈邦傅求救，于1650年十一月进入陈邦傅控制的浔州。但陈邦傅跟郑芝龙一样是个投机分子，当初参与拥立朱由榔，也不过是为了搞点诏书来卖官鬻爵发国难财，一看到清军打过来，立刻就决定叛变。

陈邦傅比郑芝龙还要再无耻一点，他没打算放走皇帝，而是想把朱由榔作为礼物献给清军。

得到密报后，朱由榔不顾倾盆大雨，连夜逃亡南宁。陈邦傅没有抓到皇帝，恼羞成怒，把宣国公焦琏抓住杀掉，投降了孔有德。

南宁没有军队，永历朝廷在南宁只能坐以待毙。这个时候，他们终于想起

孙可望来，王公大臣们达成一致意见，同意封孙可望为一字王。但他们仍然认为必须坚持原则，不能封秦王——因为秦王是两百多年前朱元璋给他的儿子朱樉的封号，不能再封，只能给孙可望封"冀王"。

孙可望接到诏书，哭笑不得。他当然不可能接受冀王的称号，再次将诏书置之不理。

1651年二月，清军进入柳州，向南宁进军。永历朝廷已经无处可逃，危在旦夕。孙可望派5000人前往南宁保护皇帝，杀掉了几个坚持"不能真封秦王"的顽固派大臣。① 朝廷终于服软，同意给孙可望封秦王，并进入大西军的地盘寻求庇护。

大西军内部很多人建议将皇帝接到孙可望驻地贵阳安置，这样显得对皇帝足够尊重，也方便控制。孙可望考虑再三，还是拒绝了。很大的原因应该是之前封秦王的争议让孙可望很生气，让他对这个朝不保夕还要内斗到底的小朝廷没有一点好感。还有就是，孙可望个人气量也有问题，容不得身边有一个需要他跪拜汇报的皇帝——即使是名义上的皇帝也不行。他最终决定将永历皇帝安置在贵阳西南两百多公里外的安龙。这是个千户所，也就一个小镇的规模，居住条件很差。后来的事实证明，这是一个错误的决定，为大西军内部分裂埋下了伏笔。

秦王封号的问题既然已经解决，连皇帝本人也为大西军控制，农民起义军终于掌握了抗清斗争的主导权。内部安定、准备充足的大西军随即开始正式向清军发动进攻。1652年初，孙可望派李定国、冯双礼带兵8万，从贵阳出发，向西进军湖南、广西。②

---

① 钱秉镫《藏山阁文存·卷五》："庚寅冬，车驾南幸，明年至南宁。其护卫张明志领铁骑五千迎驾，径登公舟，问封滇是秦邪，非秦邪？公正色曰：'汝以迎驾来功甚大，朝廷自有重酬，固不惜大国封。今为此语，是挟封也。岂有天朝封爵而可挟者乎？'明志语不逊。公出舟大骂，跃水而死。可望兵大哗。"

② 钱海岳《南明史》："定国请出楚，双鲤副之，率步骑十万、象五十，自云南入贵州，复黎平、靖州，会马进忠奉天，攻桂林。"但此文后面记录永州之战清兵有20万，一般认为有所夸张，则李定国总兵力10万的数字也可能有类似问题。《清史稿·屯齐传》载"时定国及别将马进忠率兵四万余，屯永州"。李定国及其别将马进忠所带兵马4万多。冯双礼（又作"双鲤"）级别低于李定国，带兵数量不大可能超过李定国。故按照双方带兵共计8万可能更接近实际。

李定国先去打湖南。清军负责统领湖南的续顺公沈永忠抵挡不住，紧急向在广西的孔有德求救。孔有德如果发兵，可以对大西军形成南北夹击之势。但他对大西军的战斗力不以为然，以为跟南明军阀是一个层次的，再加上以前跟沈永忠有点矛盾，就拒绝发兵救援。沈永忠经不住大西军的进攻，节节败退，又接到清廷"不可浪战、移师保守"的密旨，便带兵一路撤退回了岳阳，这就使得包括长沙在内的湖南大部分地区被大西军收复。

收复长沙后，李定国迅速掉头南下攻击广西。只用了几天时间就攻占广西、湖南交界处的战略重镇全州，全歼其守军并击毙守将，占领了进出广西的咽喉要道。一心想当"广西王"的孔有德这才发现自己已成瓮中之鳖，紧急带领桂林守军北上，在兴安县的重要关口（严关）布下防线，希图扼险据守，但很快就被大西军击败，伤亡极为惨重。孔有德逃往桂林，大西军也跟着追上来把桂林包围。

七月初四，桂林城破，孔有德无处可逃，自杀于家中。

投降孔有德的陈邦傅也在城中，被大西军俘虏。孙可望下令将陈邦傅父子押送贵阳，处死后将人皮送往安龙向永历皇帝告捷。

陈邦傅伪造诏书、假封秦王，挑拨大西军与朝廷的关系，又预谋劫持皇帝投降清军，诱杀宣国公焦琏，罪大恶极，死有余辜。孙可望向朝廷报捷，也有尊崇之意。接下来就应该是皇帝下诏对秦王大力表彰，皆大欢喜，双方因为假封秦王事件而闹僵的关系得到改善。但人皮送到安龙以后，永历朝廷的一个御史李如月竟然上书皇帝，弹劾孙可望未经朝廷批准就用酷刑滥杀国家重臣，可见其乱臣贼子的本性不改，应该剥夺王爵并免去一切职务。

永历皇帝看到奏章后极为震惊，采取了"留中不发"的方式，当作没看见，不予批复，试图把这个事情掩盖过去。李如月见自己的弹劾奏章没有得到皇帝批示，就抄了几份到处散发，还生怕孙可望不知道，专门给孙可望派驻安龙负责监视皇帝的官员送了一份。

孙可望果然被激怒了，下令逮捕李如月并按照跟陈邦傅一样的办法处死。李如月受刑，一直大骂孙可望为乱臣贼子，直到断气。

桂林大捷、击杀清朝藩王，本是天大的好事，很多敌视农民军的人物和势力也开始对大西军刮目相看。这本是农民军和南明政权消除隔阂、团结协作的大好时机。结果被李如月这么一闹，加上孙可望意气用事、反应过度，双方矛盾更加难以调和。

七、两蹶名王：战略性的胜利曙光

大西军进攻湖南的消息刚一传到北京，清廷就极为重视，决定派遣主力分兵两路发动反攻。一路由吴三桂带领，从陕西汉中进入四川，攻击刘文秀部；一路由满洲理政亲王尼堪带领，南下湖南进攻李定国部，同时密令沈永忠退守岳阳保留实力，等待援军。

吴三桂进入四川后，迅速攻击占领了成都、重庆等地。但等到刘文秀集结完成发动反攻，吴三桂兵力过度分散的毛病就暴露出来了，不断被刘文秀击败。吴三桂见势不妙，放弃成都、重庆，全部收缩到四川北边的保宁府固守。这是一个正确的决定，通过退守的方式集中兵力，同时可以诱敌深入，在距离敌人补给线比较远的地方寻求战略决战。

刘文秀不知是计，在连续打了多个胜仗以后对局势的判断过于乐观，没有想到清军主力还基本保持完整，战斗力很强，贸然决定全面包围保宁府，试图一举全歼入川清军。

史学家顾诚在《南明史》中认为，此时刘文秀的最佳策略是暂缓进攻，转而安心经营成都、重庆等地，同时派小股部队不断袭击骚扰清军从汉中到保宁府的后勤补给线。成都平原沃野千里，多年来因为战火而荒芜，一旦经营妥当，可以作为反攻中原的后勤保障基地。保宁府地方无法供养五六万清军主力，一旦补给线受到威胁，时间长了之后吴三桂只能选择退回陕西。

这个见解是正确的。即便刘文秀要坚持进攻，也应该以把清军赶出四川为目标，攻城的时候集中力量攻其一侧，留出北边的口子，逼迫清军北逃，而不是追求围城歼灭。因为双方的兵力差不多，清军以逸待劳，围城决战显然对大西军不利。

大西军完成对保宁府的包围以后就开始攻城，果然伤亡惨重。清军被困城中，无路可逃，只能决一死战，集中力量从南门出击，一举击溃大西军。然后乘胜追击，夺取了四川全境。大西军损失过半，余部在刘文秀带领下回到云南。孙可望对此大为不满，借机解除了刘文秀的兵权，将他调离昆明，发往外地闲住。

与此同时，李定国部也和救援湖南的清军接上了火。

由亲王尼堪带领的数万大军以满蒙士兵为主，是清军绝对的主力。尽管有孔有德败亡的教训在前，他们还是没有将农民起义军放在眼里。李定国见尼堪进入湖南后快速推进，毫无停留休整之意，知他必定有轻敌之心，于是故意示弱，不断放弃州县，并通过小规模的溃败来诱敌深入，在湖南南部的衡州府（今衡阳市）附近集中全部兵力布下埋伏。尼堪对此全无知觉，于1652年十一月廿三日大摇大摆地进入了李定国预先布置好的伏击圈。

李定国从前中后三个方向同时对清军发动突袭，长途奔波的清军顿时大乱。混战之中，尼堪落马身亡，他的副手和护卫也被击毙。清军损失惨重，逃回长沙。

尼堪是当时清廷三大理政亲王之一，地位仅次于多尔衮和济尔哈朗。李定国一战击杀清廷理政亲王，震动天下。加上之前藩王孔有德战败自杀，在短短数月之间，清军两大名王丧命于大西军之手。这极大地提高了农民军在反清士民中的声望，是扭转抗清斗争战略局面的极好机会。

尽管清军看起来已经占领了中国绝大部分地区，抗清力量被压缩到贵州、云南以及福建沿海等边缘区域，但清军过度深入南方、战线被拉得太长，战略缺陷也开始出现了。就好像刘文秀与吴三桂争夺四川一样，虽然一开始刘文秀占据了四川绝大部分地区，把吴三桂压缩到保宁府这个最后的据点，但清军主力保存完好，集中力量给予刘文秀部极大的杀伤，一夜之间就可以扭转战略局面，并很快夺取整个四川。战争的胜败并不由占领的地盘大小决定，而是由双方有生力量的对比来决定。大西军如果能够在华南地区大规模地消灭清军主力，收复失地则并不困难。

明军的有生力量早在清军入关之前就已经基本丧失殆尽了，主要是在萨尔浒之战中损失约4万人，随后在丢失辽东的过程中又损失了差不多数量的精锐。这样，明军传统的"九边"精兵已经基本丧失。然后，通过开征每年500万两的"辽饷"，重新组建了关宁军和毛文龙的东江军。东江军在袁崇焕杀了毛文龙以后丧失了战斗力，其精锐力量后来跟随孔有德、耿仲明等人投降了清军；关宁军一直消极抗战,在"飞毛腿"祖大寿以及吴三桂等人的带领下先后投降清军。

最后的明军主力,是在镇压农民起义军过程中成长起来的地方军队,包括洪承畴、卢象升、孙传庭等人带出来的军队。孙传庭和洪承畴的兵力在宁锦决战中被清军歼灭,洪承畴投降清军;孙传庭后来又在陕西重新训练了一批新兵,被大顺军消灭;卢象升则在清军入塞的战斗中阵亡。

这样,清军入关之前,真正有战斗力的明军主力实际上已经被全部消灭。所以,李自成从陕西出发,能够在数月之内就快速占领北京,就是因为明朝的军队已经全无战斗力,完全无法作战。后来清军入关击败李自成以后势如破竹,以极快的速度征服了华北地区,也是同样的原因。

真正有战斗力的抗清军队,只有李自成的大顺军、张献忠的大西军和郑芝龙的海军。南明政权那些临时拼凑的杂牌军以及地方上的一些小军阀,看似数量不少,但在清军面前都不堪一击。清军入关后,打的第一场硬仗是在潼关与李自成亲自带领的大顺军决战。双方损失都很大,如果不是阿济格和吴三桂的另一支主力从北边攻入陕西,清军未必能够打胜潼关之战。此战胜利后,清军夺取陕西,然后追杀李自成,基本瓦解了大顺军的实力。

剩下的还有郑芝龙的海军。尽管郑芝龙本人放弃抵抗投降,但这支海军在郑成功的带领下仍然是一支相当有实力的军队,在福建、浙江沿海给予清军很大的杀伤,后来还从荷兰人手里收复了台湾。鲁监国朱以海的部队被清军打垮以后,也到郑成功那里去寻求庇护,让他拥有了号召东南抗清势力的政治资源。不过郑氏集团作为"海商—海盗"集团,一直不愿意为恢复明朝做太多牺牲,总以保住自己的海上利益为宗旨,其抗清战略始终以防御为主,也基本不与其他抗清势力配合协同。郑成功本人甚至一度打算与清廷议和并接受封号。

最后一支敢于向清军主动进攻并以恢复中原为目标的正规军,就是大西军。经过在云南、贵州的根据地建设和休整,全军具有较强战斗力的部队人数大概是20万,孙可望控制约10万,李定国、刘文秀各控制约5万[①],刚一出山就给

[①] 据顾诚《南明史》整理的相关史料:李定国定州之战的兵力大约4.5万人,刘文秀进军四川的兵力也是约4.5万人,孙可望亲自统率的包括冯双礼部在内的大军总兵力据清方记载为约10万人。据此估计大西军有较强战斗力的主力约20万。

予了清军主力迎头痛击。

反过来再看清军的主力，其核心是满洲八旗，加上一部分蒙古骑兵，也即正宗的"八旗军"，总共5万人左右①。满洲士兵成长于冰天雪地的东北山岭，极耐苦寒，以狩猎为生，身手灵活且善于协作，是天生的战士，打起仗来不顾生死，越是血腥的场面越是兴奋。经过训练以后，战斗力极强。这支军队只能由满洲亲王统率。之前多铎（豫亲王、努尔哈赤第十五子）与李自成在潼关决战然后攻克扬州，豪格（肃亲王、皇太极长子）进入四川击杀张献忠，济尔哈朗（郑亲王、努尔哈赤弟弟的儿子）南下湖南抓获何腾蛟，以及这次尼堪（敬谨亲王、努尔哈赤的孙子）南下与李定国交战，带领的都是这同一支部队。他们长期驻扎在北京，根据全国局势四处调动，负责解决最棘手的抵抗势力。

清军第二档次的主力是在辽东时期形成的汉军，主要由辽东人组成，包括投降的东江军和关宁军。这支军队主要由清军入关之前就降清的孔有德、耿仲明、尚可喜这三个被封王的汉族叛将统领。这支军队在入关之时的数量也在5万左右，后来经过扩张整合，又加入了吴三桂的关宁降兵5万②，总数应该在10万至15万，但精锐还是那5万。从大同出发经延安进攻李自成的清军，主要就是吴三桂的关宁军。在与大西军交战的时候，这支军队主要分为三路：一路在吴三桂统率下从陕西进入四川，击败刘文秀；一路是南下广东的耿继茂、尚可喜部；一路就是孔有德带领下进入广西的人马。三支军队的主力也平均不到5万。

以上就是清军的家底。此外的一些军队，也就是清军入关以后投降的汉军，都属于杂牌军，既没有多少战斗力，忠诚度也不高。这样的部队用来留守地方、镇压小规模的反抗可以，遇到大西军主力则不堪一击。而且一旦战略形势发生逆转，随时可能再次叛变。

---

① 清军萨尔浒之战的兵力约6万人，此后连年征战，满洲人口只会减少不会增加。结合前文估算的清军入关总兵力在10万左右，又有沈起元《拟时务策》（《皇朝经世文编·卷三十五》）说"世祖时定甲八万……至圣祖时乃增为十二万甲"，即八旗兵在顺治年间定额为8万人左右，到康熙时增加到了12万。如此看来，在清廷消灭南明政权之前的这段时间，八旗人数当在8万到12万之间。这个数据尚且包含了汉军八旗。满洲与蒙古人口数量本身较少，故粗略估计满洲加部分蒙古骑兵约5万，汉军旗约5万。
② 顾诚《南明史》："吴三桂、高第的关、辽兵合计约为五万。"

大西军和清军对决的胜负手，并不在于占领了多大地盘，关键在于谁能消灭对方主力。李定国能够两蹶名王，取得桂林大捷和衡阳大捷，关键在于清军过度深入中原腹地，既不适应气候，也不掌握人心，其骑兵优势在南部山区又很难发挥，距离北方根据地也很遥远，长途奔袭十分疲惫，已成强弩之末。大西军突然出兵湖南，切断孔有德归路，瓮中捉鳖将其歼灭，然后利用清军轻敌之心，对其核心主力予以痛击，战略局面一下子就变得对大西军极为有利。

此时，孙可望已经自带几万精兵进入了湖南，加上李定国的 8 万人（含冯双礼部），大西军在湖南已经对清军形成了绝对优势，只需抓住清军核心主力予以大部歼灭，则进入广东的尚可喜、耿继茂部自然成为瓮中之鳖，无处可逃，被消灭是早晚的事。这样，清军满蒙主力大部被歼，孔有德部被全部歼灭，尚可喜、耿继茂部被全部歼灭，清军就只剩下吴三桂一部完整的主力部队，以及少量满蒙八旗余部。各地反清力量必然受到鼓励风起云涌，新降汉军也会跟着响应，那么收复南方肯定就没有问题了，收复中原也并非不可能。

实际上，在李定国阵斩尼堪之后，就有很多之前被迫进入山区打游击的小股抗清部队受到鼓舞，出山攻打州县并取得了胜利。还有像之前陈邦傅手下的一些将领，也纷纷宣布"反正归明"。许多归隐山林、放弃抵抗的南明高官将领也纷纷重新出山，拜见李定国，共商反攻大计。这代表了南明各方势力终于放下阶级矛盾，开始承认大西军的主导地位，各方力量团结程度有望进一步加强。此外，还有大顺军余部在夔东、郑成功在东南沿海都摩拳擦掌，准备发动更大规模的反攻。

可以说，看起来是抗清斗争最黑暗的时刻，却出现了战略性优势的曙光。关键就在于清军南征过程中所取得的胜利几乎都是对南明杂牌军的胜利，看起来占领的地盘很大，杀的人很多，其实抗清力量中最精锐的大西军一直在西南地区休整，以逸待劳。尽管这并不是孙可望等人刻意谋划布局的，但在战略上确实起到了诱敌深入然后聚而歼之的效果。

不过，令人遗憾的是，这样的曙光最终被证明只不过是回光返照。大西军很快也走上了内斗和分裂的道路，痛失好局、功败垂成。

八、孙李内讧：抗清运动最后希望的破灭

分裂早在李定国衡阳大捷之前就发生了。孔有德自杀以后，李定国声望大涨，原本就对李定国十分猜忌的孙可望感到李定国更加难以控制。

衡阳大捷之前，孙可望就命令其嫡系将领冯双礼、马进忠等人脱离李定国带兵西返，跟自己会合。这让李定国统率的兵力总数降低。也正因为如此，衡阳大捷只是利用谋略击溃清军，虽然在乱军之中击毙了满洲亲王，震动天下，但未能大部歼灭清军主力。这是一个极大的遗憾。

李定国本人对孙可望在大西军中的领袖地位也一直不以为然。他在取得桂林大捷后，第一时间并不是向孙可望报捷，而是派遣使者向贵州安龙的皇帝朱由榔报告胜利。尽管他将孔有德的首级和部分战利品献给了孙可望，但这种越过孙可望向皇帝报功的行为，明显不利于农民军内部的团结。毕竟无论在名义上还是实际上，孙可望都是他的直接领导。越过直接领导向皇帝打报告，就意味着对直接领导不信任。尤其是在孙可望跟皇帝还有矛盾的时候，这就带有明显的政治表态意味了。

李定国的这个举动意思很明显，就是尊崇皇帝，只把孙可望当成了行政上级。也就是说，荣誉归于皇帝，战利品交给领导。如果孙可望和李定国本来就是南明政府军的将领，那还勉强说得过去，但大西军是来自农民起义军的队伍，接受南明皇帝封王不过是为了团结南明其他抗清势力而已。这种情况下，李定国的这个做法就更加不妥。

孙可望对李定国越过自己直接向皇帝报捷的行为感到大为光火。这应该是他在桂林大捷后召回了李定国部分手下兵马的原因之一。不过双方仍维持着表面的团结。衡阳大捷后，孙可望派遣使者封李定国为西宁王，以表彰他两蹶名王的功劳。

令人意外的是，李定国竟然拒绝了孙可望的封赏。他回绝的理由是：封王只能是皇帝的权力，而孙可望只是秦王，一个王给另外一个人封王显得不伦不类，历史上也没有先例。

这一举动明确否认了孙可望作为大西军最高领袖的地位，真的只把他当成南明政权的一个藩王来对待。孙可望决定惩处李定国，派遣使者以商量抗清战略的名义试图将李定国召回并处理。大战之际召回前敌主帅是大忌，不管用什么理由，明眼人都知道这是打算临阵换将的意思。以李定国的智慧，当然一眼就识破了其中的图谋，因而拒绝前往。这样，二人的矛盾就变得不可调和了。

孙可望带兵一路前行，同时命令李定国向自己靠拢。名义上说是打算与李定国合兵一处，进剿清军，但其实是想趁机抓捕李定国，夺取他的兵权。这个计划实在是骇人听闻，因为李定国此时已经成为全国抗清斗争的旗帜，直接带兵逮捕无论如何说不过去。就算这个计划能成功，也必将造成大西军内部分裂，对抗清大局产生毁灭性的影响。

但孙可望被权力欲望和自尊心冲昏了头脑，下定决心动手。关键时刻，刘文秀的旧部向李定国紧急报信——他们对于孙可望之前剥夺刘文秀兵权的做法本来就心怀不满。李定国得到消息，紧急带领部队南下广西，脱离与孙可望部的接触。

大西军的内斗让歼灭清军主力的希望破灭。1653年二月，清军得知了孙、李内讧的消息，经过休整的主力再度南下，攻击孙可望部。孙可望大败，匆忙逃出湖南。清军为了报大西军击毙满洲亲王之仇，在湖南南部大开杀戒，无数的城镇和村庄遭到血洗，数百万百姓死于屠杀，人口为之一空。

同时，广东的尚可喜也趁机派兵收复了广西梧州和桂林。这样，李定国两蹶名王取得的大好局面就完全灰飞烟灭了。

想要利用孙、李矛盾的不仅是清军，还有远在贵州安龙的南明小朝廷。得知大西军内讧的消息，大学士吴贞毓等人欣喜若狂，他们秘密说服皇帝，颁下密旨，派遣使臣前往广西请求李定国带兵前来救驾，带他们脱离孙可望的控制。这个幼稚的阴谋很快就败露了，孙可望下令将吴贞毓等十八名参与密谋的大臣处死，史称"十八先生之狱"。

李定国接到皇帝的诏书以后，并没有马上去往安龙，而是继续在广西、广东一带指挥抗清。不过由于他与孙可望的关系彻底决裂，得不到任何来自贵州和云南根据地的人力物力支持，大部分作战计划都以失败告终。他还试图与郑成功联系，东西夹击夺取广州。但郑成功始终将保护自己在沿海和海上的利益放在第一位，把抗清放在第二位。他觉得大西军实力比他强大，手里又掌握着永历皇帝，合兵之后自己无法掌握主导权，独立性会受到威胁，因此对李定国的提议并不热心。其时郑成功还在与清军议和，想以名义上的投降换取清廷册封，让郑氏家族可以永远镇守福建沿海。郑成功只派兵在沿海游行了一番，声援李定国，并未实际与清军战斗。

到了1656年，李定国在两广无法立足，这才以解救皇帝的名义带兵西返，秘密进入安龙，将朱由榔带往昆明。云南此前一直由刘文秀和李定国共同控制。刘文秀被解除兵权以后，在云南仍然很受尊重。李定国带兵回到云南，刘文秀十分欢迎，二人再次联合主政云南。云南也就脱离了孙可望的控制。

永历朝廷到昆明后，将李定国封为晋王、刘文秀封为蜀王，与孙可望并列为一字王，让他们在名义上不再是孙可望的下级。

李定国离开两广，清军这才集中力量进攻孙可望。孙可望是搞根据地建设和军事训练的好手，手下军队的战斗力很强，又有比较稳固的后方根据地支撑，原本可以与清军主力一战。但他并不具备李定国的军事才能，只知道打正面的阵地战。清廷集合清军主力、广东尚可喜、四川吴三桂的军队，在实力上已形成绝对优势，如果打阵地战，大西军绝无获胜的希望。大西军将士虽然英勇奋战，给清军制造了很大的杀伤，但最终还是节节败退。

孙可望无法与清军抗衡，只能调头南下，向李定国发动攻击，试图夺取云南。孙可望此时的兵力仍然远胜李定国。但大多数将领和士兵拒绝自相残杀，加上他们早就对孙可望的军事指挥才能感到十分失望，怀念李定国两蹶名王的功绩，因此很多人倒向李定国，还有一些将领选择悄然带兵离开。这样，孙可望在与李定国的交战中一触即溃，基本上全军覆没。李定国派人劝他到昆明向皇帝认错，还是可以继续当他的秦王。但孙可望拒绝了。他选择了北上向清军投降。

孙可望的这个决定证明他只是一个野心家、一个投机分子，让这样的人掌握农民军的领导权是明末农民战争最大的悲哀。考虑到张献忠之前在四川滥杀的行径，他的继承人存在这样的缺陷也实属正常。也许我们可以说，虽然后来崛起的大西军看起来有可能逆转抗清局势，但实际上从李自成败亡的那一刻开始，最终的失败就已经注定，因为农民军内部已经没有能担当大任的领袖人物了。

清廷对孙可望投降感到非常高兴，立刻把他封为"义王"。孙可望将云贵地区的地理和兵力情报和盘托出，并且强烈要求亲自带兵再度南下与李定国决战，报仇雪恨。这也可以看出，孙可望心胸狭隘，很容易让情绪战胜理智，他在个人恩怨和国家大义之间选择了以个人恩怨为重，宁可当叛徒也不愿意在昔日的小弟面前低头。清廷当然不会再给他兵马，而是把他送往北京软禁起来。1660年，正值壮年的孙可望神秘地死于北京的豪华府邸，有传言说他是被清廷毒死的，但今天已无从考证。

孙可望降清后的遭遇，让一直试图跟清军议和的郑成功看清了形势。郑成功明白，清廷绝不可能让自己在东南沿海安安稳稳地当土皇帝，如果降清，自己绝逃不出父亲郑芝龙和孙可望那样的结局。清廷方面，在孙可望投降以后，对郑成功的招降态度也迅速降温，因为没什么好条件可以谈了。郑成功被迫转而坚决抗清，而且试图跟远在云南的李定国联合。不过为时已晚，李定国纵有天大的军事才能，也无力率云南一省以对抗清廷，很快就被清军打成了游击队。郑成功组织的北伐也以惨败收场。永历皇帝逃入缅甸。

清廷向缅甸政府施加压力，缅甸方面将永历皇帝抓起来交给了负责镇守云南的吴三桂。1662年，朱由榔在昆明被吴三桂处死，南明政权覆亡。李定国得知皇帝遇害的消息，悲愤不已，不久后因病去世。

李定国主力被歼灭后，清军将主力转移到福建，展开对郑成功的攻势。郑成功无法在福建沿海立足，于1661年带兵攻打台湾，从荷兰殖民者手中收复台湾作为自己的根据地。

1660年，清军主力向郑成功在沿海最后的据点——厦门岛发动总攻。这一次投入作战的清军，仅满族士兵就有1万多人，非满族士兵约3万人，战船400余艘。[①]

[①] 参与厦门之战的满洲士兵是为了解南京之围的援军。此前，郑成功部曾组织了一次围攻南京的战役，清廷紧急从北京调遣了满洲兵前往解围，由安南将军达素带领。南京之战以郑成功部大败结束，达素遂带兵追击，意图乘胜夺取厦门。顾诚《南明史》中说，南京之战清军有"北京统领南下的一万余名援军和明安达理部先后从荆州东下的两批援军"。据此推测，参加厦门海战的满洲兵当在1万左右。杨英《从征实录》："报：同港房船百余号，俱二十口日在船，出港会艅。报：漳港房船三百余号，限五月初一日祭江出师会艅。头叠系真满披挂，船艅俱漆红；二叠系满汉，船艅俱漆乌。"即载满洲兵的战船约100艘，载汉兵的船约300艘，非满洲兵的数量当为满洲兵3倍左右。

但清军不善海战的弱点暴露了出来，仓促组建的舰队在海战中被郑成功消灭，登岛部队也几乎被全歼。这一仗仅史料记录中就有超过 80 名清军将领阵亡，普通士兵更无法计算。[1]

厦门之战让清廷被迫放弃快速消灭郑成功的思路，转而采取坚壁清野战略。1661 年，清康熙元年，辅政大臣鳌拜下令，自山东省至广东省沿海的所有居民内迁 50 里，并将这些地方的房屋全部焚毁，不准沿海居民出海，禁止一切非官方的海上贸易，让郑氏集团无法从大陆获得任何经济来源。

为了方便管理，清军又纵火烧山，尽可能地将森林树木焚烧干净，以禁绝任何走私行为。然后，又沿途设立碉堡，派兵驻守，有敢越过 50 里边界的人立刻诛杀，无须经过任何审判甚至警告。阮旻锡在《海上见闻录》中说"京中命户部尚书苏纳海至闽，迁海边居民之内地……至是，上自辽东，下至广东，皆迁徙，筑短墙，立界碑，拨兵戍守，出界者死，百姓失业流离死亡者以亿万计"。福建莆田县黄石镇的一个千总叫张安，"每出界巡哨只带刀，逢人必杀……截界十余年，杀人以千计"[2]。

九、三藩肇乱：降将主导的回光返照

在禁海令期间，还有一个"插曲"，就是"三藩之乱"。1662 年厦门海战之后，清军入关的精锐只剩下吴三桂、耿精忠（耿继茂的儿子）、尚可喜这三个汉族藩王控制的辽兵。清廷对他们极尽笼络，吴三桂被封为平西王，镇守云南，兼管贵州；耿精忠为靖南王，镇守福建；尚可喜为平南王，镇守广东。三藩之中，吴三桂实力最强，入关主力保持得相对完整，还收编了不少大顺军和大西军的余部。

---

[1] 《阿思哈题为议叙进取厦门时各有功官员本》。见《台湾文献汇刊》（第 1 辑第 7 册），九州出版社，厦门大学出版社，2004 年。在这个题本中，清廷兵部详细开列了厦门战役中战死八旗将领的姓名、官衔以及旗属。经统计结果如下：署前锋统领 1 人、护军统领 1 人、署护军统领 1 人、护军参领 3 人、参领 1 人、署参领 6 人、佐领 1 人、王府长史 3 人、一等侍卫 6 人、二等侍卫 7 人、前锋侍卫 3 人、三等侍卫 9 人、侍卫 1 人、典仪 1 人、前锋校 2 人、护军校和署护军校 21 人、骁骑校和署骁骑校 6 人、营总 2 人、男爵 1 人、轻车都尉 4 人、骑都尉 1 人、云骑尉 1 人。各级将领一共 82 员。

[2] 陈鸿、陈帮贤：《熙朝莆靖小纪》。转引自顾诚：《南明史》，光明日报出版社，2011 年版。

三大藩王在其地盘内拥兵自重，军权政权一把抓，基本上就是土皇帝，不仅不向中央交税，每年还要朝廷拨付大量军费，供养他们的军队。一开始，清廷对于他们的各种要求总是尽量予以满足。但随着全国局势的稳定，清廷开始逐步减少对"三王"的财政补贴，并限制其特权。

1673年，平南王尚可喜以年老多病、不适应南方的气候为由，上书请求回到老家辽东地区养老，同时请求让他的儿子尚之信继承王爵，继续镇守广东。清廷批准了尚可喜返回辽东的请求，但又说尚可喜既然还活着，王爵当然不宜由儿子继承；如今尚可喜要回辽东，平南王府这一套编制也应该跟着去，广东就不能再由平南王镇守了。

尚可喜本人对这个安排倒没什么意见，准备收拾收拾带着大家启程了。吴三桂却很受震撼，感觉这是朝廷想要削藩的信号。他可不想跟尚可喜一样回辽东养老，还想在云南继续享受土皇帝待遇，并且让吴家子孙世代镇守云南。他就联络靖南王耿精忠给朝廷上书，说他们二人也想学习尚可喜回辽东养老，请朝廷批准。

这个上书的目的是以退为进。因为云南还有不少小规模的少数民族叛乱、福建方面仍然面临台湾郑氏集团的威胁，吴三桂和耿精忠认为朝廷不敢仿效广东，撤去云南和福建的镇守藩王。这样做实际上是想以辞职相胁迫，逼着朝廷表态：吴三桂和耿精忠及其子孙可以永远镇守云南和福建，请你们放心。

奏章送到北京，在朝堂上引起了激烈的争论。一派主张趁机撤藩，一派主张向吴、耿妥协，确认他们长期镇守的地位。最终，刚刚亲政不久、年仅19岁的康熙皇帝决定撤藩。吴三桂和耿精忠遂联合发动叛变。尚可喜拒绝参加叛乱，但他的部将想留在广东而不是去辽东养老，就在尚之信的带领下发动兵变把尚可喜软禁起来，参与吴三桂叛乱。这就是"三藩之乱"。

三藩之乱刚开始的时候声势浩大，吴三桂的老部下、四川总兵吴之茂以及陕西提督王辅臣也起兵响应。甘肃、四川、云南、广东、福建，再加吴三桂打下来的贵州、广西、湖南，有八个省被吴三桂等军控制。

不过，吴三桂的降臣名声实在过于响亮。他献出山海关引清军入关，又从缅甸引渡永历皇帝到云南处决，这两个事情天下皆知，由他来"反清复明"实在有点搞笑。因此，除了三藩及其亲信部将外，其他势力很少响应。吴之茂和王辅臣只能勉强控制住四川和甘肃的局面，无法分兵出省。

三藩内部也问题重重——尚之信软禁其父，道义上不能服众，能控制广东局面已不容易，没有能力分兵北上配合吴三桂；耿精忠那边还需要防备台湾郑氏家族的进攻，也不敢把主力派出福建北伐。这样，"三藩之乱"虽然看起来声势浩大，其实只有吴三桂有机动兵力可以跨省发动主动攻击，其他几省只能消极防御。这样一来，清军的机动空间就很大了。清廷三管齐下：主力挺进湖南北部，与吴三桂隔江对峙，遏制吴军攻势。同时派兵进入陕西，进攻王辅臣所在的甘肃平凉，重点解决首都侧翼的威胁。对尚之信和耿精忠，则以优厚的谈判条件稳住，力劝他们放弃造反。

清廷对三藩叛乱的准备不足。康熙决定撤藩的主要出发点是他认为吴三桂不会造反，而不是想要刺激他造反。不少历史研究者认为，康熙这个决定过于鲁莽。那时他才19岁，而吴三桂已经60多岁了。吴三桂降清天下皆知，不刺激他的话应该不会再次造反。等吴三桂和他手底下那帮悍将死了，到第二代掌权的时候再撤藩就会顺利得多。"三藩之乱"实际上是康熙自己给自己制造的一次"武功"。

此时距离清军入关已经过去了将近30年，入关的那一拨儿八旗精锐早已老去。入关后成长起来的新生代八旗士兵，因为从一出生就享有特权地位，生活优越，虽然仍然会参军打仗，但已经不再具备父辈那种可怕的战斗意志。新一代八旗兵的战斗力大幅度下降。康熙皇帝只能大力提拔汉族将领，以此填补战斗力空缺。

清军仓促南下，新生代将领和士兵都缺乏战争经验，吴三桂如果大胆北上与清军主力决战，胜负尚未可知。但吴三桂已经62岁了，他手下的将领也大多年老，在云南、贵州安家乐业多年，子孙满堂，不愿意冒险，倾向于利用有利局面与清廷和谈，争取划江而治，或者继续镇守云南也可以。这样，有利的战略时机迅速丧失。

没过多久，王辅臣在清军的围困和劝降下放弃抵抗，清廷侧翼威胁解除，战略局面立刻改观。尚之信见局势不妙，跟清廷达成妥协，接受平南王的爵位，不再造反。郑氏集团派兵开始进攻福建——两边都打，既打清军也打耿精忠，但也没有真想要反攻，而是趁火打劫，从沿海抢夺物资运回台湾。耿精忠为避免腹背受敌，也宣布不再造反。吴三桂立刻面临着南北夹击的极大困局。

不过，清军的战斗力断代问题始终没有得到很好的解决，几次主动进攻均以失败告终。双方在湖南对峙数年，都没有太大的进展，局势非常胶着。一直到1678年的春天，66岁的吴三桂病重，在衡阳仓促登基称帝，然后开科取士、修建皇宫，过了一把皇帝瘾，5个月后就病死了。

吴三桂死后，他手下的将领吴国贵等人派遣使者回云南，想要将吴三桂的孙子吴世璠接到衡阳来继承皇位——吴三桂的儿子吴应熊作为人质长期住在北京，开战以后就已被康熙下令处决。但云南方面的留守将领觉得把小皇帝掌握在手里更有利于自己的荣华富贵，因此坚决反对。吴国贵在衡阳召开会议，众将领都想念云南的妻小和财富，想要趁机回家，于是和云南方面达成妥协，共同到贵州拥立吴世璠登基，只留下少量兵马留守湖南。至此，三藩之乱的战略胜负手才彻底明确。清军很快收复湖南，进军云贵，最终在1681年攻克昆明，平定了持续8年的叛乱。

第三章

康熙皇帝

帝制的强化
与被忽视的产业降级

一、李约瑟难题：近代中国为什么会落后？

明朝崩溃和南明抗清运动不断失败的过程，同时也就是清朝兴起和清军节节胜利的过程。中华核心文明惨遭破坏和大幅度倒退的过程，也就是满族文明不断进步的过程。

在征服中原的过程中，满族迅速从落后的渔猎部族文明进化到农耕帝国的文明水平。由于没有受到理学思想影响，且内部特殊利益集团尚未发育成熟，这个处于上升期的民族表现出旺盛的活力，诸多优秀的帝王将相不断出现，并且他们善于任用汉民族的优秀人才，使用先进的政治制度，这让他们在短时间内掌握了大约相当于秦汉时期的国家治理能力——在某些方面超过了秦汉，比如他们延续了选拔官员的科举制度；在某些方面则要落后于秦汉，比如思想文化远远不如汉朝开明自由，但总体上是差不多的。秦汉时期，也是汉族积极进取、建立帝国体制和强大的军事力量、快速开疆拓土的时代。

清朝的建立对满族来讲是一个极大的进步，相比300多年前征服中原的蒙古，这也是一个巨大的进步。满洲勋贵们成功地克服了所谓"胡人无百年国运"的魔咒，建立全国性政权长达268年，让清朝成为中国历史上第三长命的大一统王朝，仅次于唐朝和明朝。就其陆地疆土的广阔程度而言，清朝大于汉朝和明朝，跟唐朝、元朝在伯仲之间。

我们继续从文明的视角来思考这个问题。

就目前为止的人类文明发展史来说，我们有两个基本的判断：第一条，从游牧和渔猎文明走向农耕文明是一种巨大的进步；第二条，从农业文明走向工业文明也是一种巨大的进步。这两个判断已经是学界的共识。

中华文明从游牧和渔猎文明走向农耕文明，这个过程领先于全世界。不仅是进入农耕社会的时间领先，更重要的是在农耕时代建立了古代社会最发达的政治体制、最辉煌的经济成就、最长久的和平稳定，并供养了数量最庞大的人口，开拓了广阔的疆域。这是值得每一个中国人骄傲的。

不过,在从农业文明走向工业文明的过程中,中华文明却大大落后了。这是什么原因造成的呢?

工业革命为什么没有发生在传统经济最繁荣的中国?这就是很多人喜欢讨论的所谓"李约瑟难题"——英国学者李约瑟在其编著的15卷《中国科学技术史》中正式提出此问题,其核心是:"尽管中国古代对人类科技发展做出了很多重要贡献,但为什么科学和工业革命没有在近代的中国发生?"1976年,美国经济学家肯尼思·博尔丁称之为"李约瑟难题"。

这个所谓的难题其实一点也不难。之所以会成为难题,是因为它的答案,很多人出于利益原因不愿意讲,甚至还想办法不让别人讲。

只要讲清楚明清换代之际,中国人所遭受的人类文明史上空间绝后的大屠杀①,这个难题其实就不是难题了。

明清换代,人口从4个亿下降至不到1个亿,尤其是在经济文明最发达的江南、华南地区出现了大规模屠城,城市精英人口损失殆尽。面对野蛮暴政,稍有点反抗精神的人都会被全家老小一起杀掉,沿海50里内的人民和城镇被尽数毁灭。在这种情况下,哪里还有可能爆发什么工业革命呢?如果英国在18世纪刚刚发明珍妮纺纱机的时候,突然遭到北欧海盗的入侵并被征服,各大城镇都被疯狂屠城,损失一半以上的人口,英国还能爆发工业革命吗?

中国未能爆发工业革命的直接原因,如果只挑选一条,那就是明清换代。一个处在工业革命爆发前夜的文明,突然遭到来自北方落后民族的军事征服;诸多本土科技典籍因此失传,《几何原本》等西方科学名著的翻译被迫中断。被屠杀的人口中,也许就有类似于牛顿、笛卡尔、莱布尼茨这样的人物,或者是可以启迪他们发明创新的师友,还有很多可以发明诸如珍妮纺纱机、蒸汽机的能工巧匠。总之,整个东南沿海的手工业创新体系被彻底摧毁了。工业革命在短

---

① 蒙古扩张过程中可能也杀了差不多数量的人,但那是整个欧亚大陆的人口损失,清灭明过程中的屠杀毫无疑问是人类历史上一个国家内部出现过的最惨重的人口灭绝事件。

期内（一两百年）爆发的可能性自然就消失了。

当然，这只是直接原因，它背后还有很多更深刻的间接原因。核心还是汉族内部精英的集体堕落。理学思想的僵化、官员的腐败、财富阶层的自私、农民起义军的不团结和战略失误……这些都值得深刻反思。当然，也包括西方殖民活动带来的白银货币冲击，中国背靠大陆、面向大海的地理特征等客观因素。但最后所有原因汇总起来，导致北方少数民族入主成功，杀遍中国，这是一个总阀门——它最终切断了、关闭了中华文明自主进入工业文明的发展路径。

我们分析历史，无论如何强调各种间接原因、客观因素，这个总阀门绝不能跳过去不讲或者有意无意淡化。只有把这个总阀门的前因后果讲清楚，中国历史的脉络才能说清楚、讲透彻。也许会有人说我们记仇，或者煽动历史仇恨。那毕竟是古代社会的事情，也过去好几百年了，记仇是不应该的。关键在于，不讲明白，就会有人不停地乱甩黑锅，把中国近代落后的根源甩到中华帝国的皇帝专制制度、科举考试制度、朱元璋杀功臣、明朝海禁、中国人的劣根性之类的原因之上。我们可以不记仇，但不能乱背锅。这个锅背错了，我们反思历史的方向就会发生错误，会对我们未来道路的选择产生深远的影响。

二、筚路蓝缕：中华民族开发江南的千年历程

改朝换代导致了大量人口损失，经过从康熙到乾隆上百年的稳定和平发展时期，中国人口再次恢复到了约4亿的水平。这段时期在当时就被统治集团称为"康乾盛世"。直到今天，很多人也对这一时期评价很高。但同样是4亿人口，此时的4亿和明朝中后期的4亿，已经完全不是一个概念了。那个处于工业革命爆发前夜的经济繁荣、科技发达、人民富裕、思想文化开明的社会环境已经回不来了。从"康乾盛世"一直到鸦片战争前夕，整个中国都处于一种被高度僵化的专制体制牢牢控制的、物质和精神双重贫困的状态，一种社会经济结构与思想文化发育长期停滞的死气沉沉的状态。

为什么同样是4亿人，却处在完全不同的文明发育状态呢？

人口数量高速增长，在古代一般被认为是太平盛世的标志。战乱时期人口减少，和平时期人口增加，这是最自然的道理。不过，人口数量达到阶段性高峰，只是盛世的一个标志，是必要条件而非充分条件。

"康乾盛世"和明朝中前期的永乐盛世、中后期的"嘉靖—万历"盛世相比，也是类似的情况。

清朝人口之所以能够快速达到4亿的水平，是因为明朝经过200多年对江南地区的开发，已经开垦出能够养活4亿人口的土地。土地会因战乱而荒芜，但也很容易重新用于耕作。把森林改造成耕地很难，把山坡修成可以灌溉和蓄水的梯田也不容易，修建水库、灌溉水渠就需要更多人团结协作，共同艰苦努力。但是，这些工作完成以后，即使土地荒芜了一二十年，杂草丛生，重新开垦、种上粮食也会相对容易。甚至，大部分土地不会因为人口锐减而被抛荒。三个人的地一个人也能种，无非是广种薄收，种得粗放点。少施肥，少浇水，亩产或许低一点，等人口增加了再精耕细作也不迟。战争对农业的破坏可以用较短时间（几十年以内）恢复过来。

中国人口之所以能在明朝和清朝达到4亿，是中国人民数千年来在中华大地上持续不断进行开垦、修建各种农田水利设施的结果。

春秋战国之前的时代，开发程度整体都不高。秦国在关中平原和四川地区修建水利工程具有划时代的意义。关中平原的开发，让当地成为中国耕地面积和人口密度最高的区域，也成为统治的核心区域。秦和西汉都建都于此。

随着黄河中下游的进一步开发，中国经济重心开始往华中、华北一带转移。东汉定都洛阳，位于长安以东，可以更方便地获得华北、华中地区的粮食物资。但洛阳附近缺乏完整的地理屏障系统，在战争时期不容易防守，到东汉末年终于被战乱破坏。

出于战略安全考虑，隋唐再度定都长安。但关中地区土地过度开发、供养能力下降的趋势已经不可逆转。隋炀帝修建洛阳为"陪都"，多次带领中央政府全体官员前往洛阳办公，以解决物资保障问题。

唐朝时，中央政府的实际所在地经常移至洛阳。唐太宗李世民曾三次来洛阳处理政务及外事，在洛阳宫居住两年之久①。唐贞观二十三年（649年），高宗李治即位。显庆二年（公元657年），李治和武则天一同来到洛阳，在此处理国家大事，以洛阳为"东都"。这时唐朝的都城实质上可以说已从长安徙至洛阳了。唐玄宗在位44年，也都洛阳10年②。唐朝末期出于安全考虑，仍旧以长安为首都，但已无力控制华北地区的藩镇势力，最终被依托华北平原经济实力的军阀消灭。

此后，北宋定都华北地区的开封，标志着关中平原最终衰落。开封也是一个缺乏险峻地理屏障的城市，但北宋只能选择这里，作为抵抗辽国南侵的总指挥部。北宋采取了"强干弱枝"的集权政策，财政和军事资源完全由中央政府掌握，在没有收复燕云十六州的情况下，中央政府驻扎长安就相当于把整个华北地区拱手让给辽国。一旦华北沦陷，关中也无法自保。

一直到北宋，中国的经济重心始终在北方，在黄河流域，只是从关中逐渐往黄河中下游转移。南方的开发程度整体来看不算高。

简单分析原因，因为长江流域阳光和水分都过于充足，森林茂密，而又多山地丘陵，以古代的技术条件，开垦难度远大于相对干旱而平坦的北方。但南方地区温暖的气候和充足的水资源决定了，一旦土地开垦成熟，粮食产量可以数倍于寒冷而又缺水的北方。因此，我们秦、汉、唐、宋时代的祖先，一边开发北方的土地，一边抗击北方少数民族，还在干一件很重要的事——不断开发南方。这个开发过程非常缓慢，持续了数千年。

开发成熟的南方土地，一年可以播种两季甚至三季，其粮食产量可以达到北方的两三倍甚至三四倍。这样，对南方的开发程度就基本决定了中国古代和平时期能够达到的人口上限。

开发南方是国力的隐形扩张，在战略上的重要性往往被历史学家忽视。因

---

① 《旧唐书·太宗本纪》记录了李世民行程，他在贞观十一年（637年）二月、贞观十五年（641年）正月、贞观十八年（644年）十月三次前往洛阳宫长期停留。第一次在洛阳停留了约1年，于第二年二月返回长安；第二次停留了约10个月，于当年十一月返回长安；第三次停留了4个月，于贞观十九年（645年）二月从洛阳出发统兵远征朝鲜，留太子监国。3次合计约2年。

② 据《旧唐书·玄宗本纪》记录的行程，唐玄宗在位期间5次去往洛阳长期居住，累计时间约10年。

为南方地区从上古时代就已算是中国的一部分。相反,对长城以北地区的控制,对人口数量和经济实力的影响基本可以忽略不计。

两汉时期,中国人口大约五六千万[1],绝大部分都在北方。那时候连今天四川、湖南、江苏的很多地区都被视为蛮荒之地。《史记》里面就说"楚(湖北、湖南)越(浙江、江苏)之地,地广人稀"。诸葛亮在三国时期进入南中地区七擒孟获,号称"五月渡泸、深入不毛",其渡过的"泸水"其实就是金沙江,也就是长江上游的一段。过了泸水,就被视为"不毛之地"了。孙权平定山越,史料记录的交战地点在包括今天扬州、苏州等地的山野地区,也就是说当时这些地方还居住着很多野蛮部落。可见,当时江南地区的开发主要是据点式的,局限于大江大河的冲积平原和交通枢纽周边,其余有大量的地区还处于蛮荒状态。曹操、曹丕父子控制华北地区,实力最为强大,刘备和孙权控制着汉中、四川和江南地区,他们两方都不是曹操的对手,本质上是因为这些地区的资源保障能力远不如关中和华北。

东汉末年和魏晋南北朝时期,由于北方战乱,大量精英人口南渡,极大地加强了江南地区的开发,奠定了盛唐的经济基础。到了唐朝,繁荣程度超过汉朝,全国人口峰值七八千万[2],比汉朝多出来的两三千万人口主要由南方贡献[3]。

中晚唐时期,安史之乱和藩镇割据主要影响了广大北方地区,东南地区受的影响很小,成为中央政府最重要的赋税来源。白居易在《苏州刺史谢上表》中称:"当今国用,多出江南。江南诸州,苏为最大。兵数不少,税额至多。"唐朝前期把州分为七等,一等为"辅州",集中在"长安—洛阳"附近地区,二等为"雄州",是首都区域以外最高等级的州。唐中期以前全国只有六个雄州,全部在北方。778年,唐朝增设苏州为江南唯一的"雄州",这是江南地区在国家版图中地位上升的重要标志。

---

[1] 参考葛剑雄《中国人口发展史》。
[2] 参考葛剑雄《中国人口发展史》。
[3] 东汉南方人口约1686万,参考《中国人口史(第二卷)》。天宝年间,南方户数占全国户数的比例约为45.6%,参考《中国人口史(第二卷)》。这一时期也一般认为是唐朝人口高峰期,总人口在8000万左右,其中南方人口在3500万左右,比东汉时南方人口多出大约2000万。

北宋末年，全国人口在高峰时期突破1亿，其中南方人口达到约5000万，南北方人口基本平衡，标志着南方的开发已接近北方的水平。但此时全国经济中心仍然在黄河中下游平原，也就是都城开封一带。后来，由于女真和蒙古南下，战争让北方人口剧烈减少，降低到了1000余万[1]。南宋控制的江南、华南和四川地区人口数在高峰期则达到6000万[2]，南方经济大幅度超过北方——南宋时期不仅南方农业发达，海洋贸易也开始兴盛起来，这是更大的进步。

但南方的开发空间仍然很大。经过200多年持续不断的开垦，加上农田水利技术的进步，南方的开发才完全成熟，不仅耕地面积大大提高，亩产量也达到了新的高度。此时加上四川、云南、贵州在内，南方人口超过了2亿，而北方人口则在1亿左右[3]。相比汉唐，宋代新增的人口主要在南方。

明朝永乐定都北京是为了战略安全考虑，即方便抵抗北方少数民族。但首都的物资供应却主要依赖大运河从南方运输过来。南京、苏州、广州等南方中心城市的人口都超过了首都北京。大一统王朝历史上第一次出现政治中心和经济中心分离的现象。汉唐时期盛极一时的关中平原，到明朝已成为比较落后的西部地区。

明末时期到达中国的西方传教士留下了很多关于南方开发情况的记录，在华南地区"一切可以被开垦的土地都被开发了出来""没有一尺土地没有被开垦""中国是一个差不多所有耕地都被开垦出来的国家"……此类说法极多。

1556年前后在广州居住的克鲁士在《中国志》中说："在印度的若干地方有大片未开垦的土地，而在中国则不一样，人人都能享受他的劳动成果。所以在中国，一切下种后能收获的土地都开耕了。不宜于谷物的山地，生长着极好的松树林，可能的话也在树间种植豆类……那土地的出产极富庶，食物及维持生

---

[1] 葛剑雄：《中国人口史（第一卷）》，复旦大学出版社，2002年版。
[2] 葛剑雄：《中国人口史（第一卷）》，复旦大学出版社，2002年版。
[3] 曹树清在《中国人口史（第四卷）》中对明朝主要省份人口进行了估算，杜车别在《明末清初人口变动之谜》中将这一估算结果做了整理。根据整理结果，北方主要省份（北直隶、山东、山西、河南、陕西、辽东，不含西北蒙藏地区）人口合计约6500万，南方主要省份（南直隶、湖广、四川、福建、浙江、江西、广东、广西、云南、贵州，不含台湾）人口合计约1.2亿。南北比例约为1:2。当然，这一比例是以明末人口约2亿为总数估算的。若以明末人口4亿左右计算，则北方人口在1亿多，南方人口2亿多。

活的各种必需品都极充足,原因在于中国的主要粮食是大米,在全国产量极丰,有很多一年两收或三收的大稻田。"

1575年到达中国的西班牙修士拉达在《记大明的中国事情》中说:"我们没有见任何野物,因为我们到过的地区没有留下荒地……他们的农田是靠灌溉的,河流水渠处处皆是……在头一茬庄稼收割的时候,别的谷物已种植……土地是很肥沃,物产丰富而人口众多。"拉达说的地方是福建,这里一直是沿海比较贫穷的山区省份,其开发程度尚且如此,南方其他地区就更不用说了。

此外,云南、贵州地区,在明朝以前一直被视为蛮荒之地。但在南明时期竟然可以供养孙可望领导的20万精锐大西军,成为抗清运动后期的核心根据地。后来吴三桂经营云贵,也可以据此与清军主力对抗,可见明朝中后期云贵地区的开发也已非常成熟。万历年间的文人谢肇淛的《五杂组》里就说:"滇中沃野千里,地富物饶。"须知三国时期诸葛亮经营四川时,成都平原号称沃野千里,也就只能供养10万常备军[①]。

南方的开发是明末人口能够增长到4亿的主要原因,其他诸如红薯等高产农作物传入中国、大幅度提高亩产之类的原因,都不是主要原因。红薯因为营养低口感差,从来没有成为中国人的主粮。南方吃米、北方吃面才是主流,这些才是中国人民自己培育出来的粮食品种。明末的12.2亿亩的土地(官方统计数,实际应该不止),不用种红薯也足以养活4亿人口。中国人是依靠自己数千年来的辛勤开垦和自身农业技术的进步来支撑起这么多人口的,而不是靠外来农作物。

总体而言,古代社会人口数量主要由农业产量决定,农业产量主要由耕地数量和亩产能力决定,亩产能力主要由土地肥沃程度和农田水利技术决定。清朝经过"康乾盛世"100多年的和平,人口能达到4亿,就是因为有明朝270多年南方大开发的底子。有了这个底子,只需要保持国内和平,人口自然繁衍生息,就会逐步增长到这个数量。

---

① 《三国志·后主传》有注:"又遣尚书郎李虎送士民簿,领户二十八万,男女口九十四万,带甲将士十万二千,吏四万人。"

三、明亡英兴：晋商南下与英国崛起

但是，要创造盛世，光靠农业还远远不够。"无农不稳，无工不富"，农业剩余毕竟有限。古代没有大工业，但手工业及其衍生的商业也很重要，既创造财富也解决就业。农业耕作养活的剩余人口，如果不能转化为手工业和商业人口，就会变成吃闲饭的人，国家经济发展也会掉入"低收入陷阱"——人口数量很多，但活着也就是有一口饭吃，人民生活普遍陷于赤贫，谈不上吃得好、活得有滋味，更谈不上创新和进步。高效手工业，在今天看起来很低端，在古代社会则是对种植业的重大产业升级，决定着一个国家的富有程度。

手工业技术的进步和繁荣比农业增长难度大得多，也更脆弱。明末战争大量减少了城市精英人才，要想像恢复农业耕作一样恢复城市手工业的繁荣，就很难了。扬州城外若有一块土地被抛荒了，后来者很容易就可以复垦耕作；若扬州城内有一批最新改进的纺纱机被一把火烧了，制造者和工匠们也在战争中死去了，后来再到扬州城居住的人们恐怕根本就不知道有这样的纺纱机存在过，也就更无法再制造出这样的纺纱机了。

在康熙二十八年（1689年）二月，康熙第二次南巡经过苏州等地后，有这么一番议论："我以前一直听说东南地区富商云集、经济发达。但是这次我亲自到苏州等地考察，发现市场上做生意的大多数都是山西人，本地人非常少。想来应该是山西民风淳朴，商民爱好节俭，所以容易积累财富。南方人喜欢奢侈享受，家中便没有储蓄，经营生活都只顾眼前，一旦遇到水灾旱灾等损失，立刻就破产而陷于贫困。我看这种陋俗必须改变，不然南方人民没法过上富足生活。"①

康熙二十八年（1689年），距离江浙地区战争结束已经过去了30年，然而

---

① 《清圣祖实录·卷之一百三十九》："又朕闻东南巨商大贾、号称辐辏。今朕行历吴越州郡，察其市肆贸迁，多系晋省之人，而土著者盖寡。良由晋风多俭、积累易饶。南人习俗奢靡、家无储蓄。目前经营仅供朝夕。一遇水旱不登，则民生将至坐困。苟不变易陋俗，何以致家给人足之风。"

康熙皇帝亲自调研却发现，这些地方的商人富豪竟然大部分都是从山西过来的，这是怎么回事呢？

康熙皇帝对此的解释是，南方人不注意积累财富——这当然是他臆想出来的。明朝的江南繁荣了200年，是全球手工业贸易中心，富甲天下，说明南方人完全有能力创造和积累巨大的财富。到了康熙年间，南方当地人却穷困潦倒，这是为什么呢？就是因为那些比较富有的城镇人口，包括商人和手工业老板，在明清换代的战争中大量伤亡，城市中的财富也被劫掠一空。康熙时代的南方城市，本地人大多是改朝换代以后从农村进入城市的"新市民"，没有经商和从事手工业的传统，更没有积蓄可以投资。因此，当老板的几乎都是跟随清军南下的山西商人及其后代。

晋商早在明末就跟清廷有密切的商业合作关系，特别是清军征服蒙古以后，其领土直接与山西相连。清廷通过他们获得了许多重要的军事物资，也获得了不少军事情报。入关以后，清政府将其中"功劳"最大的八人封为"皇商"。八大皇商全是山西人，他们凭借政治特权，迅速填补了江南地区战争以后的工商业空白，这才有了康熙皇帝所说的现象：江南地区的市场上做生意的尽是山西商人。

城镇先进手工业遭到毁灭性破坏的结果，就是明末"嘉万盛世"和清朝"康乾盛世"同样是4亿人口，但一个富一个穷、一个先进一个落后、一个繁荣一个停滞。这种差异，可以从外贸结构上的巨大差距中看出来。

明末对外贸易中，出口产品以手工业制成品为主，而且高端产品占了很大比例。中山大学历史系教授黄启臣在其论文《明代广东海上丝绸之路的高度发展》中对明朝中后期的进出口结果做了分析。

在进口方面，明中叶以后，由于西欧各国陷入战乱灾荒和瘟疫之中，"这些国家根本没有什么民生产品可以打进中国市场……除了各国的土特产如胡椒、苏木、象牙、檀香、沉香、葡萄酒、橄榄油等货物外，大量的白银作为流通手段输入中国广东和其他省份。也就是说，外国商人是携带大量白银来广东购买中国货物，再贩回国内去倾销的……"

而出口的产品结构，市舶贸易的出口商品，"据不完全统计，全国有236种之多，包括手工业品、农副产品、矿产品、动物和肉制品、干鲜果品、中草药品和文化用品等 8 大类。其中手工业品共 127 种，占总数一半以上。这就说明，明代中国的手工业产品在国际市场上具有很强的竞争力，并受到世界各国的称赞和欢迎……"[1]

樊树志在《晚明史》中举了几个比较生动的例子："1591 年菲律宾总督发现，菲律宾群岛土著居民因为使用中国衣料，不再种棉织布……1592 年这个总督向西班牙国王报告，中国商人收购菲律宾棉花，转眼就从中国运来棉布。棉布已成为中国货在菲律宾销路最大的商品……"

这个例子说明明朝的贸易形式还是很高级：从国外进口原材料，经过加工再出口制成品，占据了产业链的高端环节。

《晚明史》中的另一个例子表明，第一代殖民帝国西班牙的衰落可能也与明朝的手工业竞争力太强有关："中国对西班牙殖民帝国的贸易关系，就是中国丝绸流向菲律宾和美洲，白银流向中国的关系。至迟到 16 世纪 80 年代之初，中国的丝绸就已威胁到西班牙产品在美洲的销路了……墨西哥本土蚕丝业实际上被消灭了。邻近墨西哥的秘鲁也是中国丝绸的巨大市场，中国丝绸在秘鲁的价格只抵得上西班牙制品的三分之一。从智利到巴拿马，到处出售和穿着中国绸缎。中国丝绸不仅泛滥美洲市场，夺取了西班牙丝绸在美洲的销路，甚至绕过大半个地球，远销到西班牙本土，在那里直接破坏西班牙的丝绸生产。"

很可能正是由于明末纺织品的竞争力，西班牙才始终没有利用全球市场发展起发达的纺织业，其产业结构长期停留在依靠倒卖美洲白银和中国商品赚钱的"空心化"状态。这才为后来英国依靠纺织业崛起留出了空间。

但是，到了同样是三四亿人口的康乾盛世，中国的对外贸易结构就发生了巨大的逆转：从出口高端手工业制成品为主，变成了出口农副产品为主。康熙—乾隆年间，中国对外贸易的大宗货物不再是纺织品，而是茶叶和生丝（未经纺织的蚕丝）。

---

[1] 黄启臣：《明代广东海上丝绸之路的高度发展》。参考黄启臣：《明清经济史论集》，中山大学出版社，2021 年版。

厦门大学历史学教授庄国土在《茶叶、白银和鸦片：1750—1840年中西贸易结构》一文中讲道："1716年（康熙五十五年，明朝灭亡后七十年），茶叶开始成为中英贸易的重要商品。两艘英船从广州携回3000担茶叶，价值35085镑，占总货值的80%。18世纪20年代后，北欧的茶叶消费迅速增长，茶叶贸易成为所有欧洲东方贸易公司最重要的、盈利最大的贸易。当时活跃在广州的法国商人罗伯特·康斯坦特说：'茶叶是驱使他们前往中国的主要动力，其他的商品只是为了点缀商品种类。'"

根据中华书局《中国近代对外贸易史资料（1840—1895）》第一册提供的数据，从1760年到1799年（乾隆去世的这一年），也是"康乾盛世"最鼎盛的年份，东印度公司从中国进口的商品中，茶叶和生丝合计的货物价值一直占了92%以上，最高的年份达到了95.6%（见表3-1）。这种情况一直持续到鸦片战争前夕也没有发生什么改变。

表3-1　东印度公司自中国输出的主要商品（货值单位：两·白银）

年度	出口商品总货值	茶叶货值	占总值	生丝货值	占总值	茶叶和生丝占总货值	土布货值	占总值	其他货值	占总值
1760—1764	876846	806242	91.9%	3749	0.4%	92.3%	204	0.1%	66651	7.6%
1765—1769	1601299	1179854	73.7%	334542	20.9%	94.6%	5024	0.3%	81879	5.1%
1770—1774	1415428	963287	68.1%	358242	25.3%	93.4%	950	0.1%	92949	6.5%
1775—1779	1208312	666039	55.1%	455376	37.7%	92.8%	6618	0.5%	80279	6.7%
1780—1784	1632720	1130059	69.2%	376964	23.1%	92.3%	8533	0.5%	117164	7.2%
1785—1789	4437123	3659266	82.5%	519587	11.7%	94.2%	19533	0.4%	238737	5.4%
1790—1794	4025092	3575409	88.8%	274460	6.8%	95.6%	34580	0.9%	140643	3.5%
1795—1799	4277416	3868126	90.4%	162739	3.8%	94.2%	79979	1.9%	166572	3.9%

数据来源：《中国近代对外贸易史资料（1840—1895）》第一册，中华书局，1962年版。

纺织品等手工业制成品出口的背后，是高度发达的手工业体系；而茶叶和生丝出口的背后，是种茶和养蚕这种传统的农业体系。不同的出口结构反映了中国经济结构发生的重大变化。明末的欧洲人到中国贸易是冲着纺织品等手工业品来的，"康乾盛世"时期欧洲人到中国贸易则是冲着茶叶和生丝等原材料来的。

英国崛起成为全世界最强大的纺织品大国，就是发生在明朝灭亡到"康乾盛世"这个时间段——工业革命正好爆发于"康乾盛世"后期。

英国纺织业的崛起当然主要依靠他们自己的努力——通过建立中央集权，集全国之力与西班牙、法国进行了一场又一场战争，通过巨大的战争牺牲夺取殖民地和市场，同时以战争和市场开拓推动技术革命，这是英国近代崛起的根本原因。但外部的机遇也不可忽视。在产业上，整个欧洲的纺织业其实一直都有两大竞争对手，一个是中国，一个是印度。印度的纺织品当时在全世界也很畅销，但产品质量不如中国，价格也便宜一些，走的是低端路线，中高端市场则基本被中国占领。

英国人搞了个既能经商又能打仗的东印度公司[①]，直接用殖民征服的方式把印度变成自己控制的地盘，从而干掉了这个竞争对手。中国的纺织业竞争力则是被明清换代的战争摧毁。经此一役，东方文明的大衰落和西方文明的大崛起才变得完全不可逆转。

四、御驾亲征：反击准噶尔叛乱

南方手工业经历摧毁重建，虽然无力再参与全球竞争，让中国失去了首先进入工业化社会的机会，但恢复起来的江南农业和手工业资源还是可以支撑清朝继续征服北方内陆落后游牧民族，而且绰绰有余——这也是来自北方的清朝统治者最看重的东西。

康熙二十一年（1682年）清朝收复台湾，彻底解除了来自南方的威胁，之后就迅速调转枪头，对北方的敌人展开战略攻势，在康熙二十九年（1690年）发动了乌兰布通之战。

清廷先是征服蒙古，再入关征服明朝，因此满洲皇帝同时也是蒙古的大汗。

[①] 英国东印度公司成立于1600年。1670年，英国国王查理二世发布了五条法律，授予东印度公司自主占领地盘、铸造钱币、指令要塞和军队、结盟和宣战、签订和平条约和在被占据地区就民事和刑事诉讼进行审判的权力。

满族和蒙古族彼此之间有比较高的民族认同感，婚姻家庭习俗也很相似，比如他们都有收继婚的风俗，军事组织也都以军民合一的部落联盟制为基础。双方的贵族长期通婚，比如皇太极的生母、顺治皇帝的生母都是蒙古族人。在蒙古族人看来，满族人当中国皇帝，跟蒙古族人当中国皇帝区别不大；满族人做蒙古族人的大汗，蒙古族人也并没有很强的抵触意识。直到今天，很多蒙古族在重大活动中悬挂历代大汗肖像时，也会把皇太极和成吉思汗、忽必烈等人并列。

总之，满蒙联盟是清朝统治中国的根基。

入关后，清廷把几乎全部兵力和战略资源都放在对南方的征服上，也就放松了对蒙古的控制。在这个时间窗口里边，蒙古内部的叛乱势力迅速成长，必须要大规模武力才能解决。

叛乱势力来自西北地区的准噶尔部。

准噶尔部在西北靠近中亚一带活动，距离满族发家的东北地区十分遥远，其关系也最疏。生活在顺治康熙年间的领袖噶尔丹是成吉思汗的后裔，一心想再造祖先的伟业，图谋反叛清朝的统治。因此勾结沙俄，先后征服哈萨克，灭叶尔羌汗国，又趁清军南征的空当向东击败了漠北蒙古的诸多部族，建立了准噶尔汗国。到了康熙二十七年（1688 年），他们进攻喀尔喀蒙古土谢图汗部，继而进军内蒙古乌兰布通，已经开始对北京构成威胁。康熙二十九年（1690 年），清军 2 万人向噶尔丹发动攻击，结果几乎全军覆没。[①]

这种情况下，康熙皇帝宣布亲征，亲自统率 10 万大军与噶尔丹决战。[②]

康熙皇帝亲自给噶尔丹写信，邀请他到乌兰布通和谈。噶尔丹不想和谈，但他认为这是捉拿皇帝的好机会，就像他的祖先也先在土木堡之战中擒获明朝皇帝一样。康熙也知道噶尔丹会这样想，邀请和谈的本意就是以皇帝为诱饵让他进入包围圈。但走到半路，康熙患了疟疾，无法继续前进，只能返回北京养病。临走前，他把军权交给哥哥福全。

福全对军事不大在行，跟噶尔丹部刚一接触，就想派兵迂回包抄一下噶尔

---

① 黑龙:《乌尔会河之战》，载《清史研究》，2007 年第 1 期。
② 黑龙:《乌兰布通之战再考》，载《中央民族大学学报》，2006 年第 4 期。

丹的侧翼，但没组织好，在移动过程中自乱阵脚，被噶尔丹抓住机会用骑兵冲杀，导致清军死伤惨重。福全后来又搞了几次正面冲锋，也以失败告终，白白折了几员猛将。

但清军毕竟人数上占优，尤其是火炮弹药储备远远超过对方。福全也很快学老实了，组织好防御，跟噶尔丹对轰大炮。噶尔丹的火器主要由俄罗斯援助，火力并不差，但弹药数量非常有限，轰完了之后就只能坐以待毙，如果从防御工事中撤退立刻就会被清军骑兵追杀。而且噶尔丹也知道，还有更多的清军正在赶来。两难之下，他假意表示愿意投降，派使者过来跟福全谈条件。福全轻信了噶尔丹的鬼话，下令停火，开始互派使者谈判。刚谈到天黑，噶尔丹就带着大军跑路了。在北京的康熙皇帝听到消息，气得咬牙切齿。福全回来后遭到严厉斥责，此后再也没有得到过重用。

在这一仗中，清军伤亡数量大大超过了噶尔丹，不能算是胜仗。但噶尔丹运气太差，军队在西归途中感染了瘟疫，死亡数千人，比被清军打死的还多。走到半路，噶尔丹又得到消息，他的侄子策妄阿拉布坦发动政变，噶尔丹无法回到汗国首府，只能停留在漠北休整。

经过6年的准备，康熙皇帝于康熙三十五年（1696年）再次亲征，穿越蒙古大漠突然向噶尔丹发动攻击。大一统王朝的皇帝亲自越过阴山远征漠北，在中华帝国历史上只有明成祖朱棣这么干过。康熙敢这么干，除了具备惊人的勇气和魄力以外，在战略上也是确有把握。他掌握的军事情报十分准确，而且兵力上占据绝对优势。噶尔丹号称有3万人，实际战士只有五六千人。[1] 而康熙带领的3万多人都是八旗精锐[2]，还有精心训练的火器营，双方实力悬殊。

噶尔丹看到皇帝的大旗和漫山遍野的清军，立刻就决定向西逃跑。但康熙已经在西边给他布下陷阱。一支清军骑兵部队在西边与噶尔丹"偶遇"，清军只

---

[1] 《清圣祖实录·卷之一百六十八》："闻噶尔丹部落，不过五六千人。"《清圣祖实录·卷之一百六十九》："噶尔丹……于巴颜乌兰作度冬计，兵有六千。"《圣驾亲征噶尔旦方略》载："战兵有五千余人。"又魏源《圣武记·卷三》载："率骑三万入寇，沿克鲁伦河而下。"此当为号称之数，或包括妇、稚和老弱等随军人数，非独指战兵而言。

[2] 洪用斌：《昭莫多之战》，载《内蒙古社会科学》，1980年第2期。

有几百人，看起来像是普通的巡逻队。噶尔丹想吃掉这小股部队出出气，结果被引进了准备好的包围圈，在昭莫多（今蒙古国首都乌兰巴托南郊的宗莫德市，与不到300年前朱棣击败蒙古瓦剌部骑兵的地方十分接近）被从宁夏出发的另一路清军主力伏击。这支清军将噶尔丹部的大部分部队歼灭。噶尔丹带领残兵败将向北逃窜。①

清廷向可能收留噶尔丹的各方势力施加压力，誓言不抓获噶尔丹决不罢休，因此无人愿意收留噶尔丹。康熙三十六年（1697年），康熙皇帝到达宁夏，准备第三次亲征。但他很快得知，噶尔丹已经在逃亡中死去。

噶尔丹的死亡并不意味着准噶尔部的臣服。策妄阿拉布坦成为新的准噶尔汗。他曾经积极与清军合作消灭噶尔丹，但等噶尔丹死后，就迅速与清廷决裂，谋求建立自己的霸业。

策妄阿拉布坦不敢再贸然东进，而是换了一个方向，开始打西藏的主意。康熙五十六年（1717年），他派出6000名士兵从伊犁河谷出发，在荒无人烟的戈壁和青藏高原上秘密行军超过3000公里，突袭拉萨，杀掉了拉藏汗，在卫藏地区建立了统治。

消息传到北京，清廷立即从甘肃和宁夏分别调派了几千兵马进藏。但兵力太少而且准备不足，一路被准噶尔军伏击几乎全军覆没，另一路被迫仓促退兵。②这样，清廷就只有从内陆地区集结主力发动大规模反攻才可能取得胜利。

此时康熙皇帝已经63岁高龄，不可能再去青藏高原亲征。康熙五十七年（1718年）十月，康熙将皇十四子胤禵封为"大将军王"，按照天子出征的规格待遇统领各军；又任命皇四子胤禛的小舅子年羹尧为四川总督，负责后勤保障。清军于康熙五十八年（1719年），从四川、青海、甘肃三路发兵进攻拉萨，每一路的兵力数量都是准噶尔军的好几倍。次年，清廷终于将入藏的准噶尔军队大部歼灭，恢复了对西藏的统治。

---

① 赵涵泊、熊剑平：《昭莫多之战》，载《中国国防报》，2022年4月14日04版。
② 参考《清圣祖实录·卷之二百六十六》《清圣祖实录·卷之二百六十八》。转引自姚念慈：《康熙盛世与帝王心术》，生活·读书·新知三联书店，2018年版。

这场胜利极大地提高了皇十四子胤禵的威望。当时康熙还没有立太子，给了胤禵"大将军王"的封号和天子出征的规格，让大臣们普遍认为他就是皇帝最中意的继承人。胤禵自己也颇认为太子之位非自己莫属。

康熙六十年（1721年），胤禵统兵10余万，号称30万[①]，向位于新疆北部的准噶尔本部发动攻势，年羹尧此时也已升任川陕总督，继续负责后勤。

清军的进攻势不可当，一度占领乌鲁木齐，开始积极筹备进攻位于阿勒泰山附近的准噶尔首府和布克赛尔（位于今新疆伊犁塔城地区）。策妄阿拉布坦紧急派遣使者与清军议和。

康熙六十一年（1722年）十一月，康熙将胤禵召回北京，商量应对方案。考虑到阿勒泰地区过于遥远，10多万大军的后勤运输非常困难，康熙最终决定接受议和。胤禵带着和谈的使命再次前往他在甘肃平凉的前敌指挥总部。

只要和议达成，胤禵就算完成使命，可以回到北京。按照他的功勋和康熙对他的宠爱，太子的位置在他看来几乎已是囊中之物。

但他刚刚走到甘肃，就得到消息：在位61年的康熙皇帝去世了。

更令他震惊的是，他同时也被告知，皇四子胤禛已经继承了皇位。

新皇帝命令他交出兵权，立刻返回北京。

五、博学鸿儒：笼络汉族士大夫

康熙生前没有册立太子，也没有公开指定皇位继承人，也没有亲笔写下书面的遗诏。去世前在康熙身边的一等侍卫、步军统领[②]隆科多，口头转达遗命给皇四子胤禛，宣布让胤禛继位，这显得非常蹊跷。由于隆科多听取遗命的时候

[①] 王钟翰：《清史杂考》，中华书局，1963年版。
[②] 步军统领，全称提督九门步军巡捕五营统领，又称九门提督，是清朝的驻京武官，设立于康熙十三年（1674年）。主要负责北京内城九座城门（正阳门、崇文门、宣武门、安定门、德胜门、东直门、西直门、朝阳门、阜成门）内外的守卫和门禁，还负责巡夜、救火、编查保甲、禁令、缉捕、断狱等，实际为清朝皇室禁军的统领。此职位直接关系到皇帝的人身安全，一般由皇帝最亲信之人担任。

没有其他高级官员在旁边作证①，胤禛继位的过程就显得十分扑朔迷离。有很多人认为是隆科多伪造了康熙遗命，甚至有传言说是胤禛下毒害死康熙后篡位的。皇十四子胤禵尤其不服。

这就是清朝最著名的一桩政治悬案：雍正继位之谜。

康熙死前是不是真的想要传位给皇四子呢？这个问题的答案除隆科多和胤禛以外，别人已无法确切知道了。

康熙本来很早就立了太子，只是后来又给废了。

早在康熙十四年（1675年），康熙皇帝本人才刚21岁就宣布将两岁的儿子爱新觉罗·胤礽册立为太子。当时康熙的大儿子叫胤褆，是普通妃子所生，算庶长子；胤礽是老二，但是皇后所生，是嫡长子。

这个看起来很平常的决定其实并不寻常。因为满洲没有立太子的传统，更谈不上按照汉人的嫡法来立太子。

清王朝的创始人努尔哈赤生前没有指定继承人。他有10多个儿子和侄儿，其中有4个被封为和硕贝勒，地位最为崇高，分别是大贝勒代善、二贝勒阿敏（侄儿）、三贝勒莽古尔泰和四贝勒皇太极。努尔哈赤死后，大贝勒代善不愿意继位，而力推四贝勒皇太极。经过四位议政大臣和八旗的八位旗主（含四大贝勒）开会讨论，最终确定由皇太极继位。

皇太极后来称帝，把和硕贝勒都改封为亲王。议政大臣和亲王们组成的"议政王大臣会议"成为帝国最高决策机构。这里边实际上有两拨人：议政大臣是皇帝提拔的亲信，更忠于皇帝本人；亲王们则是皇室贵族，并兼任旗主。

努尔哈赤建立的八旗制度，是一种军政合一的管理体制，旗主既是军事统帅又是民政长官。一个旗就是一个独立王国，旗人及其家庭完全听命于旗主，打仗的时候服从旗主指挥，平时向旗主交税并服从管理。旗主是一种介于部落酋长和分封制下的国王之间的职位，虽然听命于大汗或皇帝，但独立性很强。

八旗之中，皇太极真正能够直接管理的只有正黄旗和镶黄旗，其他六旗掌

---

① 胤禛当皇帝多年以后，在《大义觉迷录》中称跟隆科多一起听取遗诏的还有康熙的另外几个儿子，唯独没有他自己。但此事只有胤禛自己说，别无他证，另外几位皇子也没有相关证言。

第三章 康熙皇帝：帝制的强化与被忽视的产业降级

握在宗室贵族们手中。很多军国大事，皇太极必须和亲王、旗主们商议才能决定，并不能独断专行。皇太极逐步加强议政大臣的实力，打压宗室权力，让正黄旗和镶黄旗的军事力量显著高于其他六旗，从而推动满洲政体从部落军事贵族制度向帝国体制转型。

皇太极生前也没有指定继承人。他死后，宗室贵族与议政大臣们在皇位继承权上发生了矛盾。以索尼、鳌拜为代表的议政大臣坚决要求立皇太极的长子豪格为帝，宗室贵族们则希望让皇太极的弟弟、正白旗旗主多尔衮继位。

宗室贵族的实力更为强大，但大臣们的能量也不容小视，没有一方能取得绝对优势。双方剑拔弩张，随时可能爆发内战。为避免出现流血内讧，多尔衮选择了一个折中方案：自己不继位，也不让豪格继位，而是让皇太极第9个儿子、年仅5岁的福临继位，自己担任摄政王。这样既满足了大臣们让皇太极后人继位的要求，又可以将实权把握在以他为代表的宗室贵族手中。

这是个非常富有政治智慧的妥协，它确保了满洲高层内部团结，为清廷夺取天下奠定了良好的政治基础。福临（顺治皇帝）继位不到一年，就传来了李自成大军攻破北京的消息，清军遂在多尔衮的统一号令下入关，参与中原争霸。

随着清军连战连捷，统一中国的势头越来越明显，多尔衮的威望和权势也跟着迅速提高。他先让皇帝管自己叫"皇叔父摄政王"，然后又改成"皇父摄政王"，以至于有人根据"皇父"这个称呼认为多尔衮跟福临的母亲孝庄太后有私情。[①]顺治五年（1648年），多尔衮发动政治冤狱，以阴谋篡位的罪名将豪格幽禁而死，索尼和鳌拜都被判处死刑，然后免死降职降爵。

如果清军最终统一中国，多尔衮完全可以凭借巨大的功勋勒令福临让位，自己当皇帝。事实上，从很多迹象来看，他也在为此积极准备：使用的仪仗全都跟皇帝一样，其命令未经皇帝签字盖章就可以直接称圣旨，自己已去世的生母还要追封为皇后。

[①] 这种猜测并不荒唐，因为满族跟蒙古族一样，有"收继婚"的习俗，就是哥哥死后嫂子再嫁给弟弟。这在满洲风俗中，被视为弟弟帮去世的哥哥照料遗孀的正确方式。侄儿死后妻子嫁给叔叔，叔叔死后婶子嫁给侄儿，在满洲风俗中都完全没有问题。后来豪格死后，多尔衮就宣布把豪格的妻子娶过门，以示自己没有介意当初和豪格争夺皇位的恩怨，还积极照顾他的遗孀。

顺治七年（1650年），多尔衮到塞外狩猎游乐，意外从马背上掉下来摔死。这样，潜在的政治危机结束，顺治皇帝开始掌握实权并清算多尔衮，公布他的十四条罪状，然后掘墓鞭尸，褫夺一切尊号。

顺治皇帝在23岁的时候感染了天花。这是满洲人进入中原地区以后遇到的一种可怕而常见的传染病，死亡率非常高。皇帝本人也未能幸免于难，从发病到死亡只有5天时间。临死前，顺治指定由7岁的皇三子玄烨继位。

玄烨就是康熙皇帝，他被选中的主要原因是曾经感染过天花。当时的人们虽然不懂免疫理论，但根据经验知道，只要一个人得过天花而没有死就会终生对天花病毒免疫。顺治的这个决定是为了保证皇位的稳定，也被大臣和宗室贵族们接受。

一直到康熙继位，清朝都没有册立过太子。胤礽是清朝第一个太子。

康熙打破惯例，21岁就立了太子，而且还是将嫡长子立为太子，主要目的是拉拢汉族士绅，做出一个正儿八经当中国人皇帝的样子。

康熙十四年（1675年）是三藩之乱的第三年，清军和吴三桂在湖南对峙，双方胜负尚未可知，很多势力都在骑墙观望。清廷急需跟接受清政权统治的汉族士绅搞好关系，稳住他们不要跟随吴三桂造反。特别是满洲八旗，战斗力下降的情况非常突出，明清换代时期一起打天下的汉族将领大多老病不堪，还有很多跟着吴三桂叛乱了，康熙不得不提拔任用一大批年轻的汉族将领。要确保他们的忠诚度，康熙就必须做出一副自己是不分满汉的"天下共主"的姿态来，让汉人官员知道自己不仅是满洲人的大汗，还是全中国的皇帝。

康熙在这方面下的功夫很足。立太子，而且按照汉人的嫡法立嫡长子。清史专家姚念慈在《康熙盛世与帝王心术》一书中认为："正是在三藩之乱期间，清廷标榜汉化、满汉一体的文饰似乎才进入高潮。"立太子后两年，康熙又设立南书房，延请汉族名儒给他讲解经史子集，担当政治顾问。年底，又颁下自己亲自撰写的《御制日讲四书解义序》，展示他在学习儒学方面的心得体会。

《御制日讲四书解义序》是一篇纲领性的政治文件，康熙借此向全天下宣布：清朝将遵从理学道统，并将皇位的合法性来源归结为道统。开篇第一句就是："天生圣贤作君作师，万世道统之所传，即万世治统之所系也。"

然后，康熙按照理学思想回顾了孔孟之道与君王治理天下的关系，说明"道统在是，治统亦在是"，而自己的政治责任就是"进于唐虞三代文明之盛"，为自己树立了一个忠于理学理想的圣君形象。

康熙十七年（1678年），三藩之乱的第六年，吴三桂刚刚在湖南称帝，康熙就立马搞了一个"博学鸿儒科"，网罗和拉拢汉族士绅中的文化名人。

"博学鸿儒科"这个名头是康熙自己想出来的。有两个典故，一个是唐明皇李隆基搞过"博学宏词科"，皇帝从已经考取进士的人里边，再亲自挑选一批更高级的人才；第二个典故就是刘禹锡《陋室铭》中的"谈笑有鸿儒，往来无白丁"。把这两个典故合起来，把"宏词"改为"鸿儒"，既表示效法唐朝，又比唐朝还要尊重士人。光是"鸿儒"这个词就足以令儒生们感到光宗耀祖，更何况是皇帝钦点。康熙可以说是把汉人知识分子的心理研究透了。

皇帝下令各地官员推荐人才，不管有没有取得过功名，只要才学足够高，都可以推荐来参加"博学鸿儒科"的考试。黄宗羲、顾炎武、李颙、傅山等拒绝跟清廷合作的大儒名士自然全都被列入了推荐名单。黄宗羲、顾炎武直接以自杀相威胁拒绝参加，并拒见清廷的任何官员。李颙也不愿意来，康熙亲自去陕西拜见他，被拒之门外。康熙也不生气，亲笔写了一块匾额"志操高洁"送给他。傅山的经历更有趣，地方官直接把他强行装进轿子里抬到北京参加考试。他就一直躲在轿子里不出来，有王公大臣去探望，他就装疯卖傻。康熙知道后，说既然进了北京，就算参加了考试，把傅山封为"内阁中书"，然后让人把他再抬回去。

最后，中央批准的170个举荐名单中，有140多人来到北京参加考试。[1] 朝廷旨意下来，说来的都是名士，旅途劳顿不利于发挥才华，而且天气也冷，写字手抖，先休息几个月，明年开春再考。休息期间朝廷提供优厚的食宿，等到春暖花开，这些人被请进皇宫，皇帝亲自接见并主持考试。考试之前，先大摆

---

[1] 据有关史料记载，当时清廷内外诸臣保荐博学鸿儒科者，有170余人、180余人、190余人、200人等多种说法，实际应试者为143人。（参考王力坚：《康熙十八年博学鸿儒科的现实目的及历史意义》，载《长江学术》，2015年第2期。）

宴席请大家吃一顿好的。席间康熙讲话，说诸位都是闻名天下的大儒，不需要考试就可以为国家效力，所以这次考试不是为了选人，只是走个程序，让大家展示才华。考试时简单写一篇文章或者诗词就可以。

有一些人不愿意跟清廷合作，但迫于地方官压力不得不来走个过场，就胡乱瞎写，写出来的诗词不合韵律，还有的文章里边有不少犯忌讳的言辞，故意给清廷难堪。康熙对这些全都不以为意。[①] 最后，有50人被录取为翰林，并参与编撰《明史》，工资待遇从优。一些名儒还被安排去给太子当老师，向未来的皇帝讲授儒家经典。有的人被录用以后坚决要辞官回家，也一律批准。

康熙的决策非常成功，为自己在汉族士人中间树立了很好的名声——不介意满汉之分，尊重理学和儒家知识分子，俨然有上古明君的风范。连黄宗羲这种死硬派也被感动了，虽然自己没有出山，但同意弟子万斯同到北京参加《明史》写作班子，后来又把儿子黄百家也派了过去，并在自己的文章中赞扬康熙是"圣天子"。

通过此类办法，康熙强化了自己在汉族士绅中的认同感，有效地巩固了清政府的执政基础，推动了清政府从一个少数民族政权，向满洲勋贵与汉族士绅联合专政政权的转变。

康熙的这些做法，有着强烈的"权术"成分。这些做法不能说完全虚伪，但也不能说是完全出于对儒家治国理念的真诚推崇。

康熙虽然把嫡长子立为太子，还延请大儒给太子当老师，讲解儒家经典，但实际行动却大打折扣。按照明代立太子的规矩，太子4岁以后就要出阁读书，找儒学名师负责教育。但康熙把这个时间推迟了近10年，一直到太子12岁才出阁。在这10年间，康熙亲自对太子进行教育，先教满文和骑射，再教汉语。康熙晚年对此决定有过解释："恐皇太子耽于汉习，所以不任汉人，朕自行诲励。"出阁读书以后，又专门指定一个汉语不太好的满洲学士达哈塔负责监督指导，

[①] 如汪琬卷有影射意，施闰章卷中有"清彝"二字，康熙竟曲为通融，不以为忌；在形式方面，彭孙遹卷有"语滞"仍录为一等首名，严绳孙（1623—1702）仅作一诗亦录取为二等末名，朱彝尊考诗有"不甚佳"句，潘耒卷"以冬韵出宫韵"，李来泰（1631？—1684）卷"以东韵出逢浓字"，施闰章卷"以友韵之旗误作徽韵之旗"，等等，都获忽略不论。（参考王力坚《康熙十八年博学鸿儒科的现实目的及历史意义》。）

给他的任务是"导以满洲礼法,勿染汉习"①。

太子的第一任儒学老师汤斌是闻名天下的大儒,已经60岁了。皇太子刚开始对老师态度还很谦恭,一看汤斌,就给赐座,让汤斌坐着讲。宋明时期,老师给太子上课,也都是坐着讲的。但到了第二年,从《康熙起居注》中的记录可以发现,老师们已经统统变成了站着讲,每天从天亮站到天黑。而且,一旦太子开口说话,老师就要立刻跪下。太子背书的时候也算说话,老师也要跪下。老师要跪着捧着书本,等太子背诵完毕,才能起来回到原处。

史料中没有讲为什么会有这样的变化。但太子读书这种大事,能让规范流程发生这么大变化的人只有皇帝。康熙对让大臣来给太子讲课这个事一直不大放心。在太子出阁的典礼上,他就表示自己很担心会有人借此机会"肆行奸诡、离间父子"。对太子读书的各个细节,康熙都非常关心。根据姚念慈的考证,太子上课的地点一直随着康熙办公地点的变动而变动,以方便皇帝随时过来检查教学情况。②康熙自己也说:"自皇太子就学以来,朕于听政之暇,时时指授,罔或有间"③——基本上就是每天都要过问。老师们是坐着讲还是站着讲,他不仅心知肚明,而且几乎可以肯定就是他敲定的规矩。

夏天的时候,天气很热,讲读仍然必须继续进行。汤斌等几位老师都是60多岁的老学究,他们常常昏倦得几乎晕倒。有一次,真有老师晕倒了。康熙知道后,不是慰问,而是派人过来当着太子的面训斥几位老师说:"我把太子委托给你们教育,你们到底是想坐着讲还是站着讲,应该跟我说清楚。太子没有我的意思,自然不敢叫你们坐下。"

这种话跟举行博学鸿儒科时的谦恭下士形成鲜明对比。老师们被吓得不轻,只能说:"我们才疏学浅,怎么敢坐着讲。"大家都主动请求站着讲。④

从后来《起居注》记录看,老师站着讲和跪着听成为定制,没有再改变。

---

① 《康熙起居注》二十六年(1687年)六月初七。
② 姚念慈:《康乾盛世与帝王心术》,生活·读书·新知三联书店,2018年版。
③ 《康熙起居注》二十六年(1687年)五月二十九日。
④ 《康熙起居注》二十六年(1687年)六月十一日:"向来讲书,尔等皆坐。今以皇太子委付尔等,应坐应立,宜自言之。尔等侍立,朕焉得知?……皇太子欲赐坐,未奉谕旨,岂敢自主?……达哈塔奏曰:臣等学识疏浅,不敢当辅导重任,是以臣等自行侍立。"

又过了一段时间，康熙突然出现在课堂上，当着太子的面，命令汤斌等几位老师回答经书中很偏僻的典故和词语，并命令汤斌背诗。结果，他们有的答不出来，有的背不全，这令汤斌等人十分窘迫。①

经过这样几次折腾，汤斌也明白了皇帝的意思——自己就是用来装点门面的，不能真当老师。于是，他在日记里边记录自己给太子上课的心得体会就变成了："日聆皇太子讲解，臣学亦有进益。躬亲圣人，乃臣之大幸也！"——皇太子变成了老师和圣人，可以给汤斌指导理学研究了。

给太子当老师的第二年十月，汤斌就因为忧劳成疾去世了。此后，康熙又指定过一些老师，但多以研究汉学的满人为主，汉人大儒就用得很少了。

除汤斌外，其他皇子老师的遭遇也差不多。康熙二十五年（1686年）四月，皇帝在瀛台教皇子们射箭。负责给皇子们教汉学的老师徐元梦是个书呆子，并不懂骑射，皇帝叫他挽弓，他死活拉不开。康熙斥责徐元梦无能，徐元梦就说自己是文官，不会拉弓很正常。康熙听了勃然大怒，当着皇子们的面，令侍卫将徐元梦摔倒在地，予以痛打，令其身受重伤。事后，又下令将徐元梦抄家，将其父母发配到黑龙江。为了不耽误儿子们的学习，当天夜里，康熙又让医生为徐元梦治伤，天亮了就要他继续去给皇子们上课。

第二天下着大雨，徐元梦带着伤跪在皇宫门前的泥水之中，痛哭哀求，说自己父亲为官几十年，十分清廉，家产只有五百金。如今父母年老多病，请求皇帝让他代替父母前往黑龙江，为皇帝披甲效力。康熙对徐元梦的哀求感到满意，下令收回成命，而此时徐元梦的父母已经被装上囚车向黑龙江进发了。②

徐元梦的噩梦还没完。过了几年，康熙在批阅皇子们的课业的时候，发现有文辞不通的地方，就认为是徐元梦没有教育好，下令把全体儿子集合起来，到乾清宫外一起监督宫廷侍卫把徐元梦杖责三十大板。③

老师没当好，给点处罚是应该的，毕竟教育皇子是很重要的责任。但康熙

---

① 参考《康熙起居注》。转引自李亚平：《帝国政界往事：前清秘史——在历史的拐角处》，北京出版社，2007年版。
② 李元度：《国朝先正事略·第九卷》。
③ 《满文朱批奏折》康熙四十六年（1707年）二月初五日、二月十一日。

似乎特别喜欢当着皇子们的面羞辱他们的老师，这就不同寻常了。尤其是杖责徐元梦那一次，刻意下令所有皇子都要过来观看。这是一种什么心理呢？我们把康熙开"博学鸿儒科"的举动和对待皇子老师们的态度对照起来看，能够得到什么结论呢？

开"博学鸿儒科"是大规模的政治宣传，所以康熙表现出谦恭下士、虚怀若谷的态度。但一旦涉及自己亲儿子的教育问题，那就不能"假戏真做""误入歧途"。一方面要让儿子们学会统治汉人的必备技术，另一方面又不能让他们受到"污染"，忘了谁是主子谁是奴才，忘了统治天下的真理是暴力而不是儒学。所以，就要经常性地羞辱一下皇子的老师，通过这种方式来告诉皇子：儒家经典只是治理国家的工具。特别是徐元梦这种人，实际上也是满洲血统，但醉心儒学，连拉弓都不会了，那就更要当着所有皇子的面再三地羞辱惩罚，确保孩子们对此留下深刻的印象。

两相对比，康熙对待儒学和汉族知识分子的真实态度，究竟是尊崇还是利用，也就更值得我们深思了。

六、南山文祸：重启文字狱

尽管康熙对太子的教育如此煞费苦心，但皇太子最终还是没有教育好，至少没有达到康熙的期望。

到了康熙四十七年（1708年），这个时候三藩之乱也平定了，台湾也收复了，连噶尔丹也死了十多年了，政权稳固、天下太平，康熙对汉人的嫡法等制度也就不太上心了。这年九月，在带领诸皇子外出巡视和围猎的过程中，他突然宣布废掉太子胤礽，而且也没有随即册立新太子。这就恢复了清朝不立太子的老传统。

废太子后三年，即康熙五十年（1711年），康熙又把消失多年的"文字狱"捡了起来，围绕戴名世《南山集》兴起大狱，撕下了对待汉族知识分子的最后一张温柔面纱。

所谓"文字狱"，就是从文人们写的文章里断章取义地摘取字句、罗织罪名所造成的冤狱。在清朝，如果有人写了怀念明朝、同情抗清斗争或者讽刺清政府的文字，那就犯了大逆不道的罪状，轻则抓起来流放充军，重则杀头甚至灭族，非常残酷。这是清朝统治者控制人民思想、维护专制统治的方法。

清军入关以后，顺治年间就搞了好多文字狱，像什么函可《变纪》案、毛重倬刻坊制艺序案、黄毓祺诗词狱案、冯舒《怀旧集》案、张缙彦诗序案等，案犯也基本都被流放或者杀掉。

顺治皇帝非常看重当年那些反对多尔衮继位、坚持必须立皇太极的儿子当皇帝的索尼、鳌拜等人，认为他们是真正的忠臣，死前就让他们当了顾命大臣。康熙继位时才6岁，朝廷决策都由顾命大臣决定。索尼年老，不太管事，朝政大权落入鳌拜之手。鳌拜是武将，是从尸山血海里杀出来的功名，在收拾知识分子方面下手尤其狠毒。

康熙刚一继位，就闹出来庄廷鑨的《明史》大案。浙江富商庄廷鑨在他主持修编的《明史》中，把南明的历史也当成明朝历史讲，还用的是南明年号，没用清朝的年号，结果被人告发。清廷一口气杀了70多个与此书有关的人，包括刻板的、校对的、贩售的人也一块儿杀了，数百人被株连流放。

登基8年后，14岁的康熙擒拿顾命大臣鳌拜，夺回实权，开始亲政。4年后，三藩之乱爆发，康熙立太子、设南书房、开博学鸿儒科、颁《御制日讲四书解义序》，竭力拉拢汉族士绅，"文字狱"自然也就跟着放松。顾炎武在诗文集中记了庄廷鑨《明史》案，又记录了自己如何以死相拒参与官修《明史》。王夫之在《读通鉴论》中说，"华夏"和"夷狄"是"天下之大防"。"夷狄"乃"异类"，"歼之不为不仁，夺之不为不义"。而顾炎武和王夫之的著作都在这段时期结集出版了。

宽松的政策一直持续了数十年，这是清朝中前期思想文化最为宽松的时期。康熙皇帝也因此在文人中间赢得了"圣天子"的美誉。大家觉得坏事都是大奸臣鳌拜干的，皇帝绝对是好皇帝。

不过，等到三藩平定、噶尔丹败亡之后，康熙对汉族文人的态度就没那么和蔼可亲了，戴名世《南山集》的案子一报上来，康熙立刻下令严查，而且亲自调阅戴名世的《南山集》，给案子定了性。

《南山集》里边有一些怀念明朝的内容，放在之前的宽松时期可能不会有问题，但现在皇帝翻脸要严查，那就没有道理可讲，刑部立刻开始抓人拷问，数百人因此下狱。

审查的结果，自然是写这种文章的人罪大恶极、丧尽天良、死有余辜。作者戴名世被判凌迟处死，其他相关人员如给文集作序的、印刷的、推广的等，或斩首，或流放东北为奴，妻女也一并为奴，总共牵连了300多人[①]。

康熙同意审查结论，但为了表示皇帝的仁慈，所有案犯降一级从宽发落：戴名世凌迟改斩首；其他从犯原来判处斩首的，改为跟妻子儿女一起流放东北，给披甲人为奴；原来判处流放的，改为就近给旗人为奴。

"南山案"标志着清廷开始重启文字狱来对待汉族士人，再次加强了思想文化专制。从康熙晚年到他的儿子雍正皇帝，再到乾隆皇帝，文字狱之风越刮越烈。康熙只是开了个头，真正大规模的文字狱，还要再等几十年。等到清军彻底消灭准噶尔汗国，解除了来自西北方的威胁之后，才由康熙的孙子乾隆放手发动文字狱，那时候的中国文人才能真正体会到什么叫腥风血雨、斯文扫地。

摆在老年康熙面前最大的难题，仍然是太子的废立和继承人的安排问题。这将耗尽他晚年几乎全部的精力。对付不满于清廷统治的文人，可以杀掉了事，但对付那些想当皇帝的亲儿子们，却要麻烦得多。

七、九龙夺嫡：两废太子背后的皇族内斗

根据康熙的说法，废太子的导火索是他疼爱的皇十八子因病早夭。康熙皇帝为此非常悲痛，其他皇子也都很悲痛，唯独太子却一副无所谓的态度，完全没有一点兄弟之情。在遭到康熙斥责以后，太子毫无悔意，竟然还顶嘴，回到自己的住处后大发脾气。康熙多年以来对太子的种种不满彻底爆发，于是就新

---

① 与《南山集》有牵连的人物均被议罪，康熙因牵连太广，议死者皆改流放，"得旨而全活者，三百余人"。故三百余人是受牵连人数的下限。（全祖望《江浙两大狱记》）

账老账一起算，痛下决心把太子废了。

康熙总结胤礽的恶行，首先是穷奢极欲、生活放纵。然后是脾气暴躁，喜欢殴打虐待身边的侍从，甚至有一些王公大臣也被他羞辱殴打过。当然，最重要的还是第三条：私自结党，觊觎皇位。特别是在最近这一次巡视围猎过程中，太子经常在晚上到皇帝的帐篷外窥视偷听，图谋不轨。康熙甚至担心自己的人身安全随时会出问题。

当然，这都是康熙自己说的，详细情况外人无从知晓。

明朝皇帝要想废太子或者立一个不符合嫡法的儿子当太子，那是千难万难。明英宗朱祁镇在土木堡之战中被俘虏后，明代宗朱祁钰想把朱祁镇的儿子朱见深废掉，立自己的儿子当太子，跟大臣们讨价还价折腾了很久，大臣们死活不同意，就是废不了。最后，皇帝派太监给内阁和六部的大臣们行贿送礼。虽然钱不多，但这成何体统？皇帝向大臣行贿？再闹下去不知道还要搞出啥荒唐事儿，大臣们没办法才同意了皇帝的要求，把太子给换了。150年后，万历皇帝不想立长子，想立自己宠爱的郑贵妃生的小儿子为太子，东林党又是死活不同意。东林党有理学思想作为依据，有江南豪强撑腰，因此皇帝的威逼利诱统统不管用。最后皇帝认输，只能立长子为太子。

到康熙这里，他根本不跟大臣商量太子废立的问题，直接在狩猎途中把大家召集起来发个通知就完事了。大臣们只能大眼瞪小眼——几十年的嫡长子、太子啊，国之储君！什么具体罪状都没有，也不经过有司审理，说废就废了？

康熙可不管这些，发完通知以后，就下令把胤礽监禁起来，并由长子胤禔负责监管。

然而，康熙还是低估了这一决策可能带来的严重后果。随着康熙四十七年（1708年）九月太子被废，诸皇子潜伏已久的权力野心随即浮出水面，令康熙有些措手不及。

最先露头的是皇长子胤禔。康熙将废太子交给胤禔临时监管，让他以为这是要立自己为太子的暗示。胤禔按捺不住内心的冲动，不断以汇报胤礽的情况为由到康熙面前试探口风。康熙痛恨他野心膨胀，当面予以痛斥，把众皇子召集起来申明绝不可能立胤禔为太子。

胤禔见自己没有希望，就想再拥戴一个新太子，自己也能沾点光。皇八子胤禩在朝廷高层中间颇有声望，对胤禔也积极拉拢。于是胤禔自作聪明，跑去跟康熙说："著名相术大师张明德给胤禩相过面，说胤禩有大贵的面相。"希望以这种鬼神之事打动康熙，立胤禩为太子。胤禔又说："父皇如果想杀掉胤礽，不必亲自动手。"

这完全是在给胤禩帮倒忙。康熙一听就火了——原来胤禩也在结党、图谋太子的位置，而且这么快就把胤禔也拉入伙了。他立即下令把张明德抓起来审问明白。经过调查，张明德不仅说过胤禩要大贵的话，还曾建议胤禩谋杀胤礽，并表示自己认识一些武林高手，可以随时待命，只不过被胤禩拒绝。

谋害太子是谋逆的重罪，张明德被凌迟处死。胤禩知情不报，也被康熙当众训斥。

胤禔连续两次的愚蠢举动给了废太子翻盘的机会。皇三子胤祉和皇四子胤禛一直跟二哥胤礽关系不错，没有什么野心，如果胤礽顺利继位，他们也能跟着沾点光。若是换个比他们年轻的太子，说不定将来反受猜忌。胤礽被监禁后，老是托人给康熙带话喊冤。康熙烦了，说以后谁也不许再给胤礽带话。胤礽知道后，就说再带最后一句："父皇说我的各种错误，我都承认。但说担心我谋害他，我确实没有动过这个心思。"胤禔当然拒绝转达，但胤禛认为这句话意义重大，坚持要去汇报。康熙听了之后很高兴，说胤禛做得对，应该转达。

这句话很关键，大大改善了康熙对废太子的态度，当时就下令解除胤礽的镣铐。同时也让胤禛在康熙心目中留下了注重兄弟感情、遇事知道轻重的好印象。

太子被废后一个月，十月十五，跟太子关系最好的皇三子胤祉发动反击，向康熙举报：胤禔有"厌胜"之举。

胤禔可能早就跟胤礽有过什么无法和解的过节儿，所以一再想谋害胤礽。他的方法也很愚蠢：找了个喇嘛叫巴汉格隆，用"厌胜法"诅咒胤礽早死。这个喇嘛在一个小木头人身上写上胤礽的名字、生辰八字等信息，在心口和头部钉上钢针，偷偷地放到被诅咒者的居室内，然后由喇嘛日夜念经做法。据说这样过一段时间后，被诅咒者就会疯疯癫癫，不治身亡。

胤禔找的这个喇嘛以前侍奉过胤祉，他向胤祉透露了这个消息。胤祉立刻就向皇帝汇报了。宫廷侍卫们去胤禔和胤礽的住所搜查，当真搜出来不少厌胜道具。康熙这下可算是知道他的宝贝儿子们私下都做了什么，下令革除胤禔的王爵，并把他圈禁起来。

康熙比较迷信，各种忌讳讲究特别多。他的儿子们名字都是生僻字，比如"禵、祉、禩、禛"之类的，不仅不好认，连读音都分不清，就是因为康熙一定要所有儿子的名字里边都带"示"字旁，含有祭祀、祈福的意思。此外，他还要求皇子们不得在给大臣延请医生救治的折子上署名，以免给皇子们带来疾病。杭州织造孙文成有一次因为误把请安的奏折同奏报普陀寺长老病故的折子放在一起，被康熙痛骂了一顿，康熙为此还把折子撕得粉碎，不留痕迹。苏州织造李煦也曾把请安折子和提督病故的奏报混在一处，也被康熙骂了一顿。胤禔用相士的说法来推荐胤禩，就是看准了这一点。

"厌胜"这个事儿曝出来后，康熙心里就犯起了嘀咕：看来胤礽荒淫暴虐的举动事出有因，说不定就是胤禔的法术造成的。第二天，康熙就召见了胤礽和皇八子胤禩，说自废太子以来发生的事情都不要再提了，都过去了，胤礽解除监管，迁至咸安宫安养。

大臣们看到皇帝对废太子态度有所转变，就有人秘密上奏请求复立太子。十一月初八，康熙对此提出警告，叫诸大臣不要妄自猜测投机，讨好胤礽。立谁为太子完全"在朕裁度"，臣下不得干预。

可是，仅仅过了六天，十一月十四，康熙突然转变态度，把文武重臣召集起来，让大家推荐太子。

这个弯儿拐得太急，大家都有点猝不及防：这不刚警告过我们不得干预吗？莫不是在考验我们有没有听话？大臣们纷纷说："此事关系甚大，非人臣所宜言。"不敢表态。

康熙信誓旦旦地说，众爱卿不用担心，除了被圈禁的皇长子胤禔，诸皇子都可以随便推举，我绝不追究责任。又拍着胸脯保证，谁得到的支持最多，就让谁当太子——"众议属谁，朕即从之"。既然你们觉得当场表态不太方便，那就回去花点时间仔细思考，过两天每人写个推荐名单来看。

这番话骗过了不少大臣，把大家争权夺利的心眼激活了：关键时刻，如果能推举一个对自己有利的皇子当接班人，那好处可是很大的啊！大学士马齐最积极，跑到内阁，对另一位大学士张玉书说"众议欲举胤禩"，意思就是要众人保举皇八子。内大臣鄂伦岱、理藩院尚书阿灵阿、户部尚书王鸿绪、工部右侍郎揆叙等暗中商议，在手掌上写"八阿哥"三字到处给人看。经过这样一番串联，最后送到康熙面前的推荐名单，几乎全写了皇八子胤禩。①

康熙立刻就翻脸了，明确告诉大家：胤禩绝不可立！转而怒斥胤禩到处妄博虚名，把皇帝的恩德据为己有。

从推举事件的前因后果来看，康熙搞这次民意测验——准确地说是"官意测验"——并不真的想让大家推举优秀皇子，而是想对各个皇子拉帮结派的情况做一次摸底。摸底的结果让康熙确信，胤禩结党的情况比他想象的还要严重。②

第二天，康熙再次召集众皇子开会。开会的主题只有一个，就是继续痛斥胤禩。他声色俱厉地告诉儿子们："皇位不是可以随便窥视的。胤礽被废以后，大家就都说胤禩好。春秋大义，人臣不可谋逆，逆则必诛。胤禩奸柔成性、狂妄自大，怀有想当皇帝的野心。对此我早就一清二楚。他结党营私，阴谋夺嫡，现在这些行为已经全部暴露。"随后，康熙下令锁拿胤禩，严加议处。③

这番话激起了与胤禩关系最铁的皇九子胤禟和十四子胤禵的不满。胤禟对

---

① 《清圣祖实录·卷之二百三十五》："满汉大臣曰：此事关系甚大，非人臣所当言……阿灵阿、鄂伦岱、揆叙、王鸿绪遂私相计议，与诸大臣暗通消息，书八阿哥三字于纸，交内侍梁九功、李玉转奏。顷之、梁九功、李玉出，传谕曰：立皇太子之事、关系甚大，尔等各宜尽心详议，八阿哥未尝更事，近又罹罪，且其母家亦甚微贱，尔等其再思之。诸大臣奏曰：此事甚大，本非臣等所能定。"《清圣祖实录·卷之二百三十六》："时阿灵阿、鄂伦岱、揆叙、王鸿绪私议保举允禩情形，廷臣不便举出。"其他细节见《清史列传·揆叙传》。
② 有人认为康熙在投票之前曾经向李光地暗示过要复立太子。但李光地没有如康熙所愿将此信息透露给诸大臣。若如此，康熙搞投票的动机就是给自己台阶下。但此说史料证据不足，康熙至少没有明确让李光地去散布消息。他应该能预测到如果李光地没有及时散布消息，投票结果可能会让自己很尴尬。
③ 《清史稿·卷二百二十·列传七》："翌日，召诸皇子入，谕曰：'当废允礽时，朕即谕诸皇子有钻营为皇太子者，即国之贼，法所不容。允禩柔奸性成，妄蓄大志，党羽相结，谋害允礽。今其事皆败露，即锁系，交议政处审理。'"

胤禵说："事到如今，你我还不说话吗？"胤禩年方二十，平时最受宠爱，听到此话，就对康熙说："八阿哥没有此心，我们愿意为他担保。"

康熙想不到儿子们还敢当众跟他顶嘴，火气更大了："你们指望他日后做了皇帝，给你们封个亲王吗？"

胤禵不服，抗言申辩。康熙怒不可遏，拔出腰刀说："我看你是想死！"

皇五子胤祺跪着上前抱住康熙的腿，其他皇子也跟着磕头请求饶过胤禵。康熙扔下腰刀，操起侍卫手中的板子开始打胤禵。胤禟过来劝阻，也挨了两巴掌。最后，康熙下令将胤禵打二十大板，将胤禟和胤禵一起赶出乾清宫。紧接着，又削去皇八子胤禩的贝勒爵位，废为闲散宗室。保举胤禩最积极的大学士马齐被撤职拘禁，王鸿绪被责令退休。

杀鸡儆猴之后，康熙放出狠话："今后谁敢保举胤禩，有一个杀一个。"

康熙之所以如此大动肝火，是因为胤禩确有结党夺嫡的重大嫌疑。这次朝堂抗辩的主角皇九子胤禟和皇十四子胤禵就是"八爷党"的核心成员。

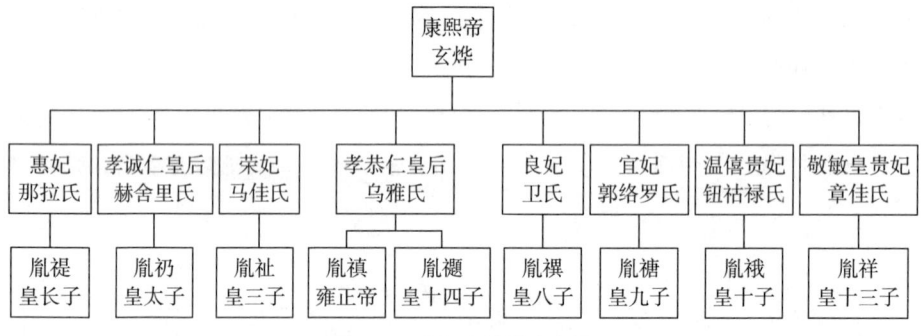

图 3-1 参与夺嫡的九皇子

康熙曾长期以胤禩为界，将皇八子以上皇子，视为年长皇子；将皇九子以下的皇子，视为年幼皇子。康熙四十二年（1703 年）后，皇帝外出时，必指定部分皇子留守京师，综理政务，相当于代理皇帝。现存满文档案显示，在康熙四十八年（1709 年）以前，只有胤禩以上的皇子才会有此机会。清宗室的爵位分为八等，其中前三等属于高级爵位，分别是亲王、郡王、贝勒。到康熙四十七年（1708 年），贝勒就只封到了胤禩。此时，皇九子胤禟及以下都自认不可能成为太子。胤禟和胤禵就团结在对他们最好的八哥胤禩周围，为谋求胤禩登上太子之位而共同努力。

胤禟是皇子们中间的"首富",最爱敛财,善于在灾荒时期囤积居奇哄抬物价,也喜欢向地方官员敲诈财物或者收钱办事儿。这些钱就拿来为胤禩提供财政支持。连胤禩找道士来相面或者算命的钱都是胤禟代付。胤䄉年少聪颖,骑射功夫一流,在诸皇子中最为得宠,从小康熙就喜欢带着他围猎巡游。他就负责在皇帝面前替胤禩说话。

胤禩天生善与人结交,一开口就让人如沐春风。他跟胤禟一个唱红脸一个唱白脸——敲诈勒索之类的坏事儿都让胤禟去干,自己拿着胤禟的钱做好人。王公大臣们的亲信手下个个都得了他的好处,自然天天在主子们面前替他说好话。

还有几个皇子也加入了"八爷党",如皇十子胤䄉,但政治能量较弱,非核心成员。

这些情况,康熙当时只能说是有所察觉,未必完全掌握。不过,他有一点很清楚:胤禩在办理各种政务的时候喜欢迎合讨好王公大臣,表现出宽容仁慈的作风,这是胤禩能够赢得大臣集体推荐的主要原因。

废太子后,康熙将处理废太子随员的工作交给胤禩办理。前内务府总管凌普是废太子乳母的丈夫、"太子党"核心成员,长期仗着太子权势横行不法,跟想要讨好太子的各种势力往来很多,如果深挖,涉及的面会很广。胤禩为收买人心,就包庇凌普,准备草草结案。这就让那些通过凌普结交太子的大臣们松了一口气,纷纷称赞八阿哥贤明。

这种事情,正确的做法应该是调查清楚,然后交给皇帝决断,所谓恩威出于主上,绝不应该自作主张。一般来说,在查清案情的基础上,很多办案官员还要故意把罪定得重一点,让皇上可以开恩减刑,自己把严酷的责任揽过来,把仁慈的名声归于主上。审理戴名世《南山集》案的时候,刑部就是这么办的。

康熙看清了胤禩的动机,当时就说:"八阿哥到处妄博虚名,凡朕所宽宥及所施恩泽处,俱归功于己,人皆称之。"[①]因此特别反感胤禩,决心掐断他当太子的念想。

[①] 《清圣祖实录·卷之二百三十四》。

康熙这个决定应该说是正确的——皇位继承人决不能靠讨好大臣来获得政治资本。皇帝要对天下国家负最终责任,是官僚权贵集团的最终监督者,在打击贪污腐败、结党营私、谋逆作乱等方面必须要下得了重手。能够站到皇帝面前的高级官员个个都是人精,每人背后都有一个庞大的利益集团,让他们投票选主子,什么贤能、英武之类的理由都是借口,核心还是利益。好说话、易通融的皇帝才符合大家的共同利益。在共同利益面前,大臣们罕见地消除了政治成见、打破了满汉隔阂,一起给胤禩投票。

经过投票测试和朝堂抗辩事件,康熙深刻体会到立储问题处理不慎可能带来的危险。他熟读中国历史,对齐桓公死后诸子争位、秦始皇死后李斯假传圣旨谋害长子扶苏、李渊被李世民发动玄武门之变逼迫退位等事件了如指掌。这些事情现在似乎随时可能发生在自己身上,这令他不寒而栗。他曾说,如果处理不好,等他死了,这些儿子们就要学习齐桓公诸子,把父亲的尸体放在皇宫内,然后穿上盔甲、拿起刀枪争夺皇位。又说,胤禩的党羽"阴险已极,即朕亦畏之"。他甚至怀疑自己能否善终,说:"如果有一天,皇子们中间有'行同狗彘之阿哥',为了讨好八阿哥胤禩,发动兵变逼迫我传位于胤禩,那我就只能含笑自杀,而绝不会传位给他。"[①]

这些话充分说明,康熙已把形势估计得非常严重。外戚、贵胄、朝臣都卷了进来,随时可能爆发非常事件。这其实应该怪康熙自己:太子废得过于仓促武断,才有了这一场政治危机。为快速平息事态,他决定重新立胤礽为太子。因为不立太子,结党夺嫡的事情就压不下去;立胤禩又绝对不可接受;立其他儿子,一方面自己也没有拿定主意,另一方面也难以服众。而胤礽被"厌胜术"所害,说不定还能恢复正常。

胤礽复立,首先要感谢他大哥胤褆的错误操作,其次要感谢胤禩在政治上不成熟,过早暴露野心。这对他来说是一次机会,历史上被废掉后还能够复立的太子实在是不多。但胤礽好像真的着了魔,丝毫不知悔改,以前怎么干现在

[①] 《清圣祖实录·卷之二百六十一》:"自此朕与允禩、父子之恩绝矣。朕恐后日、必有行同狗彘之阿哥、仰赖其恩、为之兴兵构难逼朕逊位而立允禩者。若果如此、朕惟有含笑而殁已耳。"

还怎么干，照旧纠集党羽、扩充实力、打击异己。至于骄奢淫佚、贪渎财货，一样都没有改。他还派家奴到富庶省份，向地方官索要贡物和美女，稍微不能满足他的要求，就向皇帝诬告，要求处罚。

康熙表面上对太子的行为予以容忍，暗中却加强对太子言行的监控，出巡围猎等都把他带在身边，不再像以前一样让他留守处理政务，以防不测。

这样坚持了3年多，康熙准备成熟，于康熙五十一年（1712年）十一月，再次把胤礽给废了，"太子党"再次遭到清洗。亲太子的步军统领托合齐下狱，死后挫骨扬灰，不准安葬。托合齐死后，这一关键职位由隆科多继任。

有了3年的缓冲期，第二次废太子没有再发生比较重大的政治风波。康熙也想明白了，下定决心不再立太子。他一方面，耐心观察选择合适的继承人；另一方面，在几个主要的潜在候选人中间"搞平衡"，不让任何一个皇子的势力过大，以免威胁自己的人身安全。这种状态持续了10年，直到康熙六十一年（1722年）他去世为止。

康熙去世之时，皇长子胤禔、皇二子胤礽处于圈禁状态，皇八子胤禩一直被打压，这三个明显不具备继位资格。皇六子、皇十一子已死。老五、老七、老十二这三个一直淡泊名利，没参与什么政治斗争，也没啥势力，康熙晚年没给他们安排过什么政务活动，不可能被康熙列入候选范围。剩下的被封贝勒以上爵位的皇子还有老三、老四、老九、老十、老十三和老十四。

其中，老三胤祉跟太子关系好，一直被视为太子党成员。康熙第一次废太子的时候专门把他从北京招到行在，说："胤祉平日与胤礽甚相亲穆，所以找胤祉来者，因有所质问。"后来他举报胤禔厌胜，也算是坐实了支持胤礽。胤祉汉文学修养很高，还喜欢研究历法，主编了《古今图书集成》，跟汉族知识分子关系融洽，但在军政圈子里边没啥势力。以康熙的执政思路，不大可能选一个汉化程度高、文人气质重的儿子继位。康熙晚年，一直在安排他编书，有时也会派胤祉和皇四子胤禛参与各种重要政治活动，但一般都是以胤禛为主、胤祉为辅。老三落到了老四后边，不像是要让胤祉继位的合理安排。

老九胤禟、老十胤䄉和老十四胤禵都是铁杆的"八爷党"成员。胤禩被夺爵后继位无望，胤禵因最受康熙宠爱，逐渐成长为新的核心。老八、老九、老十共同支持胤禵继位。以"大将军王"的旗号征讨准噶尔部,是胤禵可能继位的强烈信号。

皇十三子胤祥是皇四子胤禛的小弟,从小在胤禛身边长大,一直跟着四哥混,不太显山露水。

这样算下来,可能被康熙选中继位的就只有皇四子胤禛和皇十四子胤禵了。

在这两人之中,康熙临死前到底选择了谁呢?根据各种史料,无非是以下这么几种可能。

第一种,胤禛害死康熙篡位。民间传言"圣祖皇帝(康熙)在畅春园病重,皇上(胤禛,雍正皇帝)进献了一碗参汤,不知何故,圣祖皇帝就崩了驾,皇上就登了位"。①

这种说法不太可能。康熙处心积虑不立太子,在皇子间搞平衡,就是为了防止被谋害篡位。病重时刻,一个有继位可能的皇子进献人参汤,他应该不会不认真检查一下就喝下去。对胤禛而言,进献参汤下毒,康熙喝不喝、怎么喝都不是胤禛能控制的。康熙有可能不喝,也有可能查出来汤有毒,那就是谋逆大罪,必死无疑。反之,他不下毒,获得皇位的可能性也有,说不定还大些。胤禛是理智的,毫无理由要用不可控性这么高的行动来拼命一搏。更何况这种说法只是民间传言,没有证据。

第二种,隆科多假传圣旨。康熙本来说传位给皇十四子胤禵,隆科多直接就去找胤禛,告诉他皇帝已经死了,赶紧进宫继位。

这种可能性也很低。隆科多可以算是胤禛的"舅舅"。因为胤禛虽然是德妃所生,但由康熙的第三位皇后佟佳氏抚育,算是皇后的养子。隆科多是佟佳氏的弟弟。舅舅支持外甥继位,似乎理所当然。

但隆科多同时也是佟国维的儿子。投票选太子的时候,国丈佟国维并没有投票支持自家外孙,而是力挺皇八子胤禩。胤禩被夺爵后佟国维还坚持上书为

---

① 《大义觉迷录·卷三》:"现据广西巡抚金鉷奏报,有造作逆语之凶犯数人,陆续解到。讯据逆贼耿精忠之孙耿六格供称,伊先充发在三姓地方时,于八宝家中,有太监于义、何玉柱向八宝女人谈论:圣祖皇帝原传十四阿哥允禵天下,皇上将"十"字改为"于"字。又云:圣祖皇帝在畅春园病重,皇上就进一碗人参汤,不知何如,圣祖皇帝就崩了驾。皇上就登了位。随将允禵调回囚禁。"

胤禔说好话，为此遭到康熙训斥。胤禩是"八爷党"力推的皇位候选人，隆科多如实传旨让胤禩继位，照样有他的好处。我们甚至可以推测，康熙在二废太子后选择隆科多担任步军统领、九门提督这个关键职务，就是考虑到他在胤禛和"八爷党"两边都有出路，不会轻易投靠某一方。

其实，不管谁继位，当康熙把传达遗命的任务交给隆科多的时候，无论遗命是胤禛继位还是胤禩继位，隆科多作为继位合法性的证明人、传达人，都一定会被新皇帝记一大功，重重加赏，政治地位也会大幅度提高。

有研究者认为隆科多在康熙死前就跟胤禛搭上了手，加入了"四爷党"。这个论断的史料证据不足。即便真如此，他也不会是"四爷党"的核心成员。真正铁杆的"四爷党"都是所谓"藩邸旧人"——在胤禛府上给他当过奴才的那一批人。他们跟胤禛有十多年甚至几十年的主奴情分，出去做官也要依靠胤禛在背后支持，利益捆绑紧密。与这些人相比，隆科多只是一个"外人"。

隆科多出身高贵，祖先跟着努尔哈赤创业，世代皇亲国戚。姐姐当皇后，收养了一个皇子，这对他来讲是个普通寻常的事儿，不必着急攀龙附凤。他之前跟胤禛交往并不密切，反倒是跟老大胤禔关系不错。就算临时加入"四爷党"，最多不过是为未来打点基础，对胤禛的忠心有限。甚至可能是他在伺候康熙的过程中，明确观察到康熙已经选中胤禛为接班人，再去投靠的。

总之，从各个角度来看，隆科多都没有必要吊死在胤禛这根绳子上，积极主动冒抄家灭族的风险假传圣旨，帮助胤禛篡位。

最重要的是，康熙并非猝死，从发病卧床不起到去世最少有三天的时间，中间头脑清醒，还在不断召见臣僚和口述旨意。从生病记录来看，他应该是感冒。69岁的老年人死于冬季流感是很正常的事，死前他应该有充足的时间安排后事。如果想传位给胤禩，就会发明旨，召胤禩从甘肃返回北京。这就需要内阁拟旨，然后兵部驿站传送，按规范的流程办理。康熙如果着急办，最多一两个小时就能办完。隆科多不是内阁大学士，也不是兵部尚书，不可能一手遮天阻挡圣旨传达。

既没有强烈动机，也没有足够的权力，隆科多假传圣旨之说很难成立。

第三种，就是康熙的遗命确实就是传位给胤禛，隆科多也就是老老实实地传达康熙遗命而已,因为这是他最正确而又最安全的选择。这应该与历史事实最为相符。

康熙是个绝顶聪明而且精通权谋的皇帝。他当了61年皇帝,对中央机构运转方式了如指掌。他晚年两废太子、10年不立太子,把立储问题当成头等大事。最后关头用什么方式传位,他有10年的时间反复思考。只要不是心脏病突发或者被谋害这种意外死亡,他一定知道该怎么办。

保障自己的遗命准确传达并得到执行的方式,最合理的就是像胤禛后来回忆的那样:召集除胤禛外的其他几个皇子,说明他选中的继承人是胤禛。有这么多皇子做见证,皇子们之间势均力敌,互相掣肘,事情就不会改变。"八爷党"们就算不服,因为核心人物胤禵出兵在外,不可能发动兵变,胤禛就可以顺利继位。最后安排隆科多传达遗命,也就是个形式。有这么多皇子见证,隆科多没法假传圣旨。

传遗命的时候之所以只召见皇子,没有重臣,应该是为了避免出现鳌拜这种顾命大臣专权的情况。康熙在五十七年(1718年)的自述中就讲过"唐太宗定储位于长孙无忌,朕每览此,深为耻之"。可见他早已决心不让储君的选择和重臣发生直接联系。隆科多只算亲近宠臣,不算朝廷重臣,可以调动禁军,但对大局无力掌控,由他来传达遗命,有利于继位过程不出乱子,又可以避免他以顾命大臣自居、干涉皇权,可以说是一个两全其美的安排。

这中间唯一有些蹊跷的是:根据雍正回忆,康熙给诸皇子和隆科多讲完以后,又单独召见了胤禛,但没有当面告诉他已经被定为接班人,只是讲了讲自己的病情,说了些闲话。

为什么不当面说,一定要死后让隆科多转达呢?好像不太合理。但也有可能是康熙觉得大事已定,该交代的都交代完了,人生最后时刻还想享受一些父子温情,不想谈政治;或者是有什么忌讳,比如"两龙不相见"之类;也可能是替胤禛着想——知道自己即将成为皇帝,又知道父亲即将去世,不知道是高兴还是悲伤,场面会比较尴尬,干脆就不说也罢。总之,可能性很多,虽有些蹊跷却未超过合理的限度。胤禛的回忆总体来看是各种史料说法中最合理、最可信的一种。

八、择贤而立：雍正继位的政治谜底

胤禛被选为接班人，有多方面的原因。

第一，胤禛比胤禵年长且身份尊贵，轮序当立。皇长子被圈禁、二子被废、三子沉迷文学历法，接下来具备掌握帝国中枢能力和最有资格的就是老四了。胤禛由皇后抚育，身份尊贵，可以算是嫡次子。嫡长子被废，就该轮到他（康熙除胤礽外没有其他皇后所生的儿子）。老三胤祉是普通嫔妃所生所养，地位低于胤禛。康熙虽然可以不受嫡法约束，但汉族士绅毕竟势力很大，"以儒治汉"是基本国策，嫡法尊卑仍是一个需要考虑的因素。

十四子胤禵跟胤禛是同一个生母，由于没有皇后亲自抚育，地位也就差得很远。因此胤禛早早就被封为亲王，而胤禵一直就是个贝子，连贝勒都不是。"大将军王"并非正式的王爵。一字王是亲王，二字王是郡王，"大将军王"是不伦不类的三字王，相当于郡王和贝勒之间的临时性爵位，出征的时候用一下，仗打完了，可以晋爵二字郡王，也可能就撤销了。康熙就算不把汉人的嫡法太当回事，对满族自己的宗室爵位制度肯定是上心的。如果要胤禵继位，至少早早就该给个王爵或者贝勒才行。胤禛受封为贝勒是21岁，而胤禵32岁了还是个贝子，这个差异就很明显了。

第二，康熙跟胤禛的感情好。

胤禵很受宠爱，但胤禛也不差。康熙三十七年（1698年），废太子之前10年，在分封诸皇子的时候，康熙点评过几个成年皇子，说："大阿哥养于内务府总管噶禄处，三阿哥养于内大臣绰尔济处。惟四阿哥朕亲抚育，幼年时微觉喜怒不定。至其能体朕意，爱朕之心，殷勤恳切，可谓诚孝。五阿哥养于皇太后宫中，心性甚善，为人淳厚。七阿哥心好，举止蔼然可亲。乃若八阿哥之为人，诸臣奏称其贤。"

这里没有提已经当了太子的老二。除老二外，只有老四是他和皇后亲自带大的，亲情自然与其他儿子不同。康熙对胤禛点评的话最长，用的词汇最好——"能体朕意，可谓诚孝"。

细看这一段评语，已经微微露出对老八的不满——"诸臣奏称其贤"——大臣们都说你贤明。这就有一点"我的看法现在不讲，我可未必这么看"的意思藏在里边。老五和老七，主要就是心好、人品不错，其他方面也没啥可说的。对老大和老三就没有评语，看起来不大上心。

整个评语看下来，康熙显然最喜欢老四，其他皇子都差得有点远。就这样，胤禛还不太满意，上书说：父皇您说我小时候喜怒不定，可我现在都长大成年，已经学会稳重了。您这可是给我封爵之时的正式评语，这个点评对我影响很大，请求您把"喜怒不定"的说法删掉。

这就有点"恃宠撒娇"的味道了。康熙也立刻同意，在正式文件中删掉了这一句，只在《起居注》里边还记录着原话。

第三，胤禛既不是太子党，也不是八爷党。康熙两废太子、厌恶胤禩，对皇子们与二人结党的行为十分警惕。胤祉算半个太子党；胤禟、胤䄉则是众所周知的"八爷党"。如果这三个人中其中一个当了皇帝，康熙对胤礽和胤禩的政治决定就可能会被推翻。特别是立胤禟，几乎可以肯定胤禩会得到重用，这显然是康熙不愿意看到的。胤禛跟两边的关系都不错，但不属于任何一党，最符合康熙的期许。

第四，也是最重要的一点：胤禛的行事风格符合康熙对下一任皇帝的定位，符合帝国下一阶段的战略需求。

胤禛的作风跟康熙最讨厌的胤礽和胤禩正好相反。胤礽贪财暴虐；胤禛作风正派，没有劣迹。胤禩喜欢卖弄恩惠，博取宽仁的名声；胤禛处理政务的时候比较严厉，能够秉公办理，不怕得罪人。

一次，有个常在（低级嫔妃）去世，太监曹之璜在出殡过程中向官员勒索银两，没有得逞，就殴打抬夫，致使棺木落地。康熙让胤禛审理。胤禛给定了一个大不敬的罪名，把太监杀了。对此，他解释说，这是因为太监不法勒索钱财的事情很多，所以要用重刑，以儆效尤。

对待大臣也是一样。康熙四十八年（1709年），胤禛陪同皇帝出巡。途中康熙责备鄂伦岱等人结党。鄂伦岱是个纨绔子弟，仗着自己是佟国纲（国丈佟国维的哥哥）的儿子，世代贵族，对皇帝的警告不以为然。康熙特别生气，胤禛就在旁边说："乱臣贼子，自有国法。若交与臣，便可即行诛戮！"①一开口就要杀皇亲国戚。这跟胤禩喜欢在皇帝面前替大臣们求情说好话形成鲜明对比。

康熙五十二年（1713年），顺治皇帝的惠淑妃去世，葬礼规格出了问题，被康熙发现，又让胤禛查办。胤禛很快就出了调查结论，说葬礼由工部和光禄寺负责，内务府也有参与，就把三个部门的一、二把手全部牵连进来议处，让工部尚书、侍郎、光禄寺卿、内务府总管、署总管事等几个高级官员都挨了处分。这种出了问题就直接追究一把手责任的做法很得罪人，但这正是康熙认为作为皇帝应该具有的品质。

康熙在位61年，亲政55年，主要的精力放在了战争上。先是镇压三藩之乱，然后收复台湾、平定噶尔丹、打击准噶尔，中间还在东北雅克萨跟俄罗斯打了好几次小规模的胜仗，签订《尼布楚条约》，以此换取俄罗斯放弃对噶尔丹的支持。经过这几番收拾，国内国际的局势基本平定，国家的战略中心必然要从大规模战争走向内部治理。但不幸又发生废太子事件，此后也再没有多少心思能放到内政上。这就需要他的继承人来完成从征战到治理的战略转折。

胤禛年长稳重，有丰富的政务经验，一向主张以严刑峻法来整治贵族和官僚，显然是推动这一战略转型的最佳人选。

康熙五十一年（1712年）以后，康熙对胤禛越来越信任，差使也越派越多。在登基六十年大庆时，他就派胤禛代替自己到盛京（沈阳）三大陵祭祀。盛京三陵，即爱新觉罗家族远祖的永陵、清太祖努尔哈赤的福陵和清太宗皇太极的昭陵，是大清王室的祖坟。康熙去世前，胤禛又代父于冬至日到南郊祭天。这两次都是极其重要的国家大典，主持人一般来说只能是皇帝。可以奉派恭代的皇子，差不多已被暗示为储君了。

胤禛没有带兵经历，这对清帝国而言已不是一个问题。胤禵倒是打仗的一把好手，但到了大一统时期，并不需要让一位优秀的大将军来当皇帝。康熙将胤禵先后派往西藏和甘肃，是看中了他的军事才能，但同时又派胤禛的"藩邸旧人"、铁杆心腹、小舅子年羹尧当四川总督和甘肃总督负责大军后勤，显然带

---

① 《雍正朝起居注》三年二月二十九日。

有力量制衡的意思。胤禛继位后，胤禵想要造反也会被扼住咽喉，成功的希望渺茫。这种均衡的局面应该是康熙故意设计的，很明显他有意让胤禛继位。

康熙受立储问题冲击很大。他在太子身上倾注了不少精力和感情，太子15岁出阁读书以前都是康熙亲自教诲，"三藩之乱"期间还因为太子病重而七天不处理政务，亲自照料。太子被黜令其心血尽废，内心十分痛苦，为此还生了一场重病。晚年自述一生经历，康熙把四十七年（1708年）废太子作为自己人生精力的最大转折点："康熙四十七年大病之后，过伤心神，渐不及往时。"①

皇帝是官僚贵族们的最后监督者。皇帝的弦一松，权贵们腐化堕落就会无法遏制。康熙晚年的内政问题，比较突出的表现有三个。

第一是"火耗"等陋规加重。所谓"火耗"，就是一种附加费，借口碎银子收上来以后要重新融化、铸成大银锭，中间会有些损耗，所以原本交十两银子的税，要多收一定比例（比如5%）用来弥补损失。真实的火耗微乎其微，所谓的"火耗"基本都成了地方官员的"小金库"，一部分落入私囊，一部分用来给上级送礼。刚开始火耗比例只有1%左右②，随着官员们的胃口越来越大，火耗比例就持续上升。康熙后期，火耗最高的是河南地区，达到了惊人的80%。③这还是可以公开说的，真实执行的比例更高，有"（正税）一两有派至三两、四两、五六两以至十两"，加派比正税能多出好几倍甚至十几倍。更搞笑的是，征收火耗比征收正税钱粮还严厉。正税可以拖欠，因为是国家的；火耗不能拖欠，因为征上来都是官员自己的。

第二是各地财政亏空严重。火耗收了很多，人民负担很重，国家的钱粮却总是被拖欠，或者被官员们以救灾等名义贪污挪用，因此账面上应该有的钱粮和实际有的钱粮就出现了巨大差距。财政危机也是一个王朝开始走下坡路的普遍表现，一般会引发剧烈的财税体制改革。唐朝的两税制、北宋的王安石变法、

---

① 《清圣祖实录·卷之二百七十五》。
② 马金华、刘锐：《摊丁入地，耗羡归公——清代税史论》，原载《中外税收发展史研究文集》。转载于中国税务学会网站，https://cti.ctax.org.cn/xsyj3/sssx3/201908/t20190813_1089771.shtml
③ 据冯尔康《雍正传》"耗羡归公后各省火耗率简表"。雍正改革之前，火耗率为山西30%~40%、江苏5%~10%、浙江10%以下、河南80%、山东80%、广东20%以上。

明朝的刘瑾变法和张居正变法，都是在财政亏空压力下出现的。清查亏空成了康熙晚年最重要的内政活动，但大部分都不了了之。在他去世前的最后一年，康熙只能感叹道："近见天下钱粮，各省皆有亏空。"亏空普遍在几十万两的水平，最高的陕西则超过了百万两。省下面还有州县，大部分也亏空。此外还有税关亏空、盐课亏空等，其中两广盐课亏空达到了180万两。[①]

第三就是士绅利用特权转嫁税负问题突出。朝廷征服江南以后，对江南士绅征税是比较严厉的，比明末厉害多了。但三藩之乱爆发后，康熙开始以"宽仁"缓和满汉统治阶层的内部矛盾，政策就开始放松了。官员们在老家的亲属可以列入"宦户""儒户"，享有一定的优免钱粮和劳役的特权，但从法律上讲一般只限于直系亲属。实际执行过程中，他们往往不断扩大这种特权，把少交搞成不交，把旁系亲属统统纳入优免范围等等。这样，地方钱粮和劳役的负担就全部转嫁到了无权无势的平民头上。

以上这些问题，在汉朝、唐朝、明朝中后期全部出现过，都是一个王朝官僚体系腐化带来的必然现象。总的结果就是：政府没钱、人民穷困、官僚贪腐、权贵钱多但不交税。

康熙中期，随着三藩之乱被镇压，"反清复明"的大本营台湾被收复，抗清斗争在高压下逐渐转入地下。此外，康熙也废除了一些带有强烈压迫性质的野蛮法令，主要是停止圈地和追捕逃人。这样，民间的反清起义就比较少了，国家进入一个相对和平稳定的时期。明末留下来的荒地多得很，吃饭需求不难满足。

到康熙晚年，在官僚体系的压迫下，因为阶级问题导致的底层暴动开始不断出现。康熙五十年（1711年），福建人陈五显领导起义。次年，浙江沿海"海盗"不断杀死清军。康熙五十六年（1717年），河南兰宜县、阌乡县发生起义，湖广地区也有官员报告，有一次大规模的起义在准备初期被发觉。康熙五十九年（1720年），山东盐贩和农民联合起义。同年，朱一贵在台湾发动农民起义，杀

[①] 刘凤云：《康熙朝的督抚与地方钱粮亏空》，载《清史研究》，2009年第3期。

死总兵，并称帝，有众数万。① 汪景祺在《西征随笔》的"西安吏治"一条中记录，康熙年间，陕西"万泉令瞿某……私派扰民，聚数千人围城，斩关而入，焚其公堂"。这些起义都被很快扑灭，规模也不算大，距离帝国末期那种遍地造反的局面还差得很远，属于大一统王朝的问题苗头。②

对当时内政的积弊，康熙大体是知道的。但他老了，在政治决策上越来越趋于保守，精力也越来越差。"安静""宽仁"下的"不生事"，成为其晚年的基本执政方针，任何大规模的内政改革都被搁置不议。腐败、亏空、造反等奏章他都看到了，也批复了，但只追求把事情从表面上快速解决，眼不见心不烦就行，不想去探究背后的深层次矛盾来给自己找事儿。对高级官员的腐败行为，康熙基本上是"睁一只眼，闭一只眼"，实在闹大了，一般的处理手段都是罚俸或者降级，最多也就革职了事，并不会有更严厉的处罚。

康熙五十年（1711年）三月，他就说："治天下之道，以宽为本……兴一利，即生一弊。古人云多事不如少事，职此意也。"③ 到了康熙五十六年（1717年），他又说："为君之道，要在安静。"④ 体现出比较典型的老年人心态。

但康熙毕竟在青少年时期就经历过鳌拜专权和三藩之乱的艰难时光，对政治军事斗争的残酷性心知肚明，知道这些话都是自欺欺人之言。康熙五十七年（1718年）的时候他颁下了一道圣旨，自述平生，算是一个正式的政治遗嘱。他

---

① 参考冯尔康《雍正传》。
② 此时距离清军入关已经过去70多年，创业者群体已经全部去世，连创业者们亲自调教出来的第二代也基本老去，第三代成为统治阶级的主体。中国古代一直有"富不过三代"的说法。第三代人的进取精神和能力水平比创业者都要差很多，到这个时候，贪污腐化的问题就会变得比较严重，王朝出现中期危机。但精英集团的腐化还不到无可救药的地步，健康力量仍然很强大，一般会出现铁腕人物来推动改革。跟立国100多年甚至200年以后的大变法比起来，这种改革比较容易取得成功，并推动国力进一步往上走。汉朝在立国60年后，汉武帝继位，然后就开始大搞酷吏政治，为打击匈奴和"昭宣盛世"奠定了基础。武则天制造告密箱（"铜匦"）鼓励人民告状的时间是公元686年，距离唐朝建立正好70年。此后便开始大用酷吏整治门阀权贵，为"开元盛世"奠定了基础。明英宗朱祁镇任用太监王振整顿官僚体系，距离明朝建国过去了也差不多70年。由于"土木堡之变"，这场反腐风暴中断，30年后再由朱祁镇的儿子明宪宗朱见深来任用太监汪直继续整顿，成效显著。基本上都是这个时间点。
③ 《东华录》。
④ 《清圣祖实录·卷之二百七十五》。

说:"儒家学者总把尧舜禹汤当成'无为而治'的圣君,但舜和禹都死在出征或巡视的路上,可见他们其实也很操劳,那种认为帝王应该'崇尚无为、清静自持'的说法根本就是站不住脚的。还有人认为,帝王应该总览大纲,不必管得太细。但朕并不同意这种观点。'一事不谨,即贻四海之忧;一时不谨,即贻千百世之患。'"①

晚年的康熙,一方面理性地认识到国家问题繁多,帝王有责任下大力气去解决;另一方面又忍不住想从"清静无为"的论调中给自己的精力倦怠找借口。

最终,他把"清静无为"留给了自己,把整顿和改革的责任交给了 44 岁的儿子胤禛。

公元 1722 年,康熙六十一年十一月,胤禛在其父死后受遗命登基称帝,他选择了自己雍亲王的封号,以及名字中"禛"的谐音,定年号为"雍正"。胤禛,也就是雍正皇帝。

雍正继位,首先好好感谢一下隆科多,不仅任命他为总理事务大臣、吏部尚书,还用圣旨的方式封他为"舅舅"。此后,雍正各种正式文件里边提到隆科多,都是"舅舅隆科多"。这是在模仿康熙管佟国维叫"舅舅"的先例——康熙是佟国维的姐姐佟皇后所生,他的皇后又是佟国维的女儿,所以佟国维既是康熙的舅舅又是康熙的岳父。雍正以此来提醒大家:自己跟康熙一样,是佟皇后(佟国维女儿)抚育的嫡子,继位合法性不容置疑。

胤禵返回北京后,拒绝向新皇帝下跪,雍正也就以此为借口处理了他,让他到遵化去给康熙守陵。西北地区的兵权被移交给了年羹尧。

根据康熙生前的决策,雍正和策妄阿拉布坦达成了和议,大规模的西北战事结束。但曾随清军入藏的青海和硕特部右翼首领罗卜藏丹津不满朝廷的战后封赏,认为给左翼部落领袖的封赏太重,明显是在打压他在和硕特部的地位,就趁着西北地区撤军的空当在青海叛乱。雍正把胤禵的"抚远大将军"头衔加

---

① 《清圣祖实录·卷之二百七十五》:"如舜虽称无为而治。然身殁于苍梧。禹乘四载、胼手胝足、终于会稽。似此皆勤劳政事、巡行周历、不遑宁处。岂可谓之崇尚无为、清静自持乎。易遁卦六爻、未尝言及人主之事。可见人主原无宴息之地、可以退藏。鞠躬尽瘁、诚谓此也。昔人每云帝王当举大纲不必兼总细务。朕心窃不谓然。一事不谨、即贻四海之忧;一时不谨、即贻千百世之患。"

到年羹尧头上，命他和参赞大臣岳钟琪一起带兵平叛。年羹尧和岳钟琪很好地完成了任务，只用7个月就彻底镇压了这场波及整个青海的叛乱。

这一仗如同一场及时雨，证明了胤禵在西北的军功并没有什么了不起，新皇帝只需派一个总督出马照样解决问题。雍正在批示报捷的奏章中把年羹尧夸上了天："不但朕心倚眷嘉奖，朕世世子孙及天下臣民当共倾心感悦。若稍有负心，便非朕之子孙也；稍有异心，便非我朝臣民也。"

内有禁军首领隆科多，外有"抚远大将军"年羹尧，雍正把核心兵权掌握好，皇帝的位置算是坐稳了。

第四章

雍正革新

从征战到治理的战略转折

一、革故鼎新：高薪养廉的"抄家皇帝"

雍正当皇帝，自诩最大的优势就是当了几十年的皇子，经常参与各种政务，但又不是储君，可以冷眼旁观，对官场上的各种"潜规则"了如指掌。他自谦地说，自己各方面都不如先帝，唯一的优势就是对"下情"的了解比6岁就当皇帝的父亲更深刻。所谓"朕在藩邸四十余年，凡臣下之结党怀奸、贪缘请托、欺罔蒙蔽、阳奉阴违、假公济私之习，皆深知灼见"。

对帝国体制的弊端以及解决方案，他早就有了一套很系统的想法。所以，雍正刚把皇帝的位置坐稳，就迫不及待大刀阔斧地干起来。

雍正的改革措施，核心有那么几个关键词，在历史上都是叫得响的：皇帝专权、铁腕反腐；清理亏空、高薪养廉；摊丁入亩、追缴拖欠。

先说皇帝专权，这是他推动改革的"顶层设计"。主要有两个——密折制度和军机处。

密折制度是清朝特有的。明朝的大臣们给皇帝上疏都要先经内阁看过，内阁把处理意见附上一起送给皇帝，皇帝只要让秉笔太监照着抄一遍就行了。上疏和批复还要抄到邸报上，全国公开发行。涉及军事机密的奏折不公开，但也需要大臣们看过，不能单独给皇帝一个人看。这种制度对皇帝的权力有极大限制。清朝大臣可以向皇帝秘密上奏，但最初未形成制度。到了雍正时期，专门搞了个小匣子，把它发给谁，谁就有了"密折专奏"的权力。不仅总督、巡抚有，很多重要地方的知府也有，此外还有皇帝的亲信，有1000多人可以向皇帝上奏密折。密折只能亲笔写，不能让别人代笔，写好以后放进匣子里贴上封条，由皇帝亲自拆开阅览。皇帝看后如有批示，也用这个匣子封好发回去。整个过程绝不允许第三人看到匣子中的内容。

这种做法鼓励大胆直言，减少上书人的顾虑，皇帝的命令也可以高效地传达执行，减少不必要的争议。更重要的是，它可以鼓励告密，避免臣下联合起来蒙蔽皇帝。总督无权知道巡抚跟皇帝说了什么，巡抚也无权知道知府向皇帝汇报了啥。这个制度比明朝的锦衣卫、东厂、西厂还要厉害，告密者有可能就是日常在身边工作的同僚或下属，而且直达皇帝，防不胜防。有密折专奏之权的高级官员，必须及时向皇帝交代跟自己有关的一切重要事务，因为身边随时可能会有人密折上奏，被神不知鬼不觉地告发。

加强皇权的第二个办法是设立军机处来架空内阁。内阁是明朝留下来的制度，用人、办事都有好多老规矩，指挥起来很不方便，办公地点还在皇宫外边，皇帝传个话都得太监跑半天。搞个军机处，代替内阁职能，设在皇宫里边，紧靠皇帝寝宫养心殿，确保大臣们在皇帝吃饭睡觉之余都可以随叫随到。大臣们到军机处办公算兼职，由皇帝临时从各部门抽调，不涉及品级和职位的变更，用起来也方便。

这两招都有利于皇帝专权，同时也极大地加大了皇帝的工作量。特别是密折制度，没有经过内阁筛选和批注，那就只能自己读自己批。这个工作量就直追朱元璋废除宰相、未设内阁的那段时间了。[①] 雍正也因此和朱元璋并列为中国古代皇帝的两大劳模。[②]

康熙帝喜爱出行，巡视围猎之类的活动很多。雍正当了皇帝后，把这些全停了，往后余生，就天天窝在皇宫里批奏折，哪儿也不去。每年只有自己过生日的这一天休息，每天睡觉不足六个小时，剩下的时间几乎全在批奏折。自谓"各省文武官员之奏折，一日之间，尝至二三十件，多或至五六十件，皆朕亲自览阅批发，从无留滞，无一人赞襄于左右。"

跟朱元璋一样，雍正也以对功臣、重臣下手比较狠而出名。

最先被雍正拿来开刀的，就是为他坐稳皇位立下大功的"藩邸旧人"年羹尧。

雍正原本很器重年羹尧，把西北和西南地区的军政事务悉数交给他办理。陕西、甘肃、四川的官员任免都由年羹尧说了算，让他俨然成了"西北王"。

除了西北、西南的事以外，很多关系全局的国家大事，雍正也会征询年羹

[①] 内阁是朱棣设的，设立的主要原因就是他无法跟父亲一样每天拼命批奏折。
[②] 其实崇祯更拼，不过他是亡国之君，工作量是刀架在脖子上逼出来的，绩效也很差，就不列入劳模评选范围了。

尧的意见。如需将陕西官员调往他省，还会问："你舍得舍不得？""据实情奏来，朕依尔所请敕行。"四川、陕西以外官员的使用，也经常征求年羹尧的意见。青海平定之后，雍正召年羹尧进京，其间与总理事务大臣马齐、隆科多一同处理军国大政，俨然也成了总理事务大臣。至于各种赏赐恩荫就更不必说。

这些不仅是对年羹尧功劳的奖赏，也是雍正的自信，认为年羹尧跟了自己几十年，对其才能和忠心了如指掌，可以放心。在密折中，他对年羹尧说："朕不为出色的皇帝，不能酬赏尔之待朕；尔不为超群之大臣，不能答应朕之知遇。"又说，咱们要一起成为君臣知遇的"千古榜样人物"，颇有点"与君共勉"的意味。

不过，就好像李善长辜负了朱元璋一样，年羹尧也辜负了雍正。他在西北任人唯亲，结党专权，排斥异己，又大开贪腐之门，勒索纳捐人员额外银24万两、补缺官员感谢银40万两，虚假报销四川军需银160万两、加派银56万两、西宁军需银47万两等。此外，他还收受各种请托贿赂，并包庇家人亲信违法贩卖私盐、私茶、木材、马匹等等。年羹尧向平级的督抚、将军等发公文，一律用令谕的格式，俨然上下级关系。西北地区的蒙古部落首领，朝廷会封一个公爵或王爵以示羁縻，在名义上级别比年羹尧高，但他们见了年羹尧也得下跪。年羹尧给别人的东西叫"赐"，别人给他送东西叫"恭进"；吃饭叫"用膳"，请客叫"排宴"……这一套原本都是皇帝对臣下的讲究。年羹尧俨然就是西北的皇帝了。

年羹尧的种种不法行为，逐渐传到雍正的耳朵里。

对于是否要严肃处理年羹尧，雍正后来回忆说：我辗转反侧，帝王诛戮功臣的事情历史上有很多，人们总说这是鸟尽弓藏、兔死狗烹。但如果为了保全功臣的虚名，我就对年羹尧违法乱纪予以宽容，则"废常典而亏国法"，将来如何惩罚其他违法犯罪的官员呢？①

雍正对年羹尧寄予过极大的期望，所以一旦失望，处理起来也相当冷酷无情。雍正三年（1725年）四月，年羹尧被调离西北，担任杭州将军。在皇帝的示意下，各大臣纷纷弹劾举报年羹尧的不法事迹。经过审理，定了几十项死罪，

---

① 《雍正朝起居注》三年七月十八："朕辗转思维，自古帝王之不能保全功臣者，多有鸟尽弓藏之讥。然使委曲宽宥，则废常典而亏国法，将来何以示惩。"

年羹尧先被革职，后被勒令自杀。长子年富被处斩，其他 15 岁以上的儿子被充军。年羹尧本人及二子家产被抄没，共计 150 万两收归国库，用来弥补陕西省历年的财政亏空。父亲、兄弟等近亲属担任文武官员的，均被革职。一些亲信党羽也分别被处以死刑、流放。西北地区的"年党"被一扫而空。

接下来挨整的是舅舅隆科多。隆科多也是恃宠而骄，干了一些贪赃枉法的事儿，而且还预先转移家产到亲友和西山的寺庙里——他知道雍正好抄家，想提前准备好退路。这事儿被雍正知道了，更加下定决心进行处理。隆科多的情节比年羹尧轻一些，被"永远圈禁"，相当于无期徒刑。没有彻底抄家，只是查出来贪赃受贿数十万两，从家产中追补。长子被革除了爵位，次子被罚往东北充军。圈禁一年多以后，隆科多死于禁所。

上台三年，就干掉了协助自己登基的两大功勋柱石，雍正整顿吏治的魄力可见一斑。

年、隆二人是皇帝主抓的典型，而对全国吏治影响最广的行动则是清查亏空。

雍正正式继位前，内阁草拟了一份登基诏书，照例大赦天下，其中就有赦免官员亏空的条文。雍正直接就给删了。登基一个月后，雍正即下令户部清查全国钱粮亏空。之前康熙也查过亏空，但各级官员总是各有各的托词，不是救灾就是失火，或者支援边疆军事行动等，康熙总是表示理解，一再予以蠲免。雍正深知这里边的门道：用一点正经开销掩盖大部分非法的挪用贪污，细查起来费时费力，最后总是不了了之。他的办法就是"一刀切"：不接受任何借口，只要亏空就是非法的，必须在三年内填上，填不上就从重治罪。

怡亲王胤祥和隆科多奉命查办。雍正对胤祥说："你要是查不清楚，我就另外找人来查；找人来查要还是查不清楚，我就亲自来查。"

胤祥不敢怠慢，查出来户部亏空 250 万两。雍正责令历任户部尚书、侍郎、司官、部吏分担其中 150 万两的赔偿，另外 100 万两再由户部逐年填上。清查当中涉及贵族和高官的，也绝不轻饶。康熙第十二子胤祹为了弥补亏空，被迫变卖家产；十子胤䄉赔了几万两银子之后声称没钱赔了，雍正就下令抄家。

中央查完，就查地方。凡是查出来亏空而责任人填不上的，就一律抄家。雍正元年（1723 年），被抄家的地方要员就有：江苏巡抚、山西巡抚、湖广按察使、江苏织造、湖广布政使、河道总督等。雍正抄家总是一抄到底，先抄衙署，再抄原籍老家，还赔不完的就抄宗族亲戚——因为贪官往往转移家产给亲戚或者为亲戚提供好处，所以要承担连带责任。有的官员不能完成亏空而自杀。雍正说，畏罪自杀是牺牲自己而"留财货为子孙之计"，更要严审其家属，抄家决不能因为自杀而停止。

清查亏空过程中涉及贪污的官员，一经告发，就立刻革职离任。因为如果把贪官留在任上弥补亏空，他就会拼命勒索百姓的钱财来填上，所以要先离任再赔钱。

雍正三年（1725年），湖南巡抚报告说，该省官员已经被革职了一大半；雍正十年（1732年），直隶总督李卫报告说，全省县级以上官员，在任超过三年的寥寥无几，主要原因就是被撤职的太多。估计雍正追查亏空过程中撤职的官员数量，应该可以追上朱元璋"明初三大案"杀掉的官员数量了。

由于抄家力度大，雍正得了个"抄家皇帝"的外号。民间打牌，也多了一种和牌的方法，叫"抄家和"。所以，隆科多要提前转移家产，也实在是被雍正抄家的气魄给吓到了。

抄家、革职、杀头，这些传统反腐败的招数都用上了。此外，雍正还搞了一个前无古人的治吏新模式：耗羡归公、高薪养廉。

所谓"耗羡归公、高薪养廉"，就是把火耗这种在正税之外由官员们私自加派的附加费变成正税的一部分，然后用它来给官员们发"养廉银"。

雍正认为，这样干的好处，一方面可以降低老百姓的负担，火耗的征收比例可以摆在明面上讲，比官员们私自加派的比例要低一些。第二个方面，火耗都是下级向上级一层一层"上贡"的方式，在官僚体系内部分配的，下级给上级送火耗银子，上级就有责任保护下级，自然就是官官相护、层层包庇。国家把火耗收上来，统一发放，那就是朝廷的恩典，上级就不欠下级的人情，可以秉公办事。第三个方面，就是可以高薪养廉，让清廉的官员也有一笔合法可观的收入，不会因为清廉而穷得有失体面，也就可以起到鼓励为官清廉的作用。

明清两代官员的法定俸禄水平差不多，跟唐宋比起来都差得远。这是朱元璋开的头，因为他是贫农和乞丐出身，在他看来工资够一家人吃饭穿衣就应该满足了。不过我们也算过账，朱元璋定的工资水平在明初其实还算合理，县令的收入可以比得上富农或中小地主。后来因为通货膨胀，工资却长期保持不变，到了明朝中后期确实很难养活一家老小了。像海瑞那样的清官只能天天吃素，还得自己在衙门后院种菜，衣服也破破烂烂，到市场上买两斤猪肉都会成为新闻，确实有失体统。明朝中后期到清朝，火耗等陋规收入已经成为皇帝默许的官员合法收入，只要不在这之外再去贪污受贿，就算是清官了。

　　清初的法定俸禄水平比朱元璋定的标准还要低，官员收受陋规自然很快就变得极为普遍。

　　雍正把这一套"潜规则"变成了"明规则"。"养廉银"的标准定得很高，县令的法定年薪只有45两银子，但养廉银的标准是：发达地区1000两，云南、贵州、甘肃等落后地区也有五六百两银子。知府的年薪是105两，养廉银则是2000两；巡抚的年薪是150两，养廉银却高达1万两，绝对是高收入；总督年薪180两，养廉银则在1.5万到2万两之间，经济最发达的江南地区，总督养廉银高达3万两。[①]

　　耗羡归公的银子，除了用来发养廉银，还可以结余一部分拿来给地方政府当办公经费。

　　耗羡归公以后，官方公开征收的火耗比例比之前私自征收时下降了大约一半。这在短期内减轻了老百姓的负担。官员们的实际收入，从明面上来看，应该是下降了。雍正元年（1723年），山东巡抚黄炳就向皇帝报告说自己一年收的陋规是11万两[②]，改革后山东巡抚的"养廉银"只有1.5万两，缩水80%多。

　　当然，这只是理论上。

　　没有证据表明，有了"养廉银"后，官员们就不收陋规了，或者说，他们的实际收入就真的下降了。我们有理由相信，在短期内，这确实起到了鼓励清廉风气、降低老百姓负担的效果。但它跟历史上所有的反腐败制度一样，随着时间的推移很快就失效了。

[①] 参考冯尔康在《雍正传》中根据《清朝文献通考·卷四十二·国用》整理的清朝各级官员的养廉银表格。

[②] 《雍正朱批谕旨·黄炳奏折》元年十一月二十三日折。

在"耗羡归公"和"养廉银"制度实施后三年,山东省官员被告发还在继续收陋规。雍正下令把山东巡抚黄炳革职,并让他的亲信大臣田文镜去审理此案。田文镜审查发现:山东全省依然陋规盛行,这是普遍现象而不是个人违规,不过把火耗改了个名字,叫杂费。比例倒是降低了,只有3%,1000两银子加收30两[1]。

可以非常确定的是,最晚到乾隆中后期,也就是改革之后三四十年,官场风气已经完全恢复到雍正改革以前的状态,甚至更糟。"养廉银"制度在清朝被永久保留了下来,大家拿着高额的工资,继续该贪污贪污,该腐败腐败。这跟宋朝的时候给官员发高工资并未能有效遏制腐败是一样的。

还有,养廉银只限于地方主官,具体包括总督、巡抚、布政使、按察使、学正、道员、知府、知州、同知、通判和县令,[2] 其他的政府职位就没有养廉银。具体办事儿的低级官吏收入水平保持不变,依旧没法养家糊口,所以依然贪污,养廉银对他们没有影响。京城的官员没有养廉银,雍正给他们发双俸,也就是工资加倍,但跟养廉银比起来差远了,京官主要收入来自地方官员送礼的陋习也没有改变。雍正的"高薪养廉"只在重要节点上解决了一些问题,未能深入和涉及全局。

很显然,官僚体系的腐化问题不是依靠高薪就可以解决的,严刑峻法依旧必不可少。雍正在清查亏空的时候喜欢抄家,但对于非亏空的贪腐问题抓得并不太严。从现存史料来看,雍正年间真正因为贪污而被从重治罪的官员很少,主要还是以罚款为主,交不够罚款的再抄家革职,基本就到此为止了。

雍正打击贪腐行为的主要特点是加大了打击面,而不是提高处罚力度。跟康熙相比,雍正对贪腐行为的打击无非就是罚更多的款、抄更多的家、撤换更多的官员,尤其是在雍正三年(1725年),颁布了《完赃减等条例》,制定了"退赃减刑"的政策——贪污的官员只要把赃款全部退回来,就可以减刑一等。按照《完赃减等条例》,只要退回被查出的赃款,死刑就会自动改成徒刑或流放。这样一来,雍正一朝纯粹因为贪腐而被处死的官员几乎没有。

火耗归公后继续收陋规的黄炳及其下属并没有受到更严厉的处罚。雍正阅读了田文镜的报告后,通令全国严禁这种行为,警告如果再发生,一定会把违

---

[1] 《雍正朱批谕旨·田文镜奏折》六年九月初八日。
[2] 后来乾隆仿照"火耗"改养廉银的办法,将军队"吃空饷"的陋规改为养廉银,范围限于武将主官。

反的人"置之重典"——也就是"下不为例"的意思。

从后面的情况看，并没有人因此而被"重典"。一次圣旨警告就解决问题的可能性不大，应该还是雍正一再手软的缘故。这就跟朱元璋差得有点远。

当然，罚款、革职、抄家的威慑力也不小，雍正的改革对于提高官僚队伍的整体廉洁程度和办事效率，仍然发挥了很大的积极作用。

除了整顿吏治以外，雍正还把治理的范围扩大到整个绅衿阶层。对危害老百姓的势力，他认为有四个：贪官、劣绅、土豪、强盗，"此等之人，不能化导惩戒，百姓不获安生"。土豪和强盗都是犯罪分子，用酷吏收拾就可以了。对绅衿阶层就要麻烦一点，整顿措施主要围绕税负公平来展开。

针对士绅们滥用免税特权的陋习，雍正宣布革除一切"儒户""宦户"，差役的减免严格只限于生员（科举秀才以上、国子监监生等具有做官资格的人）和官员本人，其家人亲戚一律不得减免。对之前以各种借口拖欠的钱粮，严加追缴，光一个苏州府就关了1000多人[①]。之前拖欠的，一般分10年补上。再有拖欠的，有功名的革去功名，超过80两的就要抓起来坐牢[②]。

影响更深远的改革则是"摊丁入亩"，也就是把丁税（人头税）并入土地税，不再按照人口户数收税，只对土地征税。这样，土地多的人就要多缴税，而没有土地的人就可以不交税。这也加重了绅衿阶层的负担，降低了普通农民的税负。

这个改革的起因是康熙晚年停止新收人头税，也就是所谓"滋生人丁，永不加赋"。有些人为了夸大康熙的功绩，把"滋生人丁"四个字给删了，说他"永不加赋"。其实康熙只是不增加人头税，不是永远不增加任何税负。

雍正的"摊丁入亩"，是在人头税总额已经固定死的情况下，把它平均分摊到土地上。就算没有雍正的改革，人头税也不会随着人口的增加而增加了。它一次性地改变了中央财政的分摊方式，促进了税负公平，而长远影响则很小，并没有产生出来一种相比明朝和康熙时期更具有革命意义的新税收体制。

---

① 袁枚《小仓山房文集·卷七·苏州府知府童公传》："当是时，奉旨清查康熙五十一年至雍正四年（1712年至1726年）江苏负课一千二百余万。大府妄测上意，钩考摊派，民不能堪……公出即释所狱系者千余人……"

② 《大清会典事例·卷一百七十二》。

"摊丁入亩"让人口数量变得真实，土地数量则在清朝长期保持不变。看来士绅们很快就学会了通过隐瞒土地数量来逃避税收和转移税负。这也就是所谓的"上有政策，下有对策"。

雍正在"摊丁入亩"之后还试图再搞一次全国土地大清查，并于雍正五年（1727年）开始在四川试点，但遭到了士绅豪强的激烈反抗，垫江、万县等多地出现聚众反抗清丈的情况。雍正七年（1729年），准噶尔汗国与清军爆发了新一轮战争，为拉拢士绅阶层，试点方案没有继续推广至全国。"雍正革新"也就跟着结束，实际上只持续了7年。

"摊丁入亩"之初，有督抚反对说，今天把人头税并入土地税，将来肯定会再次开征人头税，而已经并入土地的人头税也不会再减掉，所以长远来看这种改革只会增加老百姓的负担。这跟"火耗归公"是一个道理：不准私征"火耗"以后，官员们就改收"杂费"，而且已经归公的火耗还要继续收。对此，明末清初的学者黄宗羲就总结过一个"黄宗羲定律"：每次税费改革都会把很多私派合并到正税，但过了一段时间之后，官员们就会有意无意地忽略新的正税其实包含了之前的各种杂项收费，又会用各种名义开征新的私派杂费，这样反而会增加人民的税收负担。①

不过，只要改革措施正确，短期内总会解决些问题。雍正"吏治+税制"的综合改革，提高了官僚体系的行政效率，在总体上不增加老百姓负担的情况下，大幅度地提高了国库收入，基本上解决了大规模财政亏空、钱粮拖欠的问题。康熙去世的时候户部银库有3262万两银子，雍正三年（1725年）复增至4000多万两，雍正五年（1727年）跃至5525万两，到雍正八年（1730年）则达到了6218万两。②

---

① 从这个角度看，不管是康熙的"永不加赋"，还是雍正的"摊丁入亩"，过了一段时间之后都会失去作用，这是历史发展的必然。任何指望从税收制度上进行改革就能一劳永逸实现公平的思想都是虚幻的。税收改革的成果总会被统治集团的腐败堕落和财富精英的巧妙规避所消耗。所以，治吏永远比治税更重要。治财是标，治人是本。税制是这样，其他法律制度也是一样。法是死的，人是活的，指望搞出一个完善的法律就可以一劳永逸地解决问题是不现实的。《荀子》所说的"有治人，无治法"就是这个意思。

② 法是善：《陶庐杂录·卷一》。转引自周育民：《晚清财政与社会变迁》，上海人民出版社，2000年版。

二、皇权之巅：清朝皇权背后的军政权力结构

雍正的改革，基本上把当年王安石期望的"民不加赋而国用足"变成了现实，大体上取得了跟张居正改革类似的成效，甚至还要更好一些。整个改革过程也十分顺利，没有引发政局或社会动荡。作为一次由皇帝直接推动的改革，雍正既不需要像汉武帝和武则天一样大规模任用酷吏，也无须像明英宗或明宪宗那样冒天下之大不韪重用太监，只需要在正常的体制中不断下达命令、任免官员，就可以贯彻自己的改革意志，剥夺官僚权贵集团和地方豪强的非法利益。

雍正革新能取得如此成效，跟清朝独特的政治格局密切相关。

我们已经知道：第一，皇权来自军权，对军队的控制是皇权专制的基础；第二，文武相互制衡有利于皇权稳固。换句话说就是：军队对皇帝忠诚度越高，皇权越强；官僚集团内部越分裂，皇权越强。反之，则皇权会被削弱。清朝则将皇帝的权力推到了中国古代大一统王朝的最高峰。

首先，清朝核心军事力量对皇帝的忠诚度极高。因为清朝是少数民族政权，满洲勋贵内部十分清楚：必须保持高度的团结才能统治中国。军事力量如果出现分裂内讧，必然会丢掉中国的统治权。

保持团结的第一条原则，就是完全向皇帝效忠，确保有一个坚强的领导核心，一切行动听指挥。皇帝也清醒地知道，武力是其权力的根本保障。像明朝和宋朝那样，皇帝信任文官超过武将，文臣们在儒家道学理学思想的指导下团结起来就可以压过武将集团，这种情况绝不可能在清朝出现。康熙和雍正都讲过，八旗乃清朝的根本。清朝皇帝和军队之间的信任、默契程度，大大高于宋明乃至汉唐。[①]

[①] 清政府军事独裁政权的色彩很浓。满洲军事勋贵们掌握着国家的核心权力，中央枢机是军机处而非内阁，地方上的最高大员为总督，是有军权的。总督往往由满洲军事勋贵集团的人物担任，通过密折制度直接向皇帝汇报并接受指令，不必经过文官内阁。汉唐的太守和节度使都有军权，宋朝取消节度使以后，地方政府就不再有掌握军权的大员了，明朝也是一样。在这方面，清其实和汉唐有类似之处：勋贵们的权力地位高于政府官员。只不过它的军事统治精英集团由少数民族构成，文明程度落后，并且推行民族歧视和相关的思想文化专制政策，这让清朝在对外战争中的军事功绩可以比肩汉唐，但在内政治理方面和汉唐相比则呈现出高度僵化和保守停滞的特征。

此外，清朝的文武制衡格局也很稳固。汉人文化程度高，文臣中汉人较多；武将中满洲八旗占据绝对优势。这样，文武之间不仅有专业差异，还有民族隔阂，双方绝不可能团结起来对抗皇权。汉族文官背后是士绅阶层，控制着国家赋税的主要来源。清朝，对蒙古、新疆、西藏等边疆地区的军事行动，只有得到来自江南地区的钱粮支持才能确保胜利。汉族文官集团对满洲勋贵们也有一定的制约能力。

我们先从军事体制来考察满汉关系。镇压太平天国运动之前，清朝的军事力量可以分为两大部分：八旗、绿营。

八旗军队分满八旗、蒙八旗、汉军旗。满洲和蒙古一体，待遇基本一致，占了八旗兵力的一多半。汉军旗人主要是在清军入关以前就归附清军的辽东人后裔，入关后降清的官兵如果军功卓著也有少量特批入旗。两边俸禄水平一样，但一些特殊补贴往往就只限于满蒙八旗，比如婚丧嫁娶，满蒙士兵有补贴，汉军士兵就没有。汉军旗将领不能统领满蒙八旗，满蒙将领却可以统领汉军旗。

八旗军队入关的时候有 10 万人，后来发展到 20 万人，分为驻京的禁旅八旗和外地驻防八旗。其中驻扎在北京的 10 万人是最强核心。[①] 驻京八旗基本全部是满蒙士兵，汉军极少。这说明满洲统治者对跟自己利益捆绑最紧密的汉人也始终保持着警惕。后来，八旗人丁滋生太多，国家财力养不起了，从乾隆中期开始，朝廷就让一部分汉军出旗为民，把吃财政饭的位置留给满人。这里边体现的也是满人优先。

驻防八旗也是 10 万，满蒙汉都有，分为三大分支：一支驻守东北地区，保卫满洲的老家，设盛京将军、吉林将军和黑龙江将军；一支驻扎在新疆、蒙古、西藏等边疆地区，包括伊犁将军、驻藏大臣等；一支驻扎在中原内地，用于控制汉族。东北地区驻防的都是满洲兵，后两支为满汉混合。

中原驻防八旗主要分布在九个军事重镇，设九个将军——山西绥远将军、浙江杭州将军、江苏江宁将军、福建福州将军、湖北荆州将军、陕西西安将军、甘肃宁夏将军、四川成都将军、广东广州将军。其中杭州、荆州、西安，满洲

---

① 茅海建：《天朝的崩溃：鸦片战争再研究》，生活·读书·新知三联书店，2014 年版。

兵多过汉军；广州和福州这两个最南边的地方只有汉军驻守——可能是因为满人不习惯南方亚热带气候；其他地方基本上是满汉参半或者汉军多过满洲兵。

每个将军驻地大概有数千兵力，加上家属家奴就是几万人。在有旗兵驻扎的地方，主城里边还要再专门隔离出一个"满城"，修建高大坚固的城墙，专供八旗士兵及其家属家奴居住，生活与军事训练一体，汉民不得进入。西安满城占了主城墙内面积的42%[①]，南京满城占城墙内面积的14%[②]。

绿营兵力总共有60万，是八旗兵力的3倍[③]，因为跟随八旗出征的时候用绿色的旗帜而得名。绿营士兵是汉族，但将领大部分是满蒙旗人。根据兵部奏报，至乾隆三十八年（1773年），在直隶、山西、陕西、甘肃、四川五省自副将至守备1826人中，满族、蒙古族在绿营者，已经超出原定额647名的一倍以上。[④] 据此推算，1800多个绿营将领中，满蒙人士至少占了1300个名额，比例超过70%。如果把汉军旗也算进来，八旗将领估计会占绿营守备以上指挥职位的90%以上。它总体上就是一支由八旗将领指挥的汉族军队。

尽管如此，清廷对绿营仍不放心。为防止绿营威胁八旗军事优势，3倍于八旗的绿营兵力被大规模分散开来，确保他们除非得到中央的统一调遣，否则无法集中作战。绿营的驻地非常分散：一个营的编制在200人到1000人之间，每个营又分成几个"哨"，每个"哨"又分为很多个"汛"。营兵的实际驻地是"汛地"。一个汛地一般只有几十名甚至十几名士兵。总督、提督、总兵驻地的直辖部队称"标"，相当于总部，兵力理论上应该比较集中，但实际情况也是高度分散的，并不比营的状况更好。[⑤]

[①] 吴宏岐、史红帅：《关于清代西安城内满城和南城的若干问题》，载《中国历史地理论丛》，2000年第3期。

[②] 朱炳贵：《江宁满城的兴衰与沧桑》，载《江苏地方志》，2022年第4期。南京满城略呈矩形，南北长2980米，东西宽2100米。明清南京内城面积约43平方公里。

[③] 茅海建：《天朝的崩溃：鸦片战争再研究》，生活·读书·新知三联书店，2014年版。

[④]《清高宗实录·卷之九百二十七》："兵部奏：定例直隶、山西、陕西、甘肃、四川五省自副将至守备，应用满员总计六百四十七缺。其余各省自副将至守备，一千一百七十九缺，向以绿营人员选补。现在官册内，满洲、蒙古在绿营者，较原额已逾两倍。实缘各省请员时多用满员拣选之故。"

[⑤] 茅海建：《天朝的崩溃：鸦片战争再研究》，生活·读书·新知三联书店，2014年版。

第四章 雍正革新：从征战到治理的战略转折

绿营平时的主要任务是维护治安，镇压小规模叛乱，兼顾军事训练。遇到要打大仗的时候再临时抽调集结，在满蒙将领为主的指挥体系下作战，战争一结束就再度分散。在待遇上，绿营也大大低于八旗。

表 4-1 清军普通士兵主要待遇等级对比

	出征行装银	阵亡抚恤金	攻城第一人赏银
驻京八旗	40两，不分骑步	150两，不分骑步，再给寡妇发放原俸禄一年；随军打杂人员满蒙100两，汉军70两。	府城500两，县城300两
东北八旗	30两，不分骑步		
中原与边疆八旗	骑兵20两，步兵15两		
绿营	骑兵10两，步兵6两	骑兵70两，步兵50两	府城250两，县城150两

资料来源：陈锋《清代军费研究》（第二版），武汉大学出版社，2013版。

跟绿营相比，八旗是国家花大价钱养着的精锐，虽然一代不如一代，战斗力不断下降，但除了三藩之乱期间，战斗力都大大高于绿营。康熙打击噶尔丹、胤禵进剿西藏和新疆、年羹尧镇压青海叛乱，真正的大仗、硬仗都是以八旗军队为核心的。绿营平时扮演治安部队的角色，战时只能起配合作用。

清朝皇帝的军权结构可以用图4-1来表示。

这种根据民族和旗民的区分层层隔离的军事组织格局，保证了皇帝对军队的绝对控制。在这套体制下，满蒙将士、汉军旗人、汉族将士，彼此隔阂猜忌，没有皇帝的指令，不同的军队无法横向联合，也就没有任何一个军事将领可能掌握足以威胁皇权的力量。

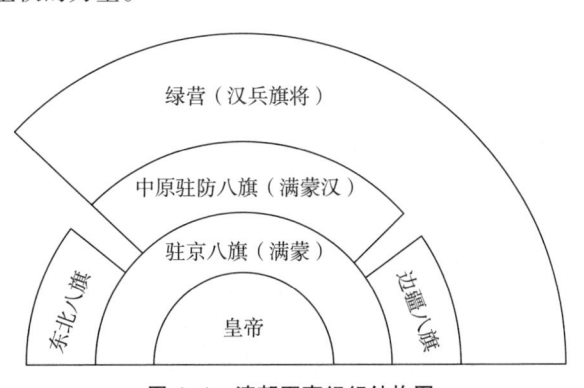

图 4-1 清朝军事组织结构图

需要注意的是,这种隔离掣肘和一盘散沙有很大区别,因为它的层级关系很明确,有核心有外围。满蒙八旗的战斗力还是很硬的,作为核心军事力量,内部十分团结;汉军旗对皇帝的忠心也一直没有动摇过。正因为如此,清军才能在对外战争中一直保持着比较好的战绩。一直到 1865 年即清军入关后 221 年,僧格林沁指挥的最后一支满蒙八旗精锐被捻军歼灭以后,清朝皇帝的权力才开始被逐步架空。

以上是军事权力格局。在行政系统内部,满汉分立、互相掣肘作为一种体制安排也广泛存在。

在中央枢机,顺治时期和康熙顾命大臣专权时期不用说了,权力尽在满洲勋贵;康熙亲政时期,其倚重的辅政大臣勒德洪、明珠、索额图、马齐等全是满族人;雍正时前期是胤祥和隆科多,中期是胤祥,后期是鄂尔泰,尽是满族人。雍正设立的军机处刚开始完全用满文办公,从军机大臣到章京、行走等办事文秘人员,全部为满蒙人。雍正四年(1726 年)筹备设立军机处,到雍正十年(1732 年)底,军机处档案全部为满文,没有汉语。雍正十一年(1733 年)以后才开始有汉语档案。从雍正十一年(1733 年)到雍正去世期间,共有满文文档 110 册,汉语文档只有 10 来册,而且汉语文档主要是下达执行命令的廷寄,决策过程还是基本全用满文。①

其间有一个张廷玉是汉人,曾经担任内阁首辅、军机大臣,但并无个人政治势力,既没有提出过什么重大政策建议,也没有主持过什么具体工作。其当官的格言是"千当万当,不如一默",也就是在讨论国家大事的时候永远保持沉默。他的职责就是把皇帝口述的命令变成正式诏书。他在其晚年回忆录中回忆自己的工作方式:"需要拟旨的时候,就把我叫进去,皇上隔着帘子口述大意。我就跪着趴在地上开始记录,有时候也会给个茶几。写成草稿以后,当场递给皇上看。每天这种情况有十几次。"②

---

① [美]白彬菊著,董建中译:《君主与大臣:清中期的军机处(1723~1820)》,中国人民大学出版社,2017 年版。
② 《澄怀园主人自订年谱·卷二》:"凡有诏旨,则命廷玉入内,口授大意,或于御前伏地以书,或隔帘授几,稿就即呈御览,每日不下十数次。"

雍正重用张廷玉,是因为他每次写出来的诏书都完美符合自己的真实意图,而且沉默寡言,能够保守机密。还有就是张廷玉精通满文,可以负责把满文决策文件翻译成为汉语的廷寄。张廷玉的角色是首席秘书而非首席大臣。

在日常政务中,处理边疆地区事务的理藩院,权力完全由满族人掌握。六部设两个尚书(部长)、四个侍郎(副部长),满汉各占一半,品级和职权一样。但主要决策都由满人尚书和侍郎决定,汉官主要就是负责执行而已。康熙在召集高级官员讨论的时候,都是让满官先发言,讨论完了之后再问一句:汉官有无话说?大部分情况是没话说。那就讨论结束,开始落实执行。

对满官和汉官的政见差异,康熙做过几次正式表态,他说:"满汉论事,往往不能和衷。汉官每谓满官偏执。若汉官肯实心为公,据理辩论,满官岂有不从之理?"① 又说:"大小汉官,凡事推诿满官,事之得当,则归功于己;如事失宜,则卸过于人。至于入署,不待事毕,诿于满官,只图早归,宴会嬉游。不为国家尽力担当、料理公务。"② 总之,就是问题全都出在汉官身上,满官专权决策的地位得到了康熙的全力支持。

在地方上,康熙六年(1667年)之前,督抚完全由旗人担任,康熙六年之后开始任用汉人,但比例不高。"自顺治四年至雍正十三年止(1647年至1735年),共88年,八旗人员之任督抚者,汉军则十居其七,满洲十居其三,蒙古仅二人"。八旗以外的汉人担任督抚的"十无二三"③,也就是不超过30%。在地方大员上,汉军旗人占了明显优势。

基本上,当时的政治格局是:满族人主要集中在军事要害部门和中央枢机,汉军旗人在地方驻防军队和封疆大吏中占据优势④,比如雍正时期掌管西北军政大权的年羹尧和他的接替者岳钟琪都是汉军旗人;旗外汉人在军队中只是在士兵

---

① 《清圣祖实录·卷之七十九》。
② 《清圣祖实录·卷之七十九》。
③ 福格:《听雨丛谈·卷三》。
④ 这是乾隆中期以前的情况,汉军旗在满人和汉人之间充当缓冲层次。随着时间的推移,满洲人口数量增加,汉族士绅势力崛起,夹在中间的汉军旗地位逐步下降。汉军旗人被大量强迫出旗,其中央和军事职位大部分被满蒙旗人填补,地方行政职位则被旗外汉人填补。到清朝后期,汉军旗的地位已基本可以忽略,八旗就意味着满蒙。旗民差异也就基本可以视为满汉差异。

数量上占优势，在政府中则主要担任低级官员或高级副手。

清朝中前期皇帝的军事和行政权力结构可以用图4-2来表示。

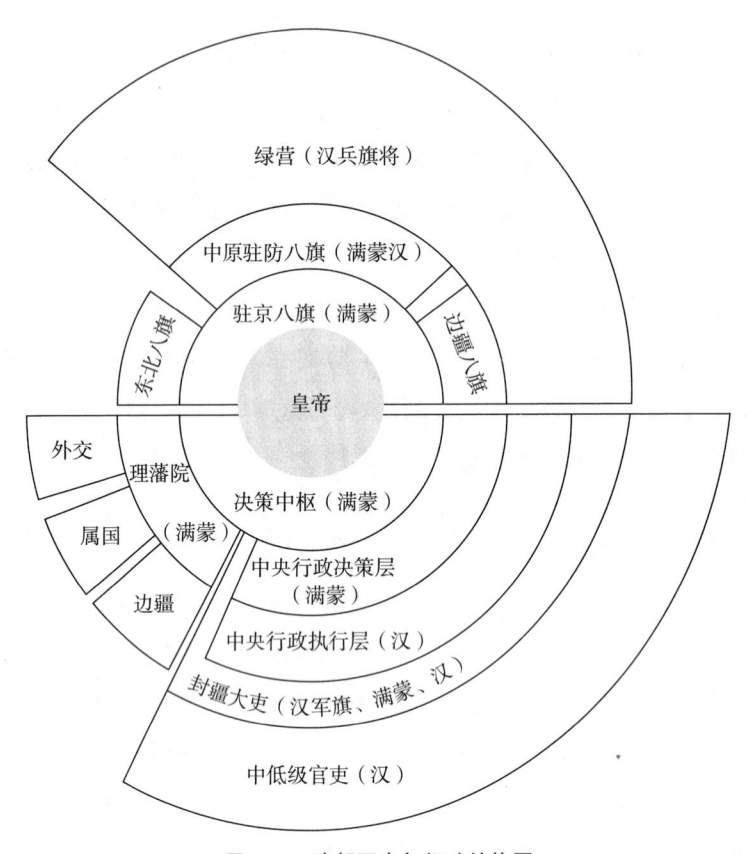

图 4-2　清朝军事与行政结构图

在这个权力结构中，皇帝的决策自由度极高。他一方面坚定地依靠八旗勋贵，保证国家暴力机构的绝对忠诚；一方面又经常利用汉族文臣来对勋贵们进行必要的打压制衡，因此也会给予某些汉臣以很高的待遇，以赢得汉族士绅的支持。比如康熙就重用理学名士李光地，负责在皇帝指导下编撰理学文集，将理学思想改造成为满洲统治者服务的新意识形态。后来，又暗地里授意李光地出面弹劾包括明珠在内的多名满洲勋贵。李光地死后，追封太子太傅，入祀贤良祠。雍正和乾隆也都重用擅长文秘工作的张廷玉，让他多次担任首席军机，死后还陪祀太庙。

当打手，当秘书，当招牌，是满洲皇帝对汉族理学大臣的主要定位。满汉和文武两边势均力敌，皇帝就可以为所欲为了。

文武分立和满汉隔阂的多维度结合进一步加强了皇权。军权的核心掌握在满人手中，但汉人也掌握一部分军权；文官多汉臣，但满人中也有能干的行政高手。还有汉军旗人在中间作为缓冲。这种多维度的交错，让官僚集团的内部斗争更加复杂，连小规模的团结都很难实现，也就无力对高高在上的皇权构成制约。

雍正革新能够如此顺利地推进，最根本的就是体制原因。只要他足够勤奋努力，改革思路清楚，愿意没日没夜地批阅奏章，整个体制就会按照他的意志去运转。他想收拾年羹尧就收拾，想整治满洲皇族勋贵就整治，想打击江南士绅就打击，想抛开内阁设立军机处就设立，被打击整治的势力都无法与其他力量联合起来对抗皇帝的改革意志。

三、模范督抚："明星官员"的曲折仕途

雍正改革能够取得成功，还有第二个重要的原因：新兴的统治集团具有积极向上的活力，同时，明末农民起义对腐朽的明末统治精英集团给予了猛烈的冲击。这一兴一亡之间，在雍正任人唯贤的人才路线下，八旗精英和汉族中下层中一大批优秀人物脱颖而出，为改革提供了新鲜的血液。

文明的先进程度和健康程度是两个不同维度的概念。明末的中原文明比满洲文明先进，但同时又比满洲文明腐朽，统治阶层结党营私、腐化堕落、不思进取。若农民起义军可以取而代之，则新的王朝文明就可以既先进又健康。满族入主，那就只能是文明程度相对落后，但相对健康了。

雍正年间，最受重用的大臣是鄂尔泰，姓西林觉罗，是血统纯正的满洲镶蓝旗人。康熙三十八年（1699年），他在22岁的时候通过科举获得了做官资格。这在文化水平总体落后且依赖特权的满人中间十分罕见，照理该一路飞黄腾达才是。但此后，鄂尔泰一直没有得到什么要职。康熙六十年（1721年），已经44岁的鄂尔泰在内务府员外郎的位置上停顿了5年未有进步。他作诗感叹道：

"揽镜人将老，开门草未生""看来四十犹如此，便到百年已可知"。

殊不知，在这感慨落魄的时刻，早有一位亲王看中了他，也就是雍亲王胤禛。

之前，胤禛找他帮忙办点人情事。在普通人看来，这正是攀龙附凤的好时机，不料鄂尔泰却直言拒绝，说："皇子宜毓德春华，不可交结外臣。"如此耿直地得罪亲王，鄂尔泰仕途不顺也就不难理解了。

因为这个事儿，雍正记住了鄂尔泰，刚一登基就把他找来谈话，说："汝以郎官之微，而敢上拒皇子，其守法甚坚。今任汝为大臣，必不受他人之请托也。"①

就这样，鄂尔泰时来运转，升任江苏布政使，再调任云南巡抚，雍正四年（1726年）就当上了云贵总督，并且兼管广西，俨然成了"西南王"。鄂尔泰在任上果然奉公执法、不受请托。他在西南地区最大的功绩就是"改土归流"：把大量土司自治的少数民族区域改成了由政府委任的"流官"直接管理的行政区。鄂尔泰以政治手段为主，辅之以坚决的武力镇压。经过多年努力，云南、贵州、广西的土司体制被完全废除，全部纳入州县管辖。相关经验后来陆续推广到四川、湖南、湖北等地。这也是雍正朝名垂青史的一件大事，对推动中国多民族的融合发展有重要意义。

雍正十年（1732年），鄂尔泰被召进京，封伯爵，越过张廷玉担任内阁首辅。鄂尔泰哥哥的女儿，由雍正出面做主，嫁给了怡亲王胤祥的儿子。雍正说："你鄂尔泰和胤祥是我最信任的两个人，你们为了避嫌很少有私下交往，如今奉旨联姻，以后就可以多多往来了。"

雍正死时，鄂尔泰又被任命为顾命大臣，后来继续被乾隆重用，任总理事务大臣、军机大臣等要职，直到乾隆十年（1745年）病逝。可谓善始善终。

鄂尔泰始终受到雍正的宠幸，其间秘诀，他对官场同僚说："（皇上用人行政）无甚神奇，只是一个至诚……我辈身任封疆，只须实心实力为地方兵民计，即所谓酬恩……一切观望揣度念头皆无所用，一并不能用。"雍正得知后，大为感动。②

雍正曾经表示，希望跟有几十年交情的年羹尧做千古君臣知遇的典范，可

---

① 爱新觉罗·昭梿：《啸亭杂录·卷十·宪皇用鄂文端》。
② 《朱批谕旨·鄂尔泰奏折》五年十一月十一日折。

惜年羹尧未能正确理解雍正，恃恩枉法，终于身死名裂。但鄂尔泰与雍正非亲非故，却真正做成了千古君臣知遇的榜样，可知雍正对年羹尧所言非虚了。

另一个深受雍正重用的大臣是田文镜。

田文镜是汉军旗人。他的情况跟鄂尔泰很像，跟雍正非亲非故，没有交集，在康熙年间也一直不得志。他在康熙二十二年（1683年）从九品县丞做起，在地方上干了几十年，最高当到了知州。

不过，田文镜很快就开始倒霉。康熙五十五年（1716年），中央派其巡视江南盐政。田文镜巡视后，认为盐商逃税现象严重，应该改革盐政、提高征税。这个奏议得罪了盐商利益集团。朝廷讨论的结果是田文镜的意见很好，但执行起来问题很多，把奏议冷处理，然后把田文镜调任内阁侍读学士——级别不变，从实权职位调到了研究职位。然后田文镜就在这个位置上待了很多年，一直到康熙去世，他已经60岁高龄。这是一个应该等着退休回家养老的年龄。

雍正对田文镜巡视盐政的奏议印象深刻。雍正元年（1723年），有人弹劾山西巡抚德音隐匿山西的受灾情况，就又派田文镜去巡视。田文镜回来后如实揭露了德音隐匿灾情的情况，雍正很高兴，罢免了德音，让田文镜去当山西布政使，负责救灾。雍正二年（1724年），田文镜升任河南巡抚。

田文镜刚到河南，就赶上一桩棘手的大案。

当年，因为筑黄河堤防需要动用民工，河南封丘令唐绥祖制定了"士民一体当差"的政策，即按照田地数量来出工：每一百亩田出一个人工，凡有田者一律出工，绅衿也不例外。

命令一下，老百姓拍手叫好，因为地主和富户家的土地多，出工的人就多，普通百姓土地少，很多家才出一个民工。

这个政策遭到了当地士绅的反对。他们声称"征收钱粮应分别儒户、宦户"，强烈要求根据人数而不是田亩数来分摊差役。封丘生员王逊、武生范瑚等人拦截唐绥祖，要求改变政策。唐绥祖拒绝了他们的要求。

能出秀才以上生员的家庭，一般都是乡绅地主。他们决定以罢考的方式反对士民一体当差政策。五月，河南省举行县试，河南学政张廷璐奉旨到开封监考，封丘众监生在考场上闹事。武生范瑚把少数应试者的试卷抢去，当众撕毁，以此表示对士民一体当差制度的抗议。雍正得知后，派钦差大臣沈近思前往河南，与张廷璐、道台陈时夏会同处理。

张廷璐、陈时夏、沈近思这三个人都是科举出身的汉族士绅，主张采取息事宁人的态度来解决问题，他们在审理此案时不坐堂，反而与诸监生座谈，称他们为年兄，求他们赴考，认为只要考生们去考试，这个事情就过去了。

张廷璐是内阁首辅张廷玉的亲弟弟，背景非常深厚，一般人不敢得罪。但田文镜却力主严惩罢考者，上书弹劾张廷璐等人。雍正同意田文镜的意见，把罢考的主谋范瑚等斩首，将张廷璐和陈时夏撤职处理。这样，田文镜就把以张廷玉为代表的科举士人集团彻底得罪了。但打击士绅特权的改革也因此推广了下去。

田文镜基本就是一个"孤臣"——除了对皇帝负责以外，对其他人概不买账。山西、河南、山东等地被他参劾下台的贪官、庸官数以百计。年羹尧、隆科多权势正隆的时候，也在他这里碰过钉子。不管是"年选"还是"隆选"的官员到田文镜这里都吃不开，他们也对田文镜不满。有一次，田文镜弹劾地方官员贪污，涉及户部，就连着户部官员也一起告发。总之，就是从中央到地方、从满人到汉人、从勋贵到士绅，各种势力全得罪了一遍。各方面弹劾田文镜的奏章像雪片一样飞到雍正案前。

雍正不为所动，继续重用田文镜，让他从河南巡抚升任河南山东总督——这个职位以前没有，就是专为田文镜设立的，让他兼管两省清查亏空和摊丁入亩的改革。

田文镜后来也终于出了问题，未能像鄂尔泰那样善始善终。他以孤臣自居，行事逐渐走向极端，凡是对他政策的批评都被视为政治攻击，听不进各方面意见。雍正七年（1729年），河南发生灾荒，在田文镜尚未知情的情况下，周边督抚就向皇帝报告了这件事。田文镜认为这是对他新一轮的政治攻击，同时也可能是士绅拒绝交税的借口，没有查清问题就片面听取下属报告，一口咬定河南没有发生灾情，拒绝采取任何赈灾措施。

雍正经过调查，发现河南确实灾情严重，就另派户部侍郎王国栋前去赈灾。田文镜受到雍正责备，感到脸上无光，上奏祈求病退。雍正批准他离职休养，一年后又让他回任原职。雍正十年（1732年），田文镜再次因病请求退休，得到批准，不久去世。雍正下令把他埋葬在自己的皇陵附近，谥号端肃。

田文镜以揭露别人瞒报灾情起家，以自己"瞒报灾情"失势结束，颇具讽刺意味。雍正最终还是保全了他，因为这毕竟不是恶意隐瞒，只是失职。他有过于固执和严酷的毛病，但工作认真负责，在帮助雍正清洗贪官污吏、打击士绅特权、推动财税改革等方面冲到了第一线，甚至在抓捕盗贼、维持治安方面也成绩突出，总体贡献比鄂尔泰更大。萧一山在《清代通史》中虽然也认为田文镜"为政苛细，居心忮刻""严酷武健，勤求苛刻"，但还是肯定了其实心任事、吏治整肃的一面，承认在其治下"境无贼寇，道不拾遗。抑富豪而安贱民，禁衿绅苛虐佃户，皆善政也"。

鄂尔泰和田文镜是雍正革新最重要的两大重臣。雍正自己也在朱批中说："各省督抚皆如田文镜、鄂尔泰，则天下允称大治矣。"甚至说："假如诸臣之中，不得田文镜、鄂尔泰，则朕之罪将何以谢天下也。"把自己的功过是非跟二人紧密地捆绑在了一起。

除鄂尔泰、田文镜外，雍正的"第三宠臣"则当数李卫。

李卫是一个纯粹的汉人，家里很有钱，从小没怎么读书，也没参加过科举。他的官是捐出来的。纳捐就是给朝廷捐钱用于军费等紧急开支，捐的多了就给个官做。这在清朝是一种比较常见的做官途径，也是重要的战时军费来源。

雍正看中李卫的原因跟鄂尔泰、田文镜一样：敢于得罪权贵。袁枚《小仓山房文集》中记录了李卫在康熙年间干的一件事：有一个亲王管理户部事务，每收钱粮1000两，就要加收10两银子的"平余"，性质跟火耗差不多。担任户部郎中的李卫劝阻无效，就在户部走廊旁边搞了一个柜子，把这些平余银放进去，柜子上写上几个大字"某王赢余"，搞得该亲王很狼狈，终于停止收取"平余"。[①]

这些事儿引起了雍正的注意，一上任就把李卫升任云南盐道，雍正二年（1724年）升布政使，三年（1725年）升浙江巡抚，四年（1726年）升浙江总督，七年（1729年）加兵部尚书衔、授太子太傅，十年（1732年）任直隶总督，一直到雍正去世。

李卫是个粗人，文化水平低，在政治决策过程中很少提出独立的见解，这

---

① 《小仓山房文集·卷七·直隶总督兵部尚书李敏达公传》。

是他不如鄂尔泰和田文镜的地方。但他是一个极好的执行者，雍正对他的评价是"操守廉洁、勇敢任事"，在清查亏空、弹劾庸官方面表现突出，但限于政治才能，其最擅长的还是"捕盗"，也就是追捕盗贼、打击恶霸，维护社会治安和公正。他跟田文镜一样，上级下级各种人都敢得罪，包括鄂尔泰和田文镜。他跟田文镜两人互相看不上。鄂尔泰的弟弟鄂尔奇犯法，也被李卫弹劾撤职。

科举出身的人当中也有很多被雍正重用。最突出的当然是内阁首辅张廷玉。此外还有李绂——江西科举乡试第一名。他还是个心学专家，以陆九渊和王守仁为宗师，后来被梁启超评为"陆王派之最后一人"。康熙年间李绂一直做政策研究工作，编修、主考、翰林等，一直做到内阁学士。

雍正看上李绂的原因没有史料记录，反正一上台就把他提拔为吏部侍郎。

第一次掌握实权的李绂立刻就得罪了权势正盛的年羹尧。年羹尧的儿子年富捐钱修建军队营房，事情报到吏部，讨论如何奖赏。吏部官员趋炎附势，纷纷表态应该按照军前立功的标准从优予以封赏。李绂以没有先例为由坚决反对，硬给顶了回去，让年羹尧颜面扫地。后来李绂推荐的官员，就不断遭到年羹尧打压。

这样看来，李绂被重用的原因应该也跟鄂尔泰、田文镜、李卫一样。他后来又担任广西巡抚、直隶总督，也是雍正革新的重要执行者。

在直隶总督任上，李绂和田文镜发生了激烈冲突，成为朝野关注的一件大案。

田文镜在河南大力弹劾贪官庸官，得罪了一大批人。因为他是旗人，又不是科举出身，那些被弹劾的科举文官就造他的谣，说他心怀嫉妒，"不容读书之人在豫省做官"。

雍正四年（1726年），李绂从广西巡抚调任直隶总督，经过河南。一路上，科举官员们就拼命向李绂告状，把河南的情况描述得暗无天日。李绂信以为真，当时就发作了，见到田文镜的时候面斥他"有心蹂践读书人"。然后就上奏雍正，弹劾田文镜，说他信用奸邪、排斥贤能，并举了两个听说的例子，一个是重用"市井无赖"张球当知州，一个是把康熙四十八年（1709年）进士出身的好官员黄振国诬陷下狱，然后害死狱中，杀人灭口。

雍正派人到河南调查，得出两个结论。第一，张球确实有贪赃枉法的行为，田文镜用人失当；第二，黄振国比张球更坏，不仅贪污，还利用权力害死多人，田文镜弹劾得很对。更重要的是：黄振国还活着。所谓杀人灭口纯粹是道听途说、子虚乌有。这是李绂的硬伤，跨省越权弹劾朝廷重臣，却不做认真调查，连案件主要当事人有没有死都不知道就给皇帝上奏。

明朝末年的党争，跟不讲证据的"风闻弹劾"制度有密切关系：一个给事中根据传闻、不做调查，就可以弹劾内阁首辅或封疆大吏，把朝廷人事斗争搞得不可收拾。清朝皇帝对此一直高度警惕。康熙中期对言官风闻言事放松过一段时间，后来又收紧了。没有确实的证据就弹劾大臣，在清朝是一大忌讳。

而且，即使在明朝，风闻弹劾也是给事中、御史等专职监督人员的权利，朝廷重臣说话还是很谨慎的。直隶总督越权弹劾河南巡抚这种大事情，手里没有过硬的证据就上奏，确实很不正常。张球也不是什么"市井无赖"，不过跟田文镜和李卫一样没有科举出身而已。李绂这么做，显然已经超过了"发公愤"的范围，带有很强烈的科举士人集团结党向田文镜发难的意思。

雍正刚开始只想各打五十大板，责备田文镜用人失察，并让李绂承认错误，这个事情就过去了。田文镜承认了错误，李绂却拒绝认错，一再为自己辩护。雍正就把他调离直隶总督的要职，改任工部侍郎。

想不到，刚过了几个月，御史谢济世就又上奏弹劾田文镜，内容和李绂的密折几乎一模一样。雍正认为谢济世肯定是受了李绂的指使，在搞党争，决心查个水落石出。严审之下，谢济世始终拒绝承认受了李绂的指使，但仍然被革职并发往东北阿尔泰军前效力。

不知何故，过了3年，在东北充军的谢济世突然承认自己弹劾田文镜是受了李绂和前任四川巡抚、直隶总督蔡珽的指使。蔡珽跟李绂关系密切，他们在四川和广西当巡抚的时候互相支持，都是年羹尧的政敌，也都因为年羹尧倒台而升官。黄振国到河南做官是蔡珽保举的，而李绂跟黄振国又是科举"同年"。这一下，结党的事情就被坐实。雍正对科举士人结党一直高度警惕，将其称为"唐宋元明积染之习"，认为"师生同年之联络声气、徇私灭公，惑人听闻之邪说，其害于世道人心者更大"[①]。得知谢济世的招供，雍正立刻就下令将李绂和蔡珽革

---

① 《上谕内阁》四年十月十二日谕。

职下狱，重新再审张球和黄振国案。

审理的结果是，张球和黄振国都贪污，但黄振国利用职权整死过五个人，张球手上没有人命。最终黄振国被处斩。张球、谢济世、蔡珽、李绂都被判处死缓（斩、绞监候）。李绂被抄家，但其家中简陋，别无长物，甚至其夫人的首饰都是铜制品，没有金银玉器，可见这是一个很有操守的清官。雍正知道后，就赦免其罪，给了他一个修书的闲职。蔡珽被查出来有收受贿赂和故意包庇黄振国罪行的问题，就一直关着，到乾隆年间才被放出来。

李绂和蔡珽都是科举出身的汉人，行政能力出众，在年羹尧权势最盛之时敢于与之斗争，也因此得到重用。但他们身上确实沾染了党争的陋习，未能完全从公心出发对人对事，犯了结党政争的大忌，因此未能善终，十分可惜。

纵观雍正的用人，在他的"明星督抚"中，有满人、汉军旗人、旗外汉人，有科举出身也有非科举出身，但基本都不是他的府邸故旧，反倒是得罪过他的鄂尔泰受恩最重。对真正的"藩邸旧人"，雍正也不是不用，年羹尧就被重用过，但他犯了重罪照样会被严惩，而且惩罚力度比一般官员还要更大些。此外像魏经国、戴铎、傅鼐、博尔多、沈延正这些没有犯错误的旧人亲信，在雍正当皇帝以后也就是正常得到任用，没有被破格提拔成为明星官员。

在藩王时期跟雍正关系密切而后又被重用的，只有一个怡亲王胤祥。从胤祥在清查亏空等方面的表现来看，雍正用他并非只是出于信任私人故旧。胤祥跟鄂尔泰、田文镜等人有几个共同点：敢得罪人、清正廉洁、做事拼命。

中央清查亏空，主要是胤祥在负责。由于力度太大、处罚太严，胤祥背上了喜欢整人的"坏"名声，雍正还专门出来为胤祥正名，说这些都是我的意思，胤祥不过是严格执行罢了。胤祥很注意跟隆科多、年羹尧等重臣保持距离，没有私下往来，雍正看不过去，叫年羹尧多跟胤祥结交。年羹尧去了一趟怡亲王府，回来跟亲信说：怡亲王府外边看着富丽堂皇，里边却破破烂烂，可见其矫情虚伪。[①] 这番话从年羹尧嘴里说出来，反可证明胤祥确实是个不追求奢侈享乐之人。

胤祥喜欢事必躬亲。他负责工部事务，就喜欢自己带着助手去河防工地巡

---

① 《永宪录·卷三》。

查。直到雍正八年（1730年）病重，才不得不委派他人代为前往。当时，胤祥对一同办理水利的下属说："本图遍治诸河，使盈缩操纵于吾掌之上，岂期一病沉废，已矣何言。"3个月后，胤祥就因病去世了。这番话听来让人不胜感慨，其事业心之旺盛、责任心之强可见一斑。说胤祥是为国操劳而英年早逝的也不过分。雍正对他的宠信，他当之无愧。①

将这些人物故事综合起来看，雍正在用人方面确实做到了不分亲疏、任人唯贤、奖惩分明，可谓十分难得。

四、整治朋党：残酷镇压皇族党争

雍正在用人方面争议不大，有一些争议也比较好解释。比如对年羹尧，就有传言说是因为年羹尧治军严肃，阅兵的时候皇帝下令众将士卸甲休息但无人敢动，年羹尧令旗一挥，大家就卸甲如山。雍正感到军权受到威胁，这才收拾了年羹尧。这种传言是无稽之谈，年羹尧对军队的控制力远远达不到让皇帝恐慌的地步。而且年羹尧回京也没带兵，雍正也没阅过兵。

不过，在涉及皇室问题的时候，有些事情就不那么好解释了。

老八胤禩在雍正上台后曾被封为廉亲王、总理事务王大臣。这一般被认为是雍正为了稳住"八爷党"采取的斗争策略。胤禩自己也说："皇上今日加恩，焉知未伏将来诛戮之意？"在胤禩被重用的同时，"八爷党"的主要成员接连遭到打击，老九胤禟被罚往西北由年羹尧看管，老十四胤禵被软禁于景陵读书。老十胤䄉刚开始没事儿，后来被派往蒙古办事，他托病拒绝前往，就被雍正革去爵位，后来涉及清查亏空的事项，又被抄家圈禁。

处理完年羹尧、隆科多案以后，雍正对老八和老九发动了凶狠的打击，颁下《御制朋党论》，宣布胤禩和胤禟一直不思悔改、结党营私，将二人夺爵圈禁，

---

① 从这个角度说，雍正时期的第一宠臣当数胤祥，而非鄂尔泰。不过胤祥是皇室，康熙的亲儿子、雍正的亲弟弟，不仅是臣，也就不好单纯把他放到"宠臣"序列中作比较了。

并勒令其改名。胤禩改名为"阿其那",胤禟改名为"塞思黑"。① 二人都在一年内死于禁所。胤禩党羽阿尔松阿、鄂伦岱等多人被处斩。

从处理结果来看,雍正对"八爷党"相当凶狠。因为康熙传位遗命的事情一直说不清楚,很多人都认为这是雍正清理政敌的残酷手段,之前重用胤禩不过是分化瓦解"八爷党"的一种策略。这种"阴谋论"猜测是很难辩驳的,其可能性无法否认。

但也确实存在另外一种可能性,就是雍正仍然在试图公正地对待胤禩。

康熙生前多次打压训斥胤禩,说他结党谋逆,定性很严重。雍正继位后,完全可以维持这个结论不变——忠于先皇遗命,不改于父之道,大家都没话说。他一上台就重用胤禩,可能是真的欣赏他的才干,不计前嫌,希望能为自己所用。因为胤禩确实聪明能干,这一点有口皆碑。

但胤禩的表现很快就让雍正失望了。主要问题有两个。

第一,胤禩继续卖弄恩惠,不严厉执行雍正整顿吏治的政治决策。这不一定是胤禩故意要跟雍正对着干,可能就是出于本性:他原本就是一个喜与人结交的性格,做事情总爱给人留情面。比如,胤䄉被派遣去蒙古办事,走到张家口就拒绝前进。雍正让胤禩处理,胤禩的结论是处罚胤䄉的下属,然后让胤䄉继续去蒙古。这就是在给胤䄉留余地、留情面。

大臣受圣旨外出办理国家大事,半路抗旨,这是重罪,杀头也不为过。因为是皇亲国戚就网开一面绝不是雍正的风格。这个决定被雍正驳回,让胤禩重新拟定,结果第二次才决定给胤䄉夺爵革职的处分。有人说这是雍正故意给胤禩难堪,让他亲自处理自己的"八爷党"成员。但从雍正收拾年羹尧和隆科多的事情来看,他至少亲自做了表率:越是亲信越是要从重处理。他只是按照同样的标准来要求胤禩,未必就是故意敲打苛求。而且胤禩本来就分管理藩院,蒙

---

① 很多人认为这两个名字本身一定是侮辱性的,民间多以为"阿其那"在满文中的意思是"狗","塞思黑"的意思是"猪"。但据学者考证,这两个词的意思迄今也尚未明了,可以肯定的是满文中的"猪"和"狗"并不与这两个发音类似。胤禩的儿子也被迫改名为"菩萨保",这个名字是满族常用名,不带有贬义。雍正让他们改名的目的应该主要是不准体现皇族特点,变成满洲平民名字,改后的名字不一定是侮辱性的。

古事务就该他管。雍正说胤䄉自从当总理大臣以来,"所办之事,皆要结人心,欲以恶名加之朕躬"。又说他在清查工部钱粮亏空事务时,总是不断宽宥,以招揽人心。这些批评跟康熙对胤䄉的批评完全一样,应该确有其事,是胤䄉自己的老毛病一直就没改。

第二,则更严重一些,就是胤䄉仍然私底下跟以前的"八爷党"秘密联络,结党营私。

这种联络不一定是想要谋反这么严重,可能只是提拔自己的亲信、巩固政治势力、捞取政治利益。但即便如此也是严重的违法。

胤䄉私下联络结党被抓到了很多证据。胤䄉知道自己身居容易遭疑的地位,在这种情况下被任命为国家重臣,应该以更高的标准严格要求自己,与以前的私人亲信杜绝往来,以避嫌疑,学习田文镜做一个"孤臣"。这是既正确又安全的做法。但他并没有这么做,最终让雍正下定决心整治。

至于胤䄫,确实是个坏人。除了结党,他干的坏事还有很多。康熙年间他就以喜欢敛财而出名,勒索官员、收钱办事、囤积居奇等罪过数不胜数。被发往西北软禁后,胤䄫依旧纵容手下殴打百姓、勒索钱财,种种恶行,将其圈禁至死一点儿也不冤枉。

相反,在康熙末年与雍正直接竞争储位的是胤禵,各种传言也是说康熙要传位于老十四,没说传位给老八,而且胤禵还掌握过军队。雍正若是为了打击皇位竞争者,胤禵应该死得最快最惨。但胤禵确实没干过什么坏事,就一直被软禁着,除了参与"八爷党"活动和见了新皇帝不下跪等礼仪问题,雍正也没栽赃他别的罪名。直到雍正死了,胤禵都没死,被乾隆放出来,恢复爵位和待遇,又享受了20年的荣华富贵。他是"八爷党"核心成员中结果最好的。

此外,还有大学士马齐。他在投票选太子的活动中公开积极支持胤䄄,跟佟国维、阿灵阿、鄂伦岱搞串联,为此还曾被康熙处分。雍正上台后他被任命为总理事务大臣,后来又当军机大臣,一直到雍正去世都位高权重,并没有被牵连打击。可见这些人只要在储位之争结束后认真踏实为国家办事,不再结党,雍正可以放过甚至加以重用。

从这些情况来看,雍正对宗室贵族的任用和打击,恐怕并不一定全部出于权谋之心。

如果胤禩在总理事务王大臣的位置上，像胤祥一样拼命干活、不结私党、严查亏空、严厉执法，雍正是否会像对待胤祥和马齐那样对待他呢？这个问题无法从史料中推出可信的结论，只能由历史爱好者自由揣测了。

五、大义觉迷："出奇料理"的谋反大案

我们在前面比较详细地讲了雍正用人行政的故事。这么长的篇幅，倒不是因为雍正是古往今来最伟大或最重要的一个皇帝——雍正革新只是在清朝时地位比较重要，在整个帝制时代的中国史中，地位其实并不高。用这么大的篇幅来写，主要还是因为史料比较丰富。雍正革新的过程，不仅有《清实录》，还有完整的《起居注》《上谕内阁》《朱批谕旨》等诸多第一手资料完整地保留了下来。

我们想写秦始皇、汉高祖、汉武帝、唐太宗、武则天、朱元璋、明宪宗，一手资料都极其缺乏，明朝还有《明实录》保存下来，之前的朝代连实录都没有，只有正史，基本也就是二十四史和《资治通鉴》。正史只能告诉我们皇帝干了哪些大事，对于他们的决策背景、整人动机、用人标准、个人品行等问题几乎没有记录。这些正史在编纂时也从来不注明文献来源，皇帝说的具体某一句话是官方档案还是野史笔记？我们都不知道。而且，作为亡国之后的文官所修的史书，正史中很可能包含着抹黑皇帝品行、鼓吹文官操守的倾向，《资治通鉴》更是不惜引用野史小说的内容来证明皇帝大多荒淫无耻，其可靠程度大为可疑。《明史》也从野史里引用了一段万贵妃在后宫强行给妃子们打胎的荒唐故事，幸亏有《明实录》证伪。《明史》之前的正史，这样的问题可能更多。

比如，《后汉书》说刘秀手下的名将耿弇喜欢屠城，"平郡四十六，屠城三百"——一个人带兵屠了三百座城。这个白纸黑字记录于权威正史的事情是不是真的呢？我们根本没法知道。《后汉书》成书于东汉灭亡后200多年，由南朝的文臣范晔编纂，此时距离耿弇的时代已经过去了400多年，也就是4个多世纪。耿弇带兵打仗的时候本来就是改朝换代的乱世，没有官方档案。东汉建立后，官方可能对他的经历做过一些整理记录。100多年后，北方战乱，董卓把首都洛

阳城焚烧一空，强行迁都长安，官方资料几乎不太可能被保存下来。又过了几十年，西晋灭亡，这期间洛阳等北方城市又反复遭受战乱破坏。晋室南迁，仓皇逃命之际，朝廷恐怕也带不走多少历史文献资料。后来东晋又灭亡，刘裕建宋。经过这样一番折腾，范晔对400多年前西汉改朝换代时期的战争情况能掌握多少可靠的资料呢？也许耿弇是一个爱民如子的好将军，"屠城三百"或许只是"破城三百"经历几个世纪文献传抄后的笔误。也说不定是东汉末年哪个文人从某处听到个谣传就在个人笔记里记了一笔，而这个笔记正好逃过战火被范晔看到。范晔或许会想，这可是200多年前的古书，是珍贵资料，然后就写到《后汉书》里。耿弇或许是在这一系列误会下就成杀人狂魔了。此类可能性在一定程度上是存在的。

因为这样的原因，我们认知历史时往往需要"以今推古"，也就是以今人的行为动机去推想古代人的行为动机，用资料翔实的时代的历史去推想资料匮乏的时代的历史。大力推动改革的强势皇帝大体是怎么做的？雍正就是个资料丰富的样本。把雍正看得仔细深入一些，可以加深我们对明清以及之前历史的认识。这是一种不得已的方法，但总比拿着二十四史和《资治通鉴》的记录就深信不疑好得多。

当然，清朝的特殊性很强。它是离我们最近、资料保存最好的大一统王朝，是由少数民族建立的，这个历史事实没办法改变了。我们只能尽可能剔除一些清王朝的特殊性，从中多发掘一些普遍性的东西作为参考。

雍正作为皇帝，有些东西还是很特殊的，这种特殊性同时会带来正面和负面的影响。正面的东西，前面讲了；负面的东西，也不可避讳。通过雍正年间一个极为特殊的政治案件，我们就可以观察出这种负面性。

这个案件发生于雍正六年（1728年）。这一年，大约应该是雍正对自己的改革进程满意度最高的时刻。清查亏空、追缴积欠和摊丁入亩的改革已基本完成，国库存银从他登基时候的约3000万飙升到了创纪录的5000多万两。鄂尔泰在雍正四年（1726年）正式提出改土归流的设想，经过一年多的实践，成果卓著，对部分反抗土司的军事镇压也取得了成功。年羹尧、隆科多和胤禩都已经死了，其政治势力完全土崩瓦解。这都是在没有引发任何社会或政局动荡的情况下实现的，边疆和军队也很稳定。胤祥和田文镜都还健在，雍正跟鄂尔泰、李卫、张廷玉等最信任的大臣们一起生龙活虎地推动着改革进程，一切看起来十分美好。雍正完全有理由对自己的成就感到自豪。

然而，这年十一月初，甘陕总督岳钟琪发来的一份密折，显然严重破坏了雍正的好心情。

这份密折上说，有个叫张倬的人给岳钟琪送来一封信，煽动他反清复明。

有人想造反倒不是啥新鲜事儿，让雍正感兴趣的是那封信中的一些内容。岳钟琪说信里边的东西过于大胆狂悖，如果没有皇帝的明确指示，他绝对不敢上奏御览。雍正大为好奇，就把那封信要来看了一下。这一看不得了，把雍正气坏了。

这封信里边不仅讲了清军入关后的大屠杀，用"华夷之辨"的思路否定了清政府的合法性，还专门针对雍正本人大搞人身攻击，有罪名有细节，说他杀父篡位、奸淫母妃、谋害兄弟、荒淫好色、酗酒贪财、残害人民，是一个禽兽不如的昏君暴君。

这些内容都已在民间广为流传，但应该没人敢向雍正汇报。

读完之后，雍正应该不仅是暴怒，而且还深感委屈——我每天工作16个小时，阅读好几万字的奏章，写几千字的批示，累死累活治理国家。为了老百姓好好生活，我不惜得罪各种亲戚、朋友、权贵、士绅、土豪，怎么民间就这样说我？

看完这封信之后，雍正立刻就奋笔疾书，写道："朕览逆书，惊讶堕泪，览之，梦中亦未料天下有人如此论朕也。"他大力为自己喊冤，一口气写了上万字，逐一反驳这封信中的荒谬说法。然后命内阁把它抄写百份，每省九份，巡抚、布政使、按察使、学政、高级武官等人手一份。这份上谕完整地记录于《雍正起居注》，成为中国历史上最长也最奇特的一份圣旨。

与此同时，岳钟琪通过各种威逼利诱，最后不惜自己亲自出马演戏，向张倬发誓，声称自己即将按照信中所说的举兵造反，需要和作者联络，才从其口中套出了这封信的作者信息。原来，张倬本名张熙，写信的人是他的老师曾静。

曾静是湖南乡下的一个穷书生，自号"蒲潭先生"，年轻时参加过科举，但没有得到任何功名。到中年的时候，听说了一个大儒叫吕留良，读了他的一些书，里边讲了一些南明抗清的故事，大讲"华夷之辨"，主张反清复明。曾静深

第四章 雍正革新：从征战到治理的战略转折

为叹服。

清初战争以后，四川人烟稀少，大量良田抛荒，湖广有很多人搬去四川，也就是清朝历史上有名的"湖广填四川"。曾静的老家正好位于从广东、湖南去往四川的一条交通路线上，有机会跟很多往来于四川和湖广的过路人交流，听说了很多民间传闻。关于雍正的各种故事也是来源于此。他还多次听人说，西北有个岳公，是岳飞的后人，甚爱百姓，很得民心。

曾静把这些信息组合起来，认定反清复明的大业注定会在甘陕总督岳钟琪手上实现。他觉得自己有责任去告诉岳钟琪：作为岳飞的后人、汉族的高官，你不仅在西北得人心，在四川、湖南、广东等地也很受拥护，大家都盼着你出来挑起反清复明的大旗。只要你举旗一呼，这些省份的人民一定跟随你起义，"六省一呼而定"。

曾静在写信之时就已做好了牺牲的准备。他在家看到逮捕他的士兵冲进来时大喊："蒲谭先生死于此！"想要马上自杀，但被兵丁拦住。后来搜他的身，发现其内衣上写着自己的姓名字号——这通常是自知死期不远的人的做法，据说这样他们在阴间就不会被认错。

从这个角度来看，曾静是一个勇敢的反抗者。

但曾静毕竟也是一个没见过世面的书呆子，经过一段时间的审问之后，他的精神防线终于崩溃，完全认罪，深表悔恨，问什么说什么。

这种谋反重案，案犯的认罪态度其实不影响判决，一般都是凌迟加灭族。远亲或者未成年的男孩里边给留个活口就算法外开恩了。那些看到雍正万字上谕的大臣们也都一再上书，要求严惩曾静和张熙。

雍正却另有一番想法。在给鄂尔泰的密折中，他说，这次要搞个"出奇料理"，用所有人都想不到的方法来处理此案。雍正写完那封万字上谕还不够过瘾，针对曾静信中的各项罪名，他让内阁专门搜集整理了一大批政府档案——主要是雍正批阅的各种奏章，用快马送往湖南给曾静看。后来又下令把曾静、张熙押送北京，在刑部大牢里继续阅读，并且不断派人前往监狱质问曾静，让他讲读后感。

比如，曾静说雍正贪财，用五分铜五分铅的雍正铜钱替换掉了六分铜四分铅的康熙钱，掠夺民间财富。雍正就把商议制作新钱时候的各类奏章给曾静看，铜铅的比例是他和大臣们反复讨论过的：康熙钱铜含量过高，民间往往会把钱币融化铸成铜器销售，导致市场钱币流通不足，铜钱与银子比价失衡，才改成的铜五铅五。事实证明改革后铜钱和银子的真实兑换比例比康熙钱更接近官方标准。这项改革是为了方便货币流通，而非政府敛财。

曾静又说雍正残暴好杀，雍正就找了很多刑事案件的奏章给曾静看。这些奏章显示，对各种刑事大案，皇帝总是一再指示要反复认真审理，不可冤杀滥杀，对死刑的批准也总是非常谨慎。

满脑子圣贤书的曾静被这些政府决策文件的复杂程度所震惊，在读后感中深刻反省自己的错误认识，把雍正歌颂成为尧舜一样的圣君。

最后，雍正把他的上谕、对曾静的质问及其回答以及给曾静看的部分档案材料汇编成册，名曰《大义觉迷录》，颁行天下。并宣布赦免曾静和张熙的罪行，让他们到全国各地做"巡回演讲"，宣讲其错误认识的来源以及经过深刻反思后对皇帝、对清朝的新认识。

雍正下令，将《大义觉迷录》列为天下人必读书目，其推行方式跟朱元璋推广《大诰》类似："通行颁布天下各府、州、县、远乡僻壤，俾读书士子及乡曲小民共知之，并令各贮一册于学宫之中，使将来后学新进之士，人人观览知悉。倘有未见此书，未闻朕旨者，经朕随时察出，定将该省学政及该县教官从重治罪。"[①]

《大义觉迷录》主要是两个内容，一个是为清朝夺取天下的合法性辩护，声称清朝并不是从明朝那里夺取的天下，而是明朝被反贼李自成消灭以后，清朝来帮助中国人民消灭乱贼，然后被拥戴为新的统治者，合法性极高。另一个内容是为雍正本人辟谣，树立他合法继位、辛勤工作、不好酒色、心系万民的正面形象。这一点倒是比较靠谱，摆事实讲道理。

雍正能够对听信谣言污蔑自己的人手下留情，把各种皇室内幕公之于众，并且列举事实材料跟全天下人讲道理，说明他在继承皇位和完成皇帝的职责方面确实问心无愧，很有些光明磊落、心胸宽广的人君风范。这是好的方面。

但坏的方面则要突出得多。雍正本人可以光明磊落，但对待清王朝争取政

---

① 《大义觉迷录·卷一》。

权的残酷历史却没法光明磊落。他可以原谅曾静对自己的污蔑，但对影响曾静的"反清复明"思想家吕留良则绝对不能原谅。

被赦免的只有两个人，因为此案而被牵连甚至杀戮的人则数十上百倍于此。

已经死了几十年的思想家吕留良，被认定为案件的罪魁祸首。吕留良及其儿子、当时已故进士吕葆中，吕留良已故的学生严鸿逵被戮尸枭示。吕留良活着的儿子吕毅中、学生沈在宽被斩首示众；吕留良和严鸿逵的孙辈被遣送到黑龙江宁古塔给戍边士兵为奴，女的为军妓，男的为杂役。案中被牵连的黄补庵已死，妻妾子女给人为奴，父母祖孙兄弟流放三千里。

而为吕留良著作刻书印刷的车鼎臣、车鼎贲，以及一些与吕留良有过思想交流的、收藏吕留良书籍的人，也被处死。吕留良的门人有的被革去举人、监生、秀才功名，有的妻子被流放千里之外。吕留良学生的学生以及吕留良的同乡也丢官的丢官、丧命的丧命——而以上所有人，都从未跟曾静见过面，更未参与或预知其谋反行动。

总的来说，雍正的"出奇料理"，就是把一桩谋反案硬生生地搞成一次大型"文字狱"。对于此案的处理，法司的意见很明确：曾静和张熙的行为构成谋反，必须杀掉；而吕留良是著名大儒，其文章著作康熙年间就被举报过。康熙当时正在笼络汉族士人，对此宽宏大量，表示不予追究。现在吕留良都死了这么久了，当然就更不应该追究。

如果雍正按照刑部的意见处理，那就是正常的打击谋反，放到任何一个朝代都合理合法。如果他要特别开恩，饶了曾静和张熙，那就是圣恩浩荡，也没问题。但他放过曾静的同时，却大力株连杀戮与吕留良相关的人，不仅不能有助于提升人们对清朝统治合法性的认可，反而是在大兴文字狱。

民间对雍正的看法并没有因为《大义觉迷录》而改变，却记住了他残害吕留良一家的事实。以至于在雍正死后，人们普遍相信：吕家有一位逃过株连的四姑娘学习武功多年，最终潜入皇宫割掉了雍正的头颅。"吕四娘传奇"也成了清朝以来数百年长盛不衰的传说故事。

更为恶劣的事情还在后边。《大义觉迷录》公布后，在读书人中间引起了激烈的反响。大部分讨论经过官僚集团过滤后都变成了歌功颂德的文章，但也有个别"非正常"言论被反映了上来。

　　湖广总督的幕僚唐孙镐写了一篇措辞激烈的揭帖，为吕留良辩护。唐孙镐幼稚地认为雍正收拾吕留良是因为没有认真读过吕留良的书，如果读过，一定会为吕留良的理论所折服。他认为雍正的政绩已经足以支撑清朝统治的合法性，不需要打击吕留良并毁灭他的思想。他要求总督代他上奏皇帝，并表示愿意到御前跟那些污蔑吕留良的人公开辩论。

　　湖广总督不敢隐瞒，只得先把唐孙镐逮捕下狱，再用密折把揭帖寄给雍正看，并表示自己坚决反对揭帖内容。

　　雍正对此的回复是："可将伊此论密予消灭，不要说曾奏闻。不可令人知有此事。可将伊设法或杖毙，或令他法处死，暗暗外结可也。"① 也就是说，把唐孙镐的文章秘密销毁，别让外人知道，更不要说跟皇帝上奏过，并设法将唐孙镐秘密处死，再找别的借口结案。

　　这种完全罔顾一切法律和程序、直接密令杀人的做法，用来对付一个给自己写信提意见的读书人，实在骇人听闻。

　　为了清除吕留良思想的"遗毒"，又引出来很多新的"文字狱"。昆明书生黄琳写文章为吕留良辩护，被处死。江苏巡抚怀疑本地名士徐骏可能跟吕留良有过书信往来，就去搜他的家，没有发现任何证据，但抄出来徐骏的日记、诗文，里边有很多对清朝不满的文字，其中有"清风不识字，何故乱翻书"一句更被认为是讽刺清朝统治者没文化。雍正下令将徐骏处决，其文稿全部焚毁。江南地区还有其他文人世家也被搜查，下场与徐骏类似。②

六、联合专政：对汉族士绅的打压与拉拢

　　雍正既是满洲贵族统治集团的总头目，又是中华帝国的皇帝，这两个身份

---

① 《雍正朝汉文朱批奏折汇编·卷十七》。转引自［美］史景迁：《雍正王朝之大义觉迷》，温洽溢、吴家恒译，广西师范大学出版社，2011年版。
② ［美］史景迁：《雍正王朝之大义觉迷》，温洽溢、吴家恒译，广西师范大学出版社，2011年版。

的叠加让他在做行政决策的时候看起来具有"精神分裂"的特征。

我们在前面说了，朱元璋和雍正是古代皇帝中的两大"劳模"，他们都极为勤奋地工作，想把国家治理好，并且以对违法乱纪的官僚权贵下手比较狠而出名。这是他们的相似之处。但朱元璋是底层革命出身的英雄，雍正是世袭的皇帝，他们又有着一些本质的区别。

朱元璋敢于让普通老百姓参与打击官僚集团，专门发布法令鼓励受到政府迫害的平民把腐败官员抓起来绑到京城处理，后来真的有人这么干了，朱元璋就真的把官员杀了而且给了百姓奖励。朱元璋喜欢群众聚集起来找他，群众集体上访都不需要官府发"路引"，"虽无文引，同行人众，或三五十名，或百十名，至于三五百名"，只要各处关口要津查问清楚是入京的，即刻放行，不得阻拦，否则一律杀头。雍正绝对不敢这么干，再苦再累，反腐败也只能由他自己来反，民间若是敢于对抗官府权威，就一定要残酷镇压，连聚众抗议的领头者都要处死，更别说闹到京城来了。

雍正极为害怕民间政治言论，借吕留良案将"文字狱"的威力推到了一个新高度，打击杀戮之广超过了顺治、康熙两朝。

朱元璋要求家家户户学习《大诰》，想让老百姓都知道如何协助朝廷反腐败；雍正要求家家户户学习《大义觉迷录》，想让老百姓都知道清朝统治如何伟大以及他本人如何辛苦工作和英明决策。

雍正既想维护老百姓利益又害怕人民，这种看似分裂矛盾的地方，其实正反映了他所代表的清政府政权性质。

清政府是满洲军事勋贵和中原汉族地主士绅阶层联合专政的政权。在入关之初，清廷作为军事征服者，联合专政的性质比较轻微。满洲贵族集团的利益压倒一切，他们对汉族士绅和老百姓都同样凶狠，通过战争和屠杀掠夺了明王朝数百年积累的大量财富。

大规模的战争结束以后，这种掠夺的政策仍然在延续。圈地和追逃不再是主要矛盾，主要矛盾变成了贵族集团的资源索取与士绅地主聚集财富之间的矛盾。钱粮征收力度空前增大。明朝末年，各地拖欠国家税收五六成是常见现象，而且富人有钱有地还可以有特权逃税，将税转嫁到穷人头上。到了清初，这种情况就绝对不允许出现，哪怕欠一两银子也会被抓起来关进牢房。这对明朝末年国家财政积贫积弱的状况是一种纠正，但也走向了另外一个极端。

清军刚刚入关的时候，为了收买人心，曾经吹嘘过要废除明朝的苛政——主要就是苛捐杂税，宣布把万历、崇祯时期因为战争而增加的"辽饷""练饷"等各种杂派全部废除，只征收正税。康熙皇帝亲自宣布"永不加赋"。这是一种政治号召，当真忽悠了不少汉族士绅。

但是清朝"永不加赋"的大旗也就立了一年，然后就开征所谓的"九厘银"。什么叫"九厘银"呢？就是明朝末年，万历和崇祯以"辽饷""练饷""剿饷"等名义加派的田赋，所有杂派加起来，在正税之外每亩地还要交总共九厘银子。清政府就按照这个标准，在田赋里边增加了九厘银。

清初的正税原本完全照搬的明朝，再加上九厘银，就等于明朝末年的最高标准赋税。也就是"清朝的正税＝明朝的正税＋明末所有杂派"。清朝的最低收税标准，就是明朝末年的最高收税标准。

明朝的正税用于供养官员和军队，战争经费是杂派里边出的。清朝把"九厘银"并入正税了，全部用于日常供养官员和军队。这样，明清财政关系的公式又可以写成：

清朝前期的日常开支＝明朝末年的日常开支＋明末战争经费。

后来，雍正把火耗归公，用来给官员和军官们发养廉银，这就相当于又加派了一次。

这个公式就成了：

清朝前期的日常开支＝明朝末年的日常开支＋明末战争经费＋火耗归公。

这些都是日常开支，用来给政府和军队发工资、搞采购。遇到战争，还要再加派。

根据陈锋在《清代军费研究》中的考证，清朝战时军费的来源很杂乱，包括军需的强取与私派、田赋的预征和加征、盐课的加征、房屋税等新加派、捐纳报效等。① 其中，田赋的预征可以认为会用战争结束以后的田赋减免来抵扣。而陈锋所说的田赋加征主要就是"九厘银"——刚开始以战时经费的名义加征，后来变成了正税的一部分。为避免重复计算，战时经费就不考虑田赋的预付和加征。这样，清朝的政府总收入（不含江南织造等皇帝内帑收入）则为：

清朝前期的政府总收入＝明朝末年的正税收入＋明末战争经费＋火耗归公＋战时经费。

其中，

战时经费＝军需强取私派＋盐课加征＋临时新加派＋纳捐报效。

军需的强取和私派是无法计算的，动不动就要求地方供应粮食银两若干、提供多少船只、车马、军需服装、武器等，完全没有规则，一切以满足战争时期的军队需要为准。比如顺治江南总督马国治就报告，其任上两年之内就先后征调民船 2000 多艘。顺治十七年（1660 年），工科给事中报告："河南地方，陈德兵马经过，勒派车辆即逾四万余金。……闽浙用兵，百姓摊派之苦：供兵、供马、解草料、解铁钉、解油碳……十室九空。"②

盐课加征，就是提高盐税。顺治年间，长芦盐课高出明朝万历年间 3.8 倍、山东高出 1.6 倍、两淮两浙各高出 1 倍。③

新的加派，就是开征与人口田地无关的新税种。比如康熙为了镇压三藩之乱，就新增了房屋税、牙税、牛驴猪羊税等税收。康熙十五年（1676 年），对全国所有的门面房，不管里边有多少间房子，只看临街的门面，一个门面加收二

---

① 陈锋：《清代军费研究（第二版）》，武汉大学出版社，2013 年版。
② 姚延启：《敬陈时务疏》。
③ 陈锋：《清代军费研究（第二版）》，武汉大学出版社，2013 年版。

钱银子。康熙二十年（1681年）又对房屋征税，平房一间四钱银子、楼房一栋六钱银子。这些各种新的加派都用于战争开支。①

至于纳捐和报效，本质上就是卖官。捐多少钱就给个官做，这个在清朝中期甚至成为清政府战时军费的主要来源。历朝历代也都有纳捐，但主要是给头衔，很少有实权。比如明末捐钱可以被封为南京留守中央政府的内阁中书，或者锦衣卫指挥使等头衔，行政系统的实权职位是不能捐的，只能由科举文官担任。清朝就不一样，头衔可以捐，实职也可以捐，不过实职的价格要高一些，不仅县官可以捐，连知府、道员、巡抚都可以捐，根据职位的肥瘦程度明码标价，同样级别的官位，京官就比地方官便宜，因为地方官捞钱的渠道更多。捐官数量大约占了清朝官员的四分之一，跟科举文官比例基本差不多。对勋贵们来说，捐官和文官都是一样的奴才，负责给他们打工敛财，捐官的钱如果比文官征的税多，那捐官就更划算。

清朝中前期的名义税负本来就比明末要高。而且，明末还可以各种拖延，地方上能收齐个五六成就算完成任务了。清初则必须严格执行，百分之百地收取，少一两银子都不行，比张居正改革时候的力度更大。再加上清初经济萧条、人口大幅度减少，这样一来，人民的平均税收负担就严重增加，至少是明末的三四倍。江南地区的士人抗议税收负担太重，也确实有他们的道理，毕竟明朝末年税负更低还可以耍无赖少交甚至不交。

所以，清军入关之初高喊的"永不加赋"其实就是一个骗人的幌子，不仅相比明朝收的正税杂派一样没少，还多了好多名目。看到这种情况，很多刚投降清朝的汉族士绅也开始后悔。比如著名的东林领袖钱谦益，曾在南明做高官，平时最爱讲气节，清军一来他就投降，被封为礼部侍郎。民间给他编排了个笑话，说他在妻子柳如是的鼓励下准备一起跳河殉国，但跳之前对妻子说"水太凉"，就缩了回去，改而降清。

钱谦益降清后，发现预期中的特权好处并没有兑现，汉人礼部侍郎在满官面前什么都不是，发点牢骚又被"文字狱"牵连逮捕坐牢，老家的土地也不减

---

① 陈锋：《清代军费研究（第二版）》，武汉大学出版社，2013年版。

免钱粮，终于后悔。但他也不敢公开反抗，只能偷偷摸摸地跟反清势力联络，想再次投机捞取好处。这些行径在其死后被发觉，乾隆下令剥夺钱谦益一切荣誉，将其列入《明史·贰臣传》。

对士绅阶层的不满，清政府采取了强硬措施予以镇压。顺治十八年（1661年），江苏巡抚朱国治就逮捕了拖欠钱粮的士绅13000余人[①]。上报朝廷以后，辅政大臣索尼、鳌拜等下令：凡欠钱粮者，无论多寡，为官者降级，有功名者废黜。顺治十六年（1659年）的全国科举考试第三名（探花）叶方蔼因为家里仅仅拖欠了一厘银子，也被革去功名。江南地区因此流传"探花不值一文钱"的说法。这就是著名的"江南奏销案"。

同时发生的还有"哭庙案"：江南士子借着悼念刚驾崩的顺治皇帝为由，一起到孔庙前哭诉，然后到巡抚衙门向朱国治抗议朝廷征收钱粮太狠。清廷以非法聚众闹事的罪名把18个领头的著名文人给杀了，其中包括金圣叹。

从剃发、圈地、追逃和征税来看，顺治时期和康熙辅政大臣执政时期，清政权基本是一个纯粹的军事独裁政权，其统治权威只依靠军事暴力而不依靠地主士绅。军事集团凭借暴力疯狂向士绅集团索取财富，基本不留余地。

三藩之乱爆发后，清廷终于明白完全依靠军事独裁无法长久地统治中国，因为军事集团内部也会有内讧。吴三桂等人的兵马是清廷征服中国的核心力量。没有完善的意识形态统领，没有以文官主持的经济后勤体系来制约军事集团，军事统治集团内部就会不断出现军阀或藩镇，威胁中央集权。而鳌拜这样的勋贵则可能直接威胁皇权。为此，亲政后的康熙皇帝改变执政策略，彻底废除了圈地和追逃法令，又大量吸收汉族士绅进入统治集团，大讲满汉一体，公开宣布遵从儒家意识形态。

三藩之乱的战争结束以后，康熙又相应地降低了钱粮征收力度。这就推动了清廷从军事独裁政权向联合专政政权转变。其中，叶方蔼被革掉的功名又被

[①] 叶梦珠《阅世编》："至顺治之季，江宁抚臣朱国治无以支吾，遂归过于绅衿、衙役。题参议处之令，先行常之无锡，苏之嘉定，至十八年五月，通行于苏松常镇四府及溧阳一县……奏销一案，据参四府一县，共欠条银五万余两，黜革绅衿一万三千余人。"

恢复，还不断升官，做到了刑部侍郎。

不过，满洲贵族集团和汉族士绅的联合专政始终是有顺序的，满洲权贵处在优先地位，汉族士绅们只能是第二等。

康熙晚年积累了诸多内政问题，我们前面分析了两大原因：一是康熙本人年老体衰、精力不济，没有去严厉整顿；二是统治集团内部逐渐腐化堕落。此外还有第三个原因，就是满洲权贵们对汉族地主士绅集团的故意放纵，尊重他们作为第二大执政势力的地位，允许他们像明末一样，以各种形式拖欠一些钱粮，从而巩固执政联盟，共同统治和剥削中国人民。

但这种放纵是有限度的，必须以不威胁满洲贵族统治集团的核心利益为前提。士绅拖欠钱粮，导致国库空虚、军费不足，这就不可接受了。这才有了雍正上台大力追缴积欠，并推动"摊丁入亩"和"士民一体当差"的改革，再配合"文字狱"，对汉族士绅势力进行新一轮打压，这是对康熙晚年政治路线的一种"纠偏"。这就是雍正"精神分裂"的深层次内因。

这种打压必然带来一个后果：既让马儿跑，又不想让马儿吃草。

满洲权贵们必须依靠汉族士绅来治理中国，同时又要向他们"抽血"来供养自己。这对矛盾如何解决呢？满洲权贵们人数少，而且多集中在中央枢机，直接向人民抽血难度很大，必须要有汉族士绅做代理。显然，解决的方案只有一个，就是允许士绅阶层更猛地向中国人民"抽血"。只要抽血量大于他们向满洲权贵的输血量，他们就会感到满意，从而继续忠于清政府。

雍正的改革，在财税征收这条线上看，确实不利于满洲勋贵及汉族士绅，不管是追缴清欠还是摊丁入亩都是如此。但对其成就，也不宜吹得太高。最早的"摊丁入亩"，康熙五十五年（1716年）就在广东试行了，雍正只是在人头税固定的情况下分摊到田亩里边，而且最后全国田亩数量也没理清楚。"士绅一体当差"只有田文镜在河南、山东认真搞了。李卫在江南也搞，但力度不如田文镜。其他地方的督抚并没有认真跟进，基本上以应付为主。大规模清理亏空到雍正七年（1729年）基本结束，清缴积欠到九年（1731年）也基本结束，后面都是扫尾工作。后来雍正还想继续搞土地清丈，结果四川差点儿出现暴动，吓得他赶紧下令停止全国一切土地清丈计划，改成只报新开垦的土地。这也意味着改革进入"深水区"，

第四章 雍正革新：从征战到治理的战略转折

再搞下去就会危及统治基础，第二大执政势力或者说执政代理人就要造反了。

雍正改革财政税收成效的顶峰是雍正六年（1728年），中央库存银达到6000万两。但从雍正七年（1729年）以后库存银就开始下降，因为对准噶尔用兵有大量花费，清理亏空和追缴积欠的力度也放宽了。到十三年（1735年）雍正去世的时候，库存银只有2400万两[1]，相较高峰期下降了一半多。

即便如此，雍正对汉族士绅阶层也依然是一边多要钱，一边给好处，以确保执政联盟得以巩固。

雍正给予汉族士绅的好处，主要就是赋予他们更多的宗法特权。

雍正二年（1724年），皇帝亲自编纂的《圣谕广训》正式颁行，要求各地大力宣讲，各地童生入学的第一件事就是学会背诵和默写《圣谕广训》。

《圣谕广训》的核心思想，是强化宗族宗法在基层治理中的地位，它的第一句就是"敦孝弟以重人伦、笃宗族以昭雍睦"。雍正鼓励修建宗族祠堂，编纂宗族家谱，以强化和扩大宗族势力，并下令在族长之外再设立"族正"，配合族长管理宗族内部的纠纷，监督族人的行为是否符合宗法要求，相当于宗法警察。雍正五年（1727年），他又下令修改法律，规定：宗族按照宗法族规处死族人，若此人确实该死，为首者只受杖责；就算罪不至死的，为首者也可以不用偿命，而是根据所犯罪行的轻重对为首者量刑，然后再减一等处罚。

这条规定极大地扩张了宗族在基层控制中的势力。连杀人都可以被宽容，宗族内部的其他人身控制和处罚方式就更不必担心国家司法介入。

我们再把雍正的这种做法和朱元璋进行对比。

朱元璋也极为重视基层治理，在《大诰》中规定了严格的邻里监督制度，且人民离开家乡外出还需要当地官府出具"路引"。若乡里有游手好闲之徒，或出现没有路引、来路不明的陌生人，邻里有责任及时向官府举报，也可以直接抓起来送官。如果没有举报，出了案子邻里还要担责任。这些治理模式固然很严，

---

[1] 此数据来自乾隆朝军机大臣阿桂《论增兵筹饷疏》。昭梿的《啸亭杂录》记录为雍正去世时留下库银3000万两。《啸亭杂录》的记录一般认为是比较可靠的。但阿桂的记录为正式官方文件，且距离乾隆继位时间更近。特别是他在乾隆十年曾担任主管银库的郎中，对库银记录做过核查，此数应该最为权威。

却都没有把它跟宗族联系起来。朱元璋始终以邻里关系作为基层治理的主线。

朱元璋有个特点，就是不管啥规章制度，如果老百姓觉得问题最终还是解决不了的，都可以到南京来找他，且人数不限，三五百人都可以。但到了晚年，朱元璋确实有点精力不济，应付不过来，感叹说："民间词讼皆赴京来，如是连年不已。"为了解决这个问题，在去世的前三个月，朱元璋将多年实践的基层治理经验总结成《教民榜文》颁行天下，想尽量把矛盾解决在基层。其中也完全没有提到宗族，而是采取"里老人"制度来规范乡村治理。

"里老人"中的"里"是明朝的基层组织，110户为1里，里长一般由纳税大户担任，原本的责任是完成钱粮和差役。现在每个里新设"老人"一职，负责司法裁决。老人的选任标准是年老德高，一般在50岁以上，由村民推举公认品德高尚、为人公正的老人，每个里选三个或五个，负责裁断乡村地区的普通纠纷。除了谋反等"十恶"大罪，以及强盗、杀人这样的重罪，其他纠纷都要先通过里老人裁决，然后才能向上申诉告官。里老人枉法裁断的，按照《大明律》出入人罪处罚，实在不行，其他里老人还可以一起把他绑缚京城交给皇帝处理。①

跟朱元璋相比，雍正的基层治理方针显然特别突出政权与宗族的结合，以此来加强社会控制。这种做法，配上康熙推崇理学的政治路线，极大地赢得了汉族士绅的欢心，进一步巩固了满汉特权阶层的联合专政。特别是宗族司法权这种实打实的好处，足以抵消他们因为多交钱粮而带来的不满。他们可以利用这种特权，轻而易举地将多交的钱粮从被压迫的族人中间掠夺过来。他们只要在满蒙权贵们面前当好奴才，回到家族内部就可以生杀予夺、作威作福。这样，刚打算吃后悔药的汉族士绅又回心转意，不再偷偷摸摸地支持反清复明，转而继续给清王朝当忠臣孝子。

从康熙的《御制日讲四书解义序》到雍正的《圣谕广训》，清王朝在意识形态上基本完成了从暴力统治向以暴力为后盾的理学专制的过渡。

专制政权和专制族权紧密结合，成为清王朝维稳长寿的一大法宝。

---

① 朱声敏：《理想与尝试：明初里老对地方官吏的权力牵制》，载《广西社会科学》，2014年第5期。

第五章

千面乾隆

帝制盛极而衰的宿命

第五章　千面乾隆：帝制盛极而衰的宿命

一、由宽入严：乾隆执政风格的剧变

　　雍正当了 13 年皇帝后去世。他死得很突然，八月二十一发病卧床，身体尚好，还能正常处理公文，八月二十三病情突然恶化，次日凌晨就驾崩了。其死因很有可能是吃了太多丹药，中毒而死。

　　雍正一向笃信佛道，喜好炼丹。清朝内务府的《活计档》中记录，从雍正八年到十三年（1730 年至 1735 年）这 5 年间，皇帝先后 157 次下旨向圆明园运送炼丹所需物品，包括大量矿银、红铜、黑铅、硫黄等。当时在圆明园内为雍正炼丹的道士有好几个，其中最主要的是张太虚和王定乾。雍正死前的 12 天，《活计档》中曾记录：总管太监陈久卿、首领太监王守贵一同传话：圆明园要用牛舌头黑铅二百斤。

　　黑铅是有毒金属，过量服食可致死。100 公斤黑铅运入圆明园，12 天后雍正就在这个园子内突然死去，很有可能是丹药中毒造成的。

　　为了避免康熙晚年诸子争位的情况重演，雍正很早就确定了"秘密建储制度"：由皇帝亲书立储谕旨一式两份，一份密封在锦匣内，安放于乾清宫"正大光明"匾后，另一份皇帝自己保存。待皇帝驾崩时，由御前大臣将两份遗旨取出，共同拆封，对证无误后当众宣布由谁继位。这样，皇子们不知道谁是太子，野心就会得到遏制。但又有明确的遗命可查，可以避免康熙去世后传达遗诏过程不够公开透明、继承人合法性遭疑的情况。

　　雍正死后，大臣们很快就按规定找到两份圣旨，内容一致，由四皇子弘历继承皇位，也就是乾隆皇帝。整个过程十分平稳有序，没有引起任何争议。

　　尽管是秘密立储，但皇位继承人就是弘历早已是"公开的秘密"。弘历年幼时候就特别聪明可爱，被还在当亲王的父亲送进皇宫，由康熙亲自抚育教养。老年康熙对其异常疼爱。雍正把这层关系视为自己被康熙选择为继承人的证据或原因之一，也因此对弘历特别重视。雍正元年（1723 年），宣布秘密立储不久，就派12岁的弘历代替自己祭拜景陵，暗示储位已定于弘历。

雍正五年（1727年），弘历唯一的哥哥弘时因为放纵不谨的罪名遭到处罚，并被过继给胤禩当儿子，丧失继位的可能，弘历的储君地位更不可动摇。雍正八年（1730年），弘历19岁。他将自己的诗文以及与师傅们研讨经史的论文心得，精心挑选，汇成一辑，取名为《乐善堂文钞》公开出版。雍正朝几乎所有的中央枢机大臣都为这本文集作序，包括鄂尔泰、张廷玉、庄亲王允禄、果亲王允礼、贝勒允禧等，还包括唯一有可能挑战弘历继承权的弟弟弘昼。所有序言都把弘历吹捧为德才兼备的圣贤。这么大的政治动作，显然得到了雍正的支持。

弘历的储君地位如此明确，各方势力都没少在他身上下功夫。官僚权贵们对雍正改革的诸多抱怨源源不断地传进弘历的耳朵，儒学老师们的教育让他相信，按照儒家的"仁政"思想治理国家才是唯一正确的道路。如此种种，让弘历对父亲的为政措施积累了诸多不满，一上台就快刀斩乱麻一样进行"纠偏"。雍正改革中的很多措施都被废除。

士绅一体纳粮当差的政策首当其冲，"官户""宦户"纷纷恢复。雍正十二年（1734年）以前需要追缴的钱粮全部豁免。新开垦土地的丈量也停止了。允䄉以及允裪、允䄔的儿女等被囚禁的宗室贵族都放了出来并恢复爵位。蔡珽等很多因为党争腐败等问题被下狱的官员也放了出来。

乾隆对于清查历年的亏空案，只要发现犯罪情形"有一线可宽者"就豁免其罪，已经被抄家没收的财产，如果还没有变卖就一律归还。共有2100多名官员因此出狱、复职或者返还家产。唯一从严的纠偏就是把《大义觉迷录》收回并销毁，列为禁书，曾静和张熙被立即处决。

没有纠偏且大力推广的是"养廉银"。乾隆把它的覆盖范围扩大到了京官和军队，让军队主官和在京的高级官员也可以像地方政府主官一样享有高薪养廉的好处。

对于乾隆初年的宽松政策，史书中如此记载道："善政络绎，海宇睹闻，莫不蹈舞。"[1] 即便是来进贡的朝鲜国使者也在史书中写道："雍正有苛刻之名，而

---

[1] 陈康祺：《郎潜纪闻二笔·卷二》。

乾隆行宽大之政。"勋贵、官僚、士绅们对此十分满意，甚至有人认为，新皇帝什么都好，就是性格有点过于软弱。

从乾隆继位之初一直到乾隆十三年（1748年），弘历看起来都是一个很符合儒家理想的好皇帝，臣子们做错了事，他能原谅就原谅，尽量宽大处理，受到上下官员们的一致好评。这段时期的乾隆很像晚年的康熙，他自己也非常喜欢回忆在皇宫中受康熙教诲的故事，对自己严苛的父亲却几乎绝口不提。

然而从乾隆十三年（1748年）开始，一切都变了。乾隆变得冷酷残忍，不再宽容。张宏杰在《饥饿的盛世》中说："从这一年开始，乾隆回到了雍正的老路上。"

实际上，乾隆不仅回到了雍正的老路上，而且比雍正还要严苛甚至残忍。

这种转变并非偶然，有一个相当长的积累过程，也可以说是一个从量变到质变的过程。

乾隆极其聪明且非常有责任心，从小熟读中国历史，对各朝各代尤其是明朝覆亡的教训颇为上心。乾隆前期的宽仁主要是被"儒家圣君"理想蒙蔽了眼睛，对现实政治抱有一些不切实际的期望。不过，他很快就发现，有些官员对不起这份宽仁。

乾隆四年（1739年），工部奏报，为"粘补"太庙里面的灯笼，申请领银300两。这件小事夹杂在工部上报的几十件大事当中，谁也想不到皇帝能够注意到。孰料乾隆非常细致，虽然每天要阅读上万字的奏折，但是从头到尾却不会忽略一字。看到这个数字，他就感觉这笔钱用于"粘补"灯具似乎稍多了些，遂朱批询问：此灯不过是粘补修理，怎会需要这么多银子？

工部勾结内务府在皇家工程中滥支滥报，已经成了习惯。工部官员含糊其词地回奏说，这是预支银，将来按实用金额再行报销，余下的银两自会交回。乾隆看了勃然大怒，下旨说，工程开销，都是先估后领，查遍工部档案，从来没见过余下银两交回来的记录。"该堂官等竟以为朕不谙事务，任意饰词蒙混，甚属乖谬。"

为这几百两银子的小事，乾隆小题大做，整个工部衙门全堂都被降罪。工部满汉尚书、侍郎等官员或遭降级，或被调用，最轻的也受到了罚俸处理。[①]

[①] 张宏杰：《饥饿的盛世》，重庆出版社，2016年版。

更为严重的是，雍正年间基本刹住的贪污之风又开始抬头了。乾隆六年（1741年）前后，先后发生了布政使萨哈谅贪污税款、提督鄂善贪赃受贿、学政喀尔钦贿卖生童等贪污案件，让乾隆十分震惊。

乾隆六年三月，山西巡抚喀尔吉善弹劾山西官员贪污不法。他说，山西布政使萨哈谅收取钱粮税款时提高税率，平时则擅作威福，纵容家人。并且举报学政贿卖文武生员，买有夫之妇为妾，声名狼藉，廉耻荡然。

对这份弹劾奏章，乾隆十分气愤。他批示说：朕自登基以来，信任大臣，体恤官员们的辛苦，增加俸禄，厚给养廉，以为天下臣工，自然会感激奋勉，实心尽职，绝不至于贪污腐败以犯国法。不料这些人如此秽迹昭彰，赃私累累，实在是做梦都想不到的事。我以至诚待天下，而这些人竟敢于腐化无耻到这种地步，这不是把我看成"无能而可欺之主乎"？①

这次批复说明，乾隆已经开始认真反思自己的宽仁政策了。

随着官员腐败程度加深，已被雍正解决的财政亏空问题也卷土重来。乾隆十二年（1747年），他总结说："朕观近年来亏空渐炽。如奉天府尹霍备任内则有荣大成等五案，山西则有刘廷诏之案……"他分析原因说，这是因为大家见皇帝办理政务往往从宽，所以"遂一以纵弛为得体"。②

乾隆的这些抱怨和警告，并没有引起官僚集团的重视。几乎没有官员注意到，一直和善可亲好说话的皇帝早已憋了一肚子火，在等待一个爆发的时机。

这个时机在乾隆十三年（1748年）到来了。

除了前面积累的怒火，三件大事交叠发生让这一年成了关键性的转折点。

---

① 《清高宗实录·卷之一百三十八》："朕御极以来，信任大臣，体恤群吏，且增加俸禄厚给养廉，恩施优渥，以为天下臣工，自必感激奋勉，砥砺廉隅，实心尽职，断不致有贪黩败检以干宪典者。不意竟有山西布政使萨哈谅、学政喀尔钦，秽迹昭彰，赃私累累，实朕梦想之所不到。是朕以至诚待天下，而若辈敢于狼藉至此，岂竟视朕为无能而可欺之主乎。"
② 《东华续录》："向来州县亏空仓库，定例綦严。雍正年间，复有分赔著赔之例，所以惩戒通同掩饰蒙混徇庇之该管各上司，令其实力稽查，使属员不致侵蚀，此所以为保全之善术也。朕观近年来亏空渐炽。如奉天府霍备任内则有荣大成等五案，山西则有刘廷诏之案。朕是以照例令各该管上司分赔。而揆厥由来，实缘该管上司见朕办理诸事往往从宽，遂一以纵弛为得体。"

第一件事是鄂尔泰去世和张廷玉请求退休。

鄂尔泰是乾隆十年（1745年）病故的，张廷玉在乾隆十三年（1748年）的时候也已经76岁。在这一年，张廷玉第一次以老病为由向皇帝请求退休。尽管皇帝予以慰留，但其精力确实已大不如前，无法再承担中央枢机的日常行政工作，只能隔几天来上一次班。一年以后，张廷玉又再次乞休，乾隆也发现他真的没法做事，就准了他回家养老。

雍正给乾隆留下来的这两大辅臣，既是行政高手，又是官场老手。对乾隆来说，他们是非常能干的帮手；另一方面也是他权力的掣肘，二人分别是满汉两大官僚集团的代表。乾隆跟他的父亲和爷爷一样，对臣下结党问题高度警惕，在倚重二人的同时，时刻不忘敲打，有时还会处罚他们的几个亲信以示警告威胁，以免满汉官员围绕二人结成朋党。但总的来说，官僚集团通过他们跟乾隆沟通交流，乾隆通过他们让官僚集团执行任务，都比较顺畅，好多矛盾问题可以得到有效的缓冲。

两大重臣一死一病，没有了好帮手的乾隆就能更直观地感受到官僚系统的衰败无能，也让他可以不受制约地放手整顿官僚队伍。

第二件大事是金川战役的接连失利。

金川地区位于今天四川西部的甘孜、阿坝，是藏区和四川平原的过渡地带。这个地方很小，"东西长二三百里，横约数十里"，人口不过数万人，分为大金川和小金川，两地都有自己的土司治理。

乾隆十一年（1746年），大金川土司莎罗奔劫夺了小金川土司泽旺的印信，经清廷干预后释还。次年，莎罗奔又攻明正土司（今康定）等地，乾隆命川陕总督庆复派兵前往"弹压"。

没有想到，在金川这个弹丸之地，清军竟然连连失利。庆复耗师糜饷，却未能成功，被调回京城，由张广泗代替。张广泗到了金川，就弹劾庆复有隐瞒军事失败的罪行。

但张广泗的进展也不顺利。乾隆十三年（1748年）春，乾隆除了不断增兵增饷，还派他最信任的首席军机大臣讷亲前去指挥，协助作战。但讷亲不懂军事，遥坐营帐中指挥，跟张广泗闹矛盾，二人互相弹劾。讷亲乱下命令，张广泗明知其命令违背军事常识，也故意不说，等着看他笑话。清军先胜后败，讷亲只好上书皇帝请求采用久围之计，顺利结束军事行动变得遥遥无期。

到乾隆十三年（1748年）的时候，金川之战投入兵力6.2万，耗银1000多万两①，战局还是没有扭转。乾隆甚至听说，3000清兵竟然被对方几十个人打得抱头鼠窜②。

官僚系统的腐化堕落，乾隆尚可以容忍。战争的失利那是赤裸裸的打脸，让皇帝颜面扫地，再也无法忍受。经过反思，乾隆认识到正是因为自己的宽容，才导致官员不正之风盛行、军纪废弛、军心懈怠。

一般认为，金川战役受挫是乾隆执政风格剧变的关键因素。

第三件大事，就是富察皇后去世。

富察皇后以贤惠著称，跟乾隆感情极好。但她也是个很不幸的人，跟乾隆生下两个儿子，都先后夭折，因此大受打击，变得郁郁寡欢，在36岁的时候去世。乾隆对此极为伤心。

这件事，成了一个爆发点。

皇后治丧期间，皇帝查看相关文件，发现里边的满文文本将汉语"皇妣"一词翻译成了"先太后"。"皇妣"有两个意思，一个是女性远祖，一个是皇帝已故的母亲。乾隆认为这个词在文件中的意思是前者，翻译者理解错误，译成了后者。③此时乾隆的生母皇太后还活得好好的。乾隆刚死了老婆，现在又发现有人咒他母亲，当然大发雷霆。当即将刑部尚书阿克敦按照"大不敬"议罪，判了个斩监候（死缓）。刑部其他的官员全部被问罪，包括满尚书盛安、汉尚书汪由敦、侍郎勒尔森、钱陈群、兆惠、魏定国等，均革职留任。

错别字事件刚过，乾隆又抱怨光禄寺筹备的祭品不新鲜。光禄寺卿、少卿

---

① 郑栖山:《平定两金川军需例案·总略》。
② 《清高宗实录·卷之三百二十三》："何至以三千之众，不能敌贼番数十人，而至闻声远遁，自相蹂躏，此事实出情理之外，闻之殊为骇听。"
③ 《清高宗实录·卷之三百十三》："今日翰林院奏大行皇后册文内，有皇妣字，清文翻为先太后，从来翻译，有是理乎，此非无心之过，文意不通所可比，且此文留中，欲细览交出。及看出大不敬背谬之处，欲传旨询问，则阿克敦等皆已散去……阿克敦著革职，交刑部问罪。"

全部降级调用。工部因办理皇后册宝"制造甚属粗陋",侍郎索柱降三级,涂逢震降四级。礼部因为在祭文上少了王公行礼的阐述,礼部堂官又全部被交部议处。

接下来就是最倒霉的两大总督——江南河道总督周学健和湖广总督塞楞额。这两个封疆大吏,因为违反了国家礼制,在皇后丧礼期间剃发,竟然被皇帝给赐死了。

国丧期间不准剃发是满人祖制,但入关之后不再认真执行,连雍正皇帝驾崩时都没有严格执行。周学健是因为他岳父来访,想剪个头发好看点,被政敌举报下狱。乾隆原本打算判个死缓,但周的政敌又继续弹劾他有贪污河道工程款的问题,就改成了赐死。塞楞额更倒霉,连贪污的罪名都没有,纯粹就是因为剃头被举报而赐死。因为乾隆认为丧礼期间不剃头乃满洲礼法,汉人不遵守尚可从宽,满人不遵守就必须从严处罚。

料理完皇后的丧事,再来处理金川战役的三员主将:庆复、张广泗和讷亲。

连剃头都要赐死,打败仗就更不用说,三人全部被判处死刑。庆复是佟国维的六儿子,袭封一等公,刑部按贻误军机律论斩,乾隆改为赐死,给了他一条白绫自己上吊。张广泗不是满洲勋贵,没有特权,直接斩首。讷亲是乾隆亲手提拔起来的第一军机大臣,其祖父遏必隆是开国元勋,张广泗被杀的时候他还在金川前线。乾隆派特使带着遏必隆留下来的"遏必隆刀"到金川阵前,令讷亲以此刀自裁。

二、痛下杀手:被激怒的皇帝和他的责任心

旬月之间,连杀四大总督加一个首席军机大臣,为清朝立国以来所仅见,朝野上下大为震动。

然而大家更想不到的是,这只是一个开端。从乾隆十三年(1748年)开始,乾隆杀起大臣来根本收不住手,成为明清两朝历史上诛杀大臣第二多的皇帝。当然,第一名是朱元璋,这方面谁也没法跟他比。

乾隆掌权63年,总共杀从二品以上高官53人,名单如下:

1. 兵部尚书、步军统领鄂善（以收受俞长庚贿赂，六年四月令自尽）[①]；

2. 浙江巡抚常安（以婪赃纳贿，十三年七月处绞）[②]；

3. 湖广总督塞楞额（以身为满洲大臣违制剃头，蔑礼犯法，十三年九月令自尽）[③]；

4. 江南河道总督周学健（以违制剃头，并徇私纳贿，十三年十一月令自尽）[④]；

5. 川陕总督张广泗（以办理金川军务狡诈欺罔，有心误国，十三年十二月处斩）[⑤]；

6. 保和殿大学士、袭一等果毅公讷亲（以经略金川军务乖张退缩，老师糜饷，误国负恩，十四年正月命自裁）[⑥]；

7. 文华殿大学士、川陕总督、袭一等承恩公庆复（以捏报焚毙金川土司，欺蒙了局，十四年九月令自尽）[⑦]；

8. 四川建昌镇总兵许应虎（以临阵退缩，失陷城寨，畏贼如虎，密请让地撤营。十四年十月处斩）[⑧]；

9. 四川提督李质粹（以焚毙金川土司一案，附和庆复，扶同捏饰，十五年正月处斩）[⑨]；

10. 四川松潘镇总兵宋宗璋（以明知班滚逃亡下落，不复搜擒，致令远遁，种种欺饰，十五年正月处斩）[⑩]；

11. 驻藏副都统、前四川巡抚纪山（以事事顺从珠尔默特那木札勒，纵令恣

[①] 《清高宗实录·卷之一百四十》。
[②] 《清高宗实录·卷之三百十九》。
[③] 《清高宗实录·卷之三百二十四》。
[④] 《清高宗实录·卷之三百二十九》。
[⑤] 《清高宗实录·卷之三百三十》。
[⑥] 《清高宗实录·卷之三百三十二》。
[⑦] 《清高宗实录·卷之三百四十九》。
[⑧] 《清高宗实录·卷之三百五十一》。
[⑨] 《清高宗实录·卷之三百五十七》。
[⑩] 《清高宗实录·卷之三百五十七》。

肆妄行，致珠逆被诛后，都统傅清等为乱党所害，十六年三月令自尽）①；

12. 甘肃巡抚鄂昌（受胡中藻文字狱一案牵连，查出所著诗稿《塞上吟》语含怨望，二十年五月令自尽）②；

13. 山东巡抚鄂乐舜（以前在浙江巡抚任内勒派商捐，二十一年三月令自尽）③；

14. 安西提督、河州镇总兵傅魁（以擅杀率众来投之贼首莽噶里克，欺诳邀功，二十二年四月处斩）④；

15. 江苏布政使彭家屏（以收藏逆书，并所刻《大彭统纪》命名狂悖，二十二年七月令自尽）⑤；

16. 湖南布政使杨灏（以侵扣谷价，贪黩败检，二十二年九月处斩）⑥；

17. 云贵总督恒文（以借贡献为名，短发金价，并纵容家人勒索门礼，二十二年九月令自尽）⑦；

18. 山东巡抚蒋洲（以前在山西藩司任内亏短库项，恣意勒派，二十二年十一月处斩）⑧；

19. 山西布政使杨龙文（以亏短库项，恣意勒派，二十二年十一月处斩）⑨；

20. 领队大臣、正白旗蒙古副都统顺德讷（以从征回部疏防致霍集占等脱逃，二十三年九月处斩）⑩；

21. 兵部尚书、靖逆将军觉罗雅尔哈善（以征讨回部玩误乖张，失机偾事，二十四年正月处斩）⑪；

---

① 《清高宗实录·卷之三百八十五》。
② 《清高宗实录·卷之四百八十九》。
③ 《清高宗实录·卷之五百九》。
④ 《清高宗实录·卷之五百三十六》。
⑤ 《清高宗实录·卷之五百四十二》。
⑥ 《清高宗实录·卷之五百四十六》。
⑦ 《清高宗实录·卷之五百四十六》。
⑧ 《清高宗实录·卷之五百五十》。
⑨ 《清高宗实录·卷之五百五十》。
⑩ 《清高宗实录·卷之五百七十一》。
⑪ 《清高宗实录·卷之五百七十八》。

22. 绥远城将军保德（以贪黩败检，二十四年六月处斩）[1]；

23. 参赞大臣、镶黄旗汉军都统、袭三等信勇公哈宁阿（以从征回部玩误失机，二十四年十月令自尽）[2]；

24. 湖北布政使沈作朋（以前在湖北臬司任内纵盗冤良，二十八年七月处斩）[3]；

25. 喀什噶尔办事大臣、工部侍郎觉罗纳世通（以妄自尊大，凌辱回众，于乌什叛变，复办理种种悖谬，三十年五月处斩）[4]；

26. 阿克苏办事大臣、副都统卞塔海（同上）[5]；

27. 和阗办事大臣、总兵和诚（以重利盘剥回人，贪婪败检，三十年七月处斩）[6]；

28. 署甘陕总督、陕西巡抚和其衷（以前在山西巡抚任内，对升任阳曲令段成功弥补亏空一案徇纵营私，三十一年十月处斩）[7]；

29. 东阁大学士、云贵总督杨应琚（以办理缅匪失机偾事，三十二年闰七月令自尽）[8]；

30. 福建巡抚李因培（以前在湖南巡抚任内，于武陵令冯其柘亏空钱粮一案，扶同徇隐，三十二年十月令自尽）[9]；

31. 参赞大臣、热河副都统额勒登额（以有心退缩，贻误军机，致将军明瑞等阵亡，三十三年四月凌迟处死）[10]；

32. 云南提督谭五格（同上，处斩）[11]；

---

[1] 《清高宗实录·卷之五百九十》。
[2] 《清高宗实录·卷之五百九十八》。
[3] 《清高宗实录·卷之六百九十》。
[4] 《清高宗实录·卷之七百三十九》。
[5] 《清高宗实录·卷之七百三十九》。
[6] 《清高宗实录·卷之七百四十一》。
[7] 《清高宗实录·卷之七百五十八》。
[8] 《清高宗实录·卷之七百九十一》。
[9] 《清高宗实录·卷之七百九十六》。
[10] 《清高宗实录·卷之八百九》。
[11] 《清高宗实录·卷之八百九》。

第五章 千面乾隆：帝制盛极而衰的宿命　　175

33. 正白旗满洲副都统高恒（以前在两淮盐政任内侵蚀官帑，三十三年十月处斩）①；

34. 福建台湾镇总兵王巍（以贼匪黄教竖旗焚杀一案，措置乖张，三十四年五月处斩）②；

35. 署贵州巡抚良卿（以威宁州知州刘标亏空一案，黩法婪赃，三十五年二月处斩）③；

36. 湖南巡抚方世俊（以前在贵州巡抚任内婪索刘标货物，并于开矿受贿盈千，三十五年十月处绞）④；

37. 云南布政使、前广西巡抚钱度（以支放库款，克扣平余，婪赃数万，三十七年七月处斩）⑤；

38. 武英殿大学士、四川总督阿尔泰（以贻误军务，并勒属派买，短发价值，克扣养廉，三十八年正月令自尽）⑥；

39. 参赞大臣、前理藩院尚书、一等成勇靖远侯富德（以扣罚士兵银两，冒滥行私，并写列参单，有心诬陷，四十一年五月处斩）⑦；

40. 兵部侍郎高朴（以命往叶尔羌办事，勒索回民财物，并开采玉石，串商牟利，四十三年十月处斩）⑧；

41. 休致大理寺卿、前山东布政使尹嘉铨（以妄为伊父奏请予谥，并从祀文庙及著述中多狂悖语，四十六年四月处斩）⑨；

42. 浙江巡抚王亶望（以前在甘肃藩司任内捏灾冒赈，侵蚀监粮，四十六年

---

① 《清高宗实录·卷之八百十八》。
② 《清高宗实录·卷之八百三十四》。
③ 《清高宗实录·卷之八百五十二》。
④ 《清高宗实录·卷之八百五十二》。
⑤ 《清高宗实录·卷之九百十三》。
⑥ 《清高宗实录·卷之九百二十四》。
⑦ 《清高宗实录·卷之一千八》。
⑧ 《清高宗实录·卷之一千六十九》。
⑨ 《清高宗实录·卷之一千一百二十九》。尹嘉铨案在本章第五节更有详细介绍。

七月处斩）①；

43. 陕甘总督勒尔谨（以失察王亶望侵蚀案，并收受属员代办物件，四十六年七月令自尽）②；

44. 甘肃布政使王廷赞（以王亶望一案通同捏饰，四十六年九月处绞）③；

45. 山东巡抚国泰（以贪纵营私、勒索属员财物，四十七年七月令自尽）④；

46. 山东布政使于易简（以扶同国泰贪婪欺饰，四十七年七月令自尽）⑤；

47. 闽浙总督陈辉祖（以隐捏抽换王亶望入官财物，并贻误地方，四十八年二月令自尽）⑥；

48. 江西巡抚郝硕（以进京陛见勒属馈送银两，四十九年七月令自尽）⑦；

49. 福建海坛镇总兵郝壮猷（以台匪林爽文滋事，参将瑚图里被贼拦截不接应，致失凤山县城，五十二年四月处斩）⑧；

50. 福建陆路提督、一等义勇伯柴大纪（以嘉义县被围案内贪纵营私，酿成事变，五十三年七月处斩）⑨；

51. 浙江巡抚福崧（以两淮盐运使柴桢侵用盐课一案，通同侵染陋规，五十八年二月处斩）⑩；

52. 闽浙总督觉罗伍拉纳（以婪索盐务陋规并属员馈贿银两，六十年十月处斩）⑪；

53. 福建巡抚浦霖（同上）⑫。

---

① 《清高宗实录·卷之一千一百三十七》。王亶望冒赈案在本章第六节有更详细介绍。
② 《清高宗实录·卷之一千一百三十七》。
③ 《清高宗实录·卷之一千一百四十》。
④ 《清高宗实录·卷之一千一百六十》。
⑤ 《清高宗实录·卷之一千一百六十》。
⑥ 《清高宗实录·卷之一千一百七十四》。
⑦ 《清高宗实录·卷之一千二百十》。
⑧ 《清高宗实录·卷之一千二百七十八》。
⑨ 《清高宗实录·卷之一千三百九》。
⑩ 《清高宗实录·卷之一千四百二十二》。
⑪ 《清高宗实录·卷之一千四百八十九》。
⑫ 《清高宗实录·卷之一千四百八十九》。

简单统计一下，乾隆因为军事责任杀从二品以上大臣 19 人，占 36%；贪腐问题杀 31 人，占 58%；文字狱问题杀 3 人（鄂昌、彭家屏、尹嘉铨），礼制问题杀 1 人（倒霉的塞楞额）。军事责任和贪腐问题是乾隆诛杀大臣的主要原因。

诛戮大臣的高峰是从乾隆十三年到四十八年（1748 年至 1783 年），杀部级以上高官 46 人，平均每年约 1.3 人；而在乾隆十三年（1748 年）之前，只杀 1 人；乾隆四十九年（1784 年）后到去世的 14 年间，杀了 6 人，平均每年 0.4 人。这些都是从二品以上大员，中低级官员被处决的就更多了。

乾隆时代可以对应分为三个大的阶段：从登基到乾隆十二年（1747 年），是宽仁时期；从乾隆十三年（1748 年）到乾隆四十八年（1783 年），是刚猛政治期；从四十九年（1784 年）到他去世，是老年怠政期，其标志性事件就是中国历史上著名的大贪官和珅被封为一等男爵并陪同南巡。

乾隆皇帝在历史上留下了形象不同的多副面孔，有人说他是败家子，把雍正的改革给荒废了；有人说他雄才大略，治国有方，开疆拓土；也有人说他喜欢奢侈浮华的享乐，故步自封，耽误了国家发展。这些情况基本都存在，但也都只是一个方面。他 60 多年的皇帝生涯，执政风格不断变化，在不同的时期呈现出不同的面孔：宽容仁慈主要在前 13 年，严酷勤政主要在中间 35 年，享乐怠政主要在后 10 多年。第一阶段转变的时间点比较清楚，就在乾隆十三年（1748 年），而第二次转变则比较模糊，大约从乾隆四十五年（1780 年）他七十大寿一直到乾隆四十九年（1784 年）南巡，有一个逐渐变化的过程。

乾隆十三年（1748 年）之前，皇帝对全国的死刑犯一直努力宽容，能不处死的尽量不处死。但到了十四年（1749 年）的秋决，他一改前态，大批勾决，连以前多次批准缓刑的老犯人也一起杀掉。乾隆十五年（1750 年）是皇帝四十大寿，十七年（1752 年）是皇太后六十大寿，按照以前的惯例，死缓犯人一律不处决。但乾隆却宣布，贪污犯不在宽容之列，该杀还要照常杀掉。

在清查亏空方面，他也把老爹的办法重新捡了起来，官员亏空必须用家产填补，填不上的，挪用亏空欠 1000 两的、贪污亏空欠 80 两的，就要处以死刑。

乾隆二十三年（1758 年），乾隆顶着巨大压力，正式废除了他父亲制定的《完赃减等条例》。新的法律规定，只有贪污不足 1000 两的，才可以完赃减等；贪污数量超过 1000 两的，就立刻斩首，不再适用完赃减等政策。这就要了不少官员的命。

诛杀高官的数量只是一个比较极端的指标，乾隆在整顿吏治方面颇为投入精力。他将不称职的官吏分成八类：年老、有疾、浮躁、才力不及、疲软无力、不谨、贪、酷，并给予不同的处理。乾隆一朝，因考绩不合格受到降级或处分的官吏就有 6 万多人，主要也集中于这段时间。在严格管束官僚集团方面，中年乾隆在明清两朝也仅次于朱元璋。在淘汰不合格官员的同时，一大批年轻、有干劲、没有朋党关系的官员被快速提拔了上来。

在比雍正更为严厉的吏治整顿之下，清政府这台机器的效率得到了极好的发挥。

首先是财政收入开始高速增长。乾隆中期，在四处征伐、赈灾救济和兴修工程等巨额开销的情况下，户部存银却长期保持在逾 7000 万两的水平，是雍正去世时的大约两倍，① 也超过了雍正中期的最高水平。

然后就是大规模地赈灾救济。乾隆熟读中国历史，对饥饿的农民多次推翻大一统王朝的事情印象深刻，因此在救灾赈民方面非常舍得花钱。张宏杰在《饥饿的盛世》中甚至说：“可以肯定地说，乾隆是传统社会中采取救灾措施最为得力的统治者。”张宏杰引用相关官员奏折中的数据说，康熙年间曾经截留 240 万石漕运的粮食用于救灾，雍正年间也不过 290 万石，而仅从乾隆元年到二十年（1736 年至 1755 年），就动用了 1320 多万石的漕粮来救灾，是康雍两朝之和的两倍还多。乾隆五十年（1785 年）出现全国性的灾情，就动用了 1400 万两银子来救灾，占当年全国财政收入的 1/3。②

乾隆多次讲，救灾是"国家第一要务"，"赈恤一事，乃地方大吏第一要务"。尤其强调，督抚偶尔玩忽职守，尚可宽免，唯独瞒报灾情一事，一定要从严

---

① 雍正十三年户部存银 2400 万两。乾隆三十六年达 7894 万两，乾隆四十二年达到了最高峰 8182 万两，此后也长期维持在 6000 万两的水平。（周育民《晚清财政与社会变迁》）
② 张宏杰：《饥饿的盛世》，重庆出版社，2016 年版。

治罪。

乾隆二十六年（1761年），山东德州发生水灾。大雨一连下了七个昼夜，城中粮食供应中断，无数人饥饿难耐，聚集到官府的粮仓请求救济。当时山东督粮道颜希深到省城出差，他的手下不敢自作主张开仓放粮。因为擅自动用国家库粮是重罪，跟钱库亏空一样，不但要丢官，还要自己掏钱赔补。颜希深七十多岁的老母亲力排众议，决定开仓放粮。事后，颜希深被山东巡抚弹劾。乾隆看到了，把山东巡抚骂了一顿，说他不知道轻重。亲自下旨把颜母封为三品诰命，所放粮食准许报销，不用赔补。颜希深也因此进入乾隆的选拔视野，一直升官，做到了督抚的高位。

与救灾同样重要的"民生工程"——水利设施的建设——也在高效推进。

乾隆十八年（1753年），黄河在铜山决口，河道总督高斌奉旨治理。高斌是乾隆的皇贵妃高佳氏的父亲，算是国丈。因为这层身份，他做事情就不太上心，加上年纪也大了，把河道总督当成养老的位置，做个甩手掌柜。结果属下李屯、张宾二人明目张胆地贪污公款，导致河工没有按期完成。乾隆得知以后，勃然大怒，命令立刻将李屯、张宾二人处斩，同时又因为痛恨高斌"负恩徇纵"，命令把他也捆起来，一同押赴刑场"陪斩"。

乾隆特意嘱咐行刑官员，要制造将高斌也一并斩首的假象。高斌眼见李张二人被砍掉脑袋，吓得心胆俱裂，全身瘫软倒在地上。负责监斩的钦差大臣，此时才说高斌只是"陪斩"，实际上死罪已免。其后，高斌果然日夜住在工地上，一刻不敢休息地监工，两年后，活活累死在大堤上。

按照这种监督执行力度，乾隆中期水利工程的进展效果一直不错。河南至商丘黄河河堤新筑170余里，清口及江南运河疏浚，江南淮阳运河挑浚，江苏宝山至金山242里长的块石篓塘和浙江金山至杭县500里海塘建成。[①] 这于民生安全和农业生产大有好处。

以上种种，都为清朝国力在乾隆中期达到极盛奠定了坚实的基础。

---

① 林涛:《正说清朝三百年》，中国国际广播出版社，2005年版。

三、平定西北：清王朝在新疆的治理

乾隆治国理念的变化，因内政和战争两个方面的原因而起。内政在严肃整顿吏治之后很快好转，而军事绩效的检验，则还要等待时机。

杀掉讷亲等人之后，第一次金川之战很快就取胜了。但这跟严肃军事纪律本身没有直接联系，而是因为乾隆派出了前陕甘总督岳钟琪。

大金川土司莎罗奔跟岳钟琪颇有渊源：康熙末年清廷用兵川藏地区，莎罗奔曾带兵随征，当时的清军统帅正是岳钟琪。雍正元年（1723年），岳钟琪又奏请朝廷授予莎罗奔"金川安抚司"印信。莎罗奔在前期虽然顶住了清军20万人的兵力进攻，自身也损失惨重，眼看皇帝连杀三员主将、决心把战争打到底，又听说是岳钟琪来带兵，就顺坡下驴，向老领导请降。乾隆接受了投降，命两大土司仍然负责管理旧有的土地和人民，不得再起战端。这个结果与其说是投降，不如说是停战协定。第一次金川战役就这样草草结束。

真正的考验在乾隆十八年（1753年）到来了。

这一年，清王朝最顽固的敌人——准噶尔汗国内部出现了分裂。新的汗国首领达瓦齐，宣布讨伐不服从指挥的杜尔伯特部。杜尔伯特部首领三车凌为了寻求活路，不得不带领其族人3000余户、1万多人离开故土，向清王朝请求庇护。①

乾隆皇帝认为这是消灭准噶尔汗国的天赐良机。他把三车凌封为亲王，又于乾隆十九年（1754年）五月在承德避暑山庄亲自召见他，多次长谈，认真询问准噶尔汗国的内部情况。谈话的结果加强了乾隆的信心：准噶尔由于内部斗争，正处于历史上最衰落的时期，现在是彻底解决准噶尔问题的最佳战略时期。如果不乘机动手，再过几年准噶尔的内乱平定，必然会再次成为清王朝的大患。

这个决定罕见地遭到满汉重臣们的一致反对，满朝文武只有乾隆皇帝的小

---

① 班布尔汗：《杜尔伯特部史话》。内蒙在线网：http://www.nmonline.com.cn/nmzx/culture_lbx.asp?id=1336

舅子傅恒赞成出兵。

大臣们的意见之所以如此一致，是因为雍正之前就在这个问题上栽了跟头。

雍正登基之初就遵从康熙遗命，与准噶尔达成了和平协议。但准噶尔方面并没有完全遵守协议，藏匿于青海的叛首罗布藏丹津，在西北地区扶植反清势力，不断制造事端。

雍正六年（1728年）底，准噶尔大汗策妄阿拉布坦去世，他的儿子继承汗位。雍正认为新汗登基，权威不足，正是打击准噶尔的好时机，于雍正七年（1729年）初，命令甘陕总督岳钟琪出兵攻击准噶尔。

但实际情况并不是雍正想象的那样，准噶尔内部十分团结，对战争准备充分。

岳钟琪被准噶尔方面发出的假情报欺骗，以为敌人主力在吐鲁番一带，于是兵分两路。战斗力最强的一路从天山西路进攻吐鲁番，另一支则翻越天山从北路进攻准噶尔首府。结果，西路军被一些散兵游勇拖延在炎热荒凉的吐鲁番一带，准噶尔主力却秘密埋伏在翻越天山的必经之路——博克托岭—和通泊一带。伏击之下，清军北路军前锋几乎全军覆没，准噶尔军队乘胜追击，整个北路军损失惨重。西路军后来虽然攻占了乌鲁木齐，为雍正扳回了一些颜面，但总体得不偿失。

博克托岭—和通泊之战后，准噶尔乘胜反攻。清军以其人之道还治其人之身，以计谋将准噶尔大军引入埋伏圈发动伏击，在光显寺（今蒙古国鄂尔浑河上游）大败准噶尔主力。准噶尔方面损失了大约1万人。

从军队死伤情况来看，清军北路军在博克托岭—和通泊之战中损失约8000人[①]，整个北路军损失当在1万人左右，准噶尔在光显寺之战中也损失了1万余人[②]，双方损失相当。但双方国力对比过于悬殊，1万人的损失对清军来讲不算大事，而且只是偏师，核心主力西路军仍然保持完好，但对准噶尔来说却是伤筋动骨之痛，于是准噶尔被迫主动向清廷请和。双方在雍正十二年（1734年）

---

① 何俊宏：《龙与狼的最后较量：17到18世纪的清朝准噶尔战争简史》。见《战争事典032》，台海出版社，2017年版。
② 《清世宗实录·卷之一百二十二》。清军战报中有"杀贼万余"的描述。

再次停战，开始和平谈判，乾隆四年（1739 年），和议达成。一直到乾隆十九年（1754 年），和平已经持续了 20 年之久。

现在，乾隆想效法他的父亲，在双方已有和议的情况下，趁着准噶尔内部虚弱的机会再次发动战争，当然会遭到激烈的反对——大家都害怕博克托峡谷的悲剧重演。

但乾隆认为现在的情况和雍正七年（1729 年）已经完全不同。雍正当年只是根据新汗继位这一件事情，臆断准噶尔内部不稳定，而这次实打实有部落首领带着 1 万多人来投诚。乾隆亲自询问了解准噶尔的内部情况，可以确信过去数年准噶尔内部的汗位争夺早已不限于政治斗争，还引发了长期内战。综合之前就获得的各种情报，这一判断非常可靠。

就在皇帝和重臣们热烈争议之际，准噶尔内部的战乱进一步升级。大汗达瓦齐跟他最重要的盟友——侄儿阿睦尔撒纳——之间爆发了战争。阿睦尔撒纳战败，于乾隆十九年（1754 年）七月，带领其部下 4000 多户共计 2 万人向清朝投诚。[①] 阿睦尔撒纳在热河避暑山庄觐见乾隆，力陈内乱情形，恳求清廷立即出兵讨伐达瓦齐。

阿睦尔撒纳的到来让清廷结束了争议，决定立刻发兵。

乾隆二十年（1755 年）二月，清军 5 万大军以阿睦尔撒纳为前锋[②]，进军准噶尔。

连年内乱的准噶尔各部无法团结抵抗，在阿睦尔撒纳的号召下，很多部落选择了直接向清军投降。几乎没有经过像样的战斗，清军便成功占领了准噶尔首府伊犁。达瓦齐带领 1 万多人向西逃窜，被清军追上击溃。达瓦齐被俘获，送往北京。乾隆没有杀他，后来还把他封为准噶尔亲王，最终老死京城。

这是一场看似完美的胜利。但阿睦尔撒纳跟他的祖先策妄阿拉布坦一样，

[①] 何俊宏：《龙与狼的最后较量：17 到 18 世纪的清朝准噶尔战争简史》。见《战争事典 032》，台海出版社，2017 年版。

[②] 何俊宏《龙与狼的最后较量：17 到 18 世纪的清朝准噶尔战争简史》："参与军事行动的清军作战序列包括京师及其余各地驻防八旗 13200 人，黑龙江索伦八旗 8000 人，宣府、大同、陕甘绿营 11000 人，内、外蒙古兵 17800 人，共计动用兵力 5 万人。"

有自己的野心，向清朝投诚不过是想借助清军的力量来夺取汗位。达瓦齐被俘之后，清军由于粮食后勤难以长期保障，也就退回了内地，只留下500人驻守。[1] 乾隆希望废除准噶尔汗位，改由四大部落分割管理，从而实现"分而治之"，以消灭准噶尔对边疆的威胁。阿睦尔撒纳大为不满，在数个月后发动兵变，杀掉了500名驻军，自称准噶尔汗。

撤退回甘陕地区的清军主力被迫再次出征。这一次的进展就很不顺利。最重要的原因在于，上一次进兵为了抓住时机没有做充足的后勤准备，乾隆特批前线将领可以"因粮于敌"，或者向周边蒙古部落暂时"借用"一些粮食，战后再补偿。所以第一次进兵看似顺利，其实不仅准噶尔部落战败受创，周边其他蒙古部落也深受其害，心怀怨恨。而第二次进兵又很仓促，军队继续靠抢掠为生，这一下不仅准噶尔各部的抵抗异常顽强，连周边其他蒙古部落也开始反抗。

这次进兵开始后没多久，对清廷一向十分忠诚的喀尔喀蒙古也爆发了1万多人的叛乱，还有23个喀尔喀蒙古王公商议聚会，准备全族反清。[2] 乾隆闻讯大惊，立刻下令清军退兵，转而去镇压喀尔喀的叛乱，同时向蒙古王公们写信承认错误，表示将会立刻停止"因粮于敌"的政策，这才把事态平息了下去。

乾隆总结教训，改变作战方式，从内地调集大量粮食囤积到天山前线，足够大军三四年之用。经过差不多一年的后勤准备，这才第三次发兵。

第三次进兵在刚开始阶段仍然十分艰难，准噶尔各部落的抵抗异常坚决，甚至在主力被击溃后还出现了大量的游击战。但准噶尔内部暴发了天花，这个可怕的流行病毒杀死了大约40%的准噶尔人，整个部落彻底丧失了抵抗清军的能力。

天花是一种很古老的流行病毒。中原地区的汉族已经跟天花打了2000多年的交道，已经初步掌握了对抗天花的办法，就是"种痘"。满洲人在入关后，进入温暖的人口密集地区，也大量感染了天花病毒，死亡率很高。一直到康熙十七年（1678年），康熙皇帝知道了汉族的"种痘"免疫法，在满洲人中间大量推广，这才比较彻底地解决了问题。

---

[1] 何俊宏：《龙与狼的最后较量：17到18世纪的清朝准噶尔战争简史》。见《战争事典032》，台海出版社，2017年版。

[2] 戴逸：《乾隆帝及其时代》，中国人民大学出版社，2018年版。

准噶尔人与内地人接触较少，对天花缺乏免疫能力。这次准噶尔天花病毒的大暴发，很有可能就是清军第一次进兵伊犁的时候带过去的。准噶尔人完全不懂得天花预防和治疗的技术，因此死亡率奇高。

经过三次大规模的军事行动，加上一定的运气因素，乾隆终于完成了祖父和父亲未竟的事业，彻底征服了准噶尔汗国。此后，清军乘胜追击，征讨位于天山以南新疆地区的大小和卓势力，稳定了新疆的局势并且保持了较高程度的控制力。这是乾隆对中华民族的一大贡献。

四、"文治"风暴：精心布局的文字狱狂潮

平定准噶尔的消息传回内地，朝野上下一片欢腾。不仅满洲勋贵得意扬扬，汉族士大夫们也深深感到"与有荣焉"，发自内心地对乾隆皇帝歌功颂德，称赞他的武功足可与汉武帝和唐太宗相比。

他们想不到的是，乾隆皇帝接下来要收拾的对象正是他们。

乾隆二十四年（1759年），大小和卓之乱被平定以后，乾隆皇帝颁下《御制平定回部告成太学碑文》。这篇由皇帝亲自拟定的碑文记录了他平定准噶尔和大小和卓叛乱的伟大功勋，同时也提出下一步的治国方略，那就是"始之以武、终之以文"。

大部分官员并不会注意到这八个字的政治含义。乾隆的意思其实很明确：清王朝的武力活动已经基本结束，接下来就要对思想方面的不安定因素动手了。

搞完武功搞文治。乾隆搞了几次大规模的文字狱。

乾隆时期的文字狱，是整个清朝文字狱的最高潮。据《清代文字狱档》统计，康熙亲政时期皇帝主抓的文字狱大案只有1起，也就是他晚年处理的戴名世《南山集》案，雍正年间有5起，而乾隆年间的文字狱案则高达78起。康熙和雍正搞的文字狱加起来还不到乾隆的零头。

其中，乾隆年间的文字狱案，又主要集中在乾隆二十二年到四十九年（1757年至1784年）间，共70起，平均每年2.5起。乾隆二十二年（1757年）之前的，只有7起，平均每3年1起。乾隆四十九年（1784年）后的10多年间，只有

第五章　千面乾隆：帝制盛极而衰的宿命

1 起文字狱案。[①]

平定准噶尔是乾隆大兴文字狱的一个阶段性新起点。康熙发动《南山集》冤案、对汉族知识分子从宽仁走向严酷也是在他消灭噶尔丹之后。清政府统治中国的基本思路就是"分而治之"。真正的满洲八旗能打仗的就是那么几万人，要统治数亿人口、上千万平方公里的大国，首先就必须处理好第一大民族汉族和第二大民族蒙古族的关系，其原则也可以很简要地总结为八个字——"联蒙制汉、以汉制蒙"。满蒙联盟是清朝统治的根基，所以喀尔喀蒙古要叛乱的消息才能让乾隆皇帝吓得亲自写信道歉。

正因为如此，清廷最高统治者对待蒙古族人和汉族人，在战略上必须要分开：康熙消灭噶尔丹之前就对汉族知识分子和颜悦色，雍正一开始对准噶尔用兵就放松追缴积欠，乾隆在消灭准噶尔之前也是一样。清朝的"文字狱"高潮在准噶尔汗国彻底灭亡之后才到来，正是这种战略思路的体现。

跟康熙朝、雍正朝那种针对个案严厉打击的方式相比，乾隆二十二年（1757年）到四十九年（1784年）的文字狱是一个系统工程，乾隆皇帝以其缜密的思维、酷烈的手段，建立了服务于清朝专制统治的思想管控体制。

乾隆二十二年（1757年）四月，此时清军已经是第三次进入准噶尔汗国，阿睦尔撒纳被击溃后逃亡中亚。乾隆皇帝也结束了他的第二次南巡，正在北返。在江苏与山东交界处，有两个灾民跪在御驾队伍面前告状，说河南西部遭遇了严重的水灾，但夏邑县的县令孙默和河南巡抚图勒炳阿联合起来隐瞒灾情。

乾隆派亲信去夏邑县秘密调查，发现灾民们说的都是事实，河南的灾荒情况比预计的还要糟糕。按照他一贯的态度，隐瞒灾情是不可饶恕的重罪，立刻下旨将图勒炳阿革职，充军乌里雅苏台，夏邑县县令孙默也被革职查办。

如果事情到此为止，乾隆的处理就是相当英明果断的。但他跟他的父亲雍正、爷爷康熙一样，喜欢"为民做主"的同时，也对来自人民的"主动维权"保持着高度警惕，而绝不会像朱元璋一样信任老百姓并且鼓励他们上告。处理官员的同时，乾隆就下令严刑拷打这两个上访的灾民：背后有没有人指使组织这

---

① 作者根据《清代文字狱档》列举的材料整理。见《清代文字狱档》，上海书店出版社，2011年版。

次告御状事件。

想要知道皇帝巡视的路线并且翻山越岭按时拦住御驾队伍，肯定超过了真正最穷苦的那部分老百姓的能力。经过审讯，这两个灾民承认，他们得到了当地秀才段昌绪的资助，状子也是段昌绪写的。乾隆得知后，就立刻下令地方官去逮捕段昌绪。

逮捕的命令比革职官员的命令更先到达夏邑县。夏邑县县令孙默知道瞒报灾情的后果必然极为严重，但他也知道摆脱困境的方法——把案情往皇帝更关注的方向引导。地方上的秀才们平时都喜欢讨论政治，还会写一些时评，保存一些政治历史类的书籍。一旦可以从段昌绪家里搜出来有政治问题的文字，那么孙默就可以将功补过，逃过一劫。

奉旨逮捕段昌绪的时候，孙默就亲自带人把段家上上下下所有带文字的东西都检查了一遍，还真让他给找到了"好东西"：吴三桂讨清檄文。

孙默大喜过望，立刻将它快马汇报图勒炳阿。图勒炳阿又添油加醋地写了一份密旨，以八百里加急送往乾隆皇帝行在。

乾隆看到这份文件，脸色立刻就变了。案件开始往孙默设想的方向发展：皇帝果然收回了对图勒炳阿和孙默等人的处理决定，认为他们虽然有瞒报灾情的行为，但能侦破这种反清大案，"尚属能办事之员"，功大于过，"缉邪之功大、讳灾之罪小"，不必革职，继续留任。直隶总督方观承奉命前往河南，会同图勒炳阿办理此案。

之前，退休高官彭家屏向乾隆汇报过图勒炳阿隐瞒水灾的情况。彭家屏的老家就在夏邑县。乾隆据此认为他必然与此案有所关联，在给方观承谕旨中特别注明了一句：将彭家屏家也一起查抄，看看有没有类似的谋逆文字。同时令彭家屏进京，由皇帝亲自审讯。

严刑拷打之下，彭家屏承认自己家里也保留着一些明末的野史文献，如《豫变纪略》《南迁录》等。但收藏这些书在当时并不算什么严重的罪行。而且这些东西在抄家之前，就已经被彭家屏的儿子一把火烧毁了，啥也没查出来。最后只查出来彭家屏自己的文集《大彭统纪》。经过审理，刑部认为其书名狂悖，里边遇到跟清朝皇帝名字相同的字也不避讳，更是大逆不道。

第五章 千面乾隆：帝制盛极而衰的宿命

最后的结果，段昌绪被处斩，彭家屏赐死，彭子被判斩监候。乾隆特别下旨，既然彭家屏如此关心老家的百姓，那就把他的家产和土地全部没收，分给灾民用于救灾。

随后，地方官员向乾隆汇报说，当地老百姓得知这样的处理结果，感动得痛哭流涕，"黄童白叟，跪听宣扬，踊跃叩头，欢声动地"，称此为"千古未有之鸿仁"，痛骂段昌绪等"逆徒败类"，纷纷表态，从此以后，一定会善良守法，以此报答圣恩。[①]

这个案子很好地展示了乾隆作为满洲领袖和中国皇帝的双重身份。他对自己的定位首先还是满洲领袖，其次才是中国皇帝。尽管他很重视民生疾苦，在赈灾救济方面一直颇为慷慨，但只要跟满洲专制统治出现矛盾，哪怕不是直接的矛盾，他也会毫不犹豫地把维护统治放到更优先的地位。这也向帝国全体官僚传达出了清晰无误的信号："文字狱"问题已经成为皇帝关心的重点。

受到段昌绪、彭家屏案的影响，全国各地很快掀起了文字狱的浪潮，官员们纷纷开始查找各种"逆书"，以此向皇帝表功。

乾隆二十四年（1759年），也就是彻底平定南疆的这一年，乾隆下令成立《通鉴辑览》编修馆，编订一部符合清政府意识形态的新的中国通史，以首席军机大臣傅恒、军机大臣来保、内阁大学士尹继善和刘统勋四人为总裁，设副总裁七人、提调官十五人、收掌官五人、纂修官十二人、校对官十人、总校官十二人，写成的书稿随时上呈皇帝批阅，规格高、规模大。

对于编修此书的目的，乾隆在其撰写的序言中说，康熙之前就有《御批通鉴纲目》作为对历史研究的最高指示，但只是提纲，没有对旧有的史书进行修订，所以乾隆才编了这套书，对自从黄帝以来几千年的历史，按照"大公至正"的标准进行编写，以此为天下万世君臣学习的典范。

这套书的核心思想，就是要强调臣民对君主的绝对忠诚，并论证清廷入主中原的合法性。乾隆三十三年（1768年），全书完成，以《御批历代通鉴辑览》的名义颁行天下，要求天下士人认真学习，历史研究必须以此为准绳。

---

① 《清代文字狱档》，上海书店出版社，2011年版。

编书期间，清王朝还在西南边跟缅甸打了一仗。起因是缅甸方面不断侵略骚扰云南地区。战争持续了5年，清军屡战屡败、死伤惨重，乾隆连续斩杀了好几员前线大将，又派出自己最信任的小舅子、首席军机大臣傅恒到一线指挥，也未能扭转局面。傅恒也在前线染病，返回北京后不久就病死了。但缅甸方面更无法承受长期战争带来的损失，最后还是主动求和。乾隆三十四年（1769年），双方达成和平协议，云南边境恢复了安宁。

乾隆三十八年（1773年），编完新版中国通史、掀起了十几个文字狱大案的皇帝依然不满足于目前的"文治"力度。这一年，乾隆下令编纂《四库全书》，要将全天下所有的书都搜集起来，编一部中国历史上规模最为宏大的丛书。

当然，编书既是目的，也是手段。以编书为理由，也可以趁机对全天下流传的各种图书做一个摸底，搞清楚到底有哪些是有问题的。为此，他还在收集图书的谕旨中特别强调，文字忌讳问题将会被宽容，不会追究进呈者的责任。

收集图书的命令颁布下去，地方上很快就送上来1万多册图书。乾隆亲自翻阅，看了很久，却发现这些图书竟然没有一字一句触犯"文字禁忌"。他也就明白了：这都是地方官员精心挑选的结果。尽管谕旨说了不要怕犯忌讳，但帝国的官员们都是人精，谁也不想真的呈上来一本有政治问题的图书，给自己找麻烦。

对此，乾隆颇为懊恼，因为这样就无法达到他在编书的同时禁毁各种反动书籍的目标。他下旨指责各地官员，收集了这么多书，岂有"竟无一违碍字迹之理"？他要求各地加紧搜查，"如有不应存留之书，即速交出"，否则"承办之督抚等亦难辞咎"①。这就把话头挑明了，编书运动的面纱被撕下，变成了赤裸裸的"查办禁书运动"。

---

① 《清高宗实录·卷之九百六十四》："各省进到书籍不下万余种，并不见奏及稍有忌讳之书，岂有裒集如许遗书，竟无一违碍字迹之理？况明季末造野史者甚多，其间毁誉任意，传闻异词，必有诋触本朝之语，正当及此一番查办，尽行销毁，杜遏邪言，以正人心而厚风俗，断不宜置之不办。……至各省已经进到之书，现交四库全书处检查，如有关碍者，即行撤出销毁。其各省缴到之书，督抚等或见其书有忌讳，撤留不解，亦未可知。设或竟未一关碍之书，则恐其仍系匿而不献。著传谕该督、抚等，于已缴藏书之家，再令诚妥之员，前往明白传谕。如有不应存留之书，即速交出，与收藏之人并无干碍。朕凡事开诚布公，既经明白宣谕，岂肯复事吹求。若此次传谕之后，复有隐讳存留，则是有心藏匿伪妄之书，日后别经发觉，其罪转不能逭，承办之督抚等亦难辞咎。"

这场禁书运动，乾隆采取了认真的规划：先礼后兵、先软后硬。主动上缴的违禁图书并不追究责任。乾隆三十九年（1774年）十月，广东方面率先报告，从一户人家里搜出来屈大均的几本违禁图书，经过审理，要求将案犯斩首——这也是之前文字狱的一贯处理方式。但乾隆这次特别宽大，在谕旨中说："这次鼓励民间上交藏书，本来就说了有违禁字词的也不追究责任，但大家并不积极，可见还有所担心。如今屈家私藏违禁文字被查出来，我看应该从宽处理。违禁的书籍当然要坚决销毁，但案犯可以不用追究刑事责任。这样才可以昭告天下：连被搜出来的都不处罚，主动上交的就更不必担心了。"[1]

在皇帝的督促和鼓励下，不断有违禁图书被查找了出来。截至乾隆四十一年（1776年），仅江西一省就查出8000多部违禁图书，并送到北京销毁。

这一年，也就是乾隆四十一年，我们需要特别注意，它是人类历史上非常重要的年份，也就是公元1776年。这一年，英国人瓦特改良了高效率的蒸汽机，工业革命在英国爆发；亚当·斯密出版了《国富论》，为市场经济和自由贸易奠定了理论基础，人类社会进入了一个伟大的新时代。而中国的皇帝和他手下的官僚精英们，最关注的却是如何继续查抄更多的违禁书籍，以禁锢全体中国人的头脑，以使他们的一举一动、一言一行都完全符合满洲专制统治的需要。

查抄的"成果"仍然不能让乾隆满意，当了40多年皇帝的乾隆早就明白：单靠宽大仁慈和督促并不能解决问题。

在鼓励宽容的方式发挥完作用以后，恐怖和残暴的手段开始登场。

乾隆四十二年（1777年），当工业革命的浪潮开始席卷英国的时候，乾隆皇帝也将他的文字狱推向了最高潮。

这年十月，查抄违禁书籍最为得力的江西巡抚海成又报上来了一份跟"文字狱"有关的奏章。江西新昌有个举人叫王锡侯，根据《康熙字典》编了一部新的字典——《字贯》，将《康熙字典》里边的字排列顺序进行了优化，可以方便读者查阅。他有个仇人叫王泷南，是远近闻名的无赖，向县令举报此事，说

---

[1]《清代文字狱档》，上海书店出版社，2011年版。原文为："朕办事光明正大，断不肯因访求遗籍罪及收藏之人，所有粤东查出屈大均悖逆诗文止须销毁，毋庸查办，其收藏之屈稔滇、屈昭泗亦俱不必治罪……今屈稔滇、屈昭泗系经官查出之人尚且不治其罪，况自行呈献者乎？".

王锡侯竟敢认为康熙皇帝主持编订的字典有缺陷，擅自修订，属于大逆不道。县令不敢怠慢，赶紧上报巡抚。

海成是满洲人，文化水平不高，很喜欢鸡蛋里挑骨头找文字毛病，所以他查抄的禁书数量全国第一。但他把《字贯》拿过来一看，发现就是一本纯粹的字典，没有任何政治立场，甚至可以说除了字词排列顺序以外几乎没有任何主观立场。他就给皇帝写了一份报告，说王锡侯只能算是"狂妄"，还算不上大逆不道，因此建议革去王锡侯的举人头衔，然后审理。同时，他还将《字贯》一并上呈。

《字贯》总共有40本，厚厚的一摞，全是枯燥乏味的文字注释。已经67岁高龄的皇帝尽管日理万机，竟然真的打开仔细查阅，看看里边有没有违禁用语。他先读完序文，内容与海成奏章介绍的一样。后边就是字典正文，没什么可看的了。但在字典正文和序言之间，夹了一篇"凡例"——这是所有字典都会有的，相当于查阅说明，是纯技术性的东西，告诉读者这个字典有多少部、字词按照什么规则排列等。海成和县令审查的时候应该都是直接跳过去就没看了，连那个举报的无赖都没有注意到。想不到乾隆竟然连这页也不放过，仔细读了，果然让他找出了问题。

在这份"凡例"中，王锡侯告诉读者，由于本朝皇帝的名字分别是"玄烨""胤禛""弘历"，所以遇到这些字都需要"避讳"，少写一笔或者改成读音、字形类似的字。读者在本书中看到类似的不通顺的地方，需要自己加以注意。

就是这么一条说明，王锡侯在提醒读者要避讳的时候，把玄烨、弘历等字正常写了一遍，自身却没有"避讳"。

乾隆看到这里，勃然大怒，立刻批示将王锡侯押送进京，交刑部严审治罪。同时下明旨严厉斥责海成玩忽职守：首先，查抄违禁图书的上谕已经下达多年，如此大逆不道的文字，竟然没有查抄出来，而是等着有人举报才被动发觉，这是严重失职；第二，对这种涉及文字的"大案"，竟然不尽心尽力地审查，漏掉了书中的关键违禁字句，只看到序言里边的"狂妄"之语，就更是"双眼无珠"。试问海成："尊君敬上之心安在？而于乱臣贼子人人得而诛之之义又安在？"总之，就是"天良尽昧"，对不住国家给督抚发放的优厚待遇。

这一通狂骂之后，乾隆又下令将海成革职、交部议罪。

审议的结果，刑部建议将王锡侯凌迟处死，家产没收，几个儿子统统处斩，其他近亲属各自处以重刑。海成斩首。

乾隆这才下令"宽大处理"，王锡侯凌迟处死改为斩首，几个儿子改为斩监候、秋后处决，近亲属免罪。海成斩立决改斩监候。

这一通处理下来，官场震惊。大家震惊的并不是王锡侯被处斩——这都是文字狱的常规套路，而是江西巡抚因为一个不小心，转眼就被免职下狱，几乎给问斩了。这在以前是从来没有过的。以前无非是查出禁书有奖，没查出来也没啥。

文字狱这种事情实在是有点伤天害理。所以，只要不是真的发现赤裸裸的反清文字，相当部分官员不愿意搞得太过分，无非不拿文字狱来邀功请赏罢了。但现在大家发现，如果不走极端，稍微有一点不注意，随时就可能从高官厚禄沦为阶下囚，甚至掉脑袋。一想到皇帝大人连厚厚的40本字典的"凡例"都会仔细审阅，所有人都会禁不住后脊梁冒寒气。

显然这正是乾隆皇帝想要通过王锡侯案达到的效果。

在这种恐惧的支配下，地方上大大小小的官员们终于被驱动了起来。他们放下手头一切工作，疯狂查抄民间一切文字，日夜不停地亲自阅读这些书籍的每一个细节，不放过任何一个可能给自己带来灾难的文字问题。

从王锡侯《字贯》案开始，文字狱大案的数量开始直线上升。乾隆二十二年（1757年）到四十二年（1777年）之间每年只有一两件皇帝亲自批示的大案，乾隆四十三年（1778年）陡然增加到了7件，四十四年（1779年）10件，四十五年（1780年）7件，四十六年（1781年）5件，四十七年（1782年）4件，四十八年（1783年）4件，四十九年（1784年）1件，此后每年就不到一件了。文字狱的最高潮，就是从乾隆四十三年（1778年）到四十八年（1783年）这6年。[1]

数不清的图书被源源不断地送往北京，位于紫禁城武英殿前的字纸炉不分

---

[1] 根据《清代文字狱档》列举的材料整理。

昼夜地燃烧。在军机要员的监督下，这些图书全部化为灰烬，与其一同消失的，是整个中华民族的诸多记忆。

与此同时，在欧洲，亚当·斯密的《国富论》、卢梭的《社会契约论》、孟德斯鸠的《论法的精神》等思想启蒙书籍正在大力印刷销售。瓦特建立了自己的公司，将他的改良型蒸汽机批量化生产销往全国各地。法国人齐弗瑞则正在试图将改良型蒸汽机用于水上运输，世界上第一艘蒸汽驱动的轮船已经开始在里昂的颂恩河上实验。工业革命加海上霸权的时代正在开启。整个欧洲社会，都在为此而疯狂。

对这些事情，中国的精英们一无所知。他们在忙于创新查抄禁书的方法。各地设立了"书局"，但并不是为了传播书籍，而是专门负责查禁书籍。教职人员的主要责任不再是教书，而是毁书。浙江巡抚下令政府所有教职人员返回老家，深入亲戚朋友家中，宣传交出违禁图书的必要性，并且把缴书的成绩作为将来升官的依据。受此启发，各地官员也纷纷让下属深入穷乡僻壤、山村农户，挨家挨户搜查藏书。整个大清王朝几乎被翻了个底朝天。

民间也跟着陷入了恐慌。家家户户都深知，藏有可能带有违禁文字的书籍随时会给自己带来杀身灭族之祸。不用等到官吏前来查抄，很多人就自己在家里先找一遍，把能找到的书籍不加区分一律烧毁，以免给自己带来灾难。这样一来，毁掉的就不仅是违禁思想，而是思想文化本身。整个民族的文化因此遭受了极其严重的破坏。

这种非理性的恐慌正是乾隆所期望的。

乾隆四十三年（1778年），乾隆看到徐述夔所著《一柱楼诗》中有"明朝期振翮，一举去清都"一句，认为"去清都"就是想要消灭清朝之意，"明朝（诗中此处应读为 zhāo，即早晨）"就是"明朝（cháo，即朝代）"，整句诗连起来就是希望明朝复兴、清朝灭亡之意，大逆不道。徐述夔及其儿子已死，被判开棺戮尸、枭首示众；参与其诗集出版校对的五人被判处斩立决，后改为斩监候。徐述夔的两个曾孙和三个孙媳妇，给功臣之家为奴。为其诗集作序的毛澄杖一百、流三千里。江西布政使陶易也读过这句诗，但认为没有问题，想要放过徐述夔一家，被认为跟海成一样是玩忽职守，丧尽天良，因此革职下狱，判处斩立决，皇帝"加恩"改为斩监候。

戴昆是康雍时人，早已身故，地方官查办禁书时，发现他的书中有"长明宁易得""短发支长恨"这样的句子，上报之后，被刨坟戮尸。他的孙子戴世道六十多岁了，因刊刻了这本书，"奉旨斩决"。湖北黄梅人石卓槐书中有"大道日以没，谁与相维持""厮养功名何足异，衣冠都作金银气"之句，不过发了点牢骚，被凌迟处死，亲属缘坐。乾隆四十七年（1782年）有人告发卓长龄（康熙时人）著有《忆鸣集》，"忆鸣"二字，实寓"追忆前明"之意，结果卓长龄之孙卓天柱因私藏禁书，"从宽"改斩监候，秋后处决。[1]

乾隆皇帝智商极高、心思细密，精通中国文化与历史，对中文诗词的理解绝无困难。早年的时候，他还曾经信誓旦旦地说过"朕从不以语言文字罪人"。[2] 在向全天下征集图书的时候，还假意宣称文字错误完全可以理解和宽容，甚至特别宽赦了屈大均一家。但在某些特定时期，他却随便根据几个字就捕风捉影地胡乱杀人。像"明朝期振翮，一举去清都"，明明就是在拍统治者马屁的文字——"明天期待着像大鹏展翅一样，飞往大清王朝的首都"，竟然被他曲解为反清复明。这显然完全是精心设计的通盘谋划，是纯粹理性的决定。

根据历史学家的估计，在编纂《四库全书》的过程中，官方共销毁了大约15万册图书。[3] 而民间因为恐慌而自行销毁的图书数量则完全不可估计。但这些都只是明面上的损失，真正的损失是潜在的。那些被"文字狱"的恐惧所中断的新思想文化创造，才是中华民族最大的损失。

此外，在被销毁的书单中，还有明代大量的军事书籍。因为这类书籍里边关于汉族和少数民族作战的记载实在是太多了，很容易就可以找到文字犯忌讳的地方。满洲人以骑射征服中国，自然也看不上这些科技，同时也需要警惕汉人利用这些兵法和科技。清朝的时候，民间练武都只许练拳脚不准练兵器，各

---

[1] 张宏杰：《饥饿的盛世》，重庆出版社，2016年版。
[2] 《着孙嘉淦查明谢济世注书具奏谕》。见《清代文字狱档》，上海书店出版社，2011年版。
[3] 张宏杰：《饥饿的盛世》，重庆出版社，2016年版。

种兵书自然也需要加以禁绝。兵法之类的东西烧了也就烧了，问题是军事书籍中间还有许多军事科技的记载，也随之消失。

军事科技不仅是用来打仗，它也是一个国家科技知识的重要载体，人类历史上诸多重要的技术进步都来自军事领域。军事科技的失传，对一个国家的文明进步而言同样也是巨大的损失。

这是继明清换代的残酷战争之后，中华文明遭遇的第二次毁灭。它是战争在思想文化领域的延伸，以军事暴力为后盾向思想文化开刀，其根本目标则是消灭因为战争所带来的政权合法性疑问。

消灭记忆的工作做得很细，连地方志书也进行了严格的审查和重新编辑。雍正和乾隆都亲自审查过新编的地方志，确保关于入关屠杀等各种对清朝不利的记录都被删除得干干净净，参加过抗清斗争或者卷入过"文字狱"的文人言行也不准出现在地方志中。明朝编写的大批地方志于是失传。

由于我们已经看不到这些文献，也就不知道我们今天对明朝的认识有哪些缺失。就好像一个失去某些记忆的人，他当然不会知道自己到底忘记了什么。

五、忠君理学：清朝对儒家道统的打击与改造

乾隆毁掉了中国文化的很多东西，同时也保存并大力宣扬了很多东西。他秉承康熙、雍正的政治路线，将鼓吹"忠臣孝子"思想的相关文字保存了下来，理学思想作为官方意识形态大行其道，很多新的文化艺术作品也纷纷围绕"忠臣"和"孝子"两大主题粉墨登场。以军事暴力为后盾、理学思想为意识形态指引的满汉联合专政政权得到了进一步的完善和巩固。

不过，康、雍、乾三位皇帝也都头脑清醒地看到，联合专政的前提必须是满洲勋贵第一、汉族士绅第二；暴力第一、理学第二。这种排序跟宋明理学存在着一些根本性的冲突，为此，必须对传统理学思想进行改造，才能使其更好地适应和服务于大清专制统治的需要。乾隆也跟康熙、雍正一样，在大搞文字狱的同时，十分注意推动打击"假道学"的活动。

道学就是理学的另一个说法。早在宋明时期，就有"假道学"的说法。但

它跟清朝皇帝反对的"假道学"不是一个意思。宋明时期的"假道学",是指的某些道学家非常虚伪,坚持严于律人、宽以待己,满嘴的仁义道德。但这只是对道学表面上的抨击,无非是说道学对个人的品行要求过高,甚至有些道德标准违反人性,连很多提倡道学的人自己也做不到。

清朝皇帝反对的"假道学"则要深刻得多。

理学家所倡导的圣人般的道德标准,比如不贪财不好色、以天下兴亡百姓安乐为己任等,固然十分苛刻高调,但在理学理论上都是"真理论",是理学学者必须努力通过修身养性、格物致知等方法达到的境界。很多人做不到,不代表理论不对,毕竟真的有很多笃信理学的人做到了,或者说已经尽最大努力去做了。

理学真正深层次的问题,在于道学—理学理论的本质,是文官集团寻找自身独立性乃至统治地位的意识形态。大一统国家形成以后,外部军事威胁降低,行政系统重要性上升。文官集团依靠对经济社会的掌控能力,可以有效制约军事权力,他们就需要一种理论来为自己的地位提供支撑。这就是道学。

道学跟传统儒学的区别就是特别强调"道统",把对天道的解释权交到儒家圣人手里,也就消解了皇帝对天道的代理权。所以,从根本上讲,道学跟忠君是天生敌对的,它的思想根基就是忠于天道而不是忠于皇帝。拿到天道的解释权以后,儒家士大夫就可以对上对抗皇权,对下搞宗法专制。

对皇帝,他们正气凛然,把"忠君"的口号喊得震天响,但"忠君"并不是听命于皇帝,而是"致君尧舜",也就是把皇帝培养成尧舜一样的君主。根据儒家经典,尧舜的标准就是"垂衣裳而天下治",出席礼仪活动、给天下臣民做好孝敬父母管教儿女的表率,然后剩下的具体政治决策全都交给文官去做。

对自己,道学理学的理论是要按照圣人的标准做事,不贪财不好色、认真学习道学,以天下和平、百姓安乐为己任——但无须接受外部监督,主要靠自己修身养性来实现。

对老百姓,他们要求其要绝对服从,按照宗法原则进行管理。

道学理学的理论核心,一言以蔽之——"虚君臣、实父子"。君权只是他们推行宗法专制制度的一个幌子。这个理论有一定的进步意义,它强调知识分子的人格独立和思想独立，主要体现在"虚君臣"这个诉求上；它也有强烈的反动意义，就是通过"实父子"来强化宗法专制对人民的控制力。

这套理论在宋朝以及明朝中后期得到了比较完整的应用。理学文官主导国家治理内政，把经济搞得比较繁荣，社会也相对比较安定，这是他们的一大成就——当然皇帝、武将、太监、心学学者等也都有很大贡献，不独是理学文官的功劳，只是说他们确实也有功劳。但问题也很突出：宗法宗族制度固然有利于社会稳定，也极大地加强了社会两极分化、阶层固化，人的个性自由和创造精神也无从谈起。总的来说，宋明理学是一个官僚集团和地主士绅阶级剥削和压迫人民的意识形态工具。

这套意识形态主导的社会很不稳定。"虚君"以后，一方面国家没有一个最终责任主体，官僚士绅们失去皇权的监督，对下权力又不受限制，腐化速度惊人；另一方面，军事集团的力量被过度削弱，宋明的士大夫们大搞"文官统兵"这种怪胎政策，国家军事力量因此被严重削弱。最后，宋明都完整地亡于北方民族入主中原，让中原文明遭遇浩劫。

改变这种不稳定状态，主要有两个方向。

一个是心学学派所倡议的改革，把"虚君臣、实父子"改为"虚君臣、虚父子"。也就是彻底改革宗法伦理和它的上层建筑，既不要君主专制也不要宗族统治，把个体从家族宗法中解放出来，以人的个性解放和思想自由为基础重建一套新的伦理体系，建立一个新社会。西方是通过宗教改革和启蒙运动来实现的，现代社会治理的诸多基本理念——自由、法治、民主等思想都源自其中。心学革命与之类似，是中国通过内部改革走向近代化的思想先声，也是明末东南沿海商业和手工业高度发达背景下新兴市民阶层的呼声。

心学思想与理学思想都是儒家思想，但心学更强调知识分子的人格和思想独立，并且把这种独立性推广到全体人类，喊出"良知良能，愚夫愚妇与圣人同"的口号，打破少数圣贤垄断天道的解释权，力图推动社会改革为普通人争取平等自由。

这个方案遭到了理学士大夫们的疯狂反对，东林党是他们的典型代表。他们认为明末社会的一切乱象都是宗法伦理未能得到彻底贯彻的结果，主张用宗法专制来管理和控制新兴的工商业市民阶层。因此他们认为心学是惑乱人心的学问。心学革命最终未能成功，心学革命的失败也就意味着明朝失去了通过和平改革进入近代社会的可能。

第二个改革方向，就是把"虚君臣、实父子"改为"实君臣、实父子"。也就是牺牲理学思想中追求知识分子人格独立的原则，引进一个掌握强大暴力但认可宗法专制的独裁君主，借助他和他背后的军事集团力量来维护宗法专制，对内镇压人民反抗、对外保障国防安全。这样，理学士大夫们的日子就比宋明要过得差一些，不得不在独裁君主面前卑躬屈膝当奴才。如果再吹嘘自己掌握了"道统"，可以跟君权对抗，就只能被拉出去砍脑袋。但好处是换来了安全感，消除了军事力量不足带来的不稳定性，他们在做完奴才之余，可以更加放心大胆地剥削和压迫百姓、族人和妻妾。

理学士绅们最终半推半就地选择了这第二条道路。有"推"的一面，因为实在不如宋明时代舒服，但更多的是"就"的一面。

康熙在宣布尊崇理学道统的同时，也开始了对理学思想的改造。主要的方式就是以自己的名义对理学经典进行辑录注解，指导李光地等汉族学者编辑了《周易折中》《性理精义》《朱子全书》等书，钦定为理学权威著作。他还对宋明理学进行了批判，主要是指责一些理学学者空谈道统，对现实事务一窍不通，于国家人民无益，将汤斌、张伯行等人斥为"伪理学家""徒拾浮词，沽名要誉"。只有踏踏实实做官做事，把皇帝的旨意认真落实执行的才是"真理学"。此外，他还通过对理学经典文献的"考证"，又结合"格物致知"的方法，得出结论：儒家文明发源地泰山，其龙脉来自满洲起家的长白山脉。[①] 总之，就是要以满洲皇帝的身份兼任"理学教主"，掌握理学思想的最终解释权。

总的来说，康熙的动作还算比较温和，对理学的某些批判也并非全无道理。

到了雍正，改造力度进一步加强。雍正反复向臣下强调，理学的核心就是"忠君"，"为人臣者，义当惟知有君"。而忠君的标准就是绝对听话。他直截了

[①] 《御制文集第四集》卷27《几暇格物篇》："朕细考形势，深究地络，遣人航海测量，知泰山实发龙于长白山也"，"长白山之龙，放海而为泰山也"。

当地说，人臣时时刻刻都要与皇帝统一思想，不许有自己的独立意志。

雍正在《御制朋党论》中说：欧阳修写过一篇文章叫《朋党论》，要是他活到今天，非收拾他不可。雍正认为，欧阳修主张君子要寻找志同道合之人多交朋友——这种观点是错误的，大臣身心都应该属于君主，不应该交朋友，而应该全身心地投入到服从君主意志的工作中去。朋党问题是宋明覆灭的主要原因，要根除朋党，就需要全国上下统一思想。要统一思想，那么一切是非标准就应该由皇帝决定。如果大臣们都能坚持以皇帝的好恶为好恶，以皇帝的是非为是非，就不会结党了。[1]

在这套理论指导下，儒家学者的人格与思想独立便无从谈起。雍正抓住了"伪道学"的根子，就是把道学中"忠君"的口号坐实。这让道学家们有口难辩，因为理学经典确实讲了要忠君。他们总不能说：我们讲忠君本来就拿来骗皇帝的，你怎么能当真呢？

到了乾隆这里，"忠君理学"又有了进一步的发展。他提出了"奸臣－名臣一体论"：名臣跟奸臣一样，都不是什么好东西。奸臣当然坏，但名臣的出现，同样说明君权式微，非国家社稷之福。所以，本朝既不允许奸臣出现，也不会允许名臣出现。也就是说，所有臣民不分大小，都应该只是皇帝卑微听话的臣子。

乾隆训诫大小臣工、读书士子，对道学只有努力学习和躬身实践的义务，决不允许以"道统"自居。有些官员在民间颇有政声，在其离任以后，地方上就会有人民或士绅为其立生祠、德政碑，以示怀念。乾隆认为，这些东西都是臣下想要抛开皇帝另立道统的迹象，下令各地将为清朝官员所立的祠堂和功德碑全部摧毁。

乾隆四十六年（1781年），退休的大理寺卿、著名理学家尹嘉铨给皇帝上书，说本朝自顺治康熙至今，已经出现了好几位名扬天下的理学名臣，比如汤斌、范文程、李光地、张伯行等。他们的思想言行，都是理学思想的伟大典范，为后人树立了光辉的榜样。因此建议让他们"从祀孔庙"，也就是在孔子牌位旁边

---

[1] 张宏杰：《饥饿的盛世》，重庆出版社，2016年版。

第五章　千面乾隆：帝制盛极而衰的宿命

给他们也留个位置，受后人一起祭祀，以起到"光大圣道"的作用。尹嘉铨还把自己的父亲也列入了从祀孔庙的候选名单。

乾隆皇帝看到这份奏章，勃然大怒，在上面批示："大肆狂吠，不可恕矣！"

尹嘉铨立即就被逮捕并抄家。乾隆抄家的特点就是重点不在财产而在文字。这次抄尹嘉铨的家，乾隆特别指示，尹嘉铨"丧心病狂，实出寻常之外"，所以更要格外注意他平时妄自撰写的文章。所有诗册书信等都要细心搜查。

尹氏是理学世家，家中藏书自然不少。经过搜查，总共查出书籍310套、散书1539本，未装订的书籍1柜，书版1200块，以及书信113封。[1]乾隆亲自带领一批翰林学士，仔细审读这些文字。

审查的结果，果然找到了数十处违禁文字。其中最重要的有两处。

第一处，是尹嘉铨撰写了一本《名臣言行录》，把清朝的一些名臣包括张廷玉、鄂尔泰列了进去，记载了他们的一些言行，还做了点评。这种做法显然违反了皇帝关于本朝无奸臣也无名臣的旨意，而且这些大臣的言行朝廷已有记录，其褒贬朝廷已有定论，尹嘉铨竟敢私自再做记录点评，这就是在朝廷决议之外另立善恶功过标准。

第二处，其著作中有一句："朋党之说起而父师之教衰，君亦安能独尊其上哉？"显然是在攻击雍正的《御制朋党论》，为欧阳修的《朋党论》辩护。这句话体现了道学的基本思想：士大夫要根据自己对道义、天道的理解团结起来，然后才在此基础上尊君。这是乾隆决不能接受的。

此外，尹嘉铨书信中还有"为帝者师"等语，原本也是理学士大夫们自我标榜吹嘘的话头，乾隆抓住这句话大做文章，颁下谕旨让诸大臣评议：你们说说看，尹嘉铨的道德文章配做朕的师傅吗？大臣们一致表示，皇帝陛下学识渊博、天降英明，应该是全天下人的老师，而尹嘉铨不学无术、卑鄙下流，竟然妄想给皇帝当老师，实在是大逆不道、罪该万死。

最后，刑部照例判处尹嘉铨凌迟处死，满门抄斩，女性为奴等等。再由皇帝大发慈悲，只将尹嘉铨绞死，家人宽免。其所有著作全部销毁，并通令全国

---

[1]　张宏杰：《饥饿的盛世》，重庆出版社，2016年版。

搜查其著述有无流传，也一律追缴销毁。①

经过康、雍、乾三代帝王，"忠君理学"终于成功替代"道统理学"，建立了一个完美契合满汉联合专政体制的意识形态体系。君主独裁和宗法专制浑然一体。

这个过程中，理学士绅们确实受了不少"委屈"，因为他们在国家中的地位从老大变成了老二，降了一级。但借助满军的军事暴力，他们得到了一个稳定的宗法社会，既不担心外敌入侵丢人现眼，也不担心人民造反——这些事儿都由八旗军事集团帮他们搞定，这样他们就可以放心大胆地骑在中国人民头上作威作福了。这个最终的结果，他们还是满意的。

意识形态工程完工以后，一个空前强大和完善的"宗法专制理想国"终于构建完成。满洲统治集团通过与汉族士绅在权力分配和意识形态方面的成功联合，跳出了中国历史上"胡虏无百年国运"的诅咒，大大超越元朝不足100年的寿命，建立了一个在空间和时间上都足以与汉、唐、明相提并论的超级帝国。

六、带头贪腐：晚年乾隆与宠臣和珅

到了乾隆四十七年（1782年），70多岁的皇帝终于对自己的"文治武功"感到满意了。一些犯忌讳的文字送到皇帝那里，也不再要求深究，有时候奏报者还会被皇帝骂一顿无事生非。这样，文字狱的数量就迅速减少。到了乾隆五十年（1785年），他公开宣布，对"字句微疵，朕从不肯有意吹求"。上谕一下，全国文字狱便迅速中止。

实际上，在年过70以后，乾隆不仅放松了文字狱，对日常政务的处理也松懈了下来。他把国家大小事务都交给和珅，自己开始享受物质生活。和珅是满人，从小就接受精英训练，精通满、汉、藏、蒙四种文字，为人聪明伶俐、办事干练，本来是御前侍卫，其才能被乾隆发现后就迅速提拔成为国家重臣。他不仅负责

---

① 《清代文字狱档》，上海书店出版社，2011年版。

处理国家政务，还负责帮乾隆皇帝管钱。

清朝皇帝的开支同明朝一样，都独立于中央财政。皇帝要追求享乐，动用户部的钱很不方便，每次都要公开下旨。明朝皇帝朝户部要钱一般都会被讨价还价一番，打个折，也可能直接被顶回去。清朝大臣虽然不敢这么干，但皇帝公开要钱总是一件没面子的事。只有皇帝把自己的钱包（也就是内务府钱库）搞得鼓鼓的，花钱享乐才比较方便。清皇室的财源主要是三大块：第一块是皇室庄园收入；第二块是部分关税（包括海关和内陆税关）和盐税——户部和内务府按照一定比例分配；第三块是各种产业经营以及理财。前面两块是常规的，第三块弹性较大。和珅是一个经商天才，非常善于投资理财，出色打理了乾隆的各项产业。

和珅还创造性地把"议罪银"制度化，代替传统的"罚俸"。地方官员犯了错误，只需要给皇帝交一笔"议罪银"就可以免罪或者减轻处罚。这笔银子跟"罚俸"有两大区别，第一是数额很大，动辄数万两银子；第二是这笔银子不进户部，直接进内务府落入皇帝的腰包。"议罪银"制度化，相当于重新恢复了乾隆二十三年（1758年）废除的"完赃减等"制度，而且变得更糟糕。因为"议罪银"没有计算规则，和珅说收多少合适就收多少。比如前内务府总管西宁，因为替皇帝做生意时办理不善，商人拖欠甚多，皇帝一怒之下要砍他的头。和珅帮忙从中说和，议定西宁交8万两罚款了事。这个的标准定得很准确，正好把西宁家刮得精光。

官员们很欢迎这个制度，毕竟钱财乃身外之物，保住官位和性命更重要。不少大臣主动要求交纳议罪银。河南巡抚毕沅以未能迅速搜获要犯，自请罚银2万两；陕甘总督勒尔谨以失察客商走私玉石自行议罪，缴银4万两。最夸张的是河南巡抚何裕城主动报告，自己有一次不小心，把香灰弄到了朱批奏折上，因此惶惶不可终日，请求罚银3万两。手笔之大连皇帝都觉得有点不好意思，遂降旨说：没有那么严重，加恩宽免银2万两，交1万两上来就可以了。[①]

"议罪"的银子，相当于官员向皇帝个人的贿赂。这些银子当然全都来自对

---

① 张宏杰：《饥饿的盛世》，重庆出版社，2016年版。

民间的搜刮，而且会层层放大，督抚交1万两，就会向州县索取三五万两，州县官员就敢向百姓勒索10万两。在此过程中，和珅自己也大收贿赂、中饱私囊，成为仅次于皇帝的全国第二富豪。

乾隆晚年享乐的另一个大头就是收受地方官员的各种"贡品"。

当官员们发现皇帝对贡品的关注程度高于违禁文字以后，立马就拿出查抄违禁图书的劲头来从民间搜刮各种奇珍异宝。

进贡的借口很多：皇帝出巡经过地方，大臣所献贡品称"迎銮贡"；皇帝每年去热河避暑，所献贡品称"木兰贡"；大臣们进京觐见皇帝，所献贡品称"陛见贡"；皇帝提拔加恩，所献贡品称"谢恩贡"；有时，皇帝想要某种东西又实在没有借口，就干脆称"传办贡"。乾隆四十五年（1780年），皇帝七十大寿，全国掀起进贡狂潮。进京献贡的车辆竟然有3万多辆。这些贡车为了抢先进京，争夺道路，打着火把日夜兼程。数百万平方公里的土地上，各条官道一路灯火辉煌、铃响马嘶，场面极其壮观。

乾隆最喜欢的贡品，包括各种古代书画、西洋钟表和精制玉器瓷器等高级工艺品。广州地区进口的钟表价格因此暴涨。目前收藏在故宫的上万件古玉中，大多数都是乾隆时期各地官员进贡的。全国各地的书画珍品也大量涌入皇宫。乾隆最开心的事情就是鉴赏书画之后在上边盖上自己的各种印章，或者加以题词，今天故宫收藏的几乎所有古字画上都能看到乾隆的印章或字迹，有些玉器瓷器上也刻上了他的题词。

为了表示"客气"，皇帝一般会退回三分之一到三分之二的贡品。这些退回的部分，就成了官员们的合法收藏。打着"办贡"的旗号向民间搜刮勒索的风气自然也越来越烈。

乾隆还特别喜爱到各地巡视，尤其以六次下江南而闻名。早期这种巡视以政务目的为主，视察各种工程、民生情况等，也有宣示皇权的政治含义。但到了乾隆中后期，巡视就逐渐演化成为一种声势浩大的享乐活动。所过之处，各地官员疯狂进献金银美食、奇珍异宝，营建行宫豪宅，以博取皇帝和他身边亲信——主要是和珅——的欢心。柏杨在《中国人史纲》中将乾隆下江南的巡视队伍称为"蝗虫集团"，可以说是非常形象了。

在清王朝这种君主绝对专制的体制下，特别是经过"文字狱"和对"伪道学"的严厉打击以后，官场必然充斥着无耻的投机分子。他们缺乏高尚的政治理想，有的只是投机钻营的私欲。其中固然不乏能干之员，但真正有操守的人却极少。这种情况下，政府的行政效率只能靠皇帝本人支撑。当皇帝强势、聪明而且高度负责的时候，政府可以爆发出惊人的高效率。中青年时期的乾隆就是这样一个典范：他精力旺盛、责任心强，每天天不亮就穿戴整齐在大殿看书，等待大臣们来上班奏事，然后一直工作到深夜，几乎没有休息。每一份奏章都会仔细阅读批示，尽量不放过任何一个可能被臣下欺隐的细节。而一旦皇帝本人松懈下来，官僚们没有任何责任心支撑其完成本职工作，就会立刻以惊人的速度腐化堕落，消极怠工。明朝时期，明武宗朱厚照外出巡视边关或者嘉靖皇帝热衷修道时，文官们仍然能够极力维持政府效率，但到了清朝则不会出现这种情况，起码绝不可能在乾隆时代出现。因为明朝的文官把自己当成天下国家的主人——他们也确实是，清朝的官员则不可能有这种主人意识——他们也确实不是。

乾隆中前期，承接雍正时代的良好风气，又有皇帝本人励精图治，官场尚属清廉高效。平定准噶尔之后，皇帝把工作重心放到了"文治"问题上，花费大量时间和精力去审读各种违碍文字，在正儿八经的政务上花的时间也就少了。大家也看明白了，不管是救灾还是反腐，在皇帝心头的分量都比不上"违碍文字"。官场的腐化开始不断升级，到乾隆四十五年（1780年）之后，更是一发不可收拾。

乾隆前期，贪污案件极少发生。偶有发生，贪污额亦不大。到了中后期，腐败案接连爆发，涉案金额成倍、成十倍增长，官员贪污动辄数万、数十万两。窝案、串案迅速增多，腐败呈集团化、公开化趋势。大家对腐败已经不以为耻，反以为常。办一件事，安排一项工作，升一次官，枉一回法，需要多少钱，都有心照不宣的规定。为了自保，腐败者在政治上拉帮结派，经济上相互牵连，结成了利益同盟，呈现出明显的群体性，即"窝案""串案"。乾隆四十六年到四十九年（1781年至1784年），朝廷一连查出了五起贪污大案，都是"办一案，牵一串；查一个，带一窝"。常常是一人犯案，会导致一省官僚体系瘫痪。[①]

乾隆四十六年（1781年）的甘肃冒赈大案，甘肃官员们知道皇帝在救灾方面很舍得花钱，就以救济旱灾的名义集体私分数百万两公款，持续7年之久，全省知县以上官员全部参与，也没有一个官员举报。如果不是西北发生大规模叛乱，中央军队进入甘肃后发现当地并无连年旱灾，此事绝不会暴露。更神的是，首犯王亶望被抄家以后，负责审理此案的闽浙总督陈辉祖（清朝九位最高级的封疆大臣之一，统管福建、浙江、台湾三省军民政务）竟然将王亶望家里的贵重珍玩给"掉包"私吞，替换成一些普通物品充公入库。乾隆皇帝之前接受过王亶望的"贡品"，按照退回三分之一的惯例，有几件看上眼的好东西也忍痛割爱退了回去。他亲自检查抄家上来的物品，想把那几件好东西再挑出来把玩把玩，这才发现问题。一查之下，陈辉祖和他的弟弟陈严祖一边查案一边大力贪污受贿的行为暴露了，而且福建还查出来巨额亏空。陈辉祖兄弟二人都被处死。

另一个被牵连的重臣是已经去世的军机大臣于敏中，他生前在乾隆面前积极主张为甘肃赈灾减免钱粮、开放捐输、拨放救灾款等。于敏中是《四库全书》总裁，著名理学家，以清廉正直而出名，也是张廷玉之后担任军机大臣时间最长的汉人，深受乾隆信任。但他死后，家里发生了争夺财产的事情，闹到了中央。乾隆派人调查，发现于敏中竟然积累了超过200万两银子的家产。[②]须知明朝第一权臣张居正当10年首辅，死后被东林党攻击为生活奢侈、贪污腐化，抄家才抄出来家产10万两。即使考虑通货膨胀因素，于敏中的家产也是张居正的好几倍。明朝第一大贪官太监刘瑾，最后抄家才抄出来200万两银子的家产。而乾隆朝一个以清廉著称的官员都有200万两家产，相比之下就知道此时官场的腐败程度如何了。乾隆一直疑惑于敏中的巨额家产是从哪里来的，直到甘肃冒赈案发，才知道其中奥妙。虽然于敏中人已经死了，不再治罪，但乾隆下旨把他的牌位撤出贤良祠，以昭警戒。

[①] 张宏杰：《饥饿的盛世》，重庆出版社，2016年版。
[②] 赵紫娟：《于敏中与乾隆朝政治》，辽宁师范大学硕士学位论文，2019年5月。

从这个贪腐大案中可以看出，当时官场之腐败无耻、胆大妄为。总督、巡抚、军机大臣尚且如此，下边的情况就更不堪问了。

这些贪腐的总根源，其实就在皇帝本人。从国家体制来看，皇帝和皇室的合法收入是有范围有界限的，皇室的婚丧嫁娶等关系国家礼仪的个人事务也可以找国库出钱，超过这个范围向臣下索取"议罪银"和贡品，严格来讲都属于贪污受贿。皇帝大开贿赂之门，手下的官员们想不贪腐也不可能了。

七、闭关锁国：贸易的繁荣与思想的贫困

对自己缔造的这个"盛世"，乾隆本人可谓相当满意——疆域广大、人口众多、社会安定、君权稳固，皇帝本人也长寿健康，实在是挑不出一点毛病出来。他自己也在诏书中反复夸耀："得国之正、扩土之广、臣服之普、民庶之安，虽非大当，可谓小康。"还将自己跟汉武帝、唐太宗、元世祖、明太祖等人比较——综合来看他们似乎都不如自己的文治武功完美。

不过，乾隆八十大寿的这一年，内阁学士尹壮图的一道奏折破坏了乾隆自我陶醉的好心情。尹壮图在奏折中说，三年前他父亲去世，自己回云南老家守孝，一往一返穿越大半个中国，发现国家问题严重，"各督抚声名狼藉，吏治废弛"，自己在经过直隶、山东、河南、江浙、广西、贵州等地时，问起大家对政府的看法，"商民半皆蹙额兴叹"，而且各省皆有亏空。请皇帝派遣大员去认真调查，严加整顿。

乾隆看了非常生气，在奏折上批示道："竟似居今之世，民不堪命矣？"[①]

他当天就下达长篇谕旨，公开尹壮图的奏章，然后说：朕当皇帝已经五十五年了，自谓勤政爱民，无愧于天下，天下万民断断不至于泯灭天良而心怀抱怨。要是尹壮图所言属实，那我这五十多年的皇帝岂不是白干了——都被大小臣工所蒙蔽，对外间的实际情形，竟然全不察觉？

为此，他跟尹壮图打赌，派钦差大臣带着尹壮图一起到全国各地巡查，看

[①]《清高宗实录·卷之一千三百六十七》。

看到底是哪些官员声名狼藉，哪些地方府库亏空，哪些人民怨声载道。

打赌的结果毫无悬念，当然是尹壮图输。他跟着钦差大臣走了一圈，各地官员严防死守，啥也没查出来。尹壮图因为"协诈欺公、妄生异议"被刑部判处死刑。老皇帝开恩，只给了一个革职留任的处分。还是尹壮图自己知趣，主动要求辞职回家赡养老母，得到批准。

尹壮图的口是被堵住了，理学文人们也乐得将乾隆时代描绘为国强民富的盛世，因为他们也是这个盛世的受益者。但真实的情形还是被一些人记录了下来。这些记录不在"文字狱"打击的范围内，因而得以流传。

尹壮图上书之后三年，乾隆五十八年（1793年）七月，英国贸易使团在马戛尔尼勋爵的带领下到达中国天津大沽口。他们以向皇帝贺寿为由请求进京觐见，想说服皇帝增加对英国贸易的口岸数量。因为当时对英国贸易的口岸只有广州一处，他们希望可以在浙江沿海的宁波，以及北方的天津等地增设口岸。此外，如果可能，还希望得到一个沿海岛屿用来存放货物，并且派遣外交使臣常驻北京，还有就是减少外贸管制，取消洋行中介，让英国和中国商人可以直接交易。

乾隆同意了他们朝觐的请求，因为如此遥远的国家来向天朝进贡，是伟大盛世的一个标志。而且，他一直知道西洋的钟表机器非常精巧，但以前都是广州洋行转手购买而来，这次西洋的国王亲自挑选进贡的物品，应该会比洋行买的更好一些，这是他尤其期盼的。

但觐见的结果双方都不太满意。英国使团送来的钟表等工艺品并不比广州洋行的更精巧。英国人还送来了火枪、大炮、天文仪器、战列舰模型等，用来展示他们高超的科技成就。但乾隆皇帝拥有几十种非常精巧的火枪，并且可以非常熟练地用它们狩猎，英国使团进贡的火器并没有达到可以让他惊叹的程度。至于天文仪器和战列舰模型，由于翻译上的困难，英国人最终并没有让乾隆搞清楚它们到底厉害在哪里。

马戛尔尼提出的请求被全部拒绝。不过这倒跟乾隆对"贡品"的满意程度关系不大。清政府对欧洲国家的贸易政策并不基于皇帝心情好坏而制定，而是基于整个国家长远战略利益的考虑。

清政府并不反对对外贸易，乾隆皇帝个人的收入有很大一部分就来自关税。所谓清朝统治者盲目自大、对外部世界一无所知的说法也并不准确，康熙就认真学习过西方的数学和近代科学知识，乾隆也特别喜欢广州进口的西洋钟表等工艺品。

清朝统治者真正担心的问题是：西洋人不如朝鲜等传统属国那么可靠，汉人可能会和西洋人勾结起来反抗满洲的统治。所以，清朝对外贸易的基本思路并不是简单的闭关锁国，而是货物可以随便买卖，人不能随便进出。

为此，他们才限定英国人只能在广州通商，而且不许直接跟中国普通商人做买卖，必须通过政府指定的"洋行"进行代理交易。英国的商品只能卖给洋行，洋行再转卖给中国商人；英国商人要买东西也只能给洋行下订单，由洋行去采购来卖给他们。跟西洋人打交道的，只有那些被清政府认定为在政治上绝对可靠的少数"行商"，普通中国商人并不能直接和西洋人接触。

这种限制和担心的根源，在于满洲人自己在海洋军事和贸易方面的无能为力。

满族和蒙古族受生活习惯、科技文明程度的影响，并不适应热带和海洋上的生活，所以在中原驻防八旗的九大驻地中，最南边的广州和福州两地没有满蒙士兵，只有汉军。清军长期以来也一直没有自己的海军。明清交战的时候，明朝利用海军优势，从山东半岛向辽东半岛和朝鲜半岛运输战略物资，支撑起了毛文龙在皮岛的抗清活动。郑成功父子割据台湾抗清，清朝也只能采取"禁海迁界"的野蛮政策来隔断他们和大陆的经济联系，在军事上长期无能为力。

后来，郑成功手下的海军将领施琅叛变投清，才帮助清政府建立起自己的海军，成功收复台湾。

尽管为清政府如此卖命，这支汉人统率的军队也并不能让清政府放心。由于满洲将领不具备指挥海军的能力，满蒙士兵也很难参与海上作战，清政府在收复台湾以后，也就基本停止了海军发展，防止汉人独立掌握一支有实力的军队。清朝中前期的水上军事力量，主要以内河和沿海巡防的传统水师为主，实力很弱。

收复台湾之后一段时间，海禁政策放宽了。施琅在康熙二十二年（1683年）收复台湾，到康熙二十三年（1684年），朝廷就决定以广州、漳州、宁波、云台山四个城市为对外通商港口，允许外国商船前来互市贸易，管理来往商船，征收关税。此后 30 多年，东南沿海贸易一直比较自由，经济恢复得也很快。

但是，到了康熙五十五年（公元 1716 年），清政府的海洋贸易政策再次收紧。

这年的十二月廿五，康熙与大学士、九卿们突然聊起了海防的事。康熙说，以前江苏巡抚张伯行奏报，内地之民出海时带大米很多，朕怀疑这些大米都卖到了海外。而海外有吕宋（今菲律宾）、噶罗吧（今印尼）两处地方，吕宋为西班牙所占，噶罗吧为荷兰所占，这两处藏匿盗贼很多，内地之民载米而去，不仅把船卖了，有时人也留在那里，致使内地粮食、船只、人口流失严重。

第二天，即十二月廿六，听政结束后，康熙再次就海防发表了长篇大论，以此为标志，拉开了清朝新一轮闭关锁国的序幕。

康熙说，他以前下江南，访问苏州船厂得知，每年造船出洋者千余艘，而回来的不过十之五六（言外之意，船卖到海外了）。吕宋、噶罗吧从明朝开始就有汉人聚集，已成为海贼。张伯行所说出海贩米，虽未尽可信，但不可不防，因此，应禁止商船去南洋贸易。

说到这里，大概臣工们也有点糊涂了：所谓的卖船卖米，不过是捕风捉影的猜测而已，即便有这样的事情，只要出海时严格盘查即可，现在居然要为此禁止南洋贸易，是不是有些小题大做了？

康熙也清楚大家的疑虑，于是做出了总结性发言："海外如西洋等国，千百年后中国恐受其累，此朕逆料之言。"单从这句话看，康熙已经预料到西方国家将会是中国之患。看起来他很有洞察力。但说完这句话，他却突然跳过贸易话题，大谈满汉关系。他说："汉人心不齐，如满洲蒙古数十万人皆一心。朕临御多年，每以汉人为难治，以其不能一心之故。"[①]

注意，这里的"心不齐"和"不能一心"不是指汉人内部不团结，而是指他们跟清政府不是一条心，也就是对满洲政权忠诚度比较低。结合上下文，康熙这番话的意思是：西洋国家是中国大患，可汉人与大清国心不齐，还跑到西洋国家控制的南洋卖米卖船，人还留在那里，如果与西洋勾结，那就麻烦了。

[①]《清圣祖实录·卷之四十一》。

康熙由此说出了他内心深处的真实顾虑：如果是满族人和蒙古族人去跟西洋人做生意，那我是可以放心的，但现实是跟西洋人做生意的尽是汉人，那么就很危险了。可见，康熙的"千百年后中国恐受其累"并不是洞察到了西方国家的崛起，不过是预想汉人将来可能会和西人勾结起来威胁清朝统治。

为了防患于未然，那就要想办法禁绝汉人与西洋国家的勾结，限制双方基于贸易的沟通交流就是必然选择。正如道光年间《重纂福建通志》所说的那样："设禁之意，特恐吾民作奸勾夷，以窥中土。"

十二月廿六讲话结束后不久，康熙就下达了南洋禁海令。禁海令并不是禁止贸易，而是禁止沿海地区居民擅自出海，并禁止外国人在中国长期停留，也就是禁绝汉人和海外国家的直接交流。一切贸易必须在政府的严格监督下进行，确保贸易双方只有财货交流而没有思想、文化、科技、武器、感情等其他交流。后来的雍正、乾隆、嘉庆、道光，都严格遵守了这个政策原则。

纯粹从贸易的角度来看，清朝可以算是一个"贸易自由"的国家，跟明朝差不多，比同时期的欧洲国家要自由得多。任何一个国家的商人都可以跟中国做生意，都可以从中国出口或进口任何合法的货物，从中赚钱。清朝的海关税率，在当时世界上主要国家当中，是最低的。虽然有行商，他们会从中赚一笔中间差价，但他们也提供中介服务。行商有20多家，彼此之间既有联合也有竞争，不是完全垄断性的。他们也确实可以帮助远道而来的外国商人快速购买中国商品，销售货物，提供十分重要的资金往来和销售渠道服务。外国商人只要看得清市场需求，并不用担心赚不到钱。相反，当时英国人在印度，只授权东印度公司一家负责印度贸易，那才叫垄断，才叫闭关锁国——当然，锁的不是英国，是其殖民地。跟东印度公司体制相比，中国的行商体制简直就是自由市场的典范。

所谓清朝中前期只有广州一个口岸可以对外贸易的说法也不正确。清朝的外贸体制是不同口岸就近接待不同国家：朝鲜经沈阳入口，缅甸、南掌由云南入口，越南由广西入口，南洋地区的国家如菲律宾等由福建厦门入口，日本由宁波入口，欧美国家从广州入口。实际上同时有十几个口岸对外开放通商。

一口通商并未妨碍中国和西方国家贸易额度的迅猛增加。在1764—1833年鸦片战争前夕的半个多世纪中，英国输入中国的贸易额增加至原来的约 15 倍，中国输入英国的贸易额增加至原来的约 10 倍；1789—1833 年间，美国输入中国的贸易额增加至原来的约 14 倍，中国输入美国的贸易额增加至原来的约 10 倍。① 若以商船为例，据统计，从康熙二十四年（1685 年）到乾隆二十二年（1757 年）的 72 年中，到中国贸易的欧美各国商船有 312 艘，而乾隆二十三年（1758 年）至道光十八年（1838 年）的 80 年间，到粤海关贸易的商船共 5107 艘，增加至 16 倍。②

历史学者泊兆通过对史料的分析研究指出，对外贸易的繁荣，与中国的积极贸易政策不无关系，比如实行减税和免税制度、优待外国商人等。粤海关于康熙二十三年（1684 年）规定，洋船原额税减去"十之二"；康熙二十四年（1685 年）"于原减之外，再减二分"。康熙三十七年（1698 年），又"著减广东海关额税银三万二百八五两"。康熙三十八年（1699 年），减免英商船"原定税收之四分之三，以招揽贸易"。康熙四十七年（1708 年），中国对"暹罗贡使所带货物，请听其随便贸易，并免征税"。乾隆八年（1743 年）又规定：外洋船来"粤等省贸易，带米一万石以上者，免其船货银十分之五，五千石以上者，免十分之三"。乾隆四十九年（1784 年）三月，"又准免珍珠，宝石之税"。道光二年（1822 年）因广州夷商货物被火烧，中国又免收其税。道光十年（1830 年）两广总督李鸿宾又密奏减夷船进口规银，决定"东西洋船饷银俱照额减二征收"。③

正因为中国的这些优惠政策，在华贸易才变得非常有吸引力。

19 世纪 30 年代，英国下议院组织过一个"考察东印度公司的当前情况及大不列颠、印度和中国之间贸易情况小组委员会"。他们查阅了大量文献，在大批和对华贸易有关的英国、美国和印度商人中进行了广泛细致的调查研究，其所出第一次报告书就达五大卷。下面是经营中印贸易的商人阿肯的作证

---

① 严中平等编：《中国近代经济史统计资料选辑》，中国社会科学出版社，表 1 "中英进口贸易价值及其指数"；表 2 "英国在中国对欧美各国贸易中所占的比重（上）"；表 2 "英国在中国对欧美各国贸易中所占的比重（下）"。
② 泊兆：《近代的错误开端——重新认识鸦片战争》，见观察者网专栏。
③ 泊兆：《近代的错误开端——重新认识鸦片战争》。

答词：

　　问：在广州做生意，方不方便？

　　答：极为方便。

　　问：你认为在广州做生意和你在你所熟悉的任何其他商埠同样的方便吗？

　　答：我认为广州更加方便。

　　问：和在印度一样方便吗？

　　答：这比印度方便得多。

　　问：在广州也和在英国同样的方便吗？

　　答：是的，并且更加方便得多。

这个小组最后做出结论说，绝大多数在广州住过的作证人都一致声称广州的生意几乎比世界一切其他地方都更方便更好做。[1]

1836年，英国商人办的《广州周报》还发表了一篇题为《对华自由贸易》的文章，作者认为"与中国人有关的一切事情都很兴旺"，即使没有英国政府官员的保护，"自由商人"也可以很好地照料自己。阻碍只有两个，一是英国政府对进口货（主要是茶叶）征收的重税，二是东印度公司代理人继续插手广州贸易。[2]

看起来，在参与广州贸易的英国商人眼里，中国政府比英国政府更尊重自由贸易。

总之，在货物贸易和金钱往来方面，清朝中期中国的大门几乎是敞开的，不存在闭关锁国的贸易政策。至于通商口岸限制，完全是出于国家安全考虑，而不是为了限制贸易。如同对内实行分而治之的政策一样，清政府对外也同样坚决执行分而治之的政策。不同的国家在不同的口岸通商，以免各国商人联合起来闹事。

乾隆中期，大量英美商人开始尝试到浙江贸易，主要以宁波为口岸。地方政府开始并不禁止，后来规模搞得比较大，引起了朝廷的警觉。乾隆在二十一

---

[1] 严中平：《科学研究方法十讲》。

[2] "Free Trade with China", The Canton Press, June 11th, 1836. 参考泊兆：《近代的错误开端——重新认识鸦片战争》。

年（1756年）下令说："国家绥远通商，宁波原与澳门无异。但于此复多设一市，恐积久居留内地者甚众。海滨要地，殊非防微杜渐之道。"[①] 最终停止了浙江福建等地的英美贸易。

从乾隆的话来看，禁止开放更多口岸，关键还是担心西洋人"居留内地者甚众"，危害海滨国防安全。究其根本，还是因为满洲军事力量对海上商业活动无力控制，又不愿意交给汉人去控制的缘故，而跟皇帝是不是骄傲自大无关，跟清王朝是否重农抑商、思想保守就更没有一点关系。

这种政策可以与明朝末年对比。一方面，明政府直接控制的海军本身就比清朝强大；另一方面，朝廷对海上的民间军事武装也不是很担心，放任郑芝龙这种大型海商海盗军事集团壮大，最后招安了事。后来的历史也证明，郑芝龙集团确实一直忠于明朝——虽然是独立性很强的军阀，但在对外维护国家主权甚至开疆拓土方面则从不含糊。明朝沿海的对外交流全面开放，不仅限于商业贸易，外国人在中国出入很自由，所以我们今天才能看到很多外国人在明末中国各地的生活观察记录，中国学者也因此大量地了解到了西方的近代科技文化成果。究其缘由，关键还是统治者的权力合法性高，没有清朝这种满汉之分的心病。清朝统治者就没有这种自信——他们聪明地认识到自己不应该有这种自信——因此才以严防死守的思路来处理对外交往问题。

总之，尽管清政府在贸易通商上的具体政策在不同时期偶有变化，但有两大原则一直没有发生过改变：一方面十分乐意与世界各国互通有无，通过贸易关税来增加财政收入和皇帝本人的收入，另一方面又严防汉人与西洋人交往、对外国人采取分而治之的方式。以乾隆的精明，当然也绝不会因为英国方面派了一个使团过来给他送礼贺寿就改变这个大战略。礼物能否让他高兴最多只能影响他拒绝英方要求的措辞口吻。由于对礼物不太满意，乾隆的谕旨写得相当不客气，一点面子不给。这让后人误认为乾隆不过是出于天朝上国的自大或者跟英国人生气才放弃了对世界开放的历史机遇。这显然夸大了主观因素和偶然因素在历史进程中的作用。

---

① 《清高宗实录·卷之五百十六》。

乾隆对英国很重视，也知道英国在西洋各国中属于强国，甚至意识到拒绝对英国放宽贸易政策可能引发战争。就在回信拒绝英国国王放开通商的请求之后，他又下了一道旨意，专门叮嘱沿海省份督抚加强军备，预防英国人在被拒绝以后闹事："英吉利在西洋诸国中较为强悍，且闻其向在海洋有劫掠西洋各国商船之事……该国王奉到敕谕后，或因不遂所欲，借词生事。不可不预为之防。"[1]

也就是说，乾隆回信拒绝英国放宽贸易政策，绝对不是漫不经心或头脑发热。他把这封回信当成一个严肃的政治决策，前因后果都想得很清楚。所谓"天朝物产，无所不有"只是乾隆给自己找的一个堂而皇之的借口，拒绝的核心原因还是为了防止桀骜不驯的英国人和汉人勾结，让已经被文字狱洗过脑的汉人再生出什么不端的想法，危害清朝的统治。锁国与文字狱实际上是配套政策，共同达到以野蛮落后的少数人统治文明进步的多数人的执政目标。[2]

八、盛世饥馑：英国人眼中的乾隆盛世

英国使团希望中国放宽贸易政策的目标没有达到，但仍然受到了非常隆重的接待。他们沿途认真观察了中国社会现状并记录了下来。这些记录成为我们了解乾隆时期中国社会真实情况的珍贵材料。

英国人一登上中国的土地，马上就看到了触目惊心的贫困。接待的官员雇了许多老百姓来到英国使团的船上，为英国人端茶倒水，扫地做饭。英国人注意到这些人"都十分消瘦"，"在中国普通人中间，人们很难找到类似英国公民的啤酒大肚或英国农夫喜气洋洋的脸"。这些普通中国人"每次接到我们的残羹剩饭，都

---

[1] 《清高宗实录·卷之一千四百三十五》。
[2] 同一时期，日本也在执行闭关锁国的政策。其根源也是统治者的不自信，只是不自信的具体原因与清朝有所不同。日本当时处在德川幕府的统治之下，是一个封建制而非中央集权制国家。封建领主们臣服于幕府将军的权威，但并不受幕府直接管理。幕府统治中心在日本岛的东北方，而与欧洲国家贸易的港口在西南方的九州岛。海外贸易可能会加强西南地区封建领主的独立倾向——一方面他们会获得更多财富，一方面幕府也担心他们可能和外国人勾结反抗幕府统治。因此，德川幕府也学习清王朝，对西方搞闭关锁国。

要千恩万谢。对我们用过的茶叶，他们总是贪婪地争抢，然后煮水泡着喝"。

中国官员送来的食物过多，并且"有些猪和家禽已经在路上碰撞而死"，所以英国人把一些死猪死鸡从"狮子号"上扔下了大海。岸上看热闹的中国人一见，争先恐后地跳下海，去捞英国人丢弃的食物，"洗干净后腌在盐里"。

使团成员约翰·巴罗在《我看乾隆盛世》中说："不管是在舟山还是在溯白河而上去京城的三天里，没有看到任何人民丰衣足食、农村富饶繁荣的证明。……房屋通常都是泥墙平房，茅草盖顶。偶尔有一幢独立的小楼，但是绝无一幢像绅士的府第，或者称得上舒适的农舍。……不管是房屋还是河道，都不能跟雷德里夫和瓦平（英国泰晤士河沿岸靠近伦敦的两个城镇）两岸的相提并论。事实上，触目所及无非是贫困落后的景象。"

更为可怕的是随处可见的弃婴。道路两旁、河道中央、垃圾堆上，随时都有可能露出一只苍白的小手。使团成员约翰·巴罗说："在京城一地每年就有近9000弃婴……我曾经看见过一个死婴的尸体，身上没有系葫芦，漂流在珠江的船只当中。人们对此熟视无睹，仿佛那只是一只狗的尸体。而事实上如果真的是一条狗的话，也许更能吸引他们的注意。"

人民的悲惨生活与官场的奢侈腐化形成了鲜明的对比。"中国官员对于吃饭真是过于奢侈了。他们每天吃几顿饭，每顿都有荤菜许多道。"虽然底层社会中很少能发现脸色红润的人，但政府高官中却不乏胖人，这些达官贵人们生活中的主要内容就是吃。

官员们对人民的权利毫无概念。在船只行驶于内河时，英国人注意到，官员们强迫大批百姓来拉纤，拉一天"约六便士的工资"，但是不给回家的路费。这显然是不合算的，许多百姓并不想要这份工资，拉到一半往往连夜逃跑。"为了找到替手，官员们派手下的兵丁去附近的村庄，出其不意地把一些村民从床上拉出来加入船队。兵丁鞭打试图逃跑，或以年老体弱为由要求免役的民夫的事，几乎没有一夜不发生。看到他们当中一些人的悲惨状况真令人痛苦。他们明显地缺衣少食、瘦弱不堪。……他们还总是被兵丁或什么小官吏的随从监督着，其手中的长鞭会毫不犹豫地抽向他们的身子，仿佛他们就是一队马匹似的。"

英国人在中国所见到的房子只有两种，一种是大富之家，一种是贫寒人家。

"所经过的地方以及河的两岸,大多数房子都是土墙草顶的草舍。也有很少一些高大、油漆装饰的房子,可能是富有者的住所。很少看到中等人家的房子。在其他国家里,富有者和赤贫之间,还有着许多不同等级的中等人家。"英国人得出的结论是,中国的贫富差距之大在他们所见过的国家中最为严重。

英国人说:"中国没有中间阶层,这个阶层的人,因拥有财富和独立的观念,在自己的国度里举足轻重;他们的影响力和利益是不可能被朝廷视而不见的。事实上,中国只有统治者和被统治者。"英国人很容易地了解到,在中国,所有的富人几乎同时都是权力的所有者。也就是说,中国人的财富积累主要是靠权力来豪夺。

英国人在世界上其他地方接触过中国人,那些人看起来都很正常。在菲律宾群岛、巴达维亚、槟榔屿,"和其他我们东印度公司属地",中国移民的"诚实跟他们的温顺和勤奋一样出色。……在那些地方,他们的发明创造的聪明似乎也跟学习模仿的精确一样出色"。然而,生活在自己国家的中国人,却远没有海外中国人那样活泼自然,也缺乏创造力。他们比世界上其他国家的人更胆小,同时也更冷漠、麻木和冷酷。

英国人分析说,这是中国统治者精心塑造的结果:"就现政权而言,有充足的证据表明,其高压手段完全驯服了这个民族,并按自己的模式塑造了这个民族的性格。他们的道德观念和行为完全由朝廷的意识形态所左右,几乎完全处在朝廷的控制之下。"[1] "在这个国家百姓的生活方式、思想感情和道德情操比在别处受到更大的扭曲……他们天性安静、顺从、胆小,但社会状况和实施的法律,把他们变得冷漠、无情甚至残忍。"

马戛尔尼对中国政权的结论更广为人知:"中国古代的政体和今天的基本不同。虽然皇帝是专制的,拥有东方夸张的各种尊称头衔,但国家的权力和管治是在大议会或内阁手里……它是法治的政府……"在这里,"古代的政体"指汉、唐、宋、明时期的政体,那时的皇权相对清朝而言要弱得多。明以前的宰相掌握了巨大的政府决策权。到了明朝,这个权力被转移到了内阁。汉、唐、宋、明都没有

---

[1] [英]约翰·巴罗:《我看乾隆盛世》,北京图书馆出版社,2007年版。

议会,马戛尔尼所称的"大议会"应该对应的是古代廷议制度,即由高级官员——廷臣组成的会议。廷议负责讨论国家大事,形成决议草案上报皇帝批准[①]。

到了清朝,内阁和廷议制度都还有,但实际上已被虚化,皇权专制压倒了一切。马戛尔尼指出:"目前是一小撮鞑靼人(指满族人——本书作者注)对3亿多中国人(指汉族人和其他少数民族人——本书作者注)的彻底独裁统治""自北方满洲鞑靼人最后征服以来,至少在这过去的150年,没有发展和进步,甚至在后退;而在我们科技日益前进时,他们和今天的欧洲民族相比较,实际变成了半野蛮人"。作为一个局外人,马戛尔尼一眼即看出了清政府的统治中民族歧视和民族特权的问题,他说:"皇帝作为其子民之父,虽然表示公道,希望大家明白他对鞑靼人和中国人一视同仁,但鞑靼人也好,中国人也好,都不被这番话欺骗""他们都臣服于一个拥有绝对权威的君主,但区别在于,中国人受异族统治,鞑靼人的主子则是自己人""帝王从未忘记其间真正的差别,他貌似十分公正,内心却仍然保留民族习性,一刻也不忘记他权力的源泉""各司法和财务部门,文武官员的衙门,都必不可少地有相应数量的鞑靼辅佐,为的是监控其他人。中国人可以主管一个部,发表意见,但推动者和执行者则是指挥和支配的鞑靼人。这些规定和措施足以表明帝王真正的意图是维护他对国家的统治,不依靠中国子民的效忠"。

马戛尔尼根据自己的观察说道:"百姓极端憎恶曼达林(指满洲贵族——作者注)和当官的人,他们害怕官吏任意处罚、迫害和凌辱他们,痛感官吏之不公,他们必须满足官吏的贪婪""每个渴望升迁的中国人都投靠某个鞑靼要人,并表示对他效忠。但仆人对主子的憎恶十分强烈,以至于任何恩惠都不能改变……"这两句话正好从阶级视角和民族视角揭露了清政府统治下最尖锐的两大矛盾。

---

① 《西汉会要》卷40、卷41两卷《集议》记录了西汉的62次廷臣会议决议,其中只有4次结论被皇帝否决,否决率为7%;《明会要》卷45《集议》记录了101次廷臣会议的决议,其中有13次被皇帝否决,但包括了7次宗庙、典礼这样的纯皇家事务,真正的军国大事共录有75次决议,被否决的仅有6次,否决率为8%。廷臣会议决议在绝大多数情况下会被批准执行。(林乾:《论中国古代廷议制度对君权的制约》,载《社会科学战线》,1992年第4期)

据此,马戛尔尼对清政府的未来做出了悲观的预测:"尽管宫廷内气氛平静,一片祥和,但不能掩盖全国远非安宁融合的形势。遥远省份频繁的起义是百姓真实情感和愤怒的明确警示。中国人每当私下聚会时,鞑靼人的霸道和皇帝的偏心就成了共同话题,一直讨论的内容……庞大的上层建筑根基空虚,而且我看到枝干繁盛的树木将迅速凋零的征兆……帝国已发展到不堪重负、失去平衡……"[1]

实际上,英国人看到的情况在当时的中国应该还算是比较好的,因为他们经过的主要是交通要道和沿海城镇,算是中国经济较为富裕的地区。在广大内陆和农村地区,中国人民的生活状态只会更加糟糕。在腐败的官府和严酷的宗法体制之下,占中国绝大多数的底层人民生活得极为悲惨。三四亿人口依靠庞大的土地数量产出的粮食勉强糊口,几乎所有生产剩余都被强制征收用于战争或供养上层阶级的奢侈生活。

乾隆皇帝认为只要自己愿意花大钱救灾,愿意狠心斩杀一批贪官污吏,详细阅读奏章中的每一个字以免被臣下欺隐,就可以让老百姓过上小康生活的想法,显然过于幼稚了。

他跟雍正一样,喜欢标榜"以一人治天下,不以天下奉一人"。雍正大约是两句都做到了,乾隆在中后期也就只能做到前半句了。但不论皇帝如何勤奋,如此庞大的帝国,他一个人能够直接管理的事务其实是极为有限的,大部分事情他没有精力过问,甚至毫不知情。更何况,乾隆的时间精力并非优先用于民生。他坚决打压来自民间的任何主动申诉或抗争,不给予人民任何主动保护自己的权利,还通过强化理学宗法来加强对人民的控制,并且把统治特权置于一切民生政策之上。这些因素综合起来,最后的结果就是官僚集团缺乏道德理想,投机主义和机会主义成为主流;面对官僚士绅的压迫,人民缺乏任何有效的申诉和防卫手段;只有极少数贪腐特权案件会偶然暴露在皇帝面前,官僚士绅们绝不会因此吸取任何积极的教训。皇权、官僚特权、宗法族权成为压

---

[1] [英]乔治·马戛尔尼、[英]约翰·巴罗著:《马戛尔尼使团使华观感》,何高济、何毓宁译,商务印书馆,2013年版。

在中国人民头上的三座大山。所谓的"康乾盛世",不过是勋贵、官僚、地主士绅们享乐的盛世,对普通中国人民而言它不仅不是盛世,反而是一个炼狱。

把晚明时期到达中国的传教士们记录的中国,与乾隆年间到达中国的英国使团的记录进行对比,可以看出中国在经过明清换代以后发生的巨大变化:从令欧洲人羡慕的文明昌盛之邦,变成了悲惨落后之地。

长期以来,很多中国学者十分善意地将这种变化归因于"人口爆炸",也就是认为乾隆时期人口超过3亿,超过了中国古代王朝所能供养人口的极限,而明朝的繁荣是因为它只需要用同样的土地供养不到一半的人口。

然而,就像本书在一开头就指出的那样,乾隆时期中国的人口数量实际上要少于明末人口数量。明末可以供养4亿人口,主要是明朝自身200多年持续对江南进行大开发的成果,也是中华民族各族人民过去2000年对南方地区进行辛勤开发的成果。而乾隆时期的3亿多人口,不过是受益于明朝江南大开发遗留下来的大量耕地。清朝统治者最大的"功绩",也就是保持了100多年的国内和平,让人口可以正常增长罢了。与此同时,由于明末发达的手工业体系惨遭破坏,中国在全球贸易网络中失去竞争力,出口从以手工业产品为主变成以茶叶和生丝等农产品为主。贸易条件恶化,同样金额的出口量就需要更多的土地产出为支撑,必然导致人民更加贫穷。

为了理解贸易结构劣化对国民经济的影响,我们来算一个账。假设,明末出口100件加工好的丝绸衣服可以换回100两银子,需要消耗10斤生丝,价值10两银子。这10斤生丝只需要1亩土地来种桑养蚕,剩下的90两银子都是手工业赚回来的。而清朝无力出口手工业加工品,只能直接出口生丝,那么就需要出口100斤生丝才能换回来100两银子,这就需要消耗10亩土地的产出。那么,同样要换1亿两银子回来,明朝只需要消耗10万亩土地的产品,清朝就需要消耗100万亩土地的产出。同样的出口量,背后就是10倍的资源消耗差距。也就是说,明朝有12亿亩土地,假设出口手工业加工商品使用1亿亩土地的产出就可以发大财;清朝有14亿亩土地,用4亿亩土地来生产茶叶和生丝直接出口,赚的钱还不如明朝用1亿亩土地赚的钱多。这就是手工业竞争力被摧毁带来的直接经济后果。至于国内人民自己穿衣服、用家具，当然也会因为手工业水平的落后而受到影响。

在土地面积和明朝差不多，人口也差不多的情况下，西方人用同样多的银子来清朝买东西，清朝却必须用多于明朝数倍甚至十几倍的土地用于生产出口物品。这样，人民必然更加贫穷，能够赚到的钱更少，能够用来填饱肚子的粮食也会更少。清军入关对中国手工业和城镇经济体系的破坏，是清朝经济相对于世界严重落后的一大根源。

这种经济结构的落后与国内严重的官僚特权腐败结合起来，让所谓的"康乾盛世"民不聊生。

第六章

欧洲崛起

现代转型与外部冲击

一、千年黑暗：基督教统治下的中世纪

明清换代前后，中国在世界的地位发生巨大变化，这是中国自身的衰落与欧洲文明的崛起两方面因素共同作用的结果，二者之间又存在一定程度的因果关系。理解中国自明末到近代衰落的过程，也就必须了解欧洲近代崛起的过程，这两个问题是一体两面的关系。

工业革命爆发的核心区域——欧洲西部地区（含英国），在古代历史上一直是落后的蛮荒之地。尽管欧洲在崛起以后，把古希腊拉来算成自己的文化祖先，但古希腊人跟近代欧洲人既没有血缘关系，也不生活在同一地方，也不使用同源文字（英文、法文、德文都来源于拉丁文，古希腊文则独立于拉丁文）。古希腊人从未跟西欧人的祖先有过接触，也没给他们教授过文化知识。西欧人是通过阿拉伯人的典籍才知道古希腊文明，此时距离古希腊灭亡已经超过1000年了。

近代欧洲人有三大祖先：拉丁人、日耳曼人、盎格鲁－撒克逊人。他们在欧洲从南到北分布，文化程度依次递减。拉丁人生活在地中海北岸，日耳曼人生活在欧洲内陆，盎格鲁－撒克逊人生活在欧洲北部以及周边海岛上。拉丁人曾经在意大利半岛建立了罗马共和国（公元前509—公元前27年），后来又发展为罗马帝国。在拉丁人眼里，日耳曼人就是北方蛮族，盎格鲁－撒克逊人则比日耳曼人更落后。

罗马帝国后来把版图向东扩张，进入两河流域地区，但很快就因为版图太大而分裂成了东西两个帝国（公元395年）。在此过程中，日耳曼人和盎格鲁－撒克逊人则一如既往地处于野蛮状态。到公元476年，西罗马帝国被日耳曼人灭亡，欧洲进入了中世纪。

公元1世纪，基督教在罗马帝国统治的巴勒斯坦诞生。这是西方历史的一个大转折，基督教最终征服了整个欧洲。这个过程，就好像蒙古征服中亚以后，反而被这些地方的宗教——伊斯兰教所征服一样。拉丁人在征服了巴勒斯坦和以

色列地区以后，反而被这一地区的一神教所征服。

我们要了解西方文明，了解人类文明史，就一定要理解什么是一神教。

一神教跟多神教相比，不是神的数量多少那么简单，而是有一种根本性的区别。

总的来说，宗教就是相信有某种神灵的存在。这种认识当然是完全错误的，一切神灵都是人自己想出来的。人创造了神，而不是神创造了人。人类之所以要创造神这个概念，主要是两个原因：一是对自然世界的认识深度不足，认为有些自然现象背后有超自然的力量在主导；二是对生老病死的恐惧，希望死后可以有神来让灵魂永远存在。这两个原因随着人类科学技术的进步和理性的发展会逐渐淡化，但不会彻底消失，所以宗教总会或强或弱在人类社会中存在。宗教势力高于世俗势力的社会就是神圣社会，反之就是世俗社会。

原始宗教都是多神教，原始人类凭借想象力创造了各种各样的神灵来分管不同的事务，这种宗教的特点是直观好懂。但问题也很突出，因为神灵的直观形象很显然都是根据人类自身或者动物描绘出来的，这样会有损神的威严。而且，那么多神灵，彼此之间又有矛盾和冲突，神的意志无法统一，又会出现一个逻辑问题——神为什么会有不同意见？彼此意见都不统一的神灵有何资格能让人类服从？只要人类用理性稍微加以反思，就会发现多神教的漏洞。

顺着这些问题追问下去，很自然地就会想到一种解决方案：只承认一个最高神，万事万物都由最高神创造。最高神不是人形，也不是我们看到的任何物体的形态，是一种精神、一种意志，看不到、摸不着，却能创造一切、主宰一切。有时候最高神会派出使者到人间，或者让人类听到声音，或者以各种超自然的力量展示神迹等，但这些都是神与人沟通的方式，而不是神存在的形式。到了这个层面，一神教就诞生了。

一神教是宗教发展的高级阶段，它和多神教不是一和多的区别，而是高级和低级、抽象严密和直观松散的区别。一神教在理论上更有说服力，能大大提高信徒们的信仰忠诚度，有利于塑造共同意志。

当然，对多神教的追问，也可以不按照一神教的思路来回答，照样可以达到逻辑更完善和思维层次更抽象的境界，那就是用泛灵论——也就是"万物皆有灵"——的思路来回答。这个"灵"不是妖魔鬼怪，也不是上帝神仙，它跟我们看到的任何人或物质都不一样，它是无所不在的、永恒的存在。但它不像最高神一样具有主观思维活动，而是类似于一种客观规律一样的东西存在于人和物质的表现背后。人类不需要服从"灵"的指挥，但是应该去思考"灵"的规律，以求得精神层面的解放和永生。这就是佛教的回答思路，也可以说是对神学问题的哲学化回答。这种回答更接近神不存在或者神不能主导人类社会的世俗化回答模式。这样，东方的中国人以世俗化思路对待多神论，西方人以一神教思路对待多神论——这是两种截然相反的回答，冲突严重。而夹在东西方之间的印度人创造了佛教，并经过中华文明影响改造，成为东西文明冲突的缓冲层。

一神教最初是位于中东沙漠地区的游牧民族——犹太人创造的。它之所以诞生在沙漠地区，可能跟沙漠地区自然状况比较单一有关——不利于人类想象力和创造力的发挥，但有利于促进人类的抽象思维培养。

犹太一神教诞生以后，很快就消灭了犹太人内部的其他多神宗教，极大地提升了民族凝聚力。统一了信仰的犹太人在一神教旗帜下建立了自己的独立国家——以色列联合王国。不过，犹太教被打上了强烈的犹太民族印迹，其教义认为犹太人是上帝选中来统治世界的优秀民族，其他民族没资格信仰犹太教。这就限制了它的对外传播。

公元前1世纪，罗马帝国征服了以色列地区。也差不多在这个时候，犹太教的一个教派对教义进行了重大修订，宣布"上帝爱世人"，也就是上帝的恩典不是只给犹太人的，而是可以恩泽全人类的。这个教派后来就变成了独立于犹太教的基督教——因为传说其创始人是耶稣基督，是最高神上帝在人间的化身。

基督教作为一个向全人类开放传播的一神教，很快就战胜了罗马帝国内部的其他宗教，成为主流宗教。世俗政权感到了威胁，试图取缔基督教，但他们缺乏像中国的法家、儒家、道家、墨家这一整套发达完整的世俗意识形态体系，世俗文明发展程度与中华文明相距甚远，取缔基督教的努力很快就失败了。帝国皇帝也成了基督徒，定基督教为国教，禁止其他宗教传播。日耳曼人的文明程度比拉丁人更低，对一神教的抵御能力更差。他们在毁灭罗马帝国以后，也跟着接受了基督教。最终，整个欧洲都被基督教所征服，此后就进入了漫长黑暗的中世纪。

在长达千年的时间里，教会统治着欧洲，长期维持着极为落后的封建农奴制经济形态。人民虽然被教会和封建领主联合起来剥削和压榨，却因为宗教的毒害，长期陷于愚昧和冷漠，没有任何反抗意愿；精英阶层醉心于宗教，也没有任何创新进取的意愿，整个社会在科技、生产、体制、思想文化方面都是一潭死水。人民生活极度贫苦，由于医疗卫生条件极差，很容易暴发大规模的疫情，造成大面积的死亡，其人口数量长期维持在极低的水平。当中华文明在创造汉唐盛世的时候，欧洲文明却全面停滞甚至倒退，看起来没有一点希望。

欧洲开始发生改变的契机是来自伊斯兰文明的威胁。所谓"生于忧患，死于安乐"，外来的威胁终于让欧洲开始发生了一些改变。

伊斯兰教的诞生受到了犹太教和基督教传播的影响。阿拉伯半岛靠近以色列，这里的游牧民族阿拉伯人原来也信仰原始多神教。犹太教和基督教的传入，让他们开始接受一神教信仰，产生了一神倾向的哈尼夫派。哈尼夫派承认独一神，相信天命、复活、惩罚和报应，注重个人隐居修炼，过着禁欲的生活。哈尼夫思想是伊斯兰教思想的先驱。

公元7世纪初的时候，穆罕默德正式创立了独立于犹太教和基督教的新一神教——伊斯兰教。伊斯兰教的最高神为安拉，穆罕默德自称是安拉派到人间来传教的使者。

伊斯兰教的诞生比基督教晚了五六百年，在世俗化方面却比基督教要更先进一些。穆罕默德刚创立伊斯兰教的时候，做法跟耶稣传播基督教差不多，主要就是组织一批信徒来一起传教，宣讲末日审判和死后复活的观念，警告多神教徒如不归顺安拉，将在末日审判时遭到惩罚，堕入火狱，归顺安拉者将在后世得到奖赏，进入天堂等等。

但是，穆罕默德在麦加的传教活动遭到了上层阶级的镇压和其他教派的抵制，并不成功，被迫带领信徒离开麦加，前往阿拉伯半岛的另一个地区麦地那。

在《圣经》中，基督教的创始人耶稣在传教过程中也遭到了罗马统治下的犹太傀儡政府的迫害和其他教派的诋毁，他选择了自我牺牲，被政府处死，而不是奋起抵抗。但穆罕默德在遇到类似困难的时候，则做出了不同的选择。

在麦地那，穆罕默德改变了传教方式，他不仅负责宣讲教义，还建立自己的根据地，在这里搞了一整套政治经济体制，并且建立军队。这样，他就不仅是一个耶稣式的宗教领袖，同时还是政府和军队的领袖，伊斯兰教也随之呈现出政教合一的特点。可以说，跟基督教相比，伊斯兰教是一个在教义源头上就强调政教合一的一神教。"麦加－麦地那转型"是伊斯兰发展的关键节点。

"政教合一"这个教义特点在当时比基督教要先进。从现代社会的观点来看，政教分离才是进步的方向。但我们今天说的政教分离，前提是政高于教，世俗政权统治者权威高于宗教首领，这样才算进步。

一个社会从宗教和世俗的视角来判断先进还是落后，目前至少有三个大的阶段。

最落后的阶段是"有教无政"，即人们只能信仰宗教，根本没有政府组织可以提供任何世俗化的公共服务。一些落后的原始部落，由巫术和祭司统治一切，便属于此类。

第二阶段是"以教为先"，它包括"政教分离"模式和"政教合一"模式。政教分离模式下，教会和政府都存在，但教会居于统治地位，中世纪的欧洲属于此类。政教合一模式下，宗教领袖兼任政府首脑，他首先是教宗，但也负责管理政府和军队。在宗教领袖以下，寺庙和政府办公场地往往是分开的。在这个阶段，一般来说，政教合一体制比政教分离体制更好。因为宗教领袖拥有最高权威，由他兼任政府实权首脑可以方便政府推动各项世俗化的公共服务，包括征税、战争和兴建公共工程等。

第三个阶段是"以政为先"，也包括"政教合一"和"政教分离"两种模式。政教合一模式就是确立国教，禁止其他宗教，但政府领袖兼任宗教领袖，或者宗教领袖需要由政府首脑任免。这是一种准世俗化的国家体制。

而"政教分离"模式则是完全的世俗化国家体制。没有国教，世俗政府拥有最高权威，允许宗教信仰自由，一切宗教都必须服从世俗权威，政府首脑和官员不信教或者不世代属于固定的教派。世俗化国家体制的初级形态是宗法制的西周王朝，它以宗法祭祀代替宗教；中级形态是帝国制的中国，以"君权神授"克制宗教权威；中高级形态是现代西方发达国家政府，政府官员不固定属于某个宗教或教派；高级形态则是现在的中国——必须是无神论者、不信仰任何宗教者才能获得政府和军队的实权职位，一切宗教都要无条件地服从无神论政府的管理——这也是人类文明发育到现在的最高形态。在这种形态下，人类的想象力和创造力、军队的战斗力、基础设施的建设能力、政府提供公共服务的能力，都将是无与伦比的。我们现在距离充分发挥这种文明形态的潜能，还有很长的路要走，但已经可以很明显地看到它的优势了。

中世纪的欧洲社会，基本上还处在"政教分离，以教为先"的阶段。它是政教分离的，教会系统由"罗马教廷－总主教区－教区"组成，政府体系则主要由国王和封建领主为首。但国王权力不大，并且封建领主们对教会的忠诚度往往高于对国王的忠诚度。在中下层心目中，教会地位高于政府，国王或封建领主如果被教会宣布剥夺教籍，就很难再得到手下的支持，以致地位难保。教会还有司法权，他们的宗教裁判所比国王的法庭拥有更高权威。人们的主要公共活动围绕宗教来展开，在诸如军事、水利等世俗公共事务方面投入的资源很少。教会垄断了文化知识来源，人民基本上都是文盲，对世界的认识几乎全部来自教堂神父的口头教诲。

表6-1 人类社会世俗化发展阶段一览

世俗化发展阶段	主要模式	形态与实例
1. 有教无政		原始部落
2. 以教为先	政教分离	中世纪欧洲
	政教合一	神权共和时期的阿拉伯帝国
3. 以政为先	政教合一（准世俗化）	世袭政权时期的阿拉伯帝国、宗教改革后的欧洲民族国家
	政教分离（世俗化）	宗法制（西周）
		帝国制（汉唐明）
		启蒙运动后建立的近现代西方政府
		现代无神论政府（中华人民共和国）

这样一比，伊斯兰教在当时就很先进了，宗教领袖还要兼任政府首脑和军事统帅。政府管理和军事行动天然就是理性的，不能靠"神启"来解决问题，打仗的时候如果只会作法祈祷，肯定很快就会失败；修建公共工程也需要理性的

组织。这样，麦地那时期的伊斯兰教，在世俗化方面天然就比基督教更为先进。

有了政府治理和军事组织的加持，穆罕默德的一神教威力大增。他不再单纯地依靠宣讲来传教，而是更多地依靠由政府税收支撑的军队来打击阿拉伯半岛上的各种原始多神教。就这样，伊斯兰教很快就统一了阿拉伯半岛，并且在穆罕默德去世以后形成了阿拉伯帝国，雄霸中东。

在公元七八世纪的中东地区，这种政教合一的组织、优越性十分明显。阿拉伯帝国的世俗化程度相当高。穆罕默德死后，是"四大哈里发"时期。哈里发即是政教合一的国家领袖。四大哈里发的宗教色彩还比较重，这段时期也被称为"神权共和"时期。但第四任哈里发——穆罕默德的侄儿阿里死后，继任者不再是教内高层，而是帝国的实权派地方军政长官——叙利亚总督穆阿维叶。这标志着世俗势力超越了宗教势力成为国家的主导力量。穆阿维叶建立了帝位世袭制，国家最高权力由世袭君主掌握，史称"倭马亚王朝"。阿拉伯帝国也就从"政教合一，以教为先"发展到了"政教合一，以政为先"的阶段。倭马亚王朝存在了80多年，被阿拔斯王朝取代，后者也是一个世袭政权。

在准世俗化政权的领导下，阿拉伯军队所向披靡，帝国版图扩张到最大。阿拉伯帝国的扩张，在很大程度上是国家政权而不是伊斯兰教的扩张。在被征服地区，非伊斯兰教徒并没有被强迫改变信仰。事实上，阿拉伯统治者往往并不鼓励被征服地区的人民改信伊斯兰教。因为国家向非伊斯兰教徒征收的赋税，比向伊斯林教徒征收的高一些，如果人民大量皈依伊斯兰教，意味着阿拉伯帝国的财政收入将大大降低。

对税收的喜爱压过了传播宗教的热情，也说明了阿拉伯帝国的世俗化倾向。

直到公元750年，他们在中亚地区遇到了真正的世俗化帝国——唐帝国。怛罗斯一役，阿拉伯人倾国来战，以5倍以上的优势兵力对抗唐朝两三万边防军，竟然损失惨重。怛罗斯之战后6年，阿拉伯帝国就出现了分裂，扩张停止，开始衰落。

阿拉伯人虽然打不过唐军，但收拾教高于政的基督教势力（似乎还不能称之为国家）还是绰绰有余。他们向西扩张十分顺利，占领了中东、埃及以及整个北部非洲地中海沿岸，然后跨过直布罗陀海峡，占领了伊比利亚半岛。基督教的势力范围被压缩到欧洲中部。

准世俗化的阿拉伯人在文明程度上大大超过了欧洲人。"百年译经运动"即发生在世袭政权时期，这一时期的阿拉伯人大力吸收中国、波斯、埃及、罗马、希腊等古文明成果，从而将西方文明推向了一个新高度。

占领了伊比利亚半岛的阿拉伯人从东方引入水稻、甘蔗等农作物以及大量蔬菜与水果品种，并大兴水利，使西班牙南部的农业迅速发展。他们将造纸术引入西班牙，使得书籍的印刷量与人民识字率暴涨，以至于一位到过此地的荷兰学者曾感叹"几乎每个人都能读书写字"。

阿拉伯帝国在伊比利亚半岛的统治中心科尔多瓦是当时欧洲最繁华的城市，纺织业和冶金业高度发达，皮革制品畅销欧洲。市内有图书馆70座、公共澡堂300个，居民人口达到50万（巴黎在1348年人口也只有20万）。用石头铺砌的道路长达十几公里（此时巴黎的道路还只是烂泥路）。入夜时分，城内大街明亮如昼，大街两旁的建筑物灯火通明，热闹繁华，而欧洲的伦敦、巴黎等城市几百年后都未达到这样的水平。欧洲人曾经惊叹科尔多瓦是"世界的明珠"。

总之，当时的基督教世界和阿拉伯世界相比，只能算是落后民族，跟中国的唐王朝就差得更远了。当时的唐长安城人口超过100万，是全世界最大的都市和经济中心，农业和手工业技术动辄领先西方数百年甚至上千年。

二、十字东征：东方文明的光芒照进欧洲

公元11世纪初，阿拉伯帝国四分五裂了。突厥人建立的塞尔柱帝国开始在中东称霸。塞尔柱突厥也信仰伊斯兰教，并尊哈里发为名义上的国家元首。对基督教世界而言，他们和阿拉伯人都属于异教徒。

强大起来的塞尔柱帝国开始向东罗马帝国发动攻势，东罗马皇帝战败被俘。东罗马帝国政权的世俗化程度比西罗马帝国要高一些，其国教是东正教，已经跟西欧的天主教教廷公开决裂。数十年前，东正教的大主教和天主教的教皇互相宣布开除对方教籍。但危难时刻，东罗马还是决定向同属于基督教文明的罗马教廷求救。

罗马教皇手里没有军队，也不懂军事，但唇亡齿寒的道理还是懂的。伊比利亚半岛已经沦陷，东罗马要是也完了，西欧就将被伊斯兰势力东西夹攻，岌岌可危。1096年，收到东罗马的救援请求后，教皇向整个欧洲发出了"总动员令"。

在他那声情并茂的演讲中，教皇乌尔班二世呼吁他的信徒们到东方去和异教徒斗争，夺回被占领的圣地。他说，异教徒在"上帝的国度中大肆践踏"，一切等级的人都必须迅速行动起来，"将这个邪恶的种族从我们兄弟的土地上消灭干净"，如果东罗马被"卑贱的、退化的、给魔鬼做奴隶的种族"征服了，那将是"怎样的奇耻大辱啊"！

为了驱使农民和城市贫民参加十字军，教皇欺骗他们说：东方的土地"遍地流乳与蜜"，耶路撒冷是另一个"充满欢娱快乐的天堂"。他同时宣布：参加十字军的人，死后将会直接升天堂，不必在炼狱中受熬炼；无力偿付债务的农民和城市贫民可免付欠债利息，出征超过一年的可免纳赋税。

动员令通过教会系统层层传达了下去，动员效果出奇地好。当时的欧洲，农民和城市贫民生活极其悲惨，穷困潦倒，衣不蔽体，食不果腹，还大多欠了高利贷。

在这种状态下，教皇宣布只要去参与东征，债务利息就可以豁免，死了以后还能上天堂，而且东边还遍地都是金银财宝。于是，全欧洲人民的热情都被调动了起来，繁华都市、宁静小镇、穷乡僻壤，无数对生活已经绝望的贫苦人几乎是一听到动员令就开始准备出发了。此外，还有一些王公贵族、封建领主出于对宗教的虔诚信仰，变卖家产，购置武器，也参与到这次东征中来。很快，一支十几万人的大军汇聚起来，浩浩荡荡地向东方进发。

这是欧洲历史上最庞大的一支军队，不过数量无法确切统计，因为他们没有统一的指挥和纪律。教会只负责开空头支票，既不出钱，也不出人。远征军中的很大一部分人从来没有离开过自己的出生地，就在仓促间向东进发。没有军费，缺乏后勤，路途遥远而陌生。大部分远征军人根本没有看到敌人，就死在了半路上。

最后，还是有差不多5万人到达了战争前线。他们的运气不错，雄才大略的塞尔柱君主马利克沙在4年前去世了。他死以后，几个儿子争夺权力，帝国四分五裂。十字军到达的时候，正好是其内斗正凶、实力最弱的时刻。这支群龙无首的大军连战连胜，竟然还攻下了东方巨城耶路撒冷，并且在黎凡特建立了4个王国，在这些地方恢复了基督教的统治。

这就是第一次十字军东征——这支军队因为人人身上都缝着象征信仰的十字标志而被称为"十字军"。"十字军东征"前后共8次，以镇压各地异教徒为目的，是西欧封建主、意大利商人和天主教会对东部地中海沿岸地区发动的侵略性远征。

第一次东征最大的赢家看起来是教会。它一毛钱没花，就动员了一支不受国王和封建领主控制的军队去东方远征，而且还打赢了，展示了基督教对欧洲社会巨大的影响力。教会的承诺也成真了，远征军真的从东方抢了一大笔财富回来。远征军大部分是非常虔诚的信徒，用抢回来的财富还清了自己的债务，剩下的基本都捐给了教会。教会动动嘴皮子就取得了不世的功业和巨大的财富。

但历史的辩证法很有意思。从长远来看，十字军东征最大的影响就是极大地加强了欧洲社会的世俗化力量，为宗教改革和启蒙运动奠定了基础，沉重地打击了教会权威。也就是说，教会实际上是十字军东征中损失最大的一方。

教会虽然从第一次东征中名利双收，但仗毕竟不是它打的，真刀真枪上战场的是王公贵族、封建领主和底层贫民。到前线参战的王公贵族和领主们因为身份高贵、装备精良而且军事经验丰富，很自然地成了军事领袖。

战争天然就是世俗化的。战争必须按照世界的客观规律，用理性的方法解决武器制造、粮食运输、战术安排、工事建设等现实问题，这些都跟世俗政府的主要工作——管理生产、生活、建设、分配密切相关。

十字军东征锻炼了一大批王公贵族，他们开始掌握更多的军事资源，积累了更多的威望，具备了和教廷抗衡的能力。一些胆小怕事不敢参战的贵族被耻笑，被教廷处罚，地位下降，客观上推动了世俗权力精英阶层的一次优胜劣汰。

在随后的第二次、第三次十字军东征过程中，还有好几位国王亲自出马，远征东方。其中包括英格兰国王"狮心王理查"、神圣罗马帝国皇帝"红胡子"腓特烈一世、法国国王腓力二世等。特别是"狮心王理查"，他与埃及阿尤布王朝国王萨拉丁的巅峰对决成了基督教世界和阿拉伯世界共同传唱的经典故事。

这些代表世俗王权参战的人物,他们有的死于征途,有的获胜归来。但无论生死胜败,对欧洲王权的强化作用都十分巨大。

随着一次又一次的东征,十字军将士对基督教的虔诚度不断下降、世俗需求不断上升。第一次东征的将士愿意把钱财都捐给教会,到后来大家就不再捐款了。到了第四次东征,十字军干脆不去打伊斯兰教势力了,转而进攻东罗马帝国,把同样信仰基督教的东罗马帝国首都君士坦丁堡洗劫一空,狠狠地发了一笔横财——当然,抢的钱也不再捐给教会了。教会则宣布把这一批十字军全部开除教籍。

第四次东征是很有名而且很关键的,标志着世俗化的力量已经在十字军中取得了支配性的地位。这次洗劫君士坦丁堡的幕后推手是威尼斯商人,他们也是十字军东征培养起来的世俗力量。

威尼斯位于意大利东北部,面向地中海,在公元10世纪还是一个不大起眼的海港小镇。它是东罗马帝国在西欧的一块飞地,于公元7世纪获得独立,建立威尼斯共和国,主要从事东西罗马帝国之间的海上贸易活动。

十字军东征需要向中东地区运输人员和物资,从威尼斯出发走海路比走陆路更加方便快捷。通过为十字军提供运输服务,威尼斯才迅猛地发展起来。根据统计,到十字军东征结束时,东方运往欧洲的商品增加至原来的10倍。

第四次十字军东征开始组织的时候,指挥者想着海路方便,不仅物资运输走海路,军队也走海路,就给威尼斯商人下订单让他们造船。但最后来参战的人数只有预计的一半。人数不够,造船的费用就交付不齐——十字军东征的路费都是参战者自己掏钱。正好这个时候,东罗马帝国在打击迫害威尼斯商人,商人们想报仇,便趁机开出条件:去东罗马抢钱来抵路费。这帮十字军竟然同意了!双方一拍即合,就去东罗马抢钱去了。

他们刚开始没打算攻打君士坦丁堡,只想抢几个沿海的富裕港口就完了。但攻下第一座城市以后,东罗马帝国的王子找到他们,说自己在皇位竞争中落败了,如果十字军愿意去打君士坦丁堡,他就当内应,事成以后他当皇帝,君士坦丁堡的财富归十字军。威尼斯商人和十字军大喜过望,里应外合把君士坦丁堡给打了下来。事成以后不仅抢到了钱,东罗马帝国的领土也被分走了一部分，很多重要的贸易港口被划归了威尼斯共和国。

这也是十字军东征带来的第二个影响，它极大地促进了西欧地中海沿岸的贸易繁荣，以及以威尼斯商人为代表的商业资产阶级的崛起。商人重利，是典型的世俗化势力。通过十字军东征，西欧的国王们掌握了军权，商人们掌握了财富，两大世俗力量很快就发现双方在对付罗马教廷方面可以联合。于是他们联合起来，敲响了中世纪的丧钟。

十字军东征第三个大的影响是促进了阿拉伯帝国先进的科学技术和思想文化传入西欧。在农业方面，稻米、甘蔗、棉花都是由十字军带回欧洲的。其中，引进棉花意义重大，工业革命就是从棉纺织业开始的。西欧正是在十字军东征期间才第一次引入了棉花。历史记载西欧第一次棉花进口发生在1125年的威尼斯，也就是第一次十字军东征以后的30年。

在军事和航海技术方面，中国人发明的火药、指南针以及阿拉伯人研究出的各种航海技术，也都在十字军东征期间传入欧洲。

理论知识方面，十字军在洗劫耶路撒冷和君士坦丁堡财富的同时，也顺便把大量的书籍带回了西欧——十字军大部分是文盲，但其精英领导层的文化水平还算不错，他们在宫廷学校受过严格的学院教育。欧洲王公贵族们知道文化典籍的重要性，在底层士兵疯狂抢劫财富时，精英分子则热衷于把一摞一摞的阿拉伯图书运往西方。

这些图书当中，包含了阿拉伯"百年译经运动"的成果。阿拉伯人花费差不多200年时间整理的人类古代文明几乎全部科学与人文知识，都被带到了欧洲。教会、国王、商人们都从不同角度组织学者对这批文献进行研究学习。欧几里得的《几何原本》、哲学家亚里士多德的手稿等都在这一时期被欧洲人所知。《几何原本》在1120年，也就是第一次十字军东征以后的25年，由阿拉伯语翻译成拉丁语。到1278年，亚里士多德的著作也几乎全部由阿拉伯语翻译成了拉丁语。

在这个过程中，欧洲学者宣称他们"发现"了被毁灭上千年的古希腊文明。他们认为自己从阿拉伯典籍中学到的科学与人文知识，并不是从阿拉伯人那里抢过来或者偷过来的，而是原本就属于东罗马帝国统治下的希腊人。现在不过是物归原主罢了。

当然了，不管欧洲学者们出于什么心理，也不管他们在多大程度上把从欧洲以外的文明中学到的东西算到古希腊头上，反正这些东西他们是学到手了。

阿拉伯翻译运动搞了约200年，十字军东征又搞了约200年。足足400年的时间，人类古文明的主要文化成果终于穿过整个欧亚大陆传到了西欧。

十字军东征的同时，还有一个"收复失地运动"，也就是十字军"西征"：向西收复了伊比利亚半岛，基本把伊斯兰教势力赶出了欧洲，然后在这个地方形成了葡萄牙和西班牙两个基督教国家。"收复失地运动"跟十字军东征一样，过程中获得了阿拉伯帝国大量的科学技术和图书典籍。这些收获也可以视为十字军东征的结果。

随着先进的航海技术传入欧洲，地中海沿岸的贸易进一步繁荣，威尼斯和热那亚等港口的商人们掌握了惊人的财富，供养了一大批学者为他们的利益从事研究。文艺复兴运动从14世纪开始（十字军东征结束于13世纪末）在意大利出现，名义上是复兴古希腊的文化，本质上就是以文艺的手段解放人性。

继意大利的文艺复兴运动以后，在公元16世纪，德意志地区又兴起了宗教改革运动。改革派宣称人人都可以根据自己的理解来解读《圣经》，直接与上帝对话。这就更加直接地针对罗马教廷了。

随后，宗教改革之风吹到法国和英国，法国出现了加尔文派、英国出现了新教，都在宗教意识形态上摆脱了罗马教廷的绝对权威，国王的力量因此大大增强，欧洲社会世俗化的道路彻底打开。

国王们掌握了军队。以前，他们还要依靠封建领主上交的赋税才能养得起军队，现在依靠沿海地区的商业资产阶级就能掌握足够的资金。商人们希望建立起统一的市场，打破封建割据。双方联合起来，开始拿封建领主开刀，在各自国家建立起君主独裁的中央集权制。欧洲封建制度开始瓦解，农奴变成了自由农民。在地中海和大西洋沿岸，英国、法国、西班牙、葡萄牙、荷兰、比利时等民族国家形成。

欧洲内陆的德意志地区商业发展缓慢，在国家统一方面也相对滞后，到16世纪中期才在十字军东征留下的条顿骑士团基础上形成了世俗化的普鲁士国家，要到19世纪才由普鲁士的"铁血首相"俾斯麦统一整个德国。

三、航海时代：全球贸易体系形成

民族国家形成以后，有了专制王权加持，欧洲也就跟中国的春秋战国时期一样，一边互相征战，一边开疆拓土。法国和西班牙打、西班牙和荷兰打、荷兰跟英国打、英国和法国打、法国跟普鲁士打……常年战争不断，乱成一锅粥；各方又合纵连横，组成各种联盟打欧洲大战，什么百年战争、三十年战争、七年战争等。各国因战争进一步增强了民族认同和专制王权，推动开拓海外殖民地，建立海上霸权。

海外殖民地的开拓与航海技术的传入和发展有关，也和国际局势的变化有关。蒙古帝国很快就土崩瓦解了。阿拉伯帝国没有像中国一样，建立新王朝再度复兴，而是从此一蹶不振。取代蒙古的是奥斯曼土耳其帝国，他们逐步统一了中东地区，并在1453年攻陷君士坦丁堡，消灭了东罗马帝国。

奥斯曼土耳其崛起以后，地中海地区的生意就不好做了。奥斯曼土耳其的发达程度虽然比不上阿拉伯帝国，但也建立了有效的行政体系，懂得组织生产和做生意。欧洲地区不生产棉花，十字军东征以后，意大利依靠从中东进口棉花初步发展起了棉纺织业，产品再销往欧洲和地中海沿岸。意大利历史名城佛罗伦萨就是在这一时期通过棉纺织业兴盛起来的。经过100多年的发展，佛罗伦萨的棉纺织业已经相当繁荣，还辐射到了欧洲内陆，北方德意志地区的棉纺织业也跟着发展起来。但是好景不长，奥斯曼土耳其帝国控制了棉花产地以后，对欧洲搞棉花禁运，把本地的棉花以及从亚洲进口的棉花全部截留下来，用于发展自己国内的棉纺织业。

这样一搞，意大利和德意志地区刚刚兴起的棉纺织业马上就衰落了。除了棉花，还有其他很多商品也被禁运，地中海沿岸的贸易迅速衰落。欧洲人刚刚习惯了穿棉衣来取代麻布和兽皮，当然无法接受这种情况。这样，欧洲就迫切需要寻找新的贸易路线，特别是需要找到通往当时最重要的棉花产地和纺织业中心——印度和中国——的路线。

欧洲人运气不错，正好赶上航海技术已经发展到了可以在大洋上航行的程度。而且，通过学习阿拉伯人和中国人掌握的世界地理知识，他们知道绕过非洲可以到达印度和中国。此外，欧洲人通过研究古希腊文献，也知道了地球是圆的，如果一直向西航行应该也可以到达印度或中国。

于是，在王公贵族和新兴的商业阶层的资助下，介于地中海和大西洋交界处的西班牙、葡萄牙这两个国家开始不断地派出船队，分别从东西两个方向寻找通往印度和中国的航线。

向东的一支，主要是葡萄牙王室提供资助。他们沿着非洲航行，最终在1488年到达非洲最南端；又在1497年（明孝宗弘治十年）前往印度并成功返回，带回了东方的香料、黄金、纺织品，打通了欧洲人期盼已久的贸易航线。

向西的一支，主要是西班牙王室提供支持。他们利用意大利人的航海技术，雇佣意大利船长哥伦布，带着西班牙女王给印度君主和中国皇帝的国书，在1492年启航，在几个月后到达了美洲大陆。哥伦布在这里没有找到印度君主和中国皇帝，不过他还是坚信自己到达了"东印度群岛"，也就是印度东边的一些岛屿，再往前找找就能找到印度了。他把美洲大陆上发现的原住民叫作"印度人"，用西班牙语发音就叫"印第安人"。

后来，另一位航海家亚美利哥（Amerigo）在1499—1504年间对南美洲东海岸进行了考察，提出哥伦布发现的其实是一个新大陆。这个观点很快被广泛认可，这片新大陆也就以他的名字命名为美洲（America），后来又成了美国的简称（美利坚合众国，United States of America）。

1519—1522年，一支由西班牙王室资助的、由葡萄牙探险家麦哲伦率领的船队第一次完成了环球航行。他们在中途征服了中国南边的一个岛屿，把它变成西班牙的殖民地，并以西班牙国王菲利普二世的名字将它命名为"菲律宾"。不过麦哲伦自己死于当地土著的反抗，船队剩下的成员完成航行并回到了西班牙。

这一系列航线的开辟建立了人类历史上第一个全球性的贸易网络。

在这个贸易网络里边，奥斯曼土耳其帝国和中国的明王朝都有一个强有力的中央集权，西方殖民者们暂时拿他们没办法。奥斯曼土耳其帝国的海军在红海附近跟欧洲船队打过很多次仗，想要切断从印度到欧洲的航线。战争的结果是欧洲人落败，只能选择从更危险的印度洋深处绕着走。当奥斯曼土耳其发现无法切断海上贸易通道以后，他们也就放弃了对地中海沿岸的贸易禁运政策，甘愿当中间商，把印度的纺织品、香料等卖到欧洲。但为时已晚，海权时代已经来临，海路运输的成本优势非常明显，奥斯曼土耳其帝国的衰落也就不可避免了。

另外一个"硬骨头"是中国，生产能力极为强悍而又无法用武力征服。他们通过日本人和中国沿海海盗搞"代理人战争"——倭寇入侵，结果很快被明政府剿灭。葡萄牙和西班牙先后派出舰队前往中国，又都被明朝海军击败。这样一来，欧洲殖民者就只能老老实实地跟中国做生意，把他们从南美洲发现的银矿运到中国购买纺织品等手工业产品，然后到全世界贩卖。这样，纯粹从经济上来看，中国意外地成为欧洲人开辟的全球贸易网络的最大受益者，全世界差不多一半的白银都通过贸易形式流入中国，沿海纺织业等手工业高度繁荣。

但是，除了这两块硬骨头以外，世界其他地区在欧洲人的殖民入侵面前缺乏抵抗能力。非洲和美洲基本还处在原始社会，极容易被征服。印度处在农耕社会，棉花种植和棉纺织品生产能力很强，但没有形成统一的集权制国家，处在四分五裂的状态。它的北方被从中亚内陆入侵的突厥和蒙古混血民族征服。征服者信仰伊斯兰教，但印度本地人信仰印度教。印度教是比较原始的多神教，强调灵魂的转世和再生，为种姓制度的合理性辩护，信徒习惯于逆来顺受，缺乏反抗精神和战斗力。莫卧儿帝国主要控制着北方，对印度南方控制力很弱。南方地区分布着很多小的封建主，他们在殖民者的炮火面前也没啥抵抗力。

这样，欧洲殖民者就将美洲大陆、非洲、印度联结起来，建立起一个他们可以完全控制的生产贸易网络。他们从南美洲开采黄金和白银，在北美洲建立奴隶制的种植园，种植各种农作物向全世界销售；在印度组织棉花的种植和生产，然后将印度纺织品卖向全世界——当然，除了中国。种植园在南美和非洲也有，但主要还是集中在北美洲，主要是因为那里处于温带，气候比较合适，而南美洲和非洲的森林过于茂密，森林以外就是荒漠，适合搞大规模农业的地方不多。

非洲的作用是为美洲的种植园提供劳动力。殖民者跟非洲的贵族们合作,大量掠夺黑人去美洲当奴隶。这么做的原因是美洲严重缺乏劳动力,那里的原住民印第安人因为殖民者的屠杀以及受欧洲传过去的天花、鼠疫等病毒感染而大量死亡——美洲大陆因为长期与欧亚大陆隔绝,印第安人缺乏抵抗欧亚大陆这些可怕病毒的免疫力。黑人对这些病毒的抵抗能力较强,寿命虽然短但身体十分强壮,又几乎处在原始社会阶段,缺乏反抗意识,因而成为种植园奴隶的最佳选择。

这样,西方殖民者新建了一套包括货币生产、农业生产和手工业品生产的十分完整的经济系统。这套系统独立于中东和东亚两大传统古文明——奥斯曼土耳其和中华帝国,成为工业革命爆发和西方基督教文明崛起的重要基础。

这里需要特别注意一个问题:在1497—1765年这200多年的时间里,欧洲本土并没有什么先进的消费品生产能力。

欧洲不是全球主要的手工业品生产基地,不是最高效的生产基地,也不是最高端消费品的生产基地——这些头衔全都属于中国,之后是印度。连奥斯曼土耳其的纺织品产量都比欧洲更高。斯文·贝克特在《棉花帝国》中写道:"在整个17和18世纪,欧洲的棉纺织工业并不是特别突出。在英国和欧洲其他地方,棉纺织业几乎停滞不前。"

英国、西班牙、法国都有一点毛纺织业,但即使在圈地运动以后,它们在全球纺织品市场中的份额仍然微不足道,对各国的财政贡献也少得可怜。英国、西班牙、葡萄牙、法国都一样,主要依靠殖民掠夺而非国内生产来获得财富。这种情况一直持续到18世纪的工业革命时代,英国人发明珍妮纺纱机以后,欧洲的纺织业生产水平才后来居上,但产量占据第一还要到更晚以后。

殖民者在这个新贸易体系中扮演的是"贸易中间商"和"生产组织者"的角色,他们在美洲和印度组织生产——在美洲直接搞奴隶制种植园,在印度则是先搞贸易,然后逐步通过武装侵略配合强买强卖的方式直接控制棉花种植业和纺织业。美洲、非洲和印度人民基本没有享受到贸易繁荣带来的好处,他们的资源价值和劳动剩余基本上全部被欧洲殖民者掠走了。

殖民者能拿走这些财富的原因有两个。首先也是最重要的,他们拥有强大的武装力量。世俗化君主专制体制，相对于美洲、非洲和印度来讲，是颇为领先的国家能力组织方式。同时，其航海技术和枪支火炮技术相对于这些地区而言也足够先进。体制和技术两个因素结合，让殖民者的军事力量取得了绝对优势。

在这套跨越四个大陆的体系中，欧洲是暴力中心、科技创新中心、金融与管理中心。它以暴力、科技创新和金融管理来控制生产贸易。

欧洲当时的科技创新并不关注如何生产有用的消费品，而是集中于更关键的航运和热兵器领域，包括天文观测、罗盘、造船、弹道轨迹、火药配方、枪炮铸铁、金属加工的理论和技术等。其最先处于全球领先地位的产业是造船业和武器制造业。

无论是造船还是造武器，其产品都不直接出口赚钱，而是用于运输，输出商业贸易服务，把各大洲联系起来；或者用于征服，输出暴力。

此外，基于商业繁荣，欧洲人创新了诸如银行、债券、期货、股票等金融手段和公司体制等管理手段。他们把这些手段运用到全球市场的生产贸易中去，提高全球市场的生产效率，从中获得控制权并取得高额利润。欧洲崛起的"第一桶金"来自十字军东征，基本上是纯暴力，把阿拉伯人的财富和科技文明抢了过来；第二笔财富则来自大航海，基于暴力、科技、金融、管理的综合运用。

这段时期的欧洲，跟今天的美国十分相似。美国是现在全球的暴力、科技和金融管理中心，但并非生产制造中心。它拥有最庞大的军费开支、最先进的武装力量、最强大的金融体系、最雄厚的科学技术研发实力，但它不是全球生产制造中心。其地位和财富来自向全球输出暴力、科技和金融管理，以此将全球生产制造体系创造出的实体财富纳入囊中。与16、17世纪的欧洲不同的是，美国曾经是全球制造业中心，工业产值世界第一，但随着制造业利润降低，制造业向国外转移，国内产业结构逐步向军工、金融、高科技方向集中。而大航海时代的欧洲则相反——它的生产制造能力一直就很弱，先占据了暴力、科技和金融的制高点，再利用这种优势来发展它的生产制造能力。这种变化方向跟美国相反，但内在驱动力其实是一样的，即不同产业利润率的变化。美国人放弃制造业是因为它利润不如军工、金融、高科技，欧洲人追求制造业则是因为它可以创造更多的利润。

在大航海时代初期,也就是 16 世纪,纯粹的暴力抢劫最赚钱。西班牙人在南美洲直接开金矿银矿,把这些财富抢过来就发大财,完全不用管什么生产贸易。他们在美洲烧杀抢掠。

但是,抢劫行为不可持续,金矿银矿很快就开采完了。到了第二个阶段,大约 17 世纪,最赚钱的是贸易,也就是在几大洲之间,中转运输各种货物倒买倒卖。贸易不如抢劫来钱那么直接,但是也比实实在在搞生产要轻松。荷兰是第二个阶段的最大赢家,它依靠发达的航运贸易获得了"海上马车夫"的称号,背后就是荷兰高度发达的造船业和金融商业市场的创新。今天我们熟知的各种金融产品如股票、期货的交易市场,最初都是荷兰人发明的。他们还搞出来全世界第一次金融投机泡沫——郁金香泡沫。

但是,经过 200 年的发展,到了 18 世纪,倒买倒卖也没有那么赚钱了。航运技术不断进步、航线不断开辟和成熟,从印度运到欧洲的纺织品和香料对欧洲人来说已经司空见惯,价格也从奢侈品水平降到了普通消费品的水平。用经济学术语来说,就是市场发育成熟,超额利润就逐步减少甚至可能消失。

到了第三个阶段,欧洲人才开动脑筋,把印度的纺织品生产也"抢过来",不让印度人赚生产环节的钱了,这个钱也要自己赚。一直到 1730 年左右,英国才开始大力发展棉纺织业,当时东印度公司的一份报告声称英国人"开始在英国仿制印度棉布"[①]。这个时候欧洲人要想抢印度人的生意十分容易,因为全球贸易网络都控制在他们手中,而且他们也是印度沿海地区的生产组织者。他们派人到印度把棉纺织技术学过来,然后就纷纷禁止从印度进口棉布。

这就类似于当年奥斯曼土耳其帝国对意大利和德意志搞棉花禁运一样,一下子就把印度棉纺织业的脖子卡得死死的。

四、合纵连横:英国崛起的战争与谋略

在西欧殖民时代的第三个阶段,英国崛起了,拥有最广阔的殖民地,成为

---

① [美]斯文·贝克特:《棉花帝国》,民主与建设出版社,2019 年版。

全球霸主，号称"日不落帝国"。此前先后崛起的西班牙、荷兰、法国都成了英国的手下败将。

很多人以为，英国崛起的原因是"圈地运动"，较早建立了先进的资本主义生产关系，或者是率先用保护民权的《大宪章》限制专制权力，建立了代议制的现代政体等原因。但这些解释都有问题。

首先，英国的毛纺织业跟欧洲其他国家一样，在国民经济中的地位不高，相对于欧洲其他国家也没有显著优势，并不足以支撑它在大国竞争中取胜。至于先进的资本主义生产关系，英国在这方面比欧洲其他国家都要落后，意大利、法国、荷兰都比它更早建立起资本主义生产关系。

英国建立民权保护和代议制政体，都是崛起大势已定之后的事情。13世纪的《大宪章》是英国的封建贵族们想要复辟封建领主制的历史倒退，主要是用来维护封建领主和教士特权的，不利于国家力量的集中整合，是英国在"英法百年战争"中失败的重要原因之一，对英国崛起具有负面作用。在"英法百年战争"结束一直到1688年的光荣革命之前，专制王权才是英国近代崛起的根本原因——1649年英国革命之后虽然短暂废除了国王，但革命领袖克伦威尔却建立了个人独裁。

从欧洲内部来看，英国的崛起是地缘战略优势的结果，并非由其生产力、生产关系和上层建筑的特殊性所决定。

十字军东征结束以后，意大利发展最快。商业繁荣加上文艺复兴，使其成为欧洲的经济和文化中心。然后，紧靠意大利的法国和德意志也随之崛起。宗教改革最先萌发于德意志，然后扩展到法国。

在中世纪，各国国王的领土关系非常复杂，并没有一个很清晰的国家版图。各国王室名义上的统治范围会根据婚姻、血缘等关系的变化而变化。由于国王实权不大，教会和封建领主才是真正的统治者，这种名义领土的变化一般不会引发严重的冲突。但是等国王权力加强以后，情况就不一样了，王权范围必须说清楚，不能含糊，也不能变来变去。

1337年，十字军东征结束后的46年，从封建制向君主专制体制转型中的法国同英国发生战争。这场战争的目的，是新兴的法国王权需要明确法国的主权界限，把法兰西土地上的英国王室领地夺回来。

战争断断续续进行了116年，史称"英法百年战争"，是世界持续时间最长的战争。战争前期，英国人用长弓对付法国的骑兵，占据了优势。但到了后期，法国人用从东方学过来的新型火炮对阵英国长弓，反败为胜，把英国王室在欧洲大陆上除了加来港之外所控制的封建领地全部抢走。这场战争奠定了法兰西民族国家的版图，形成了法兰西民族意识。在这场战争最艰难的阶段，出现了一位抗击英军的女英雄贞德，她也就以"圣女贞德"的名字成为法兰西民族的精神象征。

英国在战败后失去了欧洲大陆的领土，这才正儿八经地成了一个岛国。后来的历史证明，这对它而言反倒是一个非常好的事情。它从此可以专注于发展海军力量而无须再顾及陆军，在海权时代来临之际成了最大的受益者。

1485年8月，在法国长大的英国王室后裔——亨利·都铎在法国国王查理八世的支持下，率军队登陆英格兰，杀掉英国国王夺取了王位，建立都铎王朝。都铎王朝拒绝承认《大宪章》，转而开始学习法国，建立专制王权，完善法律体系，集中国家力量参与大航海时代的殖民掠夺和商业活动。英国这才走上了崛起之路。

1534年，都铎王朝也学习德国和法国开始搞宗教改革，最终废除了天主教在英国的统治地位，确立新教为英国国教，由国王兼任国教最高领袖。英国完全脱离了罗马教廷的控制，成为一个新教国家，专制王权达到顶峰。

这一时期对应大航海时代的第一个阶段，西班牙是海上之王，并凭借殖民带来的财富成为欧洲之王。西班牙国王菲利普二世提出"普遍帝国"的构想，想要统一欧洲。他支持法国的天主教徒反对宗教改革，派兵入侵法国并击败了法军，还一度占领了巴黎。对英国，菲利普二世更是异想天开，向英国女王伊丽莎白一世求婚，想通过婚姻关系成为英国国王。

为了对抗西班牙咄咄逼人的攻势，英国和法国抛弃了百年战争的恩怨，联合起来。

英法两国实力不如西班牙，但很快就发现了西班牙的命门——尼德兰。

西班牙人当时除了会在南美洲开矿，做贸易也很厉害。但贸易中心主要在它的北方领土——尼德兰地区。尼德兰这个地方，也就是今天的荷兰和比利时所在地，位于法国北部，面向英吉利海峡。它拥有非常优良的海港——阿姆斯特丹，这里是西欧第一大河莱茵河的入海口、欧洲大陆面向大西洋的最佳港口。意大利衰落、大航海活动兴起之后，尼德兰就成了全欧洲最繁荣的地区，既是商业贸易中心，又是造船业中心，其每年的造船量是英国和法国加起来的两倍。

尼德兰跟西班牙本土中间隔着一个法国，也是中世纪王室婚姻血缘关系造成的王权飞地。受到德意志和法国宗教改革的影响，尼德兰人也搞了宗教改革，不再服从罗马天主教。西班牙是天主教从伊斯兰教手里夺回来的地盘。为了推动本土的去伊斯兰化，在长达数百年的时间里，天主教不断使用宗教裁判所来收拾异教徒。菲利普二世拿出对付伊斯兰教徒的手段，在尼德兰也开了宗教裁判所，大力屠杀新教教徒。这就激起了尼德兰人的强烈不满。而且尼德兰是西班牙经济最发达的地区，每年交的税最多，商人们早就想独立。在英法两国的煽风点火之下，尼德兰在1566年爆发了独立革命。北方行省宣布建立联省共和国，也就是后来的荷兰，与西班牙派来的军队展开激战。

革命爆发以后，英法两国积极参与。英国与荷兰组成联合舰队在海上与西班牙开战，法国也招募荷兰人参加法军，在陆地上与西班牙开打。失去了最重要的港口和造船基地，再加上英法两国的海陆夹攻，西班牙最终无力回天。1588年，英国海军击败了西班牙最引以为傲的"无敌舰队"；1594年，法国军队收复巴黎，将西班牙军队逐出了法国。此后，西班牙的战略局面急转直下，最终在1609年被迫承认尼德兰独立。

失去了尼德兰的西班牙国力急速衰退，退出了欧洲争霸的行列。

在尼德兰革命基础上建立起来的荷兰共和国成了大航海时代第二个阶段的海上霸主。鼎盛时期的荷兰，拥有1.5万艘商船，商船吨位占当时欧洲总吨位的3/4。同时，其海军力量也十分强大，军舰数量比英国多1倍，比英国和法国加起来还多。他们组建东印度公司，在南亚迅速扩张，占领了一大批武装商站；他们驱逐葡萄牙人，夺取了马六甲海峡的控制权；在印尼建立殖民地，并开始进犯中国沿海，与明朝海军多次发生冲突；他们占领了南非好望角，修筑要塞、营建殖民地，扼守欧洲通往印度和中国的要道。

我们也可以想象，如果西班牙和荷兰始终是一个团结一致的国家，凭借其力量之雄厚，英国肯定没有机会在18世纪崛起。

荷兰强大起来以后，英法两国又调转枪头，联合起来收拾荷兰。

在工业革命之前，1651—1674年，英国和荷兰总共打了三次大规模的海上争霸战争。每次都是英国主动挑起来的。第一次是禁止荷兰船队运输进口到英国的货物；第二次是抢占荷兰的海外殖民地；第三次直接不宣而战，偷袭荷兰海军。第一次荷兰海军没做好准备，战败。后面两次都击败了英国。但不论胜负，最后双方和议的结果都对英国有利。

荷兰不断承认英国的贸易权力，不断把殖民地割让给英国。第二次英荷战争，英国人把荷兰人在北美位置最好的海港城市——新阿姆斯特丹给抢了，改名为新约克（New York），也就是今天的纽约。荷兰人也忍了，最后同意英国拿南美洲一块无关紧要的殖民地作为交换就完事儿了。

荷兰人如此好脾气的原因很简单：法国人总在荷兰背后捣乱。荷兰领土面积很小，缺乏战略纵深，无法组织一支强大的陆军与法国对抗。在保留海外殖民地和本土安全之间，荷兰人只能选择后者，通过向英国服软来换取它向法国施压退兵。特别是第三次英荷战争期间，1672年法国国王路易十四派遣12万大军进攻荷兰，占领荷兰大部分的国土（七个省有五个已基本沦陷），围攻其首都阿姆斯特丹。荷兰人面对亡国危机，被迫扒开拦海大堤，水淹阿姆斯特丹，以几乎自杀的方式赶走了法军。

荷兰是"低地国家"，大部分国土低于海平面，扒开拦海大堤后，全国几乎被淹，农田、房屋和基础设施基本都完蛋了，国力大损。虽然荷兰在海战中连战连捷，让英法海军损失惨重，避免了亡国的命运，但也从此退出了海上争霸的行列。

西班牙和荷兰退场以后，接下来就是英国和法国的终极对决了。

1756—1763年，英法在美洲、欧洲、亚洲等地的海域全面开战，史称"英法七年战争"，以区别于14、15世纪的"英法百年战争"。

从战争开始到1757年，英国海军处于劣势，不断被数量少于自己的法国海军击败。

但情况很快发生逆转，因为法国人在地缘政治上最危险的敌人——德国——崛起了。

当时德国还没有统一，但大航海的影响经过200多年已经深入内地，普鲁士也开始分享海外贸易的收益，它在武器现代化方面也干得不错，一直野心勃勃想要统一德国。法国为了遏制普鲁士崛起，一直跟德意志范围内的另外一个大邦国——奥地利眉来眼去，不断干涉德意志内政，阻止德国统一。普鲁士对此意见很大，双方已经打过好几回仗了。这次，普鲁士又趁着英法交战的机会向法国挑战。

战争范围迅速扩大，奥地利加入了进来，德意志其他封国也联合起来对付普鲁士，俄罗斯趁机对普鲁士宣战。衰落多年的西班牙也来凑热闹，它选择了站在法国这一边，在海上挑战英国，想要趁机恢复200年前的荣光，不过很快就被打得落花流水，把占领了上百年的老殖民地——古巴——也丢给了英国，羞耻地退出了战争。

在这场战争中最惨的是普鲁士，它面临法国、奥地利和俄罗斯三面围攻，经过数年的战争，不断丧师失地，国力几乎耗竭。到最后，全国14岁以上的男性全部参战，农田荒芜无人耕种，商人因没有交易而破产，国家依靠英国的援助勉强维持，崩溃近在旦夕。

最后关头，奇迹发生：1762年，俄罗斯伊丽莎白女皇病逝，她的外甥彼得三世继位。

彼得三世的母亲来自俄罗斯皇族，但父亲来自德意志贵族。他是俄罗斯著名的改革雄主彼得一世（也就是彼得大帝）的外孙，但并不在俄罗斯长大，而是跟随父亲在瑞典长大。

彼得大帝大力加强专制王权和中央集权，打击教会势力和封建贵族特权。他唯一的儿子彼得洛维奇被反改革派煽动，反对改革路线，意图谋反，失败后被囚禁而死。彼得大帝死后，没有儿子。改革派和封建贵族反复斗争，各自推举自己属意的皇帝。折腾了好几轮之后，彼得大帝的三女儿伊丽莎白依靠政变上台，算是把皇位坐稳了。伊丽莎白一辈子没结婚，没有孩子，但她决心让彼得大帝的后人继承皇位，而当时还在瑞典的彼得三世是彼得大帝唯一在世的男性后裔，就被从瑞典接过来当皇储。

彼得三世连俄语都说不明白，对俄罗斯也没有感情，但作为德意志贵族后裔，他对德国统一这件事情非常有感情，非常崇拜立志统一德国的普鲁士国王腓特烈二世。他一上台就跟普鲁士媾和，把俄国在战争期间占领的普鲁士领土全部归还，然后宣布俄罗斯加入普鲁士一方作战。战争形势立刻倒转，奥法联军兵败如山倒。

彼得三世只在俄罗斯皇位上坐了半年，主要政绩就是帮了普鲁士一把。然后忍无可忍的俄罗斯贵族便发动政变将他囚禁而死。政变后，俄罗斯退出了跟普鲁士的联盟。但战略局势已经无法改变，法国被迫向英国和普鲁士低头，将整个加拿大都割让给英国，从印度撤出，只保留五个市镇，并承认普鲁士占领的两个德意志封国合法，以此与英普达成了和议。

至此，通过多次反复合纵连横，英国战胜了欧洲大陆的主要竞争对手，其殖民地遍布北美、南美、非洲、南亚、东南亚等地，成为全球殖民霸主，进入全盛时期，成就了"日不落帝国"的传奇。

五、海权帝国：理解西方文明特质的一个重要视角

英国成为"日不落帝国"的时间，最晚也是在1763年战胜法国之后——注意这个时间点，它是工业革命爆发之前13年，当时英国人甚至连珍妮纺纱机都还没有发明出来。如果把击败西班牙无敌舰队作为英国崛起的起点，那么"日不落帝国"就诞生于工业革命之前大约200年。

英国成为"日不落帝国"，不仅跟工业革命无关，跟自由贸易也无关。

1763年的时候，英国已经开始着手发展棉纺织业。为此，国会立法禁止将国外的棉纺织产品进口到英国。1772年，一个叫布莱尔的人因为"将非法物资带入其住宅"而被定罪判刑。这里的"非法物资"其实就是印度棉布。1774年，英国议会规定，除了用于转口贸易的棉布以外，其他一切不是在英国生产的棉布都禁止在国内销售。[①]之前为了对付荷兰，英国还出台过《航海条例》，不准

---

① ［美］斯文·贝克特：《棉花帝国》，民主与建设出版社，2019年版。

用荷兰的商船向英国运送货物。

在发展棉纺织业之前,英国的纺织业重点是毛纺织业。在 1258 年,为了限制羊毛原料的自由出口,英国颁布了"牛津条例",该条例规定"英国所生产的羊毛必须在国内加工生产,不准卖给外国人;人人都必须穿用本国织造的呢绒",并在 14 至 15 世纪多次重申这一规定。后来类似的限制更加严厉,走私活羊出口的首犯会被没收财产并砍掉左手,如再犯就判死刑;乔治三世(1760—1820 年在位)为了禁运羊毛和打击走私,甚至还颁布法令,"不准在海滨五英里内剪羊毛"。①

这些全都与自由贸易的精神背道而驰。

实际上,欧洲其他国家也差不多。从 16 世纪到 18 世纪的两三百年间,统治欧洲的经济思想是重商主义,也就是强调尽可能多地从外部获得金银等贵金属货币,把金银的拥有量当成国家强弱的标志。为了达到这个目标,不管是法国、荷兰、西班牙,还是英国,都想尽一切办法减少进口并增加出口。对于凡是本国重点发展的产业,几乎都是禁止进口同类产品,并禁止出口相关原材料;对一般货物原材料的进出口,则普遍采取高关税。直到鸦片战争前,英国的平均关税税率从未达到所谓自由贸易的水平:英国在 1840 年以前对进口商品征收的关税税率从未低于 30%,在 19 世纪 20 年代中期进口税率甚至一度超过 50%。此外,英国自 18 世纪起就对来自中国的茶叶征收高关税,税率时常达到 100%。② 而同时期中国并不禁止进口任何外国手工业品,对外国货物的平均法定税率只有 6%,加上海关官员加派的杂费之后,实际税率也只有 12%。③ 西班牙、葡萄牙和法国为了制止太多的白银流向中国,甚至还出台过禁止本国商船往中国运输白银的法令。他们在全世界运输货物到处销售,恨不得打开每一个国家的市场,为此不惜采用武力和屠杀,唯独对自己网开一面,坚决不开放本国市场。

---

① [法]保尔·芒图:《十八世纪产业革命:英国近代大工业初期的概况》。转引自泊兆:《近代的错误开端——重新认识鸦片战争》,见观察者网专栏。
② 周文,冯文韬:《贸易顺差、闭关锁国与西方话语批判——基于鸦片战争的经济学再审视》,载《上海经济研究》,2023 年第 2 期。
③ 吴义雄:《条约口岸体制的酝酿——19 世纪 30 年代中英关系研究》。转引自泊兆:《近代的错误开端——重新认识鸦片战争》,见观察者网专栏。

可以肯定地说，西方国家近代的崛起，跟贸易有关，但跟自由贸易无关。

大航海时代，所有崛起的国家，没有一个允许自由贸易，没有一个制定的关税壁垒低于其亚非拉主要贸易伙伴。

英国能战胜欧洲其他竞争对手，主要是地缘上的因素。不管是西班牙、荷兰，还是法国，都是大陆国家，一半面向海洋，一半面向陆地，无法用全部国家资源来发展海军，必须至少用一半的力量用于陆地防卫。英国作为一个海岛型国家，可以全力发展海军，没有后顾之忧。这在以争夺海外殖民地为核心的争霸赛中是关键性优势。英国每一次重大胜利，都是跟对手背后的国家结盟而取得的：打西班牙和荷兰就联合法国，打法国就联合普鲁士。这样，英国在土地资源面积相对狭小、生产能力相对落后的情况下，仍然可以确保胜利，甚至在海战战败之后也照样可以令对手低头。

英国在工业革命之前的崛起，本质上是海权的崛起，是海权对陆权的胜利。

人类历史上的帝国或文明，可以根据控制模式的差异分为海权型和陆权型。

汉唐时代的中华帝国是典型的陆权型帝国：军队几乎全部是陆军，物资运输和政治经济控制也完全依靠陆地和陆地上的河流。这种帝国形态的特点就是随着陆地交通路线的扩展，不断扩展帝国边界，形成一个中央集权的大一统帝国。其首都位于陆地的中心，周围由高山河流组合的地理屏障保卫，按"首都—郡治—县城—乡镇"的网络状格局一层一层往基层辐射，形成"中心—基层"的网状分布。

海权型帝国则与此完全不同。它以海军为主，政治、经济控制方式以海洋航运为主。这种帝国的形态特点是：不形成一个大一统帝国；联系中心与外围地区之间的是宗主国与殖民地的关系。这是由海路交通特点决定的：运量大、时间长。大运输量可以保证物资交流和军事征服，但无法满足日常行政的效率需求。像中国古代那样八百里加急或者五百里加急、由皇帝和中央政府垂直管理的模式在海权型帝国无法实现。只能由中央充分授权，要么是委派军政大权一体的总督，要么就干脆维持一个傀儡政权。

在海权型帝国体系中，宗主国的首都一般都位于海岛或者是大河与海洋的交汇处。那些殖民地的中心据点也有同样的特点。这些据点再依靠交通枢纽优势发展为中心城市，然后向内陆地区辐射其政治经济控制能力。整个帝国围绕海洋形成一个环状。帝国直接控制的地区几乎完全位于沿海，较少深入内陆，只通过沿海港口枢纽与内陆发生联系。

而古代中国的大一统王朝就一直是一个典型的陆权型国家和文明。受此影响，中国人看待其他国家和文明的时候，也习惯性地以陆权型思维去分析，特别是喜欢就一个国家论一个国家，而没有把海权型帝国控制的殖民地和半殖民地放进来一块儿看。这是我们不能正确理解西方近代文明成就的一大根源。

表6-2　海权型与陆权型帝国（文明）的差异

	海权型	陆权型
控制网络	宗主国—沿海据点—内陆	首都—郡县—乡镇
空间形态	环形，外陆内海	圆形，外海内陆
国家形态	宗主国—殖民地—半独立国	单一国家
中心国产业结构	军工、金融、商贸	全产业体系
政治经济中心城市位置	海岛或大河入海口	内陆中央地带
代表国家	古希腊、威尼斯共和国、大英帝国	中华帝国、阿拉伯帝国、奥斯曼土耳其等

西方历史上，比较典型的海权型文明主要有三个。

第一个是上古的希腊诸国，也即古希腊；第二个是中世纪的威尼斯共和国；第三个就是近代英国人建立的"日不落帝国"。

古希腊出现在公元前800年左右。这是西方近代理性文明的源头之一。[①]

古希腊位于地中海东北部、欧洲的东南部，其核心是阿提卡半岛的雅典。这是一个很小的城邦国家。古希腊人主要依靠发达的航运业，在地中海——主要是爱琴海——周边建立了一圈殖民地。这是一个典型的环状文明结构。

[①] 如前所述，它被灭亡以后，其文献资料在欧洲消失了上千年。十字军东征以后，被西欧学者从阿拉伯典籍中重新发掘了出来。发掘过程中肯定有不少弄虚作假、夸大其词的地方，但有关希腊文明的大体情况应还是真实的。

希腊在地图上的边界只是它的直接殖民控制边界，而不是经济边界。它占领的都是海岸陆地，其中主要是近海的港口城邦——比如特洛伊，其控制范围是据点式的。通过控制沿海枢纽据点，其经济控制力可以深入内陆，从内陆地区攫取农业资源。所以像雅典这样的小城邦，尽管在直接领土上想种粮食养活自己都困难，但却发展出高度的文明。其生存资源和财富完全依仗海外殖民港口以及它所辐射的内陆地区。其城邦居民几乎不从事农业、手工业等生产性行业，主要就是造船、商业。它还养活了一大批贵族学者，天天就研究天文地理、人生哲学等。这让它的数学和哲学高度发达，欧几里得的《几何原本》和亚里士多德的哲学思想都诞生于此。

雅典共和国本质上不是一个国家，而是环地中海文明的政治、经济、文化中心。

古希腊文明并非雅典人所创造的文明，而是集合了古埃及和两河流域的古文明成果，在环地中海劳动人民的共同供养下形成的次生文明。雅典及其周边城邦在环爱琴海建立殖民地，大搞农业种植园，并贩卖奴隶。雅典的城邦公民们几乎家家户户都有奴隶照顾他们的生活起居。他们中很多人看起来不过是普通老百姓，但本质上是整个环爱琴海帝国的贵族阶层和奴隶主阶层的一员。亚里士多德和他的学生们那种悠闲研究学术的奢侈生活方式，也是建立在奴隶制和不平等贸易基础上的。

雅典人依靠先进的科技，在海洋上基本没有对手。但它有一个命门，就是陆地防御。北方的马其顿人在公元前4世纪左右崛起，征服了雅典。古希腊文明因此灭亡。

威尼斯共和国的情况我们在前面提到过。威尼斯就是一个小岛，面积只有约400平方公里，比北京市海淀区的面积还要小一些，是海南岛面积的1/90，岛上有五六万居民，鼎盛的时候有15万左右，在中国就是一个县城的规模。岛上大部分青壮年男子都是水手。金融和航运是威尼斯的主要产业，世界上第一家商业股份制银行就是在这里诞生。

威尼斯是作为东罗马帝国在西欧的贸易据点发展起来的。独立以后，又赶上十字军东征，从而进一步兴旺发达；依靠第四次十字军东征的帮助和自己的海军，征服了地中海北部沿海的一些地方；还向意大利内陆扩张，获得了一些地盘，由此成了当时欧洲的经济文化中心。中东和埃及等地的物产，通过这里卖向全欧洲。十字军东征以后，从东方传过来的先进科技文化，很多都是威尼斯商人们组织学者研究消化，然后再传向欧洲的。威尼斯可以说是古希腊文明的衣钵传人，各方面都跟雅典共和国像极了。

鼎盛时期的威尼斯沿海分布了一些零零散散的殖民地和贸易据点。从普通人的习惯思维来看，一个国家怎么可能长这样？然而它真的长这样，而且存在了超过1000年，政府、军队、法院、税收体系，无不具备，是人类迄今为止唯一一个存在超过1000年的共和国。它诞生于687年，当时中国还在唐朝太后武则天的统治之下，直到1797年，也就是清嘉庆二年，乾隆去世之前2年，才被拿破仑征服，宣告亡国。

跟威尼斯同时存在的另一个海权国是热那亚共和国，也在意大利，情况跟威尼斯差不多，也在沿海占领许多殖民据点。后来跟威尼斯在海上争霸，打了很多次海战，最后被威尼斯击败而衰落了。在1298年的一次海战中，有个威尼斯海军士兵被热那亚方面俘虏，给关了起来。他在监狱里无事可做，就写了一本书，叫《马可·波罗游记》，在里面大肆吹嘘中国元朝的繁荣昌盛。出版以后在欧洲引起轰动，成为欧洲人开辟大洋航线寻找中国的巨大动力。发现美洲新大陆的哥伦布就是这本书的狂热爱好者。

威尼斯虽然本土面积极小，但对欧洲文明乃至人类文明贡献很大。其1000年的存在绝非靠偏安一隅、苟且偷生换来。威尼斯人跟奥斯曼土耳其打了100多年的海战，为捍卫基督教文明立下过汗马功劳。东方文明西传的中转站、点燃文艺复兴之火的导火索、现代银行业的发源地、专利权制度的发源地等，这些称号都可以归属于威尼斯共和国。

威尼斯的衰落跟雅典不一样。雅典在一个半岛上，有陆地进攻路线。威尼斯是一个海岛，没有陆地进攻路线，海军足以保卫其安全。它的衰落是因为位于大陆的外围殖民地被奥斯曼土耳其帝国一点一点地吃掉了。没有外围殖民地的生产支撑，它的金融和海上贸易就是空中楼阁，会迅速崩溃。

理解了雅典和威尼斯，我们再来理解工业革命前的大英帝国甚至整个欧洲

第六章　欧洲崛起：现代转型与外部冲击

殖民强国集团就比较容易了。它们就是扩大版的雅典和威尼斯。

不论是英法七年战争之后，还是美国独立战争和工业革命之前的英国殖民版图，英国本土在这个版图中面积和人口占比都微不足道。整个帝国环大西洋和环印度洋分布，英格兰岛看起来就像是帝国的首都。

基于海权建立起来的帝国一贯是长这个样子。中心地区基本不搞生产，只负责军事控制和经济金融控制，在外围殖民地搞种植园、贩卖奴隶、开工场……这都是从雅典时代起就形成的模式。

由于宗主国人数比较少，能从数十倍乃至数百倍的人口和土地中榨取财富，宗主国的人民生活水平就会显著高于外围殖民地。这些人民从宗主国一国的视角来看只是普通老百姓，但从整个殖民帝国的视角来看，他们还带有贵族和奴隶主的属性。

在宗主国内部，精英阶层对普通公民是比较慷慨的，随便漏一点残渣剩饭就够他们过上高于殖民帝国平均水平的生活了。这些财富向下溢出的方式，主要通过宗主国高昂的物价和服务业价格来实现。宗主国对外树立起很高的贸易壁垒，保护本国的农业和手工业。至于服务业壁垒，则通过禁止价格低廉的外来移民的方式实现。宗主国的物价水平很高，人力成本更高。这样，他们的农民、工人、餐厅服务员等就可以从富有阶层的消费和投资中获得较好的收入。这也可以理解为富有阶层的一种"赎买"形式：花钱买平安，避免底层暴动。而殖民地人民，因为有海洋相隔，无关宗主国的治安，则无权享有这种福利待遇。

物价只是财富在宗主国内部再分配的一种形式，类似的还有高福利制度、高质量的教育和医疗水平等。人民受教育程度会因此得到提高，这会进一步强化其经济竞争力。

在政治上，情况类似。宗主国人民的权利保护也会大大好于殖民地。由于生存资源的分配没有那么极端，政府的专制权力就没那么重要了。政治权利会走向分权化和民主化，大家争的不是你死我活的问题，而是钱多钱少的问题，而且分的还是别人的钱，那么就可以坐下来好好商量，没必要打打杀杀了。这样，专制君主的重要性就没那么高，毕竟大家都是贵族。贵族共和是一种很适合海权帝国体系中宗主国的政体。但是，如果有人认为这种政体是普世价值，被殖民、被奴役的国家也适用,那就错了。殖民地的生存资源争夺太激烈了,还要通过殖民体系往宗主国供奉剩余财富,资源分配在这些地区就是一个你死我活的问题。一旦过度民主化,战乱和分裂就不可避免。

就政治体制而言,雅典是奴隶主们的民主共和,威尼斯是商人贵族们的民主共和。这两个海权帝国实际控制范围巨大,但只有城邦中的几万人可以享受民主共和这种"政治奢侈品"。雅典的体制有不少历史记载真假难辨。但威尼斯是有可靠史料记载的,其政权控制在几个大的商业贵族家族手中。当时有一本公开发布的"黄金簿",只有记录在"黄金簿"里边的几个贵族家族的成员才有被选举成为高级官员的权利。这几大商业贵族家族彼此争权夺利,但大家的财富其实都是从海外抢来的,足以保证彼此生活富裕,没必要在本土动刀动枪搞再分配,于是就搞个共和体制出来轮流坐庄,几大家族各自掏一点钱出来养活一个政府,维护一下本土的治安,提供一些必要的公共服务就可以了。这就是海权帝国民主共和体制形成的根源与实质。

古代陆权帝国则无法"享受"贵族共和,因为它的政治边界和经济分工的边界是基本重合的。陆地交通条件下,商业物资的运输、军队的派遣、行政命令的传达,在成本和时间效率方面基本一致。首都地区和核心经济区没有海洋保护,周边地区如果有一个独立政权,随时可能打过来,也就是宋太祖所说的"卧榻之侧,岂容他人鼾睡"。边远地区的农民起义一旦成了气候,也很容易威胁首都和经济中心区。在这种情况下,陆权帝国要想长治久安,用"宗主国—殖民地"的模式就不可能,必须把边远地区也一起纳入直接管理范围。在管理范围内,高、中、低端的产业都有,不管是军工、金融,还是农业、手工业,都要大而全,形成完整的产业体系。至于外围的未征服地区,则不管是贸易国还是朝贡国,对帝国的经济影响几乎可以忽略。

把全产业和全阶层都纳入一个国家体制内管理之后,要维持首都地区的富裕和政治特权就很困难,因为必须照顾边远地区和底层人民的基本利益。也就是说必须把帝国作为一个整体来通盘考虑分配问题。在整个帝国范围内,生产分配一体化,接近于零和博弈,生存资源的竞争就高度激烈,一不小心就是革命或战乱。那就只能立一个专制君主,树立一个绝对权威,遏制贵族阶层的欲望,在全国范围内分配资源和财富，控制阶层差异和地区差异，以保证社会稳定。

从国家安全的角度来看也是一样。海权宗主国有海洋保护，不太容易遭遇外敌入侵，专制君主的作用也就没那么重要。陆权帝国外围基本都是野蛮民族环绕，游牧民族的骑兵随时可能入侵，酿成亡国灭种的巨祸。在这种情况下，绝对君权就显得至关重要。

因此，单独拿海权宗主国和陆权帝国来比较是不合理的。在相似的技术水平条件下，海权宗主国人民的富裕程度、人身权利和私有财产受保护程度以及政治发言权，都必然高于陆权帝国的普通人。威尼斯鼎盛时期人口也就15万人左右，用整个环地中海地区的财富去供养他们，外围殖民地的人民就只能当奴隶。而中华帝国鼎盛时期的明末，有4亿人口，人均生活水平若与威尼斯的15万人比，应该是比不上的，但如果与整个环地中海地区平均水平比，则远远超过。如果从中华帝国挑选出富裕阶层跟威尼斯的十几万富裕阶层的人相比，同样要远远过之。

即使在清朝，中国文明严重衰落、中国社会高度贫苦的时刻，英国使团眼中的清帝国人民生活，那也只是拿处在殖民帝国金字塔最顶尖的英国人来比才相形见绌。比如，张宏杰就在《饥饿的盛世》中举例说：18世纪工业革命前期，英国汉普郡农场的一个普通雇工一日三餐的食谱如下：早餐是牛奶、面包和前一天剩下的咸猪肉；午饭是面包、奶酪、少量的啤酒、腌猪肉、马铃薯、白菜或萝卜；晚饭是面包和奶酪。星期天还可以吃上鲜猪肉。

工业革命后，英国人的生活更是蒸蒸日上。1808年，英国普通农民家庭的消费清单上还要加上2.3加仑脱脂牛奶、1磅奶酪、17品脱淡啤酒、黄油和糖各半磅，还有1盎司茶。

……而在乾隆时代，中国民众吃糠咽菜的记载比比皆是。

据《18世纪的中国与世界·农民卷》介绍，普通英国农户一年消费后，可剩余11英镑，约合33~44两白银。而一个中等中国农户一年全部收入不过32两白银，而年支出为35两，也就是说，辛苦一年，还要负债3两，才能过活。所以一旦遇到饥荒，中国的普通人家就会立刻破产，卖儿卖女的情况十分普遍。

是的，当时英国的农夫比中国的农民生活得好，英国城市居民比中国的城市平民生活得好，确实如此。但他们统治下的殖民地人民的生活水平，则比清朝低得多。

在英国使团鄙视中国人处于半野蛮状态的同一时间，英国等欧洲殖民者正在非洲发动"猎奴战争"，用暴力将大批黑人从非洲贩运到美洲去当奴隶。据统计，平均每运到美洲1个黑奴，就会有10个黑人死于猎杀或者长途贩运。大约400年间，有1000万黑奴被运往美洲，非洲因此损失1亿人口。当时的中国底层人民生活再悲惨，也远远好于那些黑人。

实际上，就在英国使团出使中国之前23年，英国统治的印度孟加拉地区就出现了人类历史上最严重的一次饥荒。而饥荒爆发的主要原因，就是英国人从莫卧儿帝国手中夺去了孟加拉地区的控制权以后，在这里强制减少粮食种植面积，改为种植蓝靛、罂粟等作物。蓝靛用于染制加工纺织品，罂粟则用来加工成鸦片向中国出口，这些作物都服务于英国全球殖民贸易体系。

1768年，孟加拉地区出现粮食歉收，1769年又遭遇旱灾。气候变化影响农业收成在古代原本是很常见的情况，但由于孟加拉地区的粮食种植面积已经被极度压缩，本就到了只够生存的极限，当发生大面积灾害导致粮食歉收时，大范围饿死人的情况就不可避免地发生了。英国东印度公司完全不顾孟加拉人的死活，当他们发现人口减少导致税收降低之后，甚至进一步将农业税率从50%提高到了60%，确保公司上交给英国财政部的钱不至于减少。实际上，在大饥荒的这几年，东印度公司的收入一直都在上升。从1769至1773年，孟加拉地区有1000万人死于饥荒。

所以，英国农夫和城市居民相对中国人更为富裕悠闲的生活，主要不是因为英国的社会制度，而是包括那1亿黑人和1000万孟加拉人在内的广大殖民地人民为他们付出了生命和血汗。英国当时全国人口也就是600万人，英国在海外殖民地中奴役的人口至少有1亿，即每1个英国人至少需要15个被奴役的殖民地人来供养，他们的生活当然过得不错。当马戛尔尼得意扬扬地声称英国正在"艺术和科学领域前进"的时候，英国统治下的殖民地人民正在饥荒和死亡的境遇中挣扎。

中国当时有3亿多人，比英国所有殖民地人口加起来还要多，只有把英国的所有殖民地和宗主国加起来，才能构成一个跟中国同等规模、全阶层全产业链的完整生产和分配体系。

清朝也有外围属国，但经济社会运行不受与属国贸易关系的影响。外围属国主要起到保障国家安全的作用，中央帝国不仅不压榨其财富，还得给他们不少补贴。而宗主国离开殖民地，其经济系统就会立刻瘫痪。中国作为陆权帝国，其国家责任边界和利益边界是重合的；英国作为海权帝国，国家责任边界和利益边界是不重合的，其责任边界远远小于利益边界。

所以，要搞中英对比，那就得用整个大英帝国殖民系统来跟中国比才合理。

在中国，一个四五口之家，如果还能再雇15个劳动力（每个劳动力背后也有三四个家人，这样算下来正好1:15）给自己干活，那就是地主、富农；如果扩大一点范围，算上雇四五个或七八个劳动力的家庭，至少也是中农。如果把占中国人中90%以上的贫农和城市底层人民刨出去以后，专门拿中农以上的中国人跟英国人比平均生活水平，即使清王朝也未必就会输。

中国人民向来都是自己养活自己，从来没有依靠海外殖民掠夺发家致富。

六、工业革命：科学理论与产业实践的成功融合

殖民主义的发展模式，可以总结成一句话：不顾殖民地绝大多数人民的死活，将他们创造的财富集中起来，供宗主国一小撮人发展更高层级的文明。

海权宗主国的发达建立在对外掠夺的基础上。值得注意的是，跨越海洋的殖民，必须以较高的科技水平为基础，并不是单纯依靠军事组织对发达地区"逆袭"。由于宗主国在文明程度上高于殖民地，掠夺而来的财富就不会被简单消耗，而是在奢侈享乐、铺张浪费之余，将很大一部分投入到教育与科学事业中去，将文明推到一个超越当前平均社会发育和技术发展水平的新高度，形成一个"创新孤岛"。

古希腊的科学和哲学理论发育程度之高，在那个时代是冠绝全球的。中华文明在整体上高于古希腊，但在科学和哲学的前沿理论方面仍然有所不如。古希腊最厉害的地方就是发育出来了基于抽象思维的科学理论体系，这是中华文

明长期以来没有内生形成的。

这套科学体系有两大支柱。

一是欧几里得的几何学。将几何元素抽象为符号，然后采用通过"公理推出定理，从定理得出推论"的模式，构建一个完整而内洽的抽象科学理论体系。我们中学所学的几何和数学课本，都是按照这个框架来编写的。

二是亚里士多德的形式逻辑。它是研究思维形式及其规律的科学，可以让思维推理过程变得高度严谨。

这两套体系是一切科学研究的基石。

中国古代科技虽然发达，在几何学和逻辑学领域也出现过很多亮点，但遗憾的是始终没有发育出这么完整的"公理-定理"和逻辑学体系。这是一大遗憾，也是我们必须承认的相对于西方文明的一大弱点。古希腊文明有被近代西方人夸大的地方，但这两个创造毋庸置疑。

科学体系在古希腊出现，除了海权掠夺的财富被用来供养一大批无所事事的"闲人"以外，可能也跟海洋航行自身的特征有关系——海洋和沙漠一样，都是十分单调的自然环境，有利于抽象思维的形成。还有就是海战与陆地战争相比，对几何和数学计算等科学知识有更高的要求。总体而言，海权文明可能确实更有利于基于抽象思维的科学体系的产生和发展。

古希腊在科学和逻辑学方面的"单兵突进"并未能开花结果，转变成高效的生产能力。其主要生产基地在海外殖民地，而科学研究中心在雅典。在那个时候，生产与科研要想跨越海洋结合起来几乎不可能，"创新孤岛"效应明显。而且，古希腊的学者们也非常乐于脱离现实，追求"学以致知"而非"学以致用"，将科学和哲学研究当成纯粹贵族化的精神娱乐，并不在意这些成果能否转化为现实生产力。

这种脱离实际的态度有好的一面，也有不好的一面。中国古代的大多数技术改进都在生产过程中产生，生产效率长期居于世界领先地位，农业、手工业、冶金业发达程度领先西方的时间持续数千年。但由于缺乏脱离实践的纯科学思维支持，生产技术的改进始终未能实现从量变到质变的突破，手工业无法跃升成为近代工业，也就为中国近现代的落后埋下了伏笔。

由于未能将先进的科学知识转变为物质财富的生产方式,古希腊文明也就未能进一步发展壮大,在被马其顿征服后彻底消亡,只留下一些文献材料流传下来。

十字军东征以后,威尼斯人成为古希腊文明向欧洲传播的中介。富有的威尼斯商人资助了大量有关科学、艺术和哲学的研究,成果斐然,点燃了文艺复兴之火。但威尼斯面积比希腊诸共和国的面积还要小,也未能将抽象科学方面的成就向生产实践转化。

又过了几百年,等希腊文明之火传递到第三代海权帝国——英国的时候,抽象科学终于与生产相结合,引爆了彻底改变人类社会面貌的工业革命。

在古希腊文明从威尼斯向英国传播的过程中,欧洲大陆也是一个中转站。欧洲大陆有广阔的生产空间,与英国具有相同的文化背景和历史传统,涌现出伽利略、笛卡尔、莱布尼茨等顶级数学与科学大师,引爆了近代科学革命,农业和手工业规模也都比英国大,却依旧未能率先突破工业革命的临界点。

主要原因还是战争。自从专制王权兴起以后,欧洲大陆上就烽火不断。表6-3是大航海时代开启以后,欧洲大陆的主要战争。

表 6-3 欧洲 16 世纪到 18 世纪中叶的主要战争

战争	持续时间	战争发动方	应战方	战争缘由
意大利战争	65 年 (1494~1559 年)	法国、教皇国、神圣罗马帝国、西班牙	那不勒斯王国、威尼斯共和国	西班牙与法国为争夺欧洲(主要是意大利)的霸权
尼德兰独立战争	43 年 (1566~1609 年)	西班牙	尼德兰共和国、英国、法国	尼德兰独立(见前文《合纵连横》),英法与西班牙争霸
三十年战争	30 年 (1618~1648 年)	西班牙、神圣罗马帝国,并得到罗马教皇和德意志天主教诸侯以及波兰立陶宛王国的支持	法国、瑞典、丹麦、荷兰、英国、俄国,并得到德意志新教诸侯和波希米亚、特兰西瓦尼亚支持	由神圣罗马帝国的内战演变而成的一次大规模的欧洲国家混战,欧洲几乎所有国家都卷入战争,也是历史上第一次全欧洲大战

续表

战争	持续时间	战争发动方	应战方	战争缘由
遗产战争	1年（1667~1668年）	法国	西班牙、荷兰、英国、瑞典	法国国王路易十四的王后是西班牙国王腓力四世之长女，1665年腓力死后，路易要求继承西属尼德兰的遗产，引发战争
法荷战争	6年（1672~1678年）	法国、英国	荷兰	英法联合打击荷兰霸权的战争中的陆战部分（见前文《合纵连横》）
奥格斯堡同盟战争	9年（1688~1697年）	法国	荷兰、神圣罗马帝国、瑞典、英国等	路易十四挑起的又一次欧洲争霸战争，又称"大同盟战争"
西班牙王位继承战争	13年（1700~1713年）	英国、奥地利、荷兰、葡萄牙、普鲁士等	法国、西班牙	西班牙哈布斯堡王朝绝嗣，王位空缺，法国波旁王朝与奥地利哈布斯堡王朝争夺西班牙王位
北方战争	21年（1700~1721年）	俄国	瑞典	俄国为夺取波罗的海出海口与瑞典进行的战争
四国同盟战争	2年（1718~1720年）	英国、荷兰、法国、奥地利	西班牙	英国、荷兰、法国、奥地利反对西班牙收复意大利发动的战争
奥地利王位继承战争	8年（1740~1748年）	普鲁士、法国、西班牙等	奥地利、英国、俄国等	围绕奥地利王位继承权而展开的欧洲争霸战争
英法七年战争	7年（1756~1763年）	英国、普鲁士、汉诺威	法国、瑞典、俄国等	英法争霸（见前文《合纵连横》）

欧洲17世纪至18世纪中期一直在打仗。有学者做过统计，整个17世纪欧洲大约只有3年没有大的战争，前50年中有1年没有战争，后50年有2年没有战争。

这些战争大多十分惨烈。在三十年战争之前，交战各方都喜欢用雇佣军。雇佣军不是本国公民，谁出钱就为谁作战，纪律极差，一路烧杀抢掠，对经济破坏巨大。三十年战争中，战前德国人口有1600万～1700万，战后降至1000万～1100万，人口损失五六百万之巨，比例高达30%。

也有伤亡人数不那么多的战争，比如奥地利王位继承战争，虽然打了4年，但大规模交战只有两次。因为这段时期欧洲流行"消耗战"的军事思想——不追求正规军正面硬碰硬，转而追求用军队彻底毁灭对方的后勤保障基础来取得胜利。军队之间不直接开打，而是比谁更能毁灭对方的农业、手工业和交通系统。

不管哪种模式，长期战争对欧洲大陆都是灾难。法国的首都被西班牙占领过，荷兰的首都被法国围攻过。各国本土都曾经多次大面积沦为外敌入侵的焦土。这种"内线作战"的战争模式对欧洲大陆的经济体系有高度的破坏性。

战争有力地推动了欧洲与军事相关的科学技术发展，武器水平不断升级。新式的望远镜、火枪、火炮等不断地被发明和改进，成为近代科学革命爆发的最大推动力。在数百年的战争中，能够有力组织国家资源的专制国家形态彻底摧毁或取代了传统封建制的国家形态。这为工业革命的爆发奠定了最重要的两大基础。但战争是一把双刃剑，它的破坏力让科技革命的成果始终没有得到在欧洲大陆转化成为工业生产力的时间窗口。

在这数百年的大混战中，只有英国做到了独善其身。英吉利海峡保护了它。从英法百年战争结束，一直到工业革命爆发，大约300年的时间里，英国本土没有被任何外敌入侵。即使它在百年战争中是战败的一方，但主要的战场却都在法国。100年的仗打下来，法国人口损失近半，英国本土则没有什么损失。此后，英国不断卷入欧洲战争和海上霸权争夺，但开战的地方不是海上就是别人国家，英国始终保持着"外线作战"的优势，自身农业和手工业体系一直保持完好。

在来自东方的科学技术和理性哲学逐步往西传播的过程中，英国位于"阿拉伯→威尼斯→意大利半岛→欧洲大陆→英伦三岛"这个传播链条的最末端，受到影响的时间最晚、变革起步最慢。但长久的本土和平使其科技水平和生产能力后来居上，特别是以纺织业为核心的手工业长期积累进步没有中断，这就为科学理论最终转化为工业革命创造了极好的条件。

在1642—1648年期间，英国内部发生了革命。但内战对经济的伤害远远小于外敌入侵。国王的军队和革命者的军队主要是在战场厮杀，劫掠和屠杀行为较少发生，双方通过几次大的战役决出胜负，革命军处决了国王，建立了共和政体，统治阶层内部换上新鲜血液，国家体制效率活力增强，战争就结束了。

英国革命的时间和明末农民革命的时间几乎完全一样。但英国有英吉利海峡保护，革命战争没有给外敌入侵带来可乘之机，政权更迭平稳顺利，科技与手工业创新也没有中断。而明朝没有海峡可以用，受党争内斗的影响，长城防线未能阻挡北方清军，科技进步与手工业创新体系因此毁灭。

中国经历朝代更替的同时，印度被征服了，奥斯曼土耳其被海洋航线绕开了，欧洲大陆一片战火。所有的这些"好运气"加起来，在航海技术的进步将人类带入全球大分工时代后，英国人率先拿到了进入工业时代的入场券。

1776年，英国人瓦特改良蒸汽机，让通过燃煤获得的蒸汽动力可以用于包括纺织工业在内的许多普通轻、重工业领域。这是人类生产方式的革命性变化，它正式拉开了工业革命的序幕。

蒸汽机是近代科学理论与实验的产物，它不是直接从产业实践中产生的。蒸汽机的发明历史，几乎就是一部欧洲近代科学发展史。

我们先介绍一下蒸汽机的基本原理：就是往一个带活塞的容器里边注入蒸汽，推动活塞往外运动，然后再让蒸汽冷却下来；蒸汽遇冷就凝结成水，器皿里边就会出现真空，压力急剧下降，器皿外部的大气压力就会把活塞再压回来；然后再注入蒸汽，再冷却……这样循环，活塞就会不停地前后运动；在活塞上连根杆，就可以输出动力，推动或者拉动别的机器运动了。

蒸汽机的发明有三大关键：第一，要理解真空和大气压力的关系，这是物理学和数学要解决的问题；第二，要能做出来可以反复推动的活塞装置，摩擦力要小但又不能漏气，这是材料学要解决的问题；第三，要做成一个可以长期反复使用的机械，这是机械工程学要解决的问题。

威尼斯人把十字军东征带回来的阿拉伯书籍翻译到欧洲，逐渐对欧洲的科学和宗教产生影响。但是，这种影响的速度相当慢，主要原因是缺乏高效的传播媒介。欧洲最早的造纸厂出现在西班牙，是阿拉伯人搞的，十字军收复西班牙以后，造纸术就开始在欧洲传开了。但在很长一段时间内，欧洲没有印刷术，书籍传播只能依靠手抄。由于传抄成本高昂，只有教会和王室高级人员才能接触到书籍。阿拉伯典籍首先影响的是宗教和王权，在科技方面的影响还很小。

一直到15世纪中叶，1450年前后，德国人谷登堡受到中国印刷术的启发，发明了适合字母文字的铅活字印刷术。谷登堡的妻子来自威尼斯的孔塔里尼家族，这是记录在威尼斯共和国"黄金簿"上的高级贵族。通过这层关系，谷登堡了解到了东方的印刷术，并在此基础上进行了改进。

造纸术和活字印刷术结合，又经过近百年的发展，阿拉伯典籍才开始大规模影响欧洲的科学发展。1564年，伽利略出生于意大利一个破落贵族家庭，1575年随全家迁居佛罗伦萨，进入修道院学习。1581年，他进入比萨大学（就是著名的比萨斜塔所在地方）学习。

比萨拥有优良的海港，也是意大利历史上四大海权共和国之一，与威尼斯、热那亚并列。第一次十字军东征的时候比萨曾经派出120艘船舰组成的舰队参与，也顺便在沿途建了一些殖民地。但衰落比较早，13世纪的时候就被热那亚给打垮了。15世纪的时候，依靠纺织业发展起来的意大利中部城邦佛罗伦萨从陆地上征服了比萨，利用比萨的海港和海军建立了新的海权殖民体系，佛罗伦萨也就成了意大利历史上第四个海权共和国。比萨的科学与理性氛围浓厚，比萨大学收藏的阿拉伯典籍也很多。

在比萨大学读书的这段时间，伽利略接触到了古希腊科学文献，然后就疯狂地沉迷其中不可自拔，最终成为名垂千古的大科学家，在物理学、数学、天文学方面都做出了巨大贡献。他有很多发明，包括望远镜、温度计等等。他最有名的理论著作是《关于两门新科学的对话与数学证明对话集》。这里边的"两门新科学"指的是材料学和动力学，它们都来自欧洲战争需求与古希腊理论的结合——材料学的发展受到了炮筒铸造和火药制造的需求驱动，动力学则是因为研究炮弹飞行轨迹而诞生。伽利略在书的序言中专门感谢了佛罗伦萨兵工厂对他研究的支持——他长期担任这家兵工厂的科技顾问。[①] 而这两门科学正是蒸汽机发明最重要的科学基础。

伽利略有个学生叫卡斯特利，毕业以后去了罗马大学。1627年，卡斯特利招了一个学生兼助手叫托里拆利。托里拆利在卡斯特利的指导下，深入学习伽

[①] 文一：《国家为什么繁荣？——国民财富的起源与"空想市场主义"的终结》，载《东方学刊》，2019年秋季刊。此文列举了大量材料说明火炮发展与欧洲科技革命之间的密切联系。

利略的《关于两门新科学的对话与数学证明对话集》，认真研究了炮弹发射以及它们如何在空中飞行的数学和动力学原理，并写出了《论重物的运动》一书。

在一次拜访伽利略的时候，卡斯特利把这本书给伽利略看了。伽利略大为赞赏，把托里拆利招来给自己当学生和助手。托里拆利刚到比萨不久，伽利略就卧床不起。托里拆利负责记录伽利略的口述笔记并加以整理。三个月后伽利略去世，托里拆利实际上成了伽利略的关门弟子。

伽利略提出过空气也有重量、真空可以存在的理论，但是没有进一步证实。托里拆利在伽利略研究的基础上，进行了大量的实验。1643年，他用玻璃管加水银柱的方式实现了真空，验证了空气有重量的事实，而且提出大气压力大约相当于76厘米水银柱的压强。托里拆利的水银试管真空实验，是现在所有中学物理课本都会介绍的几个经典实验之一。

受托里拆利理论的影响，1650年，德国的工程师盖利克制成了活塞真空泵。

1662年，法国有个科学家利用盖利克的活塞来检验空气的"弹性"，也就是看空气能不能膨胀或被压缩。实验结果显示空气没有弹性，最后他写成论文发表了。英格兰皇家学会的主席罗伯特·胡克看到了这篇论文，并在学会的一次会议上作了介绍。胡克是最早提出万有引力理论的科学家，牛顿的"万有引力"理论就是在胡克的启发下提出的。不过后来牛顿拒绝承认，跟胡克成了死敌。

会上，一个叫波义耳的学会会员当即提出异议，认为这个实验有问题，活塞的摩擦力太大了，只需要把活塞做得更滑一些，实验结果可能就会不一样。波义耳在1641年去过意大利访学，曾经研究过伽利略的科学理论和实验，在这方面颇有心得。他只用了两周时间，就做出了一个改进版的活塞装置，并在学会上公开演示，证明了空气有弹性。随后，他又准确地算出受到挤压时空气体积的变化与压强变化的关系。他把这个关系写成了数学公式，这就是科学史上著名的"波义耳定律"。

此时，法国著名物理学家和数学家克里斯丁·惠更斯正在英国游学，还成了英国皇家学会的会员。他参加了波义耳展示其新活塞装置的讨论会，亲眼看见了这次科学史上著名的实验过程，并对此印象深刻。回到法国以后，他也开始研究空气活塞和真空泵的有关理论。

克里斯丁·惠更斯出身于法国贵族，家里世代从事外交工作，其祖父给法国国王当过外交助理。但他却对外交不感兴趣，转而投身科学。他有个学生兼助理，叫丹尼斯·巴本。前面那些科学家的研究在丹尼斯·巴本这里终于开花结果。1679—1695 年，巴本基于惠更斯、波义耳等人的研究，发表了几篇论文或研究通讯，提出了蒸汽机的运行原理，并造出了实验室模型机。

丹尼斯·巴本跟前面提到的所有科学家一样，是个纯粹的学者。他没有任何非研究类工作经历，一辈子在法国、英国、威尼斯、德意志的大学研究机构之间换来换去，担任研究岗位或者教职。

有了巴本的理论指导，工程技术人员才开始进入蒸汽机的研制领域。两位英国工程师——托马斯·塞维利和托马斯·纽科门分别在 1698 年和 1712 年，根据巴本的蒸汽机理论和模型，各自独立地制造出来了早期的工业蒸汽机。这种蒸汽机将蒸汽转化成动能的效率很低，只有在煤矿附近这种能源价格极其便宜的地方才能使用，主要用来给矿井排水。

纽科门的蒸汽机比塞维利的更先进，在架构上也更接近于巴本的实验室模型机，它是瓦特蒸汽机的直接原型。

纽科门蒸汽机的主要缺点是：蒸汽多次冷凝之后，气缸壁上会沾上很多水，此时再把蒸汽注入气缸，蒸汽在注入过程中就会被快速冷凝，这会损失很多热量。

1764 年，瓦特在苏格兰首府格拉斯哥大学担任"数学仪器制造师"，负责给学校维修各种实验器材之类的机械。当时格拉斯哥大学就有一台纽科门蒸汽机，但是坏掉了。大学原本决定把它运到伦敦去修理，瓦特知道以后，就决定自己先动手试试看能不能修好。在修理过程中，他发现了纽科门蒸汽机的效率损失问题。

瓦特出身于造船世家。受大航海活动的影响，造船业是过去几百年英国最发达的行业。他的父亲在苏格兰港口小镇格林诺克有一家自己的造船作坊，但生意不佳。瓦特自小学了一身造船的手艺，长大后去伦敦一家仪器修理厂当学徒。学成以后，他想回到苏格兰自己开一家修理店。但当时苏格兰的封建行会势力还很强大，开店必须经过修理业行会批准。瓦特的申请被拒绝了，这让他生活陷入困境。

1757 年，格拉斯哥大学给了瓦特一个机会，让他在大学校园里边开一个维修车间，并给了他一个"数学仪器制造师"的头衔，帮学校维修各种器械。这就不算是自己开店，也不违反行会规矩。

在格拉斯哥大学里，瓦特结识了物理学家、化学家约瑟夫·布莱克。布莱克在物理学上的主要贡献是区分了热量和温度这两个不同的概念，他由此提出了"比热容"的理论，并创立了测定热量的方法"量热术"。"比热容"这个概念也是今天中学物理学习必须掌握的内容。

用约瑟夫·布莱克的理论，可以计算出水变成蒸汽和蒸汽冷凝之间需要消耗和释放的热量。这个理论对瓦特改良蒸汽机有很大启发。也可能正是因为布莱克对蒸汽热量的研究，让瓦特对修理纽科门蒸汽机产生了兴趣。

瓦特把气缸和冷凝器分离，在气缸外边加上夹层，里面注入蒸汽给气缸加热，保证气缸温度比较高，气缸壁不会过多积水。后来，又设计了抽气泵，把气缸中冷凝后留下的水快速抽走。通过这一系列改进，蒸汽机的效率大大提高了。

但是，随着蒸汽机机械效率的提高，人们对材料的要求也更高了。活塞运动速度加快以后，更好的活塞材料和更好的气缸壁加工变成了技术瓶颈。

几经周折，瓦特最终找到了伯明翰的一家铸造厂，老板马修·博尔顿愿意与他合作。博尔顿的家里世代都是工匠，他因为娶了一个有巨额财产继承权的老婆而大发横财，然后积极投资实业，收购了几家冶金工厂。博尔顿认为蒸汽机前途无量，就出资和瓦特合伙成立公司，他一方面给瓦特投资继续改进蒸汽机，一方面也帮忙解决了活塞和气缸的冶金材料铸造问题。

这样，蒸汽机的最后一个技术难题就剩下金属加工了。要把气缸内壁和活塞外壁切削加工得足够光滑，形状也完全一样，刚好能够严丝合缝地组合在一起而不漏气，还能在蒸汽和大气的压力下不断来回滑动，向外输出巨大的动力，加工难度非常高，传统工艺无法满足需求。

瓦特对此束手无策，只能干着急。

1775年，这个技术终于出现了。它来源于军事工业。

海战需要的火炮对精度要求很高。基于欧几里得几何学发展起来的弹道学、空气动力学等知识有力地促进了英国海军火炮技术的进步。除此以外，金属加工也是制造火炮的必备技术。炮弹和炮膛的关系就跟活塞与气缸的关系一样——尽可能地不漏气而又足够光滑。海军一直在努力改进炮膛加工工艺。英国海军的一位舰长约翰·威尔金森多年来一直钻研此道。他出身于金属工匠世家，从海军退役后回家接父亲的班，管理钢铁厂。这家钢铁厂一直在为海军服务。经过多年不懈的努力，威尔金森终于在1775年造出了一台可以用前所未有的精度来加工炮膛的机器——空心圆筒镗床。

镗床的最早设想来自文艺复兴，是意大利艺术家兼科学家达·芬奇最先构思出来的。后来在军事领域广泛运用，主要由水力驱动，用来加工炮膛。威尔金森镗床也是在军用镗床基础上进行的改良。

威尔金森和瓦特在知道彼此的发明之后都很高兴，因为镗床需要蒸汽机驱动，而蒸汽机需要镗床加工。双方密切配合，1776年，威尔金森做了一台再次改良的镗床，用来给瓦特加工活塞和气缸。威尔金森是铸铁专家，在材料方面也对瓦特有所帮助。1806年威尔金森去世前，特意为自己设计铸造了一口铁棺材，以凸显自己在铸铁和金属加工方面所做的杰出贡献。

把蒸汽机造出来以后，瓦特和博尔顿意识到，如果改良的蒸汽机要用于除了矿井抽水的其他领域，就必须将活塞的前后运动转变成为圆周运动，用来驱动齿轮。当时已经有个叫约翰·斯蒂德的人发明了这个技术而且申请了专利。瓦特想要取得斯蒂德的专利授权，但斯蒂德的开价太高，瓦特感到无法接受。

5年之后，1781年，也就是乾隆皇帝处置理学家尹嘉铨的那一年，瓦特和博尔顿公司雇佣的一名工程师设计出绕开斯蒂德专利的新技术，它可以把活塞前后运动变为圆周运动。蒸汽机这才开始大规模地在非矿山行业中推广运用。起初，主要用于金属加工，包括驱动威尔金森发明的镗床来制造更精密的火炮。这些高精度的新型火炮将在英国入侵中国的鸦片战争中大显神威。

1785年，蒸汽机开始运用于纺织业。

手工业的时代结束，工业的时代开始了。

七、罗马法系：来自远古的西方王权与法制传统

从以上故事我们可以看出，瓦特蒸汽机的发明并非一个工匠的奇思妙想，背后是物理学、数学、材料科学数百年日积月累的进步，无数科学家、工程师

和工匠都为此做出了巨大的贡献。海权殖民行动所带动的造船业和军工产业也对此起到了至关重要的作用——既培养了人才，又提供了技术。瓦特不过是在这场数百年的接力赛中拿到最后一棒的那个人。即便是瓦特自己，其技术能力也跟出身于造船业家庭以及在仪表制造厂的工作经历密切相关。

　　需要注意的是，在与蒸汽机有关的科学研究过程中，意大利、法国、威尼斯、德意志、英国的许多研究机构和学者都参与其中。欧洲近代科学革命的火种源于十字军带来的古希腊科学思想，谷登堡发展现代印刷术让这个"星星之火"成了"燎原之势"，到十六世纪由伽利略正式引爆，至十八世纪牛顿力学的提出而臻于热烈，因此它是由整个欧洲共同推进的。但是，在抽象的科学理论知识向非军事产业转化之时，几乎所有重要的创新都发生在了英国。这就和英国能够远离欧洲战火、产业体系发育比较成熟而且技术进步可以长期积累有关。

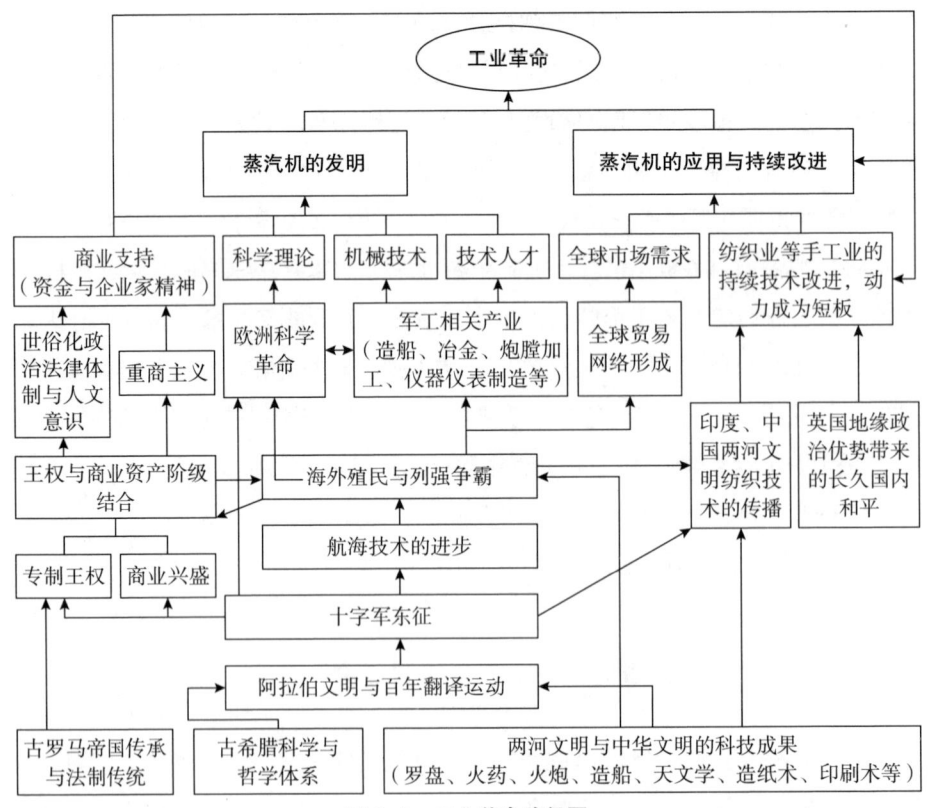

图 6-1　工业革命路径图

图 6-1 将工业革命的发展路径做了一个大概的展示。箭头只能说明主要的影响方向。为了不让读者被太多交叉的连接箭头迷惑，且出于美观整洁的考虑，各种因素之间的互相影响并没有完全标注出来，比如世俗化人文意识对科学家和工程师们的思想解放作用等就被省略了。但作为一个总结性的示意图，应该可以大致帮助读者形成完整的概念。

在这张图中，居于中心地位的是战争，也就是"海外殖民与列强争霸"。战争促进了全球贸易网络的形成，推动了纺织技术的传播；战争也促进了近代化专制国家的形成，消灭了封建国家；战争还对科技进步产生了巨大推动力。由于对军舰和火炮技术有需求，光学（望远镜）、材料学（火药与钢铁）、空气动力学（炮弹轨迹）等近代科学才能发展起来。文一在《国家为什么繁荣》中指出，近代科学革命最大的成就牛顿力学三定律，全部都与火炮技术有密切联系。牛顿第一定律（惯性定律）解释了炮弹受到炸药的爆破力推动后如何依靠惯性在空中飞行；牛顿第二定律（加速度定律）描述了炮弹飞行速度和它受到的力的大小之间的关系；牛顿第三定律（作用力与反作用力定律）则解释了火炮后坐力的来源。牛顿万有引力理论的灵感也并不只是来自苹果落地，还受到了之前诸多科学家对炮弹飞行过程中下落速度研究的启发。牛顿对天体运行规律的解释，则直接来自他关于炮弹飞行轨迹的一个理想实验。在这个思想实验中，行星围绕太阳运行，就跟炮弹以足够快的速度飞出去之后可以围绕地球飞行一样。牛顿本人，也是在欧洲大陆一片炮火中出生，在一片炮火中研究，并在一片炮火中去世的。总之，十字军东征的战争让东方文明大规模传入西欧，开启了欧洲的崛起进程，而后来的殖民战争和欧洲内部的争霸战争则直接促成了欧洲近代科学革命和工业革命。

从这张图中我们可以看出，总的来说，欧洲近代科学革命和工业革命是一个系统性的产出，并非一时一人一国之力。它是人类古代文明发展和融合到一定程度之后的必然产物。人类所有的古代文明都为科学革命和工业革命的爆发做出了贡献。欧洲成为近代科学的诞生地，英国则成为工业革命的爆发地，偶然之中有必然，必然之中也有偶然。

这张图中大部分的内容前面已有文字分析，需要补充的一点就是西欧地区的国家与法制传统。

在被基督教征服以前，罗马帝国也曾经是一个海权和陆权结合的大帝国。虽然后来被北方蛮族灭亡，但北方蛮族也受到了罗马文明的深刻影响，建立了一些王权国家。英国、法国、神圣罗马帝国的框架都是那个时代形成的。受基督教影响，再加上北方蛮族落后的封建体制，在教权和封建领主的上下夹攻之下，王室权力逐渐被架空、国家法制虚废，但它毕竟还是有王室，有法制传承，只不过成了摆设而已。这些被当作摆设的力量在十字军东征以后被重新唤醒，总比没有这些摆设和传统、完全新建一个王权和一套法制要容易得多。

罗马帝国的前身是罗马共和国。罗马共和国是一个典型的海权共和国。罗马共和国的前身是罗马王国。罗马王国又是一个陆权国。这中间一波三折，最终成为欧洲文明的一大起源。因此，我们也需要对罗马有一个必要的了解。

罗马最早就是一个农耕部落，在与其他部落的战争中逐渐变成一个君主制国家。其地方靠近地中海，国家扩展到海边以后，开始逐步进行海上殖民活动，演变成为海权国家。一些大的商业家族兴起，然后联合起来推翻国王统治，把国家变成了典型的海权型贵族共和国。他们在地中海周边四处殖民和征战，国力日益强大。

跟雅典共和国、比萨共和国一样，这种背靠大陆的海权共和国很容易受到来自内陆军队的攻击。在反击北方蛮族的过程中，罗马共和国陆军统帅的势力不断加强，又开始从海权型帝国逐渐向陆权型帝国转型。陆军将领恺撒在与日耳曼蛮族的征战中不断取得胜利，获得了极大的威望，最终在公元前49年带兵南下，占领首都罗马，结束了罗马的贵族共和体制，建立个人军事独裁。这标志着陆权力量战胜了海权力量。尽管恺撒被贵族共和派发动的政变刺死，但帝国转型的大势已无法改变。政变的最终结果是：恺撒的外甥、养子屋大维夺取政权，建立世袭独裁元首制。罗马共和国也就变成了罗马帝国。

罗马帝国是一个以陆权为主的国家，主要依靠陆军向北和向东征服欧洲大陆，辅之以海权统治着地中海对岸和中东地区的一些沿海殖民地。其中央集权程度和君主权力也小于建立在纯陆权基础上的中华帝国。

罗马帝国除了给欧洲留下了王政基础以外，对人类文明的另一大贡献就是建立了比较完整的罗马法体系。

罗马法系和中华法系并列，是古代人类的两大法制体系。中华法系以刑法和行政法最为发达，罗马法系则以民法和商法最为发达。罗马法对商业交易的法律保护走在了古代文明的前列，这是海权传统与陆权帝制相结合的结果。相比中华法系，罗马法在财产保护和鼓励创新方面优势突出——当然，它跟海权国的贵族共和体制一样，是建立在对殖民地的人权和财产权保护得更差的基础上的。受罗马法保护的罗马公民在整个帝国中都可以算是贵族阶层而不是一般的平民。中华帝国因为是大一统全阶层帝国，国家内部法制一体，不存在宗主国法律和殖民地法律的区别，不得不为了保障分配公平而强化政治权力在财富分配中的作用，因此法律对私人财产权的保护力度比罗马法要差一些。

欧洲王权复兴以后，罗马法制传统也跟着一并复兴了，经商开公司之类的事情，可以得到比较完善的法律保护，这为商业繁荣奠定了良好的基础。有限责任公司的兴起，让投资者对公司的经营责任只以实际投入的资本为限度，亏损风险不会让投资者的其他资产受到影响。这极大地鼓励了民间财富投资于商业冒险和创新。博尔顿投资瓦特的蒸汽机事业，也是以有限责任公司制度为基础的。

这中间有一个很值得一提的法律创新，就是专利权。罗马法中没有专利权的规定。它最早出现在文艺复兴时期的欧洲，但明显受到了罗马法重视民商事权利保护的影响。

在重商主义时代，王权复兴必须要依靠商人的财富支持。跟中国不同，欧洲王权长期被封建领主架空，它很难从农业获得可靠的税收支持。商人和商业活动对王权就显得更加重要。来自商人的支持当然附带政治交易，就是以王政保护商人们的经商特权。其中一项，就是特许经营权。比如英法百年战争期间，英国国王亨利三世就把在波尔多（现属法国）生产花布的特权授予一名商人，为期15年。条件是该商人给国王一大笔授权费，用于同法国的战争开支。

这种特许经营制度后来和技术发明结合起来，产生了专利权制度——谁搞出来了某项技术创新，可以申请专利，在专利有效期内（一般是10~20年），其他人未经专利所有人许可，不得使用这个专利技术。

1474年，威尼斯共和国颁布了世界上第一部专利权法——《发明人法规》。此后100年中，许多重要的工业发明，比如碾米机、提水机、排水机、运河开凿机等都获得了10年的专利权保护。提水机和排水机的发明后来跟早期的纽科门蒸汽机结合，用于矿井排水，为蒸汽机的初步应用创造了技术条件。

1624年，英国颁布了《垄断法》，建立了较为规范的专利保护制度，重点保护发明专利，最长保护期限为14年。专利保护在英国深入人心，珍妮纺纱机、纽科门蒸汽机、瓦特蒸汽机这些重要发明的发明人都在第一时间就申请了专利。

专利保护制度对欧洲技术创新浪潮起到了重要的促进作用。技术创新者可以利用专利获得巨大的收益。同时，专利申请以公开为前提，申请专利就意味着公开所有技术细节。在保护期结束以前，所有人都可以学习研究；专利保护期结束以后，其成果就可以被所有人不受限制地使用。这就既鼓励了发明创造，也有利于新技术新发明的传播推广。特别是瓦特在发明蒸汽机以后，跟博尔顿合作大规模生产蒸汽机，并且对其持续加以改进。在专利保护期结束以后，瓦特和博尔顿的公司仍然继续生产销售蒸汽机。瓦特和他的子孙们都从中发了大财。这对后来的发明人是一个极大的鼓励和刺激。

八、文明三劫：军事入侵对中华文明的巨大伤害

讲清楚了工业革命的来龙去脉，我们再回头来分析中国未能发生工业革命的原因，就可以理解得更深入了。

我们在前文称明末的中国"处在工业革命爆发的前夜"，将工业革命未在中国爆发的直接原因归咎于北方少数民族入主中原，这个结论是否可靠呢？

根据对欧洲崛起历史的回顾，我们将工业革命爆发的条件做一个归类：哪些是中国已经具备的条件，哪些是不具备但是有潜力内生发展出来的条件，哪些是很难内生发展出来的条件。

明末的中国，最大的优势是发达的手工业体系。这是工业革命之前中国相对于欧洲大陆最主要的优势。在当时，欧洲完全没有像样的纺织业，中国的手工业产品在全球市场上对欧洲处于碾压性优势。冶金技术方面，欧洲也落后于

中国。

中国海军在海战中击败了葡萄牙、西班牙的军舰以后，缴获了一批火炮，发现其制作精良，就积极仿制。因为中国的冶金水平更高，仿制出来的火炮反而比缴获的更准更耐用。钢铁产量方面，中国也是欧洲的几十倍，欧洲一直到工业革命以后，钢铁产量也没有达到中国明末的水平。

造船业方面，欧洲比中国略强。欧洲海军可以远道而来，但中国当时还缺乏在大洋上航行的经验。但在中国近海的一系列海战，包括明军与葡萄牙、西班牙的海战，郑芝龙船队与荷兰的海战，中方都取得了胜利。尽管中国占据了主场优势，但也表明，双方的造船技术就算有差距，也绝不会太大。

总体来看，就产业基础而言，包括纺织、造船、冶金等关键领域，中国在明末已达到或接近工业革命爆发前的水平。像珍妮纺纱机这种与科学理论无关的纯粹工艺进步，随着时间的推移，应该用不了多久就会被创造发明出来。珍妮纺纱机是一个人同时纺八个锭，明末时候已经可以一个人同时纺三个锭[①]，差距不大了。更何况此时距离英国工业革命爆发还有一两百年的时间，欧洲这时候纺一个锭的效率和质量都不如中国。

但这方面的优势在清军入关后被摧毁。前文列举明末对比清中期在出口物品的种类方面出现差异，即是这一结果的表现。

相比之下，明末中国差得最多的东西是科学理论体系。这个东西不仅是明末缺，回顾整个中华文明史，确实一直未能发展出建立在抽象思维基础上的科学理论体系。而且很显然，它是工业革命爆发不可或缺的基础。工业革命不是依靠传统手工业内部自身的技术改进就能出现的，必须和抽象的、系统的科学理论和严格的科学实验相结合才能出现。

没有产生科学理论体系的文明是否就注定无缘工业革命呢？显然并非如此。工业革命是人类古代几大主要文明成果交流融合的产物，不是哪一个文明独立内生出来的。创造科学理论体系的古希腊文明早就灭亡了，但英国的工业革命

---

① 《天工开物》："凡纺工能者一手握三管，纺于锭上……织机十室必有。"《农政全书》："纺车容三繀，今吴下犹用之。间有容四繀者，江西乐安至容五繀。"

依然从阿拉伯人那里借鉴了古希腊科学理论体系，他们也没有内生出完全属于自己的科学体系。西欧一直到十字军东征之前都没有这套科学体系，也不知道古希腊科学理论体系的存在，他们也是从外部引进学习而来的。

既然欧洲人的科学理论体系是通过翻译古希腊科学典籍得来的，那中国人也可以通过学习引进建立近代科学理论体系。明末时期的中国，发展近代科学理论的基础其实比同时期的欧洲更好。

16世纪末来华的耶稣会教士利玛窦在一封信中说："中国人非常博学，医学、自然科学、数学、天文学都十分精通。他们以不同于我们西方人的方法正确地计算日食、月食。"

中国传统科技的特点是跟生产密切结合。有人说我们有技术而无科学，虽然失之偏颇，但也不为无见。中国的技术水平很高，基于技术的科学知识也非常丰富和先进，主要问题是缺一个"总抓手"，也就是没有一个"公理—定理—推论"的抽象科学体系来把这些技术知识上升成为近代意义上的科学。这个总抓手，主要就是欧几里得《几何原本》和亚里士多德逻辑学中体现出来的这套思想。

当时，徐光启和李之藻合作，已经翻译了欧几里得《几何原本》的前六卷。在此之前，在1621—1627年，李之藻就与葡萄牙人傅汛际合译了亚里士多德的名著《寰有铨》6卷、《名理探》10卷。其中，《名理探》就是亚里士多德的逻辑学译本。徐光启和李之藻等人还做了一个篇幅浩大的翻译规划，准备把更多西方科学典籍成规模地翻译成中文。明末已经出现了翻译西方科学典籍的潮流，翻译过来或正在翻译中的科学书籍相当多。

在徐光启的科学思想中，"翻译"是基础，是向西方先进科学文化学习的必由之路。徐光启为了学习西方科学，向利玛窦表示愿意皈依天主教。但皈依以后，他根本不去关注西方宗教典籍，而是首先选择翻译《几何原本》。可见当时中国的科学家一接触到西方知识，就已经迅速抓住问题的关键，立刻明白中国与西方国家的差距在哪里。

徐光启说："《几何原本》者，度数之宗，所以穷方圆平直之情，尽规矩准绳之用也。……由显入微，从疑得信，不用为用，众用所基，真可谓万象之形囿，百家之学海。"①

他的意思是说，《几何原本》中的数学知识是数学研究的典范，将方圆平直的关系说得很透彻，在各种测量中都有很大用处。它从显而易见的地方入手逐渐推导深入，从假定的公理推出可靠的定理。看上去没有直接的用途，但其实是所有应用知识的基础。世界万物的形状都可以用它来描述，诸子百家的知识都可以从中受益。

对《几何原本》，徐光启认为"百年之后，必人人习之，即又以为习之晚也""窃意百年之后必人人习之"。现在所有孩子上中学都要学习几何，就与徐光启的预言一致，只不过晚了约300年。徐光启说这句话的时候，距离工业革命还有约150年。在他口中的百年之后，若中国人真的人人都学习《几何原本》作为科学知识的启蒙，其实一点也不迟。

先以《几何原本》为代表建立数学理论系统，再围绕它建立近代科学体系，就顺理成章了。1628年，徐光启在给崇祯皇帝的上疏《条议历法修正岁差疏》中，提出"度数旁通十事"的建议。这个"度数旁通十事"，就是改变当时"历局"重点围绕天文观测来研究历法的现状，建议变成以数学研究为核心，建立十大学科研究体系。这十大学科包括治历、测量、音律、军事、理财、营建、机械、舆地、医药、计时，把当时中国和西方的科学知识基本上全都包括了进来。

徐光启的思路很清楚，就是立足于现有的皇家历法研究机构——历局，对它进行改组和扩编，建立一个类似于国家科学院的机构。原有的天文机构其实就带有科学院的性质，天文学、数学、气象、农学等相关知识都要研究，以确定历法和指导农业生产。但当时的历局有两个主要问题，一是以天文观测为中心，而不是以抽象的数学理论体系为核心；二是研究的范围太窄，主要就是天文、气候和农业，还缺少很多科学门类。从这两个方面着手改进，徐光启可谓目光如炬。

"历局"作为一个现成的天文观测和历法研究机构，其中有不少科学研究人员，又有国家预算支持，一改组就是"现代科学院"，可谓顺理成章。崇祯皇帝

---

① 徐光启:《刻〈几何原本〉序》。

批准了这个奏议，应该已经在推动实行了。但当时内忧外患，推进力度必然十分有限，等到明朝灭亡，这项改革自然也就中断了。

徐光启的这个思想比英国领先很多。他上书以后17年，也就是1645年，英国皇家学会才成立。而且，这个"皇家学会"其实跟英国皇家无关，就是科学家自发成立的民间组织，是一个只有12个科学家参加的研究小组而已。1660年，这个组织才被国王查理二世正式批准为一个研究机构。此时距离崇祯批准徐光启改组历局已经过去了32年，明朝都灭亡了10多年了。至于类似于早期"皇家学会"这种小规模的组织，明末的江南早就有了，徐光启和李之藻都是这个研究圈子的成员。

很多人说，中国文化强调直观思维，不擅长理性思维，会排斥科学理论云云。其实不然，中国作为世俗化最彻底的古代文明国家，在文化上对科学研究最为宽容。抽象科学来源于古希腊，既不发端于基督教文明，也没发端于中华文明，是一个已经消亡的上古文明遗留下来的宝藏，谁都可以拿过来用，谁拿过来用都不丢人。

跟同时代的大科学家伽利略相比，中国科学的领军人物徐光启得到的待遇要好得多。他是礼部尚书、内阁大学士。由科学家担任副总理主管国家科技研究工作，这个支持力度是很大的。这也是中国传统世俗化治理的重大优势。当时伽利略在欧洲可是一直被罗马教会迫害。教皇保罗五世在1616年下达了著名的"1616年禁令"，禁止伽利略以口头或文字的形式保持、传授或捍卫"日心说"。1633年，他又因"反对教皇、宣扬邪学"被罗马宗教裁判所判处终身监禁——后改为在家软禁，并在整个天主教世界禁止出版或重印他的著作。

但科学理论仍然在欧洲继续发展。不是因为有一神教支持，而是因为它符合人性，符合人类的思维模式和思维逻辑。不论在何种文化下，理性的学者一旦理解了它，就会自然产生热情对它进行深入研究。这种求知欲一旦被点燃就极难被扑灭。

能够扑灭这种求知之火的，只有最野蛮的暴力。像教会那种个别的火刑和监禁都不能解决问题，必须是大规模的屠杀和系统化的反文明政策——比如清军屠城和乾隆的文字狱才能成功。

第六章 欧洲崛起：现代转型与外部冲击

古希腊灭亡于北方的马其顿。它的遗产后来点燃了阿拉伯文明之火，但被蒙古所毁灭。同样的，中国人引进学习西方近代科学的热情也被北方蛮族扑灭了。

中国作为古代文明中世俗化程度最高的文明，天然对科学理性研究最宽容。明朝中后期中国科学家的研究环境，比同时期的伽利略好得多。儒家是世俗化思想，在理论根源上也并不排斥科学。确实有一些——也可以说很多——保守的士大夫看不起科学理论，不屑于去研究，对徐光启的倡议不感兴趣，这是事实。但中国士大夫对科学理论的最低评价无非就是"奇技淫巧"——看不上而已，不会说它反动、错误、危险。明末时期，不管是理学还是心学学派，都有大量学者热情地研究近代科学。

中国这种宽容的世俗文明碰到充满理性之美的理论科学，再加上沿海商业的高度繁荣、出版业的高度发达，可以想见，如果再多给徐光启等中国科学家几十年的时间，将西方科学经典大部分翻译完成，就很有可能助力"心学革命"冲破保守落后的理学思想的禁锢，让中国发达的手工业、先进的技术型知识与抽象的科学理论体系相结合，爆发出巨大的能量。

至于罗马法系对民权和商权的保护意识、知识产权制度等，在中国不算完善，但在内部也正逐渐发展起来。

在这方面的欠缺，中国可以向西方学习。工业革命就是几大文明汇合促成的，古罗马以法制见长，古希腊以科学见长，古代中国以世俗化文化和应用技术见长。西方搞工业革命，要学习中国的应用技术，建立世俗政权；中国搞工业革命，就可以学习西方的民商法制度和科学理论。取长补短，理所应当。

最根本的是，罗马法并不神秘，其根源无非来自商业的繁荣和商人政治地位的提高，本质上是王权和商业资产阶级结合的产物，不是什么学不来的"文化基因"。王权对近代欧洲来说是稀缺资源，需要十字军和商人的支持才能发展起来，但对中国来讲并不是稀缺资源，反而是中国的优势。中国的问题是皇权此前一直和农业密切结合，国家税收也主要来自农业，要跟商业和工商资产阶级结合，必须要突破一些既得利益集团的阻挠。

明朝中后期，也包括南宋时期，沿海商业贸易和手工业日益发达，商人阶层兴起，自然就产生动力要跟王权结合。心学理论就是新兴市民阶层、商业资产阶级的代表思想。这种思想追求打破农耕时代的宗族关系网络，把伦理道德建立在"人心""良知"的基础上，而不是建立在"君君臣臣、父父子子"的宗法等级制度基础上，反映了城镇化和商业时代人口流动加速所带来的宗族网络解体的新社会基础。这种思想与西方的宗教改革和启蒙运动在大方向上完全一致。

心学思想的代表人物李贽，曾批判道学家的虚伪和官僚集团的腐败无耻，他的著作当时在江南地区是超级畅销书，极为市民阶层所喜爱。心学官员海瑞上任应天巡抚，发出的第一个告示就准许寡妇改嫁。李贽讲学，主张男女心性平等，吸引了大量女性追随者，这就比同时期的欧洲更为进步超前了。

晚明诸子的思想启蒙运动声势浩大，心学学派与理学学派的交锋震动朝野。其在朝堂上的政治斗争不过是冰山一角，在社会民间的影响更多、更广。在这场中国历史上千年不遇的思想解放运动中，涌现出许许多多不同的流派和思想家。仅心学就分为七人派：江右学派、南中学派、闽粤学派、北方学派、楚中学派、浙中学派、泰州学派等。理学思想流派更多，有极端反心学的，也有主张与心学融合的；有一心论道的，也有主张与商业科技等融合的"实学"；等等。晚明时期，王守仁、王畿、唐顺之、聂豹、王艮、"天台三耿"、李贽、王夫之、顾炎武、黄宗羲、方以智等人文思想大师迭出。黄宗羲的《明儒学案》是中国第一部系统的学术史专著，它以王守仁心学的发端发展为主线，一共记载了明代210位学者的言论思想。晚明诸子人文思潮的冲突激荡程度，在整个中国古代史上，只有春秋战国时期的诸子百家可以相比。

思想家与科学家辈出，儒学内部思想革新和西方科学思想引进交相辉映，昭示了一个大变革时代的到来。它是东南沿海商业与城镇化勃兴、开始融入全球大分工贸易网络的产物，也是中国自身人文思想和科技水平发展到一定程度的产物。

在这样的大时代背景下，不管是通过改革的手段也好，还是通过革命的手段也罢，只需假以时日，沿海地区市民阶层和商业资产阶级的实力必然会很快发展壮大，冲破理学思想、官僚豪强的阻挡，与皇权结合。明末商业税收很少，不是因为真正的普通商人和市民不交税，而是因为交上来的税被东林党背后的官僚豪强集团拿走了。李贽的富国强兵理想,代表了这个新阶层希望把自己缴纳的税收直接与国家力量结合的愿望。钱被东林党拿走,就变成了豪强们奢侈享乐的财富;向国家缴税,就可以向北积极防御北方蛮族,向南大力发展海上军事力量,像西方一样,以海上军事力量为先锋,开拓全球市场,分配全球资源,这才是商人们最希望看到的局面。

如果让李贽、海瑞这样的心学学派当权,一方面大力肃清官场陋习,一方面推动重商政策,等到商业税收成了帝国的重要财税来源,受过良好教育的商人和市民子弟就可以大规模地进入官场做官,出台一系列保护商业交易、知识产权的法律和政策。

这种苗头也早有所显露。比如,朱元璋曾经下过死命令:后世子孙绝对不准修改他制定的《大明律》。但万历十六年(1588年)就硬给改了。这次修改中有一条新规定:在人身关系方面,如果是从小养育长大的,适用"主奴"条款;工人长期给人打工、签订长期劳动契约,雇主和工人的关系适用"雇工人"条款;短期打工的工人,适用"凡人"条款。这条修订虽然没规定雇工和雇主平等,但也否认了二者是"主奴"关系。长期合同工作为"雇工人"的权利比"凡人"要低一等,但是比"家奴"要高一等,短期工则跟雇主完全平等。这显然反映了当时工商业发展后新兴市民阶层的利益诉求。

在知识产权意识方面,随着出版业的兴旺,出版商的版权意识也在增强。明朝中后期的书坊在自家图书的扉页上都会写上一些威胁盗版者的话,比如"本衙藏版,翻刻必究""倘有翻刻,千里必究""坊间不许重刻""敢有翻刻,必究""倘有无知利徒,影射翻刻,势必闻之当道,借彼公案,了我因缘"等等。这些内容,实际就是知识产权方的权利申明。在实际操作中,也确实有版权方发现盗版后到官府告状,盗版方被判毁版赔钱。明末清初著名的文学家李渔就多次亲自出马打击盗版,将盗版者告官或者索赔。不过这种案例很少,距离形成保护专利权的法律体制还很遥远,只能说是有萌芽而已。

这些粗浅的版权意识,必须和民商权利保护意识的整体提高、司法体制的改进相结合,才可能进一步发展成为类似于西方的专利保护制度。即使没有清军入关,在西方爆发工业革命之前,中国内部能否发展出专利权制度,也是一件不好说的事情。

但我们并不需要以某一个具体的"弱项"或"缺项"来判断明末东南沿海经济如果继续正常发展能否进入工业革命阶段。因为当时我们已经融入了全球分工网络，不管是科学理论还是民商事法律制度都可学习借鉴。

本书所说的中国的工业革命前景被清军入关所中断，并不是说如果清军不入关，中国就能"提前于西方""完全内生"地爆发工业革命。"提前"和"内生"都是不一定的。中国在南宋灭亡以前，对西方处于全面领先地位，经济实力、法律制度、人文思想、科学技术等方面都大大领先。南宋灭亡后，明朝虽然复兴，但已经失去了全面领先的位置，只是局部领先，与西方互有优势而已。这种情况下，"内生"和"提前"就无法保证了。但通过融入国际贸易网络，与西方互相学习借鉴，同步参与工业革命的进程，则是完全可能的。

九、北守南攻：中国古代地缘政治战略变迁

中华文明是一个发端于黄河中上游流域的农耕文明。经过上千年艰难的战争和开发，到了秦汉时期，农耕文明扩展到葱岭以东、阴山以南的整片低海拔地区。最主要的威胁就剩下北方了。这种扩张成功的主要原因是农耕技术进步和地理屏障。狄夷并不是都被消灭了，其实很多是实现了农耕化，也变成了华夏文明的组成部分。

北方的威胁始终无法消灭，主要是因为那些地方实在不适合农业耕作，无法建立定居文明。西北方的新疆地区虽然看起来更加遥远，甚至还有大片比大漠更加荒凉的沙漠戈壁，但受葱岭、天山等高大山脉的影响，这些地方冬天不至于过度寒冷，并且山上积雪定期融化，可以形成地表水或地下暗河，从而形成据点式的农耕区域。在农耕区域驻军，搞军事屯垦，也可以实现长期管理。而北方的大漠既荒凉又寒冷，而且战略纵深极深极广，漠南、漠北的南北东西在纵深上都有数千公里，中原政权无法实现稳定的控制。

在这种条件下，如何对付来自北方的游牧民族，就成了农耕帝国最重要的战略问题。

既然完全征服不可行，剩下的战略选择其实就只有两种：消极防御和积极防御。

所谓消极防御，就是修建长城和堡垒，军队躲在高大的城墙后边，等着游牧民族来进攻骚扰。依托城墙进行防守，仅在他们退兵的时候出去追击一下，其他时间基本不出城墙。

所谓积极防御，就是只把城墙和堡垒当作休整和后勤保障据点。军队不定期地主动出击、远征大漠，对那些不愿意臣服于中原政权的势力，进行反复打击。打击完成之后，退回长城或堡垒据点休整。

很显然，只有积极防御才是应对北方民族威胁的正确方式。消极防御只会让北方游牧民族逐渐内部统一，形成强大的政权，然后集中力量对长城沿线的关键点进行运动式打击。中原政权无法在数千公里的战线上以比大漠骑兵更快的速度集中兵力防御，只能被动挨打，最后防御体系必然崩溃。

汉唐时代，主要执行的就是积极防御战略。由于统治阶级积极进取，内政清明，技术先进，军力强大，国家安全和内部繁荣都得到了很好的保证。这才创造了强汉盛唐的伟大文明。

在向北积极防御的同时，华夏农耕文明其实也在向南积极开拓。农耕技术从干旱少水之地，逐步向湿润炎热的区域扩张。这种扩张是真正的扩张，而不是积极防御，是把蛮荒之地永久性地变成农耕区域和中原政权的郡县制管辖范围。它在地图上看不大出来，不像漠北地区一样，建一个都护府或者册封一个汗王，就算纳入了国家疆域。这其实不是扩张，是防御，最多算是据点控制。在南方地区的开发和扩张，是沿着大江大河，先在优良港口建立据点式控制，然后开发周边冲积平原，再逐步占领小块平原，并依托交通要道建立城池堡垒，然后深入山野地区，开垦梯田、修建水库，把山地野蛮民族转化为农耕人民，最终实现编户齐民，将整个地区纳入郡县制大一统的范围。

当然，在这个过程中，军事征伐也是必不可少的手段。

不过，南方地区以丘陵为主，又被河网分割，当中原政权在一些主要据点站住脚以后，周边山地蛮族就无法统一起来对抗农耕文明的扩张。军事征伐不会表现为北方那种气势恢宏的大规模战役，动不动就是十多万大军深入大漠上千里、一战歼灭敌军多少、俘获牛马多少等等。大兵团南下的战争，自从秦始皇开通灵渠征服南越以后就很少了，剩下的主要是浸润式的小股部队的长期深入作战。这个过程也相当艰辛，而且极为漫长。但最终的成就沉淀下来了，建立起了比北方的黄河文明更为繁荣的长江－珠江文明，实现了农耕文明内部的跨越。可以说，自远古传说中黄帝派遣使者到南方建立统治，到舜帝亲征三苗并死于征途，到楚国、越国逐步融入中原，到秦始皇派大军征服南越，到诸葛亮平南蛮、孙吴平山越，再到西晋南迁，直至唐朝中后期，中华农耕文明终于基本实现了从干旱文明向湿润文明的过渡。

湿润文明相对于干旱文明，首先体现在单位土地粮食产量大幅度提高，然后在此基础上，就能发展出更加繁荣的城镇和手工业体系，也可以养活更多的科技人才和人文研究者。这些都是从农耕文明向工业文明过渡的必要前提。另外三大古文明：古埃及、古巴比伦和古印度文明，都发源于干旱地带。在干旱文明时代，它们尚可勉强与中华文明并驾齐驱，甚至在一些局部领域可能还比中华文明更为领先。但它们还未能成功发展到湿润文明，就被周边的蛮族征服和消灭了。随着南方的开发，汉唐帝国作为干旱文明与湿润文明并存的农耕文明，其疆域之广阔、人口之众多、经济之繁荣远远超过了三大古文明地区的水平。这是中国人民艰苦奋斗、军队将士英勇奋战的结果，也是中国在地理方面优势的体现。黄河、长江两大河流相隔如此之近，而江南以南又是广阔的大海，没有什么力量可以威胁中华文明向南扩张的步伐。

与干旱文明相比，湿润文明同时也能供养数量更为庞大的军队。依托江南地区的农业和手工业产出，以及更大的人口基数，中原政权实际上具备了相对于北方蛮族更为明显的战略优势。

但历史并未朝这个方向发展。上千年历史沉淀下来的糟粕力量开始发挥作用，从内部侵蚀中华文明的机体。从唐朝后期开始，封建宗法制时代遗留下来的儒家思想占据了统治地位，中华民族积极进取的尚武精神开始衰退，精英阶层被湿润文明创造的物质财富所诱惑，文官阶层做大，军队战斗力下降，逐渐放弃了向北积极防御的战略，转而采取消极防御战略，甚至投降绥靖政策，以割地纳贡称臣的方式换取北方的暂时安宁。

北宋的经济高度繁华，税收收入和人口数量都超过汉唐，也可以养活比汉唐数量更为庞大的常备军。但在东北方向打不过辽国，只能纳贡称臣；在西北方向打不过西夏。由于西夏实在人口太少、土地极为贫瘠，北宋方面依靠百倍于对手的财力和人力投入，历时上百年，才勉强耗过了这么一个蕞尔小国。西夏的国土开始逐步萎缩。但北宋最后也没消灭掉西夏，仅仅是取得了战略优势。这种目光短浅的消极防御战术耗尽了北宋的战略力量。西北方的堡垒花钱再多、建得再牢靠，也没法搬到东北方。女真人的金帝国在东北方崛起以后，就长驱直入，把北宋给灭了。西夏在北宋灭亡后又继续存在了100年。对此，不知鼓吹堡垒战术的文官们会做何感想？

后来，南宋偏安一隅，将黄河流域尽数丧失，变成了一个纯粹的湿润型文明国家，其经济实力、人口数量、科技水平仍然大大高于金和蒙古。

在此过程中，中华文明也开始从湿润型农耕文明向海权文明进军。

中华文明所在的区域，地理排列十分"整齐"；北方是适合游牧民族的荒原，中间是适合旱作农耕文明的黄河流域，往南是适合干旱文明向湿润文明发展的长江流域，再往南就是适合从陆权文明向海权文明发展的大海。受此影响，中华文明在南宋之前的发展轨迹也非常清楚，就是从干旱地区往湿润地区进军，从陆权往海权发展，发展空间越来越广阔。

早在唐朝，中国的航海技术已经发展到可以沿着海岸线进行长途运输。通过对近海航线的开辟，跟东南亚、南亚乃至中东地区都建立了贸易关系，宁波、泉州、广州等港口兴起。到了南宋，海洋贸易已经十分兴盛，沿海地区逐步超越长江流域的内陆地区，成为中国的经济重心。

但令人遗憾的是，南宋统治阶层拒绝积极进攻并收复故土，甚至连积极防御也无力执行。他们仍然不思进取、苟且偷安，继续执行消极防御政策。由于没有将湿润文明和海洋贸易所能带来的战略优势转化为真实的军队战斗力，南宋政权最终被蒙古大军所灭。这个过程，就好像雅典被马其顿消灭、罗马帝国被日耳曼消灭一样。一个非海岛型的文明，即使海权力量再强大、文明再发达，如果陆地上的防御能力出现缺陷，就会遭遇灭顶之灾。

幸好，以朱元璋为代表的农民起义军奋起战斗，终于推翻了元朝，恢复了中华正统，才让中华文明没有像古希腊、古罗马一样被彻底毁灭。

明朝的建立，再次实现了黄河文明与长江文明的大一统。朱元璋定都南京，但他的儿子，驻守北京的朱棣在他死后发动兵变夺取了皇位，这也可以理解为北方军事力量的一次胜利。由于地理上的因素，南方经济虽然繁华，但被山地和江河切割，很难组织大兵团进行快速机动作战。北方黄河流域虽然土地产出少、人口少，但兵团机动性更强，而长江的宽度则不足以抵抗北方大兵团南下，因此要保卫长江－珠江的湿润文明和东南沿海的海上贸易，大一统政权必须有效地统治北方，并抵御长城以北的少数民族军队南下。

这种情况下，朱棣决定将明朝首都迁往北京。这是中国大一统历史上第一次将政治、军事中心和经济中心分离。这种分离是逼不得已的，是中华文明的范围扩大到一定程度以后必然出现的现象。

这个时候，朱棣为明王朝制定的战略在总体上回到了汉唐的轨道：向北防御、向南扩张。防御，还是积极防御，朱棣多次亲自带领大军深入蒙古大漠，将元政权重新打散成游牧部落。同时以国家力量建立起强大的海军，组织大规模船队下西洋，开拓贸易航线，并在马六甲等地方建立据点，开启了中国从海洋贸易国家走向海权帝国之路。

这个战略和汉唐在总体上一致，但是力度和汉唐相比有所变化：向北投入的力量减少了，向南投入的资源更多。北方主要依靠长城防线进行防御，在西北方不再积极进取，基本放弃了汉唐时代在中亚的霸权。而在南方则投入了更多的力量从事航海活动。这种变化，是疆域扩大和经济中心发生转移之后必须做出的抉择，也是非常正确的选择。

明朝中前期的中国实际上处在一个比较尴尬的时期，航海技术和火器的发展还没有完全成熟，全球贸易分工网络也还在萌芽阶段，工业革命就更是遥遥无期。要利用先进的火枪和火炮碾压野蛮民族，暂时还做不到。航海贸易要创造足够的财富支撑北方军事行动也还差一些。所以，明朝再强大，也不可能做到南北两个方向同时积极进取。一方面在西北方恢复汉唐的强盛，一方面在南方海洋上纵横驰骋，这两方面既然不能同时做到，就必须有所取舍。

唯一正确的做法就是朱棣的战略：定都北京，向北积极防御；发展海军，向南积极进取。以南方为主攻方向，等到火器技术发展成熟，航海贸易高度繁荣以后，再回过头去扫荡北方那些还只会骑马射箭的落后文明，就易如反掌了。

当然，朱棣不可能预见到航海技术的进步和工业革命的爆发。他只是根据当时的技术水平和形势制定了这样的战略政策。实际上，"北守南攻"的战略格局经过千年演变，时间跨度太长，不可能由某一个政治家，甚至也不可能由某一个精英集团决定，它是由文明发展的内在动力所推动的。人类文明的发展，就是一个追求创造更多物质财富、享受更美好的世俗生活的过程。北方游牧民族总会想着南下，享受温暖地带的农耕定居生活。那些真的南下进入黄河流域的游牧民族，也确实逐步变成了农耕民族。寒冷干燥的黄河流域之所以一度比湿润温暖的长江流域更发达，那是受技术条件限制。一旦农耕技术发展到位，人民自然会喜欢居住在更加温暖、物产更加丰富的南方。文明的重心必定会往南转移。"向北防御、向南开拓"是不可抗拒的历史潮流。中华文明发展到可以进行远洋贸易的时候，自然也会立刻发现海洋贸易的优越性，继续走向海洋、走向海权。

就好像植物有趋光性一样，文明也有"趋光性"，即主动向着物产更加丰富、气候更为舒适、交通更加便利的方向生长。

汉唐时期，中华文明还以干旱文明为主，王朝定都长安，在向北积极防御的同时，还向西北方向进行了积极开拓。那个时候，西北方向战争不断、名将辈出。因为南方开发还不成熟，尤其是海洋贸易航线还没有出现。西北方向的"丝绸之路"就是国家最重要的对外贸易通道。尽管汉唐帝国对外贸并没有多少依赖，但那毕竟也是一条财富通道，是连接另外一个文明地区的唯一路线。因此，才值得投入那么多兵力去开拓进取。甚至在无法彻底征服的地区，还要搞好关系，不惜采用"和亲"的方式来促进团结稳定。"和亲"的主要目标并非边境安全，而是贸易通道的安全。以汉唐的实力，维护边境安全只需要军队就可以了，但贸易通道延伸太长，远远超出了边境范围，日常商旅往来，也不可能每次都派军队一路保护。这就没办法，必须要作出牺牲。

所以，汉唐在北方战线上，相对于明朝有更大的军事优势。但是汉唐要搞"和亲"而明朝不搞"和亲"，这不是说汉唐更软弱而明朝更强硬，也不是汉唐更开明而明朝更保守，关键在于是否需要保护贸易通道。到了明朝，海洋贸易路线已经取代了"丝绸之路"成为国家对外贸易的主通道，陆地贸易由于成本太高变得不划算了。这个时候，国家的正确战略就是在北方搞好军事防御就可以了。相比于贸易，反而应该搞封锁，严防先进技术和战略物资流入不愿意臣服于中原政权的北方蛮族手中。这就跟西欧本来被奥斯曼土耳其帝国封锁了贸易通道，但是等到他们通过大航海绕过奥斯曼土耳其帝国之后就反过来对奥斯曼土耳其帝国的纺织品搞禁运是一样的。

明朝中后期，朝廷关于是否要跟蒙古"互市"的争议，其实都是细枝末叶的小事儿。汉唐的时候，主要贸易通道在那个方向，必须得把从贸易中赚的钱拿来分一点给周边小国或者游牧民族，大家一起发财，中原政权和商人们赚大头。北宋和明朝后期的"互市"则主要是单方面让利，是军队战斗力下降后被迫妥协退让的无奈之举。如果宋明军力优势可以比肩汉唐，那就应该对北方那些不老实的游民部落搞贸易封锁，专心发展海洋贸易。

时代形势发生变化，国家战略也相应地需要发生改变。到了湿润文明和海权文明时代，还抱着干旱文明时代的战略战术不放，那就是食古不化、保守落后了。

明成祖朱棣的战略基本就立足于这个转变，对汉、唐战略做了一个微调。向北防御、向南开拓的整体方针不变，但减少了在西北方向的进取开拓，加强了在海洋上的投入。这显然是正确的。

尽管战略正确，这仍然是一个相当惊险的操作。不仅要南北兼顾，还涉及从陆权到海权的转型。在陆权时代，不管黄河流域干旱文明还是长江-珠江流域湿润文明，那都是陆权型文明，依靠陆军保卫就可以了。北方的军队可以调往南方，南方的军队也可以调往北方，路途虽然遥远，但总还有个战略腾挪的空间。如果大力发展海军，在海上投入过多，则北方战略资源不足，也没办法把海军调到北方去跟蛮族骑兵作战。反之，在陆军上投入太多，平时北方没有大的战事，也就只能白白耗费资源，不可能调到南方去远征大海。在海陆两条战线无法协同的情况下，国家军事开支必然大幅度增加。

因此，要用好朱棣的战略，就要求统治阶层必须有清醒的危机意识，时刻

第六章 欧洲崛起：现代转型与外部冲击

考虑南北双方战略投入的均衡，并保持有力的中央集权，集中调度利用好国家资源，算好一本大账，不能算小账。

但是，朱棣死后，儒家文官集团掌权。后来又爆发了土木堡之变，武将勋贵集团势力损失殆尽，文官利益集团更是一方独大。为了遏制武将勋贵集团、控制皇权，他们恢复并加强了两宋时期"以文制武、消极防御"的错误策略。向北，积极防御被放弃，长城防线全部改为龟缩政策，军队分散在九边重镇消极防守，避免让任何一个武将或者皇帝本人能够一次性地统率一支过于庞大的军队。文官集团中真正能征善战、积极进取的人（比如跟太监汪直密切合作的王越）也遭到打压和内部清洗。这种消极防御政策，让北方游牧民族开始逐步实现内部统一，势力日渐强大。

最后，在东北方向独当一面的武将李成梁被污蔑攻击，丢了兵权，努尔哈赤趁机壮大。萨尔浒之战，不懂军事的文官大将统兵，分兵冒进，遭遇惨败。明廷陷入文官党争，清军趁机占领辽东，并统一蒙古诸部落，形成了满蒙一体的强大北方政权。

在南方，文官们声称郑和下西洋劳民伤财，经过十多年的斗争，终于把下西洋的官方船队给停了。然后力推海禁政策，一边不准国家政权参与，另一边禁止普通商人下海。地方豪强联合海盗集团垄断沿海贸易，将大航海时代的财富尽数纳入私囊，国家财政因此损失惨重。由于无法从航海行动中获得财富，明朝也就无力投入巨资发展近代化的远洋海军，全球版图被西欧列强瓜分殆尽。中国只依靠自己数千年积累下来的先进手工业技术，在西方列强构建的全球贸易网络中发了一笔洋财。但这笔财富也继续被东南豪强们拿来奢侈享乐，未能转变为富国强兵的根基。

这样，尽管明朝中后期的国家战略实际上还是"北守南攻"，但已经从"积极防御加主动开拓"变成了"消极防御加被动开放"，南北两个方面都被束缚住了手脚。北方放任少数民族统一壮大，南方放任西方列强纵横海洋。永乐时代海陆双重霸权的辉煌一去不返，终于落得了一个神州陆沉、海权拱手的可悲局面。

在东西方文明即将开始大碰撞的前夜，我们回顾一下中华文明在农耕时代的发展历程，可以借用《易经》中几个与龙有关的卦辞来做个形象的概括。

第一阶段：见龙在田。在传说中的三皇五帝时代，农业耕种开始孕育华夏文明，我们的祖先从游牧与渔猎时代进入农耕时代。到西周，确立了基于宗法制的封建国家体制，中华世俗化国家成型，农耕文明基本发育成熟。

第二阶段：龙战于野。春秋战国时代，农耕文明走向强盛，诸子百家思想争鸣，向外扩张和内部征战并立。在长达500多年的大混战之中，华夏民族意识和文明意识形成，郡县制出现，为大一统国家的建立奠定了基础。

第三阶段：飞龙在天。汉唐时期，大一统帝国体制建立，大一统盛世出现，疆域从黄河干旱地区逐渐扩展至"长江－珠江"湿润地区，农耕文明进入中高级发展阶段。另外三大古文明都止步于干旱文明。中华文明一飞冲天、雄睨天下。

第四阶段：潜龙在渊。两宋时期，农耕文明至湿润文明后发展到鼎盛，中华文明继续向南迈向海洋，开始从古代农耕型陆权帝国向近代化海权帝国转型。

第五阶段：亢龙有悔。元明清时期，往南深入发展以后，海权初具但陆权尽失，龙首向南而龙尾在北，尚未遨游大海，先被北方蛮族抓住了尾巴，南宋亡于元。中华文明的南征之路遭遇巨大挫败。朱棣上台以后，迁都北京，政治军事中心回到北方，如同巨龙回头，先巩固北方防御再图南下，构建一个海权和陆权均衡发展的战略格局。

遗憾的是，这一战略再度遭遇失败。清军入关，"北守南攻"之局未成。在清朝贵族主导下，国家战略被强行扭转为"南守北攻"：以南方地区的物产和财富，驱动清军铁骑征服亚洲内陆，将北方版图扩展到极大。南方则几乎完全放弃海军发展，执行消极防御和闭关锁国政策。

清朝的军事成功，和汉唐时期的军事成功，虽然在地图上看起来差不多，但有着本质的区别。汉唐时期，海上既无敌人也无贸易，南方为大后方，北方为国家经济中心，向北积极防御，向西打通丝绸之路，连接两河文明，战略价值极大。清朝时期，丝绸之路中断，强敌崛起于海外，贸易通道也早已改走海路，南方为国家经济中心，最终清朝没有重视海权的发展。这就是一个巨大的战略错误，让中华民族错失了大航海和工业革命时代的重大发展机遇。

第七章

鸦片战争

帝制末期的危局时刻

一、白莲教起义：虚假盛世的落幕

在英国使团看清乾隆盛世真面目的同时，中国人对清朝专制统治的忍受也几乎到了极限。马戛尔尼前脚刚走，中国后脚就爆发了大规模的反清革命。

1795年，当了60年皇帝的乾隆觉得自己的皇帝瘾已经过足了，想当太上皇。他谦虚地表示自己绝不敢超过圣祖康熙皇帝在位61年的历史纪录，将于明年禅让皇位给儿子。

第二年的正月，禅位大典隆重举行。乾隆的皇十五子登基成为皇帝，改元嘉庆。

乾隆对自己的这个做法极为得意，因为它开创了大一统王朝和平禅让的先河，自己也因此成为中华帝国历史上"最完美"的一位皇帝。

乾隆这个人时运实在不错，禅让的时间选得很好，刚宣布把年号改为嘉庆元年（1796年），川楚地区的白莲教大起义就爆发了。这样，清朝中期规模最大的人民起义就不是在乾隆年间爆发的，而是在嘉庆年间爆发的。乾隆60年太平盛世，没发生过什么大的人民起义，起码听上去还不错。

起义爆发在荆襄地区，这个地区是位于四川和湖北交界处的三不管地带，在历朝历代都是统治的薄弱环节。明宪宗时期的荆襄起义也是在这里爆发的。不过，明朝那次叫荆襄起义，清朝这次却不能叫荆襄起义。因为它很快就突破了荆襄地区的范围，席卷四川、湖北、陕西、河南四省，历时9年，成为清朝由盛转衰的转折点，规模和影响都大大超过了明朝的荆襄起义。清朝官方管它叫"川楚教乱"，现在则一般称之为"川楚白莲教起义"。

明朝荆襄起义的一大原因是政府对荆襄地区不予管理，出现灾荒也不去救济，结果饥民就与盗贼联合造反。清朝则是政府管得太狠。乾隆中后期，全国吏治极度废弛。湖北、四川两省当然也是贪腐盛行。各级官吏无不贪赃枉法、欺压百姓。湖广总督毕沅还与湖北巡抚福宁、藩司陈望之等朋比为奸，民间称之为"毕不管，福死要，陈倒包"。至于下级地方官吏，更是上行下效、变本加厉。荆襄地区流民很多，以在山区自行开垦耕地为生。官府的差役就经常以各种名义进山巡查。其中很重要的一条是缴纳国家钱粮必须自己前往县城去交，但是山区农民因路途遥远、山路险峻，一般负担不起到县城上缴钱粮的成本。一旦延误了交粮的时限，差役就会来追缴。当然，这只是巡查的名义之一，还有很多别的名义。

差役的巡查权力几乎不受限制，可以随意勒索被巡查的山民。一旦遇到巡查，很多山民就会被逼到倾家荡产的地步。山民们不是在编本地户籍，被差役欺凌也无处申诉。当时进山巡查的票据是可以卖钱的。差役拿到巡查山民的票据，就知道要发一笔财了。还有人提前花钱把巡查票据囤起来，一旦遇到有巡查的机会，就可以优先被委派。

总之，跟普通老百姓比起来，山民的生活更艰苦，受到官府的压迫更厉害。这种情况下，主张穷苦人互相帮助救济的民间宗教——白莲教——就在荆襄地区迅速传播开来。

白莲教是佛教中国化的产物，创立于南宋。佛教以佛祖座下的白莲花为最干净神圣之物，白莲教的教名也由此而来。白莲教声称信教之人死后可以去往白莲净土。其主要特点是教义通俗易懂，既拜佛祖也拜祖宗，没什么清规戒律，只要诚心念经烧香，就会有弥勒佛保佑，特别容易被下层人民接受。关键的一点是，它没有公认的宗教首领，谁都可以打着白莲教的旗号、拿着白莲教的经书，宣布自己是弥勒佛转世或其他神仙转世，召集一帮信徒就成立教社。官方也一直搞不清楚白莲教跟别的民间宗教有啥区别，凡是遇到不知名的宗教聚众起义，就一律称之为白莲教。其实白莲教跟各种民间自创宗教相比，也就是多了一些成文的经书，各地教社有个固定通用的名号，看起来声势更为浩大，其他方面没啥区别。它从来没有结成过全国性的统一组织，总是各自为政，仅在声势上互相呼应。自南宋到清末，白莲教一直活跃在造反第一线，反宋、反元、反明、反清，谁在台上它反谁。

除了造反以外，"白莲教"的名头还可以用来干很多事，比如组织黑帮、管理家族等。当然也有人真的出家修行，那就跟普通佛教信徒差不多了。

清朝中期这次造反的这个白莲教，跟历史上出现过的白莲教有什么关联，这个问题并不重要，也没法说清楚。它只是一个造反工具，不是造反原因。这一次的白莲教，以强调底层人民互相帮助的教义为特征，在起义过程中，它是荆襄地区流民团结抗清的一个精神纽带。起义初期，很多起义军打着白莲教的旗号，可以不用带粮食，走到哪里都有山民愿意接济。这极大地方便了起义军的活动。

不过，它吃亏也吃亏在教义上。那便是没有一个公认的领袖。起义军内部山头太多，几十支不同的队伍在四川、湖北等地流窜。走到哪里吃到哪里的办法也很快就行不通了。

尽管如此，清军在一开始还是无法应付这些四处流窜但数量众多的反叛力量。清军正规军以八旗为核心和精华，以绿营为辅助。八旗军擅长平原作战，对山区很不适应，而且主力驻扎在北方，在南方的力量很薄弱。绿营腐败严重，待遇又差，也没把自己当国家的主人，类似于雇佣军，离开了八旗的支持和监督，就基本不会打仗。更何况八旗腐化堕落得更厉害，战斗力严重下降。镇压小规模起义往往被军事将领视为发财贪污的大好时机，他们疯狂花销国家军费，"前方吃紧、后方紧吃"成为常态。清军将领进入荆襄山区，照样每顿饭都要吃山珍海味、好酒好菜。

这种情况下，白莲教起义就越闹越大，开始走出山区，攻占了一些平原地区的县城。80多岁的乾隆已经老眼昏花，只管吃斋念佛。和珅跟川楚地区的贪官污吏本来就是一体，除了贪污和拍马屁外别无所长。在嘉庆五年（1800年）之前，起义军一直都在发展壮大之中。嘉庆五年（1800年）正月，起义军在嘉陵江附近大败清军，斩杀清军提督朱射斗。提督是一省清军绿营最高级别武将，为从一品，全国只有12个陆军提督。朱射斗之前在平定苗民叛乱、远征尼泊尔等战役中战功赫赫，是此次起义被击杀的清军最高级别将领。

不过，情况正在逐渐发生改变。

此战之前一年，即嘉庆四年（1799年）的正月，乾隆去世，嘉庆皇帝正式亲政。他亲政第二天就下令逮捕和珅，然后抄家，抄出巨额的家产。[①]5天以后，

---

① 和珅抄家抄出来的财富数量，众说纷纭，最高的有8亿两之说，也有说2亿多两的，但其大体数字目前并无可靠的史料和严肃的学术研究成果。从官方档案中的记录来看，抄家所得包括了数量众多的房产、土地、金银、珍宝古玩和奴婢等，这些财产除金银外基本无法准确估算价值。

和珅被下令自尽。随后，嘉庆皇帝对川楚地区的军政吏治进行整顿，一大批依靠给和珅行贿和拍马屁的官员将领被撤换。在这种情况下，清军的战斗力有了一定程度的恢复。朱射斗战死，其实表明清军负责镇压川楚起义的将领已经开始拼命打仗了。

与此同时，作为联合专政集团的第二大势力，汉族士绅也开始发力，弥补清军战斗力不足的弱项。嘉庆三年，进士出身的合州知州龚景瀚上疏《坚壁清野并招抚议》，建议设置团练乡勇，令地方士绅训练并负责清查保甲、坚壁清野，实行地方自保；办团练的经费都由地方士绅自己负责。朝廷一直很忌讳汉人掌握武装力量，即使是小规模的团练也不行，但迫于白莲教起义的威胁，嘉庆皇帝批准了这个奏议，这就开创了清朝汉族团练的先河。汉族士绅们从此开始掌握独立的军事力量。尽管这只是一个萌芽，但影响十分深远。后来曾国藩镇压太平军，就是从学习镇压川楚教乱建立地方团练开始的，而直接结束清王朝统治的力量也起源于此。川楚团练—曾国藩湘军—李鸿章淮军—袁世凯新军，这是一脉相承的：李鸿章是曾国藩的幕僚，袁世凯是李鸿章的亲信，最后由袁世凯出面逼迫清帝退位。这些势力无一例外，都是在镇压中国人民反抗中成长起来的宗族士绅力量。

地方团练的兴起切断了起义军和普通老百姓的联系，老百姓被士绅武装逼着进行坚壁清野，起义军很难再从地方上和平地获得补给了。其小股分散作战的特征，正好被各地小型团练武装所克制，流窜作战的方式很快就不灵了。

这样，起义军在山区小股分散作战，有地方团练克制；一旦进入开阔地区，集中力量，就有恢复了战斗力的清军主力围追堵截，很快就陷入了绝境。

乾隆和和珅死后一年，嘉庆六年（1801年）下半年，起义军的活动范围就已经被压缩到了川楚交界处的一些崇山峻岭之中。到嘉庆九年（1804年）九月，起义被完全镇压了下去。

清政府应对这次起义花掉了 2 亿两白银[①]，创造了中华帝国历史上战争花钱的最高纪录，将乾隆后期积累的 7000 万两财政盈余全部花光，中央和地方财政

[①] 《清史稿·食货志六》："嘉庆川湖陕教匪之役，二万万两。"

再次出现大面积的亏空。如此惊人的军事开销主要是清军腐败造成的，大部分银子很显然被贪污浪费掉了。明军平定杨姓土司叛乱，也就花了100多万两银子；后来两次进入朝鲜跟日本作战，时间持续8年，也就花掉了400多万两银子。此后，清王朝的财政状况就再也没有好转过，一直处于严重亏空的状态。

这次起义，彻底曝光了所谓"乾隆盛世"下民不堪命的真实生存状况，并昭告天下，中国人民的反抗精神并未因为大屠杀、文字狱和"忠君道学"的多重打击而消失。在战争中，两名从一品提督被起义军击毙，此外还有400多名中高级将领阵亡，清军腐化堕落的状况由此暴露无遗。此战以后，清王朝财政亏空日益严重，汉族武装势力开始崛起，统治阶层内部势力关系开始被颠覆，军队战斗力在经过短暂的好转以后又迅速恢复原状。因此，这次川楚人民大起义——而不是鸦片战争——才被视为清王朝从盛到衰的转折点。连跟小股分散的流民武装作战都被打得如此狼狈不堪，将来遇到坚船利炮的英帝国正规军的时候，清军一路惨败也就丝毫不令人感到惊讶了。

二、"仁宗"之治：又一个儒家圣君出现了

39岁的嘉庆皇帝在惩处和珅及其死党方面显示了一定的魄力。毕竟他已经在乾隆的阴影下当了3年的皇帝，憋了3年的干劲一下子释放出来。但这股劲用完以后，一放松下来，嘉庆皇帝就开始现原形了。

乾隆晚年，沉溺于千古第一完美皇帝的自我设定中不能自拔，什么事情都要跟历朝历代的名君圣主比上一比。看起来威福无双，其实已经掉进了儒家士大夫给他挖的坑里边。因为历史是儒家士大夫写的，要跟历史上的圣君比，那就难免要被儒家学者牵着鼻子走。

乾隆以为，本朝一直以来没有嫡长子继承皇位，是一大遗憾。自己若能让嫡长子继位，那就是更加完美。殊不知，满族人原先不使用嫡长子制度，这是纯粹的汉族王朝惯例。这个念头一动，他在继承人选择上就开始往理学的坑里跳了。乾隆跟几个皇后所生的儿子都早死，没有嫡长子，但儒家对继承人还有其他规范，比如皇子读书，就必须延请理学大师授课。乾隆啥都学康熙，唯独

在儿子教育方面放松了警惕。康熙可是当着儿子们的面一再羞辱甚至暴打儒学老师的，以防儿子们忘了清朝皇权的本质。他教育出来的两个继承人——雍正和乾隆，在这方面都精得很，绝不含糊。但轮到乾隆自己就不行了，千挑万选，选了一个对儒家理论深信不疑的继承人出来。

嘉庆年轻的时候长得很标致，也足够聪明伶俐，骑射功夫也棒，读书读得也好，又尊师重道、孝敬长辈、举止端庄，怎么看怎么都是儒家圣君的好苗子，亲信大臣们也都夸奖他贤能。乾隆越看越欢喜：就是他了，他就是千古第一完美皇帝的完美继承人。

在搞禅让大典之前，乾隆还有点担心：这个儿子会不会不够懂事，当了皇帝之后就不尊重他这个太上皇了？想不到嘉庆的政治意识非常到位，除了礼仪性事务，其余全都听由太上皇处置。每天的主要任务就是在太上皇跟前端茶倒水伺候着，从来不作任何决定。这让乾隆浑身舒坦，得以安享晚年。

乾隆暗中观察自己这个继承人，越看越满意：36岁正值壮年当上皇帝，竟然还懂得低调装傻，果然很有政治智慧，自己没看错人！

事实证明，乾隆还是看走了眼。

收拾完和珅及其同党之后，嘉庆开始认真观察自己执掌的这个庞大帝国。以前什么事情都有英明神武的老爹太上皇作决定，现在老爹没了，他感觉到似乎有点手足无措，下令让官员们上疏献计献策，建议如何治理好国家。

很快，各地的建议纷纷呈上，但大多都是冠冕堂皇之语。只有编修《清高宗实录》的洪亮吉上疏非常特别，他分析川楚白莲教起义的教训，指出国家的关键问题所在。

洪亮吉说，现在一个方面大员出巡，每到一站都有按规矩应得的礼物，叫"站规""仪程"，其手下也要收门包。平时在家，则有"节礼""生日礼"；冬天送取暖费，叫"炭敬"；夏天送纳凉费，叫"冰敬"，按年则有"帮费"。升迁调补的时候，还有私下馈谢的就更多。以上这些钱，无不取之于各州各县，而各州县又无不取之于民。

省里和府道的领导们对于基层官员向老百姓横征暴敛的事情，全都明知故纵，要不然"门包""站规""节礼""生日礼""帮费"就无处出了。各州各县也明白告诉大家："我们之所以加倍，加数倍，实是各级衙门的用度，一天比一天多，一年比一年多。"但是细究起来，各州县打着上级领导的旗号搜刮上来的东西，上司得一半，州县揣到自己腰包里的也占了一半。刚开始干这些事情的时候还有所顾忌，干了一两年成为旧例，现在已牢不可破了。

这时候你找总督、巡抚、藩台、臬台、知府告状，谁也不会管你，连问都不问。成千上万的老百姓当中，偶然有一个两个咽不下这口气，到北京上访的，北京方面也不过批下来，让总督巡抚研究处理而已，派钦差下来调查就算到头了。试想，老百姓告官的案子，千百中有一二得到公正处理的吗？即使钦差上司比较有良心，也不过是设法为之调停，使两方面都不要损失太大罢了。再说，钦差一出，全省上下又是一通招待，全省的老百姓又要掏钱。领导们一定要让钦差满载而归才觉得安心，才觉得没有后患。

几次博弈下来，各州县的官员也明白了，老百姓那点伎俩不过如此。老百姓也明白了，上访告状必定不能解决问题，因此往往激出变乱。湖北和四川的人民叛乱，就是这个原因。

洪亮吉说了这么多话，核心的意思就是官逼民反，或者叫造反有理。搜刮老百姓是各级官员的共同利益所在，这就决定了老百姓告状的成功率不过千百之一二。因此，除了造反之外没有更好的出路。

最后，洪亮吉得出结论："皇上当先法宪皇帝之严明，使吏治肃而民乐生。"当前要谋天下大治，就应该学习雍正的铁腕治吏。

看了这种观点，嘉庆很生气，以"言辞鲁莽"为由撤了他的职，让廷臣一起审他，不过也嘱咐说不要上刑。会审的结果，廷臣们给洪亮吉定了一个"大不敬"的罪名，建议砍掉这个家伙的脑袋。最后，皇恩浩荡，从宽发落，将洪亮吉发配新疆伊犁戍边。洪亮吉老实认罪，痛哭流涕，感谢宽大处理。[1]

经过洪亮吉一案的处理，嘉庆向天下发出了清晰的信号：雍正皇帝的手腕不会再回来了，大家不要因为我杀了和珅而想太多，那是特例。

以"仁义"治理天下，才是嘉庆所追求的治国方针。

---

[1] 吴思：《老百姓是个冤大头》。见《潜规则：中国历史中的真实游戏》，复旦大学出版社，2009年版。

对吏治问题和体制改革避而不谈之后，剩下的就是摆在明面上的财政问题了。

鉴于国家财政亏空严重，嘉庆也开始查亏空。这是雍正、乾隆都一直在搞的政策，嘉庆应该不难学习。但根据儒家思想，钱财这种东西都是次要的。君王不能贪财，像明朝万历皇帝开征商税、矿税之类的做法早已被历史唾弃。君臣之间，仁义道德才是最重要的事。君主要表现得仁慈宽厚，臣下才会向君主学习；对人民也仁慈宽厚，这样就可以实现天下大治。所以，对于他父亲和爷爷的那些铁腕做法，嘉庆虽然不敢批评，但也绝对不愿推行。这也是他为什么要严肃处理洪亮吉的原因。

嘉庆查亏空的做法是"秘密推行，徐徐办理"，也就是不要大张旗鼓地搞，也不要搞得太急，不然显得皇帝把钱看得太重，还会增加人民负担。他主要通过批示催促，让臣下慢慢地悄悄地把亏空填上就好了。

嘉庆四年（1799年）三月，乾隆刚死掉两个月，山东巡抚就奏请皇帝下令填补亏空。嘉庆首先表示这个提议好，应该把亏空填上，然后说："徐徐办理，自有成效。百姓足，君孰与不足？培养元气胜于仓库实贮奚啻万倍！至于大吏洁己率属，各员尽革陋规，皆为善政，以此弥补足矣。捐廉罚银等事，朕必不为。"

翻译成白话就是说：这事儿我看要慢慢来才好。只要百姓富足，你还担心什么亏空？培养元气比财政充足重要百倍！你提到说高级官员要带头保持廉洁，大家一起革除各种陋规，这都是好办法。用这样的办法来弥补亏空我觉得就够了，什么罚款之类的事情我是不会干的。

同年四月，直隶总督胡季堂又奏请严查当地亏空的有关责任人员，并主张将这些人抓到省城来勒令退赔，填补亏空。嘉庆一看，吓了一大跳，赶紧批示说："封疆大吏当以吏治民生为重，而财赋次之，胡季堂何不知大体若此！"

他骂完胡季堂，又接着说，你不要误解我的意思，我不是让你不追查亏空，只是要"次第清厘，何必亟亟"[1]。

这样一搞，下边就有点糊涂了，查亏空又不让追究亏空人员的责任，这还怎么查？

---

[1] 《清仁宗实录·卷之四十七》。

第七章　鸦片战争：帝制末期的危局时刻　　299

　　五月，户部报告，说出现了 2000 万两银子的亏空，嘉庆又有点急了，要求各省节约开支，研究一下怎么填补亏空①。湖北布政使孙玉庭看到上谕就提议说，干脆把亏空 1 万两银子以上的地方官员抓起来追赔。因为所谓的亏空，无非就是两个原因：一是钱收上来了，但是被官员贪污浪费了；二是该收的钱没收上来，而敢于抗拒国家钱粮的人，肯定有官员在背后撑腰。所以不管怎么算，把负责官员抓起来追赔总没错。嘉庆当然无法接受，立刻否决，告诫他"切勿孟浪"。

　　最后，还是广东巡抚最先摸清楚了皇帝的心思，上奏说：以前的亏空问题很复杂，估计也查不清楚了，不必再追究责任。应该把亏空列出来，以后每年弥补一部分，逐年完成。然后让官员们廉洁奉公，减少浪费开支，这样既可以培养人民的元气，又可以让国家财政充足。

　　嘉庆看了非常高兴，连连批示：说得好，说得好！就按照这个办法来办理，三年能有所成效，也不能说慢，如此"缓缓归款，上行下效，未有不能完之理"。②总之他认为，就是全靠官员自觉，问题就能解决。

　　还有一些官员不太懂事，把查出来的责任人员名单上报给了皇帝。嘉庆看了之后很不高兴，批示说："若概行查办，则经手亏缺及接任虚报各员，皆当按例治罪，人数未免众多，或尚有贤者，亦觉可惜，是以宽其既往之愆，予以弥补之限。"③

　　意思就是说：你们把这些名单报上来给我看，让我怎么办？人数这么多，法律规定都要治罪的（我要都处理了，有人被冤枉，我不就成了暴君；我要是不处理，不是又成了昏君）。为了不让个别贤良官员受到冤枉，我只能表示宽容，给你们时间把亏空填上。

　　官员们一看，不能报责任人名单了，那报一下亏空情况总可以吧？皇帝要追查亏空，那就先把亏空查清楚报给户部知道。岂料嘉庆连这个也不想看，批示说："弥补二字，原不可直达朕前，岂可公开咨部办理？"——不准跟我讲，

---

① 倪玉平：《清朝嘉道财政与社会》，商务印书馆，2013 年版。
② 《清仁宗实录·卷之六十二》。
③ 《嘉庆道光两朝上谕档》嘉庆五年（1800 年）六月二十九。

也不准报户部。"数目纷纷咨部,是必欲朕执法办理矣!"①——你们上报这些东西,不是公开逼着我严厉执法,处理责任人吗?(想把责任推给我,陷朕于不仁不义。)

经过这样几番试探,官员们终于明白怎么办才是正确的了。各地官员纷纷上奏:我们已经查明了亏空(数字不说),理清了亏空的根源(责任人不知道是谁),制订了完善的计划弥补亏空,预计将会在六七年的时间里让亏空情况大为改善(不保证完成)。在这六七年的时间里,我们将清正廉洁、勤政爱民,为属下作出表率,相信全体官员都会在皇帝的感召下和上级的带动下,努力为民服务,圆满完成皇上下达的填补亏空的任务。

对这样的表态,嘉庆十分满意,觉得官员们终于理解了他的苦心,批示鼓励大家辛苦工作,为完成亏空弥补计划而努力。

六七年一转眼就过去了,大部分官员都已经调任换人,嘉庆发现原来的亏空不仅没有填上,还出现了新的亏空,又下旨赶紧研究解决。各地官员很快回奏说,这几年发生了很多意想不到的情况,比如洪灾、旱灾、蝗灾、火灾、地震、泥石流、邪教造反等,不过我们已经制定了比以前更加科学的填补办法,预计再过六七年就可以大为改观了。

就这样,反复折腾了好几个六七年,亏空只见增加不见减少。嘉庆帝脾气也是真好,就是不处理人。一转眼过了20多年。嘉庆二十四年(1819年),河南巡抚又上奏说:不好意思,亏空又增加了,但是皇上您不要着急,这两年河南大丰收,人民有钱了,就算多交点钱粮也不会影响他们的生活了。上次我们提出五年解决亏空,现在五年眼看就要过去了,请再给我们三年的时间,保证可以填上亏空。

嘉庆批示:著照所请。并将河南巡抚的折子交给军机处备案,三年以后检查有没有完成。

没等到三年,一年后嘉庆就驾崩了。

嘉庆皇帝的一生,是勤政爱民的一生。他身体很好,定期锻炼骑射,以表

---

① 《嘉庆道光两朝上谕档》嘉庆六年(1801年)六月初二。

示不忘满洲传统。但大部分时间专心于政务，天不亮就起来沐浴更衣，开始阅读儒家经典，比如《资治通鉴》以及本朝《实录》，时刻激励自己效法古代先贤和列祖列宗，为天下后世做好表率。读完之后开始上朝，和臣下讨论国家大事，鼓励大家畅所欲言，纳谏如流。退朝后认真批阅奏章，工作到深夜。出席各种祭祀大典也总是一丝不苟，绝不迟到早退。他关心农业生产、财政赤字、军队建设、廉政建设等，不贪财，不好色，不下江南，不修园林，不搞文字狱，力争一言一行都足以成为天下臣民的表率。他坚信只要这么做，国家天下就可以大治，因为儒家经典上是这么说的。

他死后，大臣们对他的表现极为满意，送了他一个儒家理念中最光辉的字眼作为庙号：仁。

清仁宗嘉庆，也就成了一位可以与宋仁宗、明孝宗并列的"儒家圣君"。

当然，嘉庆年间的官场和社会，也就跟宋仁宗、明孝宗时候的状态一样，以惊人的速度堕落。嘉庆喜欢表彰清廉的官员，而尽量避免惩罚贪腐官员。官员出了问题，最多就是撤换，打击面不如雍正广，力度不如乾隆大。皇帝对贪官污吏下不了狠手，贪官污吏对清官和老百姓就敢狠狠地下手。

嘉庆十三年（1808年）秋，黄河决口，淮安一带人民流散，朝廷下诏放赈。江苏山阳县（今淮安市淮安区）当年领得赈银9万余两[①]，知县王伸汉通过多报受灾人数多领了2.3万两，个人贪污了1.3万两。[②] 这时，两江总督铁保按照惯例派官员赴各地检查赈灾工作，派到山阳县的官员是新科进士、刚分配到江苏工作的李毓昌。

李毓昌到达后，山阳知县王伸汉就派出自己的长随（近似生活秘书）包祥，与李毓昌的长随李祥接触，讨论利益如何分配的问题。这是官场规矩，贪污者不能独吞，监督者总会凭借自己的加害能力得到或大或小的份额。

李毓昌的长随李祥告诉王伸汉的长随包祥，自家老爷到各乡巡视了，看到

---

① 《清仁宗实录·卷之二百十六》："山阳县较之十一年仅多十二乡，而需银至九万九千有余。"
② 《清仁宗实录·卷之二百十七》："讯据王伸汉冒赈银二万三千余两，其入己银数至一万三千余两之多。"

灾民濒死的惨状，十分震惊，回到县里调集户册核对后，发现了严重的贪冒情况，正打算拟文呈报呢！李祥的意思很明白：我们老爷掌握了证据，能害你们老爷，你肯花多少钱买安全？

王伸汉立刻开出了价格，让自己的长随传话，愿意拿出1万两银子。

没想到李毓昌是个官场新手，一心要当个清官，当即严词拒绝，还要把王伸汉行贿的事情向两江总督汇报。

王伸汉被逼急了，派包祥出面和李祥等三人谈判，只要他们下手害死李毓昌，不仅重金酬谢，还要替他们另找新主人。李祥等人一想，反正李毓昌这家伙也不懂事，跟着他也发不了财，不如先拿他卖个好价钱。于是他们在茶水中投毒，然后又用绳子将李毓昌勒死，伪造了一个自缢身亡的现场。

查赈官员自缢这种大事，论理论法都应该立刻立案调查。但王伸汉拿了2000两银票找淮安知府王毂活动，王毂再拟一道呈文到省。布政使和按察使都接受了自杀的结论，两江总督铁保也点头同意，这个事儿就掩盖了过去。然后，王伸汉通知死者家属来领棺柩，再把李祥推荐给长州通判当长随，把另外两个长随也推荐了出去，又给了重金酬谢，事情就算处理妥当了。

但是，李毓昌的家属在遗物中发现了一份文稿，上面有"山阳知县冒赈，以利啖毓昌，毓昌不敢受"等语。李毓昌的妻子收拾遗物，发现他平常穿的一件皮衣上有血迹，疑心大起，告诉了运灵柩回来的族叔。族叔做主开棺验尸，发现了中毒症状，家属立刻进京向都察院喊冤。都察院按程序奏呈皇帝，嘉庆立即责成军机处追查，很快破案。

最后，山阳县令王伸汉和包祥处斩，李祥和另外两个参与谋杀的长随被凌迟处死，有关领导也受了处分。李毓昌被嘉庆树为官员的榜样，亲自写诗褒扬，追加知府衔，还为他过继了一个儿子传宗接代，并赏给这个儿子举人功名。[①]

在这个案子里边，嘉庆罕见地狠下心来杀了一个县官，不过也不是因为贪污，而是因为他谋杀了朝廷命官。一个知县贪污赈灾款并不是什么奇事，可以说是稀松平常，但他谋杀上级派下来检查的官员，竟然可以层层疏通关系搞定

---

① 吴思：《摆平违规者》。见《潜规则：中国历史中的真实游戏》，复旦大学出版社，2009年版。

知府、省领导和两江总督,轻松把事情摆平,可见官场贪腐网络中官官相护程度之深,以及这个网络对清廉官员进行"逆向淘汰"的力度之大。发生这种情况,正是洪亮吉在奏折中所揭露的问题进一步恶化的结果。

此案发生9年后,嘉庆二十二年(1817年),闽浙总督汪志伊积极响应朝廷号召,在福建开展廉政教育活动。为了装点门面,他还把浙江著名的清官李赓芸安排当福建按察使,主管吏治监察。

汪志伊是儒家思想治国常见的那种官场投机分子。他知道皇帝喜欢提倡廉洁,于是他平素就穿得破破烂烂,以博取清廉的名声,私底下却跟贪腐官员同流合污。在反腐倡廉方面坚持只动口不动手,既得同僚夸奖,又得皇帝赏识,升官极快。李赓芸当时有"天下第一清官"的声誉,汪志伊看走了眼,以为跟自己是一路人。想不到这个李赓芸"不识好歹",来到福建,竟然真的动手反腐败,将好多贪腐官员抓起来审理,一时间福建官场大为愤懑,向汪志伊各种告状。汪志伊就让李庚芸改任分管民政的布政使,不再主管监察,并不时敲打他,让他"成熟"一点。有一次,李赓芸来总督府拜访,乘的轿子和衣服都是新的。汪志伊就说:奢侈是堕落的根源,你现在是方面大员,应该带头节俭,在衣着方面不宜过于讲究,以免重蹈以前那些贪官污吏的覆辙。

福建布政使的养廉银是一年8000两,一台轿子就算是很高级的也不会超过100两银子,衣服就更不值钱,李赓芸用合法收入买个新轿子、新衣服绰绰有余。汪志伊本人的养廉银更高。他自己穿旧衣服还可以说是生活习惯,对年薪几百万的属下穿新衣服说三道四,那就显然是鸡蛋里挑骨头,虚伪矫情了。

李赓芸对汪志伊的虚伪早有不满,当面讽刺说:"芸虽不肖,为天子大吏,稍饰舆服,诚不为过,实耻效布被脱粟之平津侯以欺罔朝廷也。"[①] 意思是,我虽然没啥本事,但好歹也是三品官员,注意一下仪表没什么过错,绝不敢效仿汉朝的平津侯,用伪装节俭的方法来欺骗朝廷。

平津侯"布被脱粟"是所有儒家学者都很熟悉的典故,专指假装俭朴的伪君子。历史上的平津侯公孙弘是汉武帝时期的高官,既能干又清廉,不是伪君

---

① 昭梿:《啸亭续录·卷三》。

子。他看不起被儒家学者尊为大圣人的董仲舒，认为董仲舒只会清谈不会办实事。在公孙弘的建议下，董仲舒没能留在汉武帝身边，而是被派到封国去给藩王当老师。儒家学者对此怀恨在心，就把生活作风简朴的平津侯公孙弘当成伪君子的典型骂了两千多年。

俗话说："打人不打脸，揭人不揭短。"汪志伊的"伪君子"作风官场皆知，但谁也不会当面说破，如今被李赓芸当面揭穿，自然怒不可遏。没过多久，李赓芸在审理一个贪腐县令的时候，被该县令反咬一口，说其家奴黄元收受贿赂——有一次黄元到该县某寺庙拜佛的时候，该县令跑去拍马屁，硬给买了一些香烛纸钱。汪志伊以此为依据，将李赓芸逮捕下狱审问，暗示审案官员一定要查出问题，一定给做成铁案。李赓芸在狱中被日夜逼供，主审官员又捏造供词逼迫其画押。最终，李赓芸不堪忍受，偷偷写下为自己鸣冤的申诉状，藏在身上自缢而死。

由于李赓芸作为清官的名声在闽浙地区实在太大，堪称清朝的海瑞。他受冤自杀的消息传开，闽浙两地为其鸣冤的人数不胜数，贡生林光天倡议数百人联合署名上访告状，终于突破重重封锁闹到了中央。嘉庆也早知道李赓芸清廉的名声，下令严查此案，这才真相大白。

最后的结果，汪志伊被免职，主审官员被发配充军。李赓芸平反，给了一大堆荣誉头衔，结案。大清官场又一次以微小的代价，成功淘汰了一名清官。

李毓昌和李赓芸的下场，足以给其他官员敲响警钟：谁敢不同流合污，谁就是死路一条。

三、嘉道中衰：道光新政与汉族士绅的崛起

嘉庆在继承人问题上也坚持秉承儒家正统，完成了他爹的遗愿，成功把皇位传给了嫡长子。清王朝终于有了一个完美符合儒家嫡法的皇帝——道光皇帝，大家都很开心。

道光皇帝也是一位笃信儒家治国理念的好皇帝。由于嘉庆皇帝留下来的摊子实在是太烂，国家已经穷得叮当响了。嘉庆二十五年（1820年），西北地区又

出现了张格尔叛乱,大和卓的孙子张格尔勾结境外伊斯兰教势力浩罕王国,想要搞独立,一直闹到道光十一年(1831年)才被镇压下去,让清朝财政亏空更加严重。

道光比他爹要强硬一点,准备搞点改革。一上台,就把自己的亲信英和提拔为军机大臣。在英和的建议下,道光皇帝宣布要学习雍正皇帝,革除陋规,搞新一轮的"火耗归公"。也就是把洪亮吉在给嘉庆的奏折中列举的那些"陋规"——比如门包、炭敬、节礼、寿礼、仪程、浮收、勒折等——折算一下,一部分给官员发"养廉银",另一部分取消或上缴财政。这样,把官员们的非法收入变成合法收入,还能减少老百姓部分负担,增加财政收入。

这个改革,其实已经是对贪腐行为的第二次妥协了。雍正的改革是第一次妥协。

雍正改革之前,官员们的收入是:

法定工资＋陋规等非法收入。

雍正"火耗归公"改革以后,官员的收入变成了:

法定工资＋养廉银。

其中,养廉银就来自"陋规"等非法收入,也就是基层向老百姓勒索的"火耗"。

按照"高薪养廉"的思路,官员们贪腐都是因为工资太低的缘故,有了养廉银,就应该不再收陋规了。一个巡抚一年1万多两银子的养廉银,相当于年薪几百上千万,怎么着也够花了。但事实情况显然并非如此,就像我们在前面讲的,几乎在"养廉银"制度刚设立的同时,官场上又立刻发明了新的名目开始收新陋规。只是在雍正的铁腕之下,情况有所收敛。

随着时间的推移,养廉银成了一笔经常性收入,跟法定工资没有区别了。官员们在此之外又继续开辟新财源、收受新陋规,而且越收越多,超过了养廉银数倍。到了道光年间，情况再次变得不可收拾。

道光改革的时候，官员们的收入变成了：

法定工资＋养廉银＋各种新的非法陋规收入。

道光的改革，就是想把各种新陋规再折算一次，换个名字变成合法的。改革的目的也跟雍正一样：一是解决下级给上级"发工资"的问题，避免官官相护；二是在"以合法换非法"的条件下，适度打个折，去掉一些陋规，减轻老百姓负担，再把一部分陋规变成财政收入用来填补亏空。

对于皇帝想给大家的收入打折这种事情，官员们表示完全不能接受。

在京官之中，吏部、礼部等一把手上疏表示强烈反对。而在地方更是不得了，三大总督公开反对，其他六大总督也是暗地里反对，无一人上疏支持。清朝一共就只有九大总督，封疆四方，位高权重，改革措施被九大总督一起反对，基本就没法干了。而且，其中实权最大的直隶总督和两江总督都公开反对。直隶总督方受畴、四川总督蒋攸铦这两位更是直接跑到北京来反对。

大臣们反对改革的理由当然不是自己的收入会降低，而是声称：陋规不合法，基层官员还知道有所收敛，一旦合法，下面只会更加明目张胆。而且各地的陋规名目都不一样，非常复杂，根本梳理不清楚。如果一刀切地变成统一收入发放，不仅无法保证公平，带来的问题还将更多。

面对朝野上下一片反对之声，道光陷入困境，继续推动将会得罪整个官场，而且还推行不下去，这可怎么办？最后，仅仅过了3个月，道光皇帝决定屈服，丢卒保车，下旨说：这个主意完全是英和撺掇的。英和不知地方情形，冒昧进言，扰乱朝政，现罢免其军机大臣职务，同时停止清查陋规。

实际上，雍正的"火耗归公"还有一定合理性，因为之前的官方法定工资实在太低了。但火耗归公之后的养廉银标准已经定得非常高，清朝地方大吏的收入水平比以高工资著称的宋朝都高了，不仅足够官员们过上体面舒适的生活，还可以养活一大帮仆从。但还是没用，这说明所谓"高薪养廉"不过是不切实际的幻想。道光的第二轮"火耗归公"，完全就是向腐败屈服。他不过想让官员们把贪腐收入拿一部分出来填补亏空，以免国家财政陷入瘫痪而已。但即使这样，改革也完全无法推动，则可见当时的大清官场已经病入膏肓，无药可医。

改革还没有开始就停止了，但财政亏空的问题仍然存在。道光想来想去，始终束手无策。最后，经过跟他尊敬的师父——理学大师曹振镛商量以后，他得出结论：解决财政亏空的唯一方案只能是节约开支，而节约开支的首要任务就是皇帝要为天下国家做出表率，带动大家一起节约。

为此，道光发布《御制声色货利谕》，倡导"重义轻利，不蓄私财；停止各省进贡；不再增建宫殿楼阁"的节俭理念，开启了"节俭新政"。

对于这个政策，各级官员纷纷表示皇帝圣明，我们完全赞成，没有一丝一毫的意见。

道光皇帝以身作则，对自己严格要求。他把每年40万两银子的宫廷开支降了一半，改为每年20万两。皇帝的日常用度一律从简，笔墨纸砚全是普通品，而非特制。据有些史料记载，道光皇帝的衣服每个月才换一次。除了龙袍，其他的衣服破了，一定打了补丁继续穿。

不仅如此，他还规定，除了太后、皇帝、皇后外，妃嫔及宫廷工作人员，非节庆日不得吃肉。妃嫔不得使用化妆品，不可穿光鲜的衣服。皇后过生日的招待会也极为简单，每人一碗打卤面完事儿。

工作日里，皇帝每餐只点四个菜，朝廷官员的工作餐也不得多于四个菜。外地官员进京述职时，对勤勉能干的官员，皇帝会以赐宴表彰。但在道光朝，皇帝赐宴仅是政治荣誉，官员得到赐宴要自己付饭钱。

道光皇帝以身作则奉行节俭，各级官员则效仿皇帝，大兴节俭之风。

据《道咸以来朝野杂记》记载，皇帝的衣服旧了照样穿，大臣们也都换上了旧衣服。皇帝的裤子破了个洞会打了补丁继续穿，朝臣也为自己的衣服打上补丁。道光年间的朝会很像是丐帮大会，一眼望去，从龙椅上坐的到地上跪的，全都衣衫破旧，个个像叫花子。

在很长一段时间内，京城内的旧衣铺子生意火得不得了，所有的存货都卖得精光。起初，旧衣服的价格比新衣服低很多。随着需求的旺盛，旧衣服的价格很快与新衣服持平。有的官员把新衣服拿到旧衣铺子里换取旧衣服来穿。后来，旧衣服的价格飞速增长，竟然高于两件新衣服的价格。有些官员就在新衣服上打上补丁，在袖子上抹上油腻的物质，以显示与朝廷一致保持节俭。

皇帝在朝堂上的节俭行为和大臣的刻意模仿并没有改变整个官僚机制的运作模式。道光年间，整个国家吏治极为腐败，官吏和军人吸食鸦片、聚众赌博、嫖娼的情况极为严重。官吏的腐败程度远超前朝，清朝官场的"封口费"就是道光年间流行的，当时叫作卖奏费。如果有官员渎职、犯法、贪污、有作风问题，负责纪检和监察的官吏就会整理材料，准备上奏。这时，该官员就会准备一笔钱，让其保持沉默。

道光帝奉行的节俭美德，最终成了皇帝与大臣们默契配合上演的一出闹剧。在这个过程中，唯有皇帝一人入戏了，其他的大臣则不过是陪演和看客。

道光节俭成了著名的历史典故，衍生出来很多个搞笑的野史段子，真假无法分辨。但实事求是地讲，尽管听上去有点讽刺，但皇帝以身作则节俭并没有错，也没造成什么危害，而且确实省了一些钱。可以看出，道光皇帝治理国家的责任心起码是没问题的。实际上，在皇帝制度下，不管是明朝还是清朝，皇帝本人的责任心都没有问题。明朝那些皇帝是被抹黑了。清朝由于资料保存完整，皇帝的形象就正常多了。明清20多位皇帝之间的差异，主要是政治路线和治国能力的差异，而不是责任心或个人品德的差异。

嘉庆、道光这种"仁义道德、以身作则"的治国模式，我们不能说它完全是错的，它只是搞错了重点。执政者在要求别人的同时，应该首先严格要求自己，这是正确的，也是基本的。但政府存在的核心价值就是可以理性地用暴力，以及基于暴力的强制力，这是政府和其他一些机构的本质区别。因为世界上有很多事情必须用暴力来解决或强制推动，人类才需要政府。如果政府放弃使用暴力，而去追求"表率"和"教化"，那么政府根本就没有存在的必要。搞道德教育，民间组织也可以搞；做道德表率，各种名人大师都可以做，影响力也不比政府小。

有一些无政府主义者声称：政府是不得不存在的恶。这种表达一度十分流行，但其实是错误的。正确的说法应该是：政府是不得不存在的暴力机构。

暴力本身是中性的，不一定是恶，为了应对恶而不得不使用的暴力是属于善的范围。

而人类之所以需要政府这个暴力机构存在，其根源则在于人性中的恶无法通过教化来完全消除。如果人性之恶可以通过表率、教化、说服等方法消除，那么政府也就失去了存在的价值。像修建公共工程、普及基础教育等工作，如果通过说服教育可以让所有相关利益方都团结起来采取一致行动，并根据自己的获利程度承担对应比例的成本，那么这些事情也都不需要政府参与。但实际情况是，靠沟通说服根本摆不平各方利益关系，必须依靠政府强制力收取税收，然后在公共工程和基础教育方面统一安排财政投资。

在维护社会秩序、提倡仁义道德方面，凡是把教化当成主要工作来抓的政府，无一例外都必然是失败的政府。宣讲一万遍诚信，不如抓捕一个诈骗团伙；讲一万遍仁慈，不如枪毙一个杀人犯；讲一万遍廉洁，不如严惩一个贪官。把仁义道德挂在嘴边的政府领导，不是虚伪就是无能。因为真正一心为国家、人民服务的官员会把全部精力投入到如何合理利用政府强制力来消除社会和政府中的恶行。恶行被消除以后，善念会自动成长起来。诈骗和勒索团伙被消灭以后，人民就会自己想办法创业，踏实赚钱。政府治理如果卓有成效，很多公共工程也都可以通过社会化投资的方式来完成。

反腐败当然也是一样。失去必要的暴力惩戒，反腐败就是无本之木、无源之水。

作为国家的最高统治者和最终负责人，特别是暴力使用的最终决策者，皇帝的首要责任显然并不是儒家学者最为推崇的道德教化，而是学会正确使用暴力来监督官僚体系，以确保能够执行国家政治路线，完成治国安邦的使命。

在皇权扭曲篡改理学思想的同时，理学家们也积极反攻，对皇帝和勋贵们进行逆向洗脑，最终促成了统治集团的大堕落。嘉庆、道光两位被儒家思想深刻影响的皇帝分别统治了中国20多年，而这半个世纪，是清王朝腐化堕落加速的半个世纪。历史上这一时期被称为"嘉道中衰"。

在这一片黑暗之中，当然也有新的亮点出现。一个标志性的事件是，在嘉庆中期，省部级官员中，旗外汉人的数量第一次超过了满族和蒙古族官员。有部分原因是儒家思想对皇帝产生影响，让他开始淡忘满汉之分，逐步丧失了政治上的警惕性。或者说，这是皇帝对天下国家的责任感加强、对满洲的责任感相对降低的结果。

但皇帝本人的因素并不是关键，关键还是在于满蒙勋贵集团的堕落速度超过了汉族精英集团。"满人不堪用"开始成为朝野共识。就算是满蒙官员要想办点实事，也发现任用汉人当下属更为称手。这里边的关键因素就是科举制度。

清朝跟元朝不一样，科举制度在官员选拔中起到了很大作用。元朝前30年无科举，后来推行了，一年也就录取几十个人，数量微不足道。而清朝科举出身的官员在康熙、雍正时期大约就占了1/4，到后期则成为汉族官员任用的主要方式。科举制度可以推动官僚集团内部不断换血，让中下层精英分子有进入统治阶层的通道，从而有效地减缓统治集团腐化堕落的速度。

明朝末年，科举制度腐化严重，科举士人集团自身就成了一个祸国殃民的特权阶层。满洲勋贵入主中原，刚开始拥有很强的活力和进取心，责任心和廉洁程度都高于明末士人集团。但是，他们没有科举制度，其特权主要通过世袭来传递，腐化速度就相当快。汉族士人集团经过康熙、雍正、乾隆的反复铁腕打击，结党营私、清谈误国的臭毛病改了不少，活力有所恢复。后来虽然也在腐化堕落，但好歹有科举制度不断注入新鲜血液，情况远远好于满洲勋贵。

这样，两大集团的堕落速度一快一慢，经过一两百年七八代人的更替之后，满洲勋贵的堕落程度比汉族精英更加严重了。军事方面，八旗尚有优势；在民政方面，文化程度更高的汉族就比满族更有优势。

在汉族王朝，到了王朝中衰这个阶段，就应该出现张居正、王安石这种级别的大佬出来推动后期改革变法了。经过激烈的斗争，大变法一般会得以推行；如果取得成功，王朝就会再次出现中兴。在清朝，核心决策权不可能让渡给汉族改革家，全国层面的大改革是没法指望了。只是在省部级高官中汉人占据多数以后，地方层面出现了一些小幅度的变法。其中最有影响力的，就是两江总督陶澍推动的淮北盐政改革。

清朝的盐政，实行的是"大盐商"制度。一个盐区比如淮北地区，就被几个大盐商（当时称为"总商"）垄断，只有他们才能获得朝廷的盐引——也就是食盐销售许可证。大盐商再把盐引卖给小盐商，中间就要狠狠地盘剥一层。此外，还有一些弊病，比如为了防止私盐非法贩卖，对食盐的贩运路线也有苛刻的规定。从某盐场运往某地销售的盐,路线是定死的,必须在某个时间段通过某个检查点,检查盐引。运输的时间、路线、重量都不能有差错,否则就会被当成贩卖私盐处理。围绕食盐的生产、运输、销售,各级官员层层克扣盘剥,让食盐成本翻了好几倍,最后市场销售的盐质量差、价格贵,普通老百姓就吃不起盐。在此情况下,私盐贩卖根本禁不住,官盐又卖不出去。每年政府发放的盐引数量用不完,得到的盐税也就大大受损。政府、大盐商、小盐商、官员自己的利益全都受到了损害。

在这种情况下,陶澍挑选了淮北地区作为试点来进行盐政改革。陶澍出身于汉族平民家庭,没有什么特殊背景,就是通过科举和实干一步一步地进入官场并成为两江总督的。

陶澍的改革,核心就是取消大盐商,政府直接给小盐商发盐引,减少一个食利层级。同时,优化食盐贩运路线,减少检查站,降低运输成本,然后也对各级官吏盘剥盐业的陋规进行了一定程度的清理整肃,又加强了对私盐的打击力度。多管齐下,官盐成本下降,价格也随之下降,大大增加了官盐的销路。改革之前的道光十二年(1832年),淮北地区只卖出去24万引(每引约400斤)盐。改革之后两年,销量猛增到了58万引。后来淮南盐区抗议,说淮北有的官盐被非法贩运到淮南来卖了。政府才下令将淮北盐引上限定在了46万引。淮北盐税也随之翻番,每年为国家增加财政收入约50万两。①

陶澍盐政改革对清朝嘉道中衰的大局并没有什么影响,但改革背后体现出来的汉族士绅集团崛起这个现象,决定了清王朝后期的发展历程。陶澍是湖南人,随着他官运亨通,一大批湖南人物也跟着走上了历史舞台。

陶澍有一个过从甚密的小圈子,都是志同道合的汉族士人,包括林则徐、魏源、贺长龄、唐鉴等人。除林则徐是福建人以外,其他人都是湖南人。贺长龄在道光初年担任江苏布政使、山东巡抚等职,其间他看中了一个年轻的湖南读书人,资助他读书,进京参加科举考试。这个人叫曾国藩。

嘉庆二十三年(1818年),在中央做官的陶澍巡视湖南益阳,拜访退休在家

---

① 《清朝嘉道财政与社会》,表"道光年间淮北销盐征课税银总数清单"。

的老朋友、前贵州提督学政胡达源，见到了胡达源8岁的儿子，认定其天资聪明，必成大器，当即拍板，将自己年幼的小女儿与之定亲。道光十九年（1839年），两家正式成亲。陶澍令其"倒插门"到自家读书学习，此人名叫胡林翼。

道光十七年（1837年），担任两江总督多年、以盐政改革而名动天下的陶澍在回家省亲的途中，路过湖南醴陵，见到一副对联写得极好，就叫县令找来这副对联的作者，竟是一个年仅24岁的乡下书生。一见之下，惊为天人。陶澍对他说：你将来的成就一定会超过我。后来将其引为幕僚，把他介绍给林则徐等人认识，还让自己年仅7岁的儿子跟其女儿结为娃娃亲，认了亲家，此人名叫左宗棠。

曾国藩、胡林翼、左宗棠，此三人将在未来那场决定清王朝命运的战争中扮演主角，并以"湘军三杰"著称于世，同时也将对中国历史的演进产生深刻的影响，直至今日。

四、虎门销烟：小心翼翼的禁毒行动

陶澍在道光十九年（1839年）因病去世，未能看到鸦片战争的爆发。不过，在去世前，他也积极参与了朝廷关于如何解决鸦片问题的政策讨论。

道光十八年（1838年）6月，鸿胪寺卿黄爵滋上疏，提出一个十分激烈的主张：所有吸食鸦片者限期一年戒烟，一年后如再发现有吸食鸦片的，处以死刑。

这份奏章是在清政府长期查禁鸦片走私和贩卖不见成效之后，试图从消费端来禁绝鸦片的一种意见。道光皇帝把它转发给各路封疆大吏，让他们谈谈看法，这也是清政府长期使用的一种决策模式。

卧病在床的陶澍也收到了这份奏章，他回奏皇帝，对黄爵滋的提议表示赞成。他的老朋友、湖广总督林则徐也是同样的意见。他们都是禁烟运动中的激进派，对鸦片的危害深恶痛绝，才会赞同如此激烈的禁烟措施。

不过，在被征求意见的29位将军、督抚中，只有8人赞同黄爵滋，大部分人都表示了反对。道光最终还是否定了这个提议。大部分回奏表示，重点还是应该放在整顿海关的问题上，以加强打击鸦片进口为禁烟的主要手段。

道光尊重了大多数人的意见。由于陶澍病重，剩下的禁烟强硬派中，以林

第七章 鸦片战争：帝制末期的危局时刻　　313

则徐官位最高，又素有清廉干练的名声，道光皇帝便选择了派遣林则徐为钦差大臣，前往广州主持禁烟。

英国等欧美国家往中国走私鸦片的活动由来已久。鸦片是罂粟的提取物，可以入药，但也可以像抽烟一样点燃之后吸食，会成瘾，并且给身体造成巨大损害，是一种毒品。在英国，鸦片用于制药和医疗是合法的，用来吸食就是违法的，清朝也是如此。英国往中国走私的鸦片，基本都是用来吸食的毒品，对此英国政府和商人都心知肚明。

英国主要的鸦片种植地在孟加拉。孟加拉在1769—1773年发生了饿死1000万人的大饥荒，就跟鸦片贸易有密切关系。英国人将孟加拉大量的土地从种粮食变成种罂粟，做成鸦片卖到中国赚钱。

一边饿死孟加拉人，一边毒倒中国人，英国人在中间把白花花的银子赚走——这恐怕是世界上最恶毒的赚钱方式了。

鸦片走私除了严重损害中国人的身体健康以外，还导致了严重的白银外流。

跟明朝相比，清朝的出口结构已经严重退化，从手工业制成品为主变成了农产品为主，出口利润率大幅度下降。尽管如此，由于中国土地广大、人民吃苦耐劳，在出口方面总体还是占便宜的。茶叶和生丝出口每年可以从国外赚来大量的白银。这些好处大部分被统治阶层拿走了，但农民也能得到一些好处，而不至于像孟加拉人那样大面积饿死。中国当时的分配不平等程度，应该是高于英国本土，但是低于英国的殖民地。白银流入还拉高了中国国内的粮食等非出口农产品的价格。清朝的税赋已经从以交粮食为主逐步转型为交银子为主。粮食价格持续上涨，农民可以赚到更多的银子来交税，生存压力就要小一点。这也是为什么从康熙到乾隆年间，一方面在西北大量用兵耗资巨大，另一方面中国社会还能维持相对稳定。

自从英国人发现鸦片走私的好处以后，白银净流入中国的情况就开始一点一点改变了。乾隆十三年（1748年），鸦片出口已经占了英国对华出口货物的1/8；到乾隆后期，则上升到一半。到了嘉庆、道光年间，把鸦片走私算进来之后，中国实际上已经处于白银净流出的状态。国内就开始出现白银通货紧缩。用白银来衡量的粮食价格不断下降（也可以说是用粮食来衡量的白银价格上涨）。农民要交的银子数量不变而银价上涨，官员腐败造成的陋规征收还增加了，双重负担打压之下，生活就变得越来越糟糕。这也是英国使团在乾隆末年看到中国社会普遍贫穷，以及白莲教起义的一个重要原因。

当然，追根到底，这一切的根源还是官僚集团腐败。它不仅直接对人民敲骨吸髓，还收受贿赂给鸦片走私大开方便之门，间接推动了白银流出，在两方面增加农民负担。

清王朝打击鸦片走私，有两方面的原因。一方面是防止鸦片危害国人的身体。到道光年间，八旗和绿营的军官士兵吸食鸦片的比例已经非常高，直接损害军队战斗力。另一方面就是为了阻止白银继续大量外流。林则徐在给道光皇帝的上奏中就说，再纵容鸦片走私，几十年后，中国将再无可战之兵，无可用之银。道光帝对此深以为然，下定决心禁烟。

清政府之前就一直在查处走私的鸦片，但经不住官僚体系的腐败，所查获的鸦片数量从未超过年走私总量的1%，对走私活动几乎毫无影响。这才有了黄爵滋的上书，建议从打击走私和贩卖转为打击鸦片消费——因为他认为对走私贩卖的打击已经被证明无效了。

当时还有一种观点，建议干脆将鸦片合法化，中国自己大量种植鸦片来跟外国进口鸦片竞争，一体收税，就可以防止白银外流，并增加国家财政收入。但这种想法只能解决财政问题，不能解决毒品的危害——反而会大大加重毒品危害，因此被道光拒绝。这种观点的代表人物、太常寺少卿许乃济在道光十八年（1838年）10月被勒令退休。

道光皇帝经过左右摇摆，既反对将鸦片合法化，又反对将吸毒者一律处死，采取了中间政策：集中力量严打鸦片走私。道光十八年（1838年）11月，道光皇帝命林则徐前往广州禁烟。

道光十九年（1839年）3月18日，林则徐到达广州以后第八天，通过行商传谕各国商人，三天内交出所有走私的鸦片，并出具保证书，如果以后再贩卖鸦片被逮住，"人即正法，货即没官"。

但三天过去了，毫无动静，没有任何人交出一箱鸦片，出具一张保证书。

行商和各国商人都在观望，他们以为这次查验跟以前没什么区别，不过是中国官员准备勒索贿赂的又一次行动而已。他们并不打算交出鸦片，而是等着林则徐开价——这次检查需要花多少钱才能打点好，钦差大臣您就说个数吧。

到了第四天，林则徐并没有开价，而是逮捕了几名行商，宣布如果再不交出鸦片，就要把这几个行商处死。在这种压力下，行商们从各国商人那里拿出了1037箱鸦片上交。

第五天，林则徐下令传讯著名的英国大鸦片贩子邓特。结果邓特竟然要求清朝官方先出具保证书，保证他24小时之内可以离开，不然就不来。这种无理要求无论在清朝还是在英国都是不合法的——英国的警察传讯制度要到1856年才出现，而且直到今天，虽然有传讯不超过24小时的规则，但如果询问之后发现有违法犯罪的线索，则可以延长拘留时限。在没有证据的情况下，英国法律允许警方拘留犯罪嫌疑人最高可以达到28天。如果有证据，那就直接转入刑事处理流程，拘留判刑了。从古至今，没有任何一国政府会承诺传讯某犯罪嫌疑人之后，保证在24小时内可以让其离开。邓特在1840年向清政府提出这种要求纯属耍流氓，当然遭到拒绝。几个行商在官府压力下，跪在地上痛哭流涕地恳求邓特跟他们去一趟官府，也没有成功。

到了第七天，也就是3月24日，林则徐终于下了最大决心，下令封锁各国商馆，撤走仆役，停止食物供应。同时暂停广州的所有对外贸易。警告各国商人，这种情况将一直持续到他们交出鸦片为止。

封锁商馆之后的第三天，英国的驻华商务总监督义律获准进入商馆。义律跟商人们商量，最后决定交出全部鸦片。3月28日，义律给林则徐写信，表示经过统计，各国商人手中共有鸦片20283箱，将全部交出。

两万箱鸦片是个庞大的数量，超过了200万斤，相当于输入中国一年鸦片数量的约60%。[①]

林则徐收到义律的信件，当即就下令恢复了给商馆的食物供应。第一批鸦片上缴以后，又恢复了仆役服务。47天后，两万箱鸦片都已上交。然后，林则

---

① 鸦片战争前夕，中国鸦片进口量大约为三万五千箱。见严中平：《中国近代经济史统计资料选辑》，表19"鸦片进口量的估计"。

徐就解除了商馆封锁，广州贸易也予以恢复。

1839年6月3日，林则徐下令在虎门海滩当众销毁鸦片。至6月26日结束，共历时23天，销毁鸦片19187箱加2119袋，总重量2376254斤。在英国等国家动用国家力量支持毒品和奴隶贩运的时候，中国成为人类历史上第一个大规模动用国家力量打击跨国毒品犯罪的国家，公开销毁的毒品数量创造了历史纪录，这是中国的荣耀。100多年后的1987年，联合国召开会议，宣布将虎门销烟结束的这天——6月26日，定为"国际禁毒日"。

在这中间有一个小的插曲，就是林则徐在最初要求外商写的保证书里边有"人即正法"的用词，但当时清朝对贩卖鸦片的最高刑罚是"绞监候"，也就是判处绞刑，但并不立刻执行，等到每年秋天集体处决犯人的时候，由皇帝勾决，然后再处死。这个条款与"人即正法"相矛盾。林则徐意识到了这个问题，在封锁商馆期间，就给道光皇帝上奏请求修改法律。在法律修改之前，林则徐就没有再让外商上交保证书，而是在没收全部鸦片以后就将所有外商都释放了。

道光收到林则徐的请求后，下令军机处拟定法律修改方案。6月23日，道光皇帝正式批准军机处提交的法律修改条陈，将贩卖鸦片主犯的最高刑罚从"绞监候"改为"斩立决"。这就与"人即正法"不再矛盾。修法程序走完，林则徐再让外商根据新的法律上交了保证书。

从这个插曲可以看出，林则徐在处理禁烟的过程中，始终保持着高度警惕，尽量避免在处理过程中被英国人抓住把柄。他没有拿出钦差大臣的派头来胡乱下达强硬指令，简单粗暴地解决问题。清王朝对外商很讲法制，对外商的合法权益保护得很好。林则徐有足够的线索相信有大量外商卷入了鸦片贸易，他使用围困商馆的做法，类似于对涉嫌贩毒的犯罪嫌疑人采取行政拘留措施，而且不是抓捕下狱的拘留，只不过是让外商们待在商馆中别动。任何一个主权国家，都有权对犯罪嫌疑人采取暂时性的强制措施，限制其人身自由以获得进一步的信息或证据。贩运毒品这种重罪的犯罪嫌疑人，即使在英国本土也不会获得更好的待遇。

在商馆中软性拘留四天以后，商人们坦白交代了贩毒的罪行，又交出了两万多箱鸦片，可谓人赃俱获、铁证如山。按照大清的法律，贩毒主犯绞监候，从犯也有流放充军的处罚。但林则徐却在拿到证据以后，认为这可以算是"自首"的从宽情节，将所有犯罪分子全部释放，唯一的人身处罚是宣布将其中罪行最严重的 16 个人驱逐出境，不准再进入中国；又让所有犯罪分子出具保证书，保证下不为例，这个事情就算完了。200 多万斤的毒品，人赃俱获，竟然未抓捕一个犯罪分子，简直是不能再从宽了。

在对外交往中，中国的大一统王朝总是倾向于对外国人宽大处理，给予特殊待遇。这是陆权帝国的特点决定的：内部经济结构完整，对外围国家主要从国家安全的角度考虑问题，不在意经济上的得失。为了避免不必要的战争，对在华犯罪的外国人能宽免就尽量宽免。

尽管林则徐如此小心谨慎，他还是低估了殖民者厚颜无耻的程度。战争终于还是来临了。

五、一败涂地：鸦片战争的进程与结局

义律在进入商馆之前，就已经开始向英国政府建议发动对华战争。

作为驻华代表，他深知英国政府在入侵中国方面预谋已久，不过缺少一个合适的借口而已。自从马戛尔尼使团回到英国以后，大力宣传清王朝内部的腐朽和军事上的无能，欧洲人从《马可·波罗游记》出版后过度神化中国，转为疯狂地妖魔化中国。在欧洲人的全球殖民版图中，中国是最后一块大蛋糕，是他们必须要拿下的。

义律本人非常渴望战争，因为他一直觉得自己在中国处处受到歧视，堂堂大英帝国驻华总监督，连广州知府都见不到，更别说巡抚总督了，只能跟行商打交道。只有武力可以让自己在中国官员面前找回尊严。

为了确保战争可以被挑动起来，在进入商馆之前，义律就想好了办法：让商人们尽可能多地交出鸦片，并承诺英国政府会赔偿商人们的损失。英国政府当然不会真的当冤大头赔钱，在商人们的压力之下，自然会来找清政府算账。如果英国商人遭遇了如此巨大的损失——两万多箱鸦片，一箱市场价格 400 两银子，总货值高达 800 万两白银——而英国政府竟然无动于衷，那么大英帝国在

法国、荷兰、美国等欧美强国以及印度、南非等英属殖民地面前，就会颜面扫地、威信全无。

殖民霸权必须建立在足够的威信基础上，缺乏威信就会引来无穷无尽的挑战者。

两万多箱鸦片对林则徐而言是意外收获，他没料到能收缴上来这么多。原本计划不过是象征性收缴一批，重点其实是让所有商人都出具保证书，为后续严格打击走私奠定基础。不料在义律的劝说和保证下，商人们一箱不剩全都上交了，除了英国，还有美国、法国等国的商人也跟着上交了。事关国际颜面，英国政府不作出激烈的反应几乎不可能。

林则徐禁烟的消息传到英国，英国政府迅速作出了侵华的决定。英国首相巴麦尊在道光十九年（1839年）的8月29日和9月21日，分别收到了义律在3月进入商馆后和4月商馆解禁后发出来的有关报告。10月1日，内阁会议就决定派遣舰队前往中国，并向印度总督下令做好接应准备。这是最早的侵华决定，理由是中国没收的鸦片是对英国商人私人财产的侵犯。

这个理由非常无耻，这是公开承认英国政府认可本国商人在他国贩运毒品，其所有权受英国军事力量保护。

11月2日，巴麦尊密令义律做好战争准备；4日，又并告知其舰队将会在明年4月份到达，以及初步的作战方针。

需要注意的是，虎门销烟之后3个月，即1839年7月，九龙尖沙咀村发生了"林维喜案"。英国水兵在村内醉酒闹事，打死村民林维喜。林则徐要求英国商务总监义律交出凶手，义律却自己轻判了事。作为惩罚措施，1839年8月15日，林则徐下令禁止一切贸易，派兵进入澳门，更进一步驱逐英国人出境。很多人认为这是鸦片战争的导火索，甚至认为英国发动鸦片战争是为了保护通商活动不被中断。其实，受当时信息传播速度的限制，广州方面的消息要3个月才能传到英国。战争的决定是在10月1日的内阁会议作出的，此时英国内阁并不知道林则徐已断绝了中英贸易。而且，中断贸易、驱逐英商是为了促使义律交出在中国土地上打死中国老百姓的英国罪犯。不管从今天还是当时的司法管辖权来看，英国人在中国领土上打死中国人，审判权都当然属于中国并应该适用中国法律。林则徐的要求合情合理合法。英国只需尊重中国法律，交出罪犯，贸易自然就可以恢复。指责中方中断贸易引发战争的说法，无论怎么看都站不住脚。

1840年4月，也就是巴麦尊计划中舰队即将到达中国的时间，英国议会才收到内阁提议，开会讨论对华战争和赔偿英国商人鸦片损失问题。此时议会就算否决了内阁提议，也根本无法在战争打响之前通知舰队司令官。会议也就是走个法律程序，让侵略战争看上去更加冠冕堂皇而已。

在这次主要负责表演打嘴仗的议会辩论中，1793年使团中最年轻的成员、当时只有13岁的"见习侍童"小斯当东此时正是国会议员。他的发言后来被认为对投票结果有决定性意义。他掷地有声地说："如果我们在中国不受人尊敬，那么在印度我们也会很快不受人尊敬，并且渐渐地在全世界都会如此！"

这句话赤裸裸地道出侵华战争的本质：英国主导的全球殖民秩序，不能允许一个独立的贸易主权国家存在——除非他们打得过英国的军队。

小斯当东的发言结束后，国会响起了长时间的掌声，最终投票通过了对华开战的决议。

林则徐在禁烟行动之前就认真考虑过英国是否会对华开战的问题。道光皇帝给他的命令是，一方面要禁绝鸦片走私，一方面也决不能挑起战端。为此，他组织了几个懂英语的翻译，专门给他翻译有关英国的各种材料，包括英国的法令、新闻、历史等。通过阅读这些材料，林则徐知道英国人与历史上曾经侵略中国的那些蛮夷有着很大的不同——他们来自另外一个文明世界，有完整的法律体系和国家体制，武器装备也相当先进。林则徐特别看重英国女王颁布的一些有关对外贸易的法令，这些法令中禁止英国商人在国外从事违法犯罪活动，要求他们遵守国家的法律，公平诚信地做生意。

正是这些东西让林则徐认为，英国政府不会因为本国商人在外国贩卖毒品被处罚而发动战争。更何况，他已经网开一面，释放了所有的贩毒商人。

林则徐长期以来被很多人认为是中国开眼看世界的第一人，所谓"开眼看世界"就是指他组织翻译的那些材料。其实明朝的学者早就开眼看世界，翻译的东西更多，还把世界地图都画出来了。林则徐的"开眼看世界"并没有那么神奇，但他把西方殖民者的虚伪面孔当真了。

殖民者一开口就是自由贸易、民主法治、人类命运、契约精神。他们不仅嘴上讲，还要搞一套正式程序把它写进法律，雇佣一批高级学者写成理论专著，昭告全世界，让外人读到这些法律和专著，一定会自惭形秽，深感自己愚昧无知。但其实际行动却跟野蛮民族没有什么区别，只要能够通过武力得到的东西，绝不会客气。那些法律条文、程序和理论，大部分时间是管用的，不是百分之百的虚假，但到了涉及关键利益的时刻，就不管用了。法律可以破坏，契约可以撕毁。等到他们打完仗、抢完钱、杀完人，又会立刻恢复正常，法律和契约被重新拿出来，用于维持由战争决定的新秩序。

这套把戏的迷惑性很强，很不容易被识破。从1840年一直到今天都有很多中国人上当，他们被西方殖民者拿来骗人的普世理论、法律体系、契约精神感动，将中国人民的反抗斗争当成愚昧落后的表现。林则徐只有几个月的时间阅读那些匆忙翻译的材料，上一回当也就毫不奇怪了。这不是林则徐的问题，在东西方文明交锋与交流过程中，我们必然会为犯下的错误付出代价。

林则徐被骗得很深，英国人的军舰都开到珠江口了，他还是不相信英国会挑起战争，而认为是部分印度军官收了英国商人的贿赂，跟义律串通起来吓唬他的，一再写信警告义律：你这样干你们国王定然不会饶过你的！

1839年的9月5日，林则徐在给自己的好朋友、广州巡抚怡良的私人信件中说：替义律本人着想，他实在是毫无出路，中国方面不会理他，英国国王也会收拾他，不明白他为什么还不收手。①

1839年到达广州的确实只是少数几艘从印度临时调过来的小型战船，在跟广州沿海炮台的对轰中也没占到太大便宜。他们的主要任务是火力侦察，了解一下中国方面的炮台火力水平。1840年6月，英国从本土、南非、印度等地调遣来的48艘舰船（战舰16艘、武装轮船4艘、运输舰28艘）开到中国，舰队上有陆军加海军共计六七千人，鸦片战争才算正式爆发。

这支庞大的舰队并没有攻击广州，而是按照既定部署，直接北上，在7月

---

① "然替义律设想，总无出路，不知因何尚不回头？"转引自茅海建：《天朝的崩溃：鸦片战争再研究》，生活·读书·新知三联书店，2014年版。

第七章　鸦片战争：帝制末期的危局时刻　　　　　　　　　　　　　　　　　321

攻击并占领了宁波海外的舟山岛（定海），并以此为基地再北上天津，8月份到达天津海外的大沽口，想要直接与朝廷对话。

道光皇帝被突然出现在天津附近的强大舰队吓了一大跳，这直接威胁到了北京的安全。慌乱之中，他把一切责任推给林则徐，同意将其撤职查办并恢复广州通商，以此为条件让英国海军南下，回到广州再跟新的钦差大臣琦善继续谈判。

英国方面的作战计划并不包括攻击天津，因为他们对中国北方的海洋和陆地情况都很不了解，而且北方冬天寒冷，也不宜久留。他们将内阁向中国政府提出的谈判条件送达给道光皇帝之后，就南下了。

一开始，他们并不打算回到广州，而是计划长期占领舟山岛，把这里建成一个跟澳门一样的商业和军事据点。

这个计划遇到了三个意想不到的挑战。第一个是人民，第二个是台风，第三个是疫病。英军派往大陆偷偷测量地形的军官被当地居民给抓获了，送给了清军。7、8、9月份又是中国东南沿海的台风季节，一艘英国运输船在执行任务的途中被台风给吹翻了，其中29人幸存下来，游到岸边，被清军俘虏。第三个问题更严重，就是英军在舟山出现了大面积的水土不服，疫病流行，共有5000多人次（不是5000多人，是人次）发病住院，有448人死亡。三件事情加起来，还没开始认真打仗，整个英国远征军就损失了几乎10%！

英军无法承受这样的代价，不得不在9月底放弃舟山，重新南下，在珠江口附近找地方休整。他们最后看中了珠江口北边、跟澳门隔海相望的香港岛，并占领了香港作为基地。

英国方面提出的谈判条件是恢复广州通商；赔偿巨额的军费和英国商人的损失；割让香港岛（原来是想割据舟山岛，临时改成香港岛）；在浙江等地增加通商口岸；英国可以在通商口岸派驻官员与中国官员直接接触；等等。

这些条件，琦善一看便知道光皇帝根本不可能同意，因此也压根没往上报告，一直对义律敷衍。1841年1月7日，英军失去耐心，正式对广州发动进攻，很快就干掉了珠江入海口沿途岛屿和山岭上的一些炮台。2月26日，攻击广州防御咽喉虎门，虎门提督关天培战死。琦善被吓破了胆，私自同意英方的各种条件，换来短暂的停战。但道光皇帝并不认可琦善的妥协，将他革职拿问，另派有皇族血统的奕山前往广州作战。

3月18日，英方发现清方并不打算真正执行琦善同意的停战条件，遂派军舰进入广州城外的内河地区。经过20天的战斗，摧毁或占领了沿途炮台，舰队直抵广州城下。此时琦善已经革职，奕山尚未到达，在城内临时负责军事的杨芳和林则徐商议，同意先恢复广州通商，换取英军不攻打广州城。

5月，奕山到达广州，负责执行道光帝强硬剿灭"英夷"的指令，于22日夜派遣一些小型船只主动向英军发动了一轮突然袭击，没有取得任何成效。英军随即采取报复性措施，将奕山在沿河修建的各个新阵地全部摧毁，又派遣陆军从广州西边的三元里地区绕道迂回，偷袭广州城北的越秀山，架起火炮阵地，居高临下，将广州城置于英军火炮的覆盖之下。

面对危局，奕山被迫低头，再次将琦善私自同意的停战条件私自同意了一遍，恢复广州通商，战争再次暂停。

这个过程中，英军想要占领广州轻而易举，但他们始终没有这样做，关键还是迫于商人们的压力。自1839年底起，通商已经停止了两年，茶叶、丝绸的贸易损失极为惨重，跟着损失的是英国财政部每年数百万英镑的税收。把广州城打烂，对商业利益伤害极大。英国的既定战略始终是将没有开通贸易口岸的长江口一带作为主战场，而在珠江口尽量少打仗，并争取尽快恢复广州通商。

这个战略十分高明。广州地区对清王朝而言是战略边缘地区，就算把整个广东都丢了也能咬着牙承受，英军在此赢得再多胜利，也很难让清王朝低头，反而让自己损失巨大的通商利益。长江入海口一带是中国经济核心区，尤其是北方首都的粮食供应要从这里通过大运河运输，乃清王朝统治命脉所关，在这里打，对英国商业利益几乎没啥影响，但对清廷却影响极大。因此，长江口才是最佳战场。

清王朝对此不明就里，以为广州战事平息，自然天下太平。琦善和奕山，先后自作主张妥协退让，然后向道光皇帝谎报军情，声称多次取得"大捷"，而英方不过"恳求"恢复通商就会退兵。至于割让香港岛，那地方原本就是个没啥人烟的海岛，没有设置政府机构管理，他们就装作不知道，默认既成事实，英人占了就占了。而赔款条件，则打算私自从广州行商头上榨取，不向中央汇报。对于关键的另开通商口岸,则对英方敷衍声称这跟广东方面无关,也不向皇帝报告。

远在北京的道光皇帝从头到尾都被蒙在鼓里,对英军的军事优势和谈判条件一无所知。眼看战争打了那么久,虽然多次"大捷",但总是心疼军费开支太大,而且清军没有海军,不可能彻底消灭来自海洋的"英夷",战争长期打下去是个无底洞。他也开始打算妥协,同意以恢复通商为条件结束战争。

事情当然不会那么简单。广州恢复通商以后,英军立刻扬帆启程,于1841年8月攻占了厦门;10月1日再次占领舟山,击杀定海镇总兵葛云飞、处州镇总兵郑国鸿、寿春镇总兵王锡朋;10月10日占领镇海(今宁波镇海区),驻守此地的钦差大臣裕谦兵败自杀;13日,又攻占宁波。

连续攻占了浙江沿海一大串战略要地之后,英军兵力已经十分分散,在香港、厦门、舟山、镇海、宁波等地分别驻防,可用于继续进攻的机动兵力也不多。此后天气变得寒冷,少量军队继续北上既不方便又有危险,1841年这一波攻势也暂停了。清军虽然战斗力极差,总是一触即溃,但逃散之后,要将其歼灭也不可能,很快会再次集结。朝廷的战争意志没有动摇,毫无认输投降的迹象。英方也明白,要在中国上千公里的东南海岸线作战,即使火力优势明显,几千人这种量级的军事力量也是远远不够的,必须集中更强大的军队才能取得具有决定意义的胜利。他们在舟山过了冬,这期间出兵攻占了一些小县城,没有遭到任何抵抗,但也很快发现没啥意思,就主动放弃了。

到了1842年6月,英军从本土、南非、印度等地抽调的援军到达,战舰数量达到了39艘(海军军舰25艘、武装轮船14艘),另有运兵船6艘、医疗船1艘、测量船2艘、运输船60艘,总舰船数量超过了100艘,海陆总兵力也达到了2万人,还不包括雇佣的运输船工。这是英国在其殖民历史上一次性调集过的最强大的军队。

主力集结完成之前,先头到达的部分就在5月开始了新一年的海战。他们先在5月18日占领了杭州湾北侧、宁波对面的乍浦。再于6月8日北上进攻了长江、黄浦江交汇处的吴淞口,攻占宝山县城(今上海宝山区)。

主力集结完成以后,英军舰队大规模进入长江,于7月21日攻陷镇江。

镇江是满洲驻防八旗长期驻守的军事重镇,对面就是大运河与长江的交汇处，扼守着南方粮食运往北方的咽喉。镇江失陷，也就意味着大运河漕运控制权落入英军手中。

至8月2日，英军基本肃清和控制了镇江周边主要高地和交通关卡，确保安全以后，主力再次沿江而上，威胁南京。

镇江失守之前，清军将领对道光皇帝总是能隐瞒就尽量隐瞒，每次吃了败仗都要吹嘘一番本方军队作战如何英勇，给英军制造了多么巨大的损失，然后非常遗憾地丢失了阵地。这让道光觉得虽然节节败退，似乎总还有反转的希望，在"剿"和"抚"的问题上游移不定。一直到镇江失陷，两江总督牛鉴才慌不择言，在奏章中不顾忌讳地说："危迫实不可言，伏求皇上速决大计，以拯民命！"——实在是打不过，没希望了，赶快认输吧！

道光也看清了局势，立刻批准和谈，同意了英方的全部条件。1842年8月29日，双方于停泊在南京城外长江上的英国军舰中签订了《南京条约》，主要条款包括：割让香港岛，赔款2100万西班牙银圆①（其中600万赔偿虎门销烟销毁的鸦片损失，1200万为赔偿英国军费，300万用于偿还英国商人的债务），在浙江和福建增加通商口岸，英国向中国出口的货物关税需由中英共同议定，英国商人可以直接与中国人贸易不必经过行商，等等。战争结束。

鸦片战争是1840—1842年英国对中国发动的侵略战争。战争失败后，中国政府与英国政府签订了《南京条约》，这是中国近代史上第一个不平等条约。从此，西方殖民列强侵略打开了中国的门户，中国逐步沦为半殖民地半封建社会。

六、何以家国：清军惨败的意识形态根源

我们没有详细地讲解鸦片战争的战术和战斗过程，因为没有什么可讲的。清军始终处于全面被动挨打、毫无还手之力的境地，几乎每一次战斗，都是英军军舰大炮狂轰，用半个小时到几个小时的时间打哑清军炮台，然后陆军趁机从侧翼登陆，彻底肃清炮台或占领城镇。

---

① 1西班牙银圆相当于0.73两白银。

清军的炮台几乎都只在朝向大海的方向修建了防御工事，其背部和侧翼缺乏防御。大部分清军士兵被英军的大炮一通狂轰之后就溃散了。还剩一些清军士兵躲在工事后边的，在英军陆军从侧翼或后方攻上来以后，也立刻逃散。

清军的火炮技术落后，铸造和加工水平都很差，火药爆炸力也不行，射程近、精度差、杀伤力弱、装填炮弹速度慢。英军的火炮在海面上可以准确击中清军炮台，清军的火炮则根本够不到英军军舰，打得准不准也就没有讨论意义了。清军的火枪也是一样，都是200年前的工艺水平，甚至更差。

至于海军，清军基本没有，只有一些仅能在内河航行的小型武装船只。鸦片战争之前，道光皇帝曾经给广州水师提督下令，让他驱散珠江口外走私鸦片的商船，水师提督发现自己的"军舰"根本无法出海那么远去驱逐外国商船。鸦片战争中，英军船队在海上来去自如，随意选择攻击的时间和地点。清军在沿海投入了十万军队防御，但分散于数十个沿海据点，每个据点只有几千人。英军最多只有两万，大多数情况下只有几千人，但在每一次战役中，英军都可以取得兵力优势，火力优势则比军队数量差距更大。

在不同的战役中，清军将领有的作战英勇，有的贪生怕死，但对战争结果的影响几乎可以忽略不计。最后结果都一样——惨败。清军方面设想出来的各种作战方案，修建的各种防御工事，最后证明都对战役过程基本没有影响。

所有战役中，除广州内河之战外，主力交战的持续时间都没有超过一个白天，清军就会溃败、阵地失守。广州内河战斗花的时间长是因为河道漫长狭窄而且两边小炮台比较多，需要挨个清理。

但这种局面又不足为奇。在数十年前的白莲教起义中，没有地方团练切断白莲起义军的后勤保障和兵源补充之前，清军跟分散作战的小股农民军打起来都很吃力。

镇压白莲教起义的清军与抵抗英军的清军基本上是同一水平，都以南方地区的绿营为主，也有少量的驻防八旗。农民军跟清军比，武器装备更差、组织水平更低、后勤保障更弱，清军和农民军作战尚且打不过，面对海上后勤线路安全稳定、装备近代化武器的英国正规军，就更打不过了。

清军最有战斗力的军队在北方，既没有用于镇压白莲教，也没有投入鸦片战争。驻京八旗战斗力为最强精锐，这支部队没有动。西北地区的八旗兵之前刚刚在镇压张格尔叛乱中立下大功，也没有动。这两大主力，关系到清王朝的生存命脉，一个拱卫京师，一个负责监视和控制蒙古，当然不能因为南方的战事就调动过来。这是清王朝"南守北攻"战略的体现。虽然说就算投入进来，也未必能扭转战局，但战斗情况应该会有所改善。

唯一在战斗中给英军制造了一点麻烦、带来一些伤亡的，还是八旗兵。

所有战役中，清军只在两个地方表现得稍微有点抵抗能力，一个是乍浦，一个是镇江。原因也很简单：这两个地方有八旗兵，其他地方没有。

表7-1　鸦片战争主要战役情况简表（单位：人）

地点	英军死亡人数	英军死伤总数	中方士兵	中方主将	将领表现	防御工事	中方战术
镇江	39	172	八旗、绿营	海龄（满）	战死	普通城防	被动防御
广州	9	77	八旗、绿营	奕山（满）	认输妥协	坚固城防	被动防御
乍浦	9	64	八旗、绿营	长喜（满）	战死	普通城防	被动防御
三元里	7	49	自发民兵				主动进攻
广州虎门	0	43	绿营	关天培（汉）	战死	炮台联防	被动防御
定海	2	30	绿营	三总兵（汉）	全部战死	山海联防	被动防御
吴淞口	2	27	绿营	牛鉴（汉）	逃跑	普通城防	被动防御
镇海	3	19	绿营	裕谦（蒙）	自杀	山海联防	被动防御
厦门	1	17	绿营	颜伯焘（汉）	逃跑	山海联防	被动防御
镇海反攻	1	数人	绿营	奕经（满）	逃跑		主动进攻
广州内河	0	数人	绿营	杨芳（汉）	认输妥协	炮台联防	被动防御
广州反攻	0	0	绿营	奕山（满）			主动进攻

数据来源：根据茅海建所著《天朝的崩溃：鸦片战争再研究》一书有关内容整理。茅海建：《天朝的崩溃：鸦片战争再研究》，生活·读书·新知三联书店，2014年版。

我们将鸦片战争中主要战役按照英军死伤的顺序进行排列（见表7-1）。需要注意，这个死伤数据是英方的记录，不一定准确，存在少报自身伤亡情况的可能，也可能会把一些受伤后没有立刻死掉、后医治无效死亡的算成是受伤而非死亡,等等。夸大对方伤亡、少报本方伤亡,这在战争史料中是常态。但统一使用英方数据还是会得到相对准确的排序,因为用的是同样的统计口径。

我们可以从表格的最右边开始看。

首先看作战方式。清军主动进攻的效果最差,对依靠舰船防御没有登陆上岸的英军几乎毫无威胁。

其次看各种防御工事的坚固与否。这一点基本与英军伤亡情况没多大关系。最坚固的防御工事在厦门,颜伯焘耗资150万两白银、依托厦门海岸石壁、配合鼓浪屿和厦门城防组建起联防体系,看上去极其易守难攻,然而实战效果极差。镇海和定海有沿海山岭为依托,防御体系也很坚固,战斗效果也不怎么样。杀伤英军最多的镇江反倒只有普通的城墙。

再看将领情况方面。有守土之责的军事主将表现一致,不分满汉全都战死了。这是因为明清军事纪律都十分严厉,军事将领一旦丢失城寨的只有斩立决一个处罚,没有任何借口,因此必须坚守阵地。海龄、长喜、定海三总兵、关天培都属于此类。但没有守土之责的方面大员,汉族官员全部逃跑或认输妥协,满蒙官员大部分逃跑或认输妥协,只有裕谦选择了自杀于驻防地。虽然只是个例,但看起来似乎满蒙官员的抵抗意志还是要强一点。不过他们的表现,从英军伤亡来看差异也不大。特别是定海三总兵战死之役,仅有2名英军士兵死亡。唯一拼死抵抗的裕谦组织的镇海保卫战,也只杀死了3名英军士兵。

与英军伤亡关联性最强的因素是中方士兵构成。英军伤亡最严重的战役发生在镇江,第二名是广州,第三名是乍浦,这三个地方都有八旗兵驻守。在镇江和乍浦,清军抵抗最为顽强。这不仅体现在数据上,也体现在战斗过程中。

乍浦的城墙比厦门和定海都要低矮很多,也没有山崖,火炮数量只有厦门的1/10,相当于定海、镇海的1/4。乍浦守将跟其他地方一样,完全不懂英军战法,消极防御,被动挨打。但是,这里对英军的杀伤人数相当于厦门、定海和镇海的总和。茅海建在《天朝的崩溃:鸦片战争再研究》中对战斗过程的描述是"大部分清军在战斗中逃跑;而乍浦驻防八旗官兵的拼死作战又使英军震惊"。如在天尊庙,一些清军仅凭借房屋和轻型武器进行抵抗,击毙英军军官汤林森等人,直至该庙被火炮夷为平地。

被英军优势火炮持续轰击，主要阵地已被占领，但少数士兵还坚持顽抗到底，这种作战情形只在乍浦和镇江之战中出现过。

镇江之战的对比更为明显。绿营士兵在遭到火炮轰击后立刻一哄而散，剩下八旗士兵在镇江城内依托房屋进行巷战，给英军制造了巨大的杀伤力。最后，清军方面的死伤情况是，八旗士兵伤亡超过30%，而绿营伤亡率只有1.6%。

表 7-2 镇江之战清军部别死伤情况统计（单位：人）

部别	战死	受伤	失踪
京口八旗	170	161	24
青州八旗	55	65	24
镇江绿营	3	6	17
湖北绿营	7	8	3
四川绿营	3		
河南绿营	1	1	
江西绿营		23	

数据来源：茅海建：《天朝的崩溃：鸦片战争再研究》，生活·读书·新知三联书店，2014年版。

表7-2里，京口八旗是长期驻守镇江的，青州八旗是刚从山东青州调过来的。镇江绿营也是长期驻守镇江，其他湖北、四川等绿营是刚调过来的援军。伤亡率与驻守和援军的身份差异关系不大，而与士兵身份是八旗还是绿营密切相关。绿营兵共计2700人，不管是镇江绿营还是援军绿营，阵亡都是个位数，基本属于逃散之前被大炮轰击的随机损失。青州八旗只有400人，死伤失踪高达144人，伤亡率高达36%，甚至比长期在本地驻防的京口八旗（1185人，伤亡率30%）还要高。

茅海建在《天朝的崩溃：鸦片战争再研究》中将镇江八旗的抵抗归结为旗兵在这里长期驻守上百年，安土重迁，说他们因为把镇江当成自己的家，所以才拼命抵抗。这个分析似乎站不住脚，因为不管是乍浦还是镇江，都既有本地八旗，也有本地绿营，还有援军。士兵的抵抗强度似乎与在本地驻守时间长短并无很强的关联，而跟士兵身份属于八旗还是绿营的关系更密切一些。

第七章 鸦片战争：帝制末期的危局时刻

在英军伤亡表中，广州之战排第二。广州是中原九大八旗驻防地之一。作者目前尚未看到记录广州八旗军作战过程的史料。不过，广州之战有一个很特殊的因素：英军以海军吸引清军防守南边的内河，陆军却悄悄从陆地上绕过广州城，突袭越秀山。而越秀地区是广州的满城所在地，由八旗驻防，越秀山上的四方炮台也是由八旗驻守。英军夺取炮台，必然要跟广州的驻防八旗交火。这次袭击有很强的突然性，清军方面一直以为英军只擅长海战，不懂得陆战。林则徐甚至认为英国士兵的绑腿太硬，会让膝盖不能弯曲，摔倒在地就没法自己站起来。清军方面根本料想不到英军竟然会绕道进攻越秀山。八旗守军遭此奇袭，还能给英军制造仅次于镇江之战的伤亡，必然是拼死奋战的结果。

更神奇的是，在三元里自发组织起来抗击英军的老百姓，制造的杀伤在整个鸦片战争中排到了第四位。他们没有火枪和大炮，人数也不多，仅有简陋的自制刀枪棍棒，但杀伤的英军比有钦差大臣自杀的镇海之战和颜伯焘花150万两银子组织的厦门之战加起来还多。

以上的对比可以帮助我们探究鸦片战争中中方惨败的深层次原因。

长期以来，出于激发人们爱国主义精神的良好愿望，我们一直认为鸦片战争中的"爱国官兵"都在奋勇抵抗，仿佛主要问题出在上层的腐败和胆小。两江总督牛鉴临阵脱逃等问题被重点强调，而中下层官兵则总是"英勇抵抗"。但茅海建在《天朝的崩溃：鸦片战争再研究》中做了细致的考证，从各种材料中可以看出，情况可能正好相反。那就是，高级将领的抵抗意志反而更强，总兵、提督、都统等高级武官纷纷战死在阵地上；文官大员们虽然多有逃跑妥协的，但也不乏很顽强的，比如裕谦；低级官员如定海县令也战败自杀；未参战官员则是清一色地主张打到底，反对妥协投降。总体来讲，腐败的上层在鸦片战争中抵抗意志并不算弱。

相反，真正的问题出现在中下层，尤其是在军队中地位低下的绿营。没有守土之责的中下层官兵一看见炮弹在身边爆炸就开始逃散，这在鸦片战争中是普遍现象。清军绿营士兵死亡数量较多的地点基本都在小型海岛或者舰船上，因为这里在大炮的轰击下无处可逃。在镇江、厦门那些有足够空间逃生的地方，无论战局如何惨不忍睹，绿营士兵的伤亡比例总是低得可怜。

1841年的广州内河之战中，沿河各炮台只要自己不遭英军攻击，就会对眼皮底下英军的行动不闻不问。3月18日,凤凰岗炮台在英军攻击其他炮台的时候一炮不发,怕的是引来英军火力。沙尾、猎德炮台看着英军在清理河道,却未采取任何行动。大黄滘炮台守军将领在临战前一天,派人去和英军谈判说:"你也不要放炮,我也不要放炮,谁都不要放炮。我可以放六次没有炮弹的炮,给我们皇帝留面子,然后走掉。"①

对英作战的主体军队就是这样一种状态,如何指望他们能进行有效的抵抗和给敌人制造有力的杀伤呢?

为什么满汉高层将领抵抗意志强烈、八旗兵奋勇作战,而绿营中下层官兵则软弱溃散呢?原因也很简单——谁把自己当成了国家的主人、有保家卫国的意识,谁就坚决抵抗;谁不把自己当成国家的主人、缺乏国家意识,谁就软弱溃散。

作为满汉联合专政政府,满洲权贵和汉族士绅们是这个国家的主人。他们有强烈的国家主人意识,对英国的无理侵犯感到非常愤慨,只要能看到一丝取胜的希望,就主张坚决战斗到底。那些认输投降的官员,在战争一开始也都是坚决主战的,只是在看到战争毫无取胜希望之后才改变了立场。

八旗兵也把自己当成国家主人。虽然内部腐败严重,但即使普通士兵,待遇和社会地位也远远高于普通的中国老百姓。他们知道皇帝把他们当成亲人和依靠,时不时地也会得到皇帝亲自批示的各种恩典银子。国家不仅给他们发工资,还给了土地,让旗兵的地位可以世代继承。他们有足够的优越感和军人的自豪感,相信自己的奋战既是在保卫自己的家,也是在保卫自己的国、自己的政权、自己的皇帝。

而绿营士兵们则不相信自己为清政权拼命有任何价值。军队的腐败、阶级的压迫、民族的歧视,这些东西重叠起来,让他们在军队中受到军官的欺压克扣,让他们的家庭在社会上受到豪强和官僚的剥削压迫,他们相对于八旗兵而言处处受到歧视——各种待遇都要差一大截,贵族特权阶层占据了绿营的很大部分中级军官岗位,压缩了他们的晋升希望,也断绝了他们与满洲政权的感情联系。民族特权和歧视在军队以外的地方也处处存在,关于当年"扬州十日""嘉

---

① 茅海建:《天朝的崩溃:鸦片战争再研究》,生活·读书·新知三联书店,2014年版。

定三屠"的故事在中下层人民中间广为流传。他们没有国家主人意识,甚至没有国家意识。对他们而言,当兵不过是领着微薄工资的一份低贱工作而已,为什么要拼命?他们甚至都搞不清楚,英国人和满人有什么区别,谁来当中国的主人有什么差异?他们甚至可能都感觉不到这个国家被入侵了,这只不过是满洲政权和英国人之间的斗争,跟他们又有什么关系?家里还有妻儿老小,我为什么要牺牲自己的生命?对他们来说,保家和卫国不是一体的,而是割裂的,甚至是矛盾的。

在西北和西南地区,绿营士兵在八旗兵的监督和支持下,面对战斗力低下、武器落后的叛军,尚且还可以一战。到了东南沿海,绿营士兵分散在各个堡垒完全独立作战,不受八旗兵监督,看到英军猛烈的优势炮火,很快就开始溃逃,发生这种情况也就不足为奇了。有一些胆子大一点的,尚且敢于在炮台工事里边开炮抵抗,但英军陆军会从侧翼包抄过来,一旦失去堡垒的庇护,也就立刻放弃抵抗。在失去堡垒之后,还能够坚持巷战抵抗的,只有乍浦和镇江的八旗兵。

除了八旗兵,真正英勇奋战的还有三元里的老百姓。但他们并非为这个国家而战,更多是因为英军在途经三元里袭击越秀山的过程中,沿途劫掠物资并强奸妇女,激起了村民们保护自己家园的斗志。对八旗兵而言,他们是在"卫国",所以青州兵到了镇江也照样拼死作战;同样的,对三元里老百姓而言,他们是在"保家"。或许,只要英军不烧杀劫掠,老百姓们对这场战争并不感兴趣。1841年,义律陪伴新派来的远征军司令前往香港,中途遇到台风,船被吹翻,他们游上岸,被当地村民抓获。义律承诺给他们一千银圆,村民们就高兴地把这些人用船送去了澳门。

七、漫漫征途:中国人民寻求民族复兴的开始

军队丧失理想信念、没有国家意识,是鸦片战争清方惨败的主要原因。

或者说,民族歧视、阶级压迫和内部腐化的三重毒害,让清王朝对抗英军的主体军队纪律涣散、斗志薄弱、缺乏抵抗精神,这是鸦片战争惨败的主要原因。

这个结论，有些人接受起来可能有点困难。因为双方的武器装备水平差距巨大，靠军队改变斗志就能扭转战局吗？这是相当值得怀疑的。

我们在研究历史事件之间因果关系的时候，无法像做物理、化学实验一样，控制其他变量不变，只改变其中一个因素，然后让历史事件再发生一次。历史也没有公式，无法像数学定理一样，脱离现实也可以精确地推理出一大堆新结论。这是研究历史最大的方法问题。唯一比较靠谱的办法，就是寻找历史上发生过的其他类似事件，即其变量基本一致、但有个别变量差异很大的事件，通过实践对比来得到结论。这并不像物理实验和数学公式一样可靠，但能让我们不至于偏离真相太远。

所以，回答前面那个疑问的方式，就是找一个历史上真实发生过的、各方面都跟鸦片战争比较接近，但由于其中人的因素发生了较大改变，战争结局也就大不一样的案例。

这个案例可以找到，那就是美国独立战争。交战的一方是北美民兵，一方是英军。北美民兵的武器装备还不如鸦片战争中的清军，也完全没有海军。只是在战争后期，得到了法国海军的支援，但此时北美方面的军事优势已经十分明显，法国人不过是来给英国落井下石的。

在鸦片战争之前，美国、法国等国家都坚决反对对华开战，因为他们没贩卖多少鸦片，主要是靠正常贸易赚钱。如果清军抵抗得力，将英军拖入在远东长期作战的泥潭，美国、法国、荷兰等反对对华开战的国家，也一样会因为战争损害了贸易利益向英国方面施加压力，要求尽快停战。甚至趁着英军主力被拖在中国的机会，在世界上其他地方侵占英国的殖民地，挑战其全球霸权。

英军在北美投入了约3.5万军队镇压独立运动，兵力大大超过鸦片战争。海军方面，从英国出发前往北美，也比去中国方便得多。英国在北美的殖民利益比在中国的通商特权重要不知道多少倍，也绝对愿意投入比鸦片战争大得多的资源来镇压北美独立。

最后的结果是英军投降，承认北美殖民地独立。

相对于鸦片战争，美国在这场战争中武器水平处于劣势的一方，相对作战条件都比清军更差。唯一比清军更有优势的地方，就是在北美的英军需要在距离海洋相对较远的陆地上作战,而鸦片战争中,英军始终以攻占沿海战略要地为主。这样,英军的海上火力支援可以得到非常有效的发挥。清军在这些战略要地与英军对抗,比北美独立战争的民兵们更吃亏。

但是,即便是有海军配合,占领更多的战略要地对英军来说仍然意味着要消耗更多的兵力和舰船来守卫,不然海上运输安全就会受到威胁。沿海战略要地占领多了之后,更深入内地作战也会有类似的不利影响。英军在1842年增兵到2万后,才敢进入长江攻打镇江和南京,就是因为需要沿途不断留下兵力和舰船保障后勤运输线路安全通畅。他们越是深入长江,兵力和火力就会越是单薄。因此,即使是沿海战略据点,也有消耗英军作战实力的作用。

英军集中2万兵力进攻中国,必须速战速决,否则其全球范围内的殖民网络会出大问题。鸦片战争爆发之时,英国的战略重点并不在远东,而在欧洲、美洲、非洲、印度。这四个地方都比中国重要得多,而这四个地方都有危险的挑战者。英国并不具备在远东陷入长期战争泥潭的战略能力。

在中国沿海作战,除了军事损失以外,英军还面临着台风、疫病等问题。这是他们跨越半个地球进行远征必然会遭遇的挑战。当时英军大的舰船都是帆船,只有小型运输船才开始用蒸汽机,对抗中国东南沿海台风的能力很差。他们远道而来,在当地长期驻扎也必然会出现严重的水土不服。1840年在舟山病死448人[①],1841年在香港也发生了疫情,大批士兵死亡;1840年一艘运输船被台风吹沉,死亡数量不详,有29人被清军俘虏;1841年遭遇台风,义律和远征军司令坐的主力军舰都被吹翻沉没,生还者被沿海农民抓获;1841年和1842年还有两艘运输船被台风吹得偏离了航向,漂到了台湾,淹死和被清军抓获的共计331人[②]。总体来看,由于英军远涉重洋而来,每停留一年,就会遇到5%~10%

[①] John Ouchterlony, The Chinese War:an Account of all the Operations of the British Forces from the Commencement to the Treaty of Nanking, p54.

[②] 1841年9月和1842年3月,有两艘英国运输船Nebudda号和Ann号先后在台湾海峡沉没,两船分别载有船员274人和57人,合计331人,其中182人被台湾清军俘虏。详情见 Chinese Respository, vol.11, pp682-685; Bernard, *Narrative of the Voyages and Service of the Nemesis*, vol.2, P156; John Ouchterlony, *The Chinese War*: *an Account of all the Operations of the British Forces from the Commencement to the Treaty of Nanking*, P203.

的非战斗减员。①1842 年，他们占领了更多的沿海据点，又深入长江内河区域，如果不能速战速决，非战斗性减员的比例一定高于 1840 和 1841 年。若是再拖延数年的时间，其兵力损失将极为严重，后勤补给也很难保障。

镇江之战，八旗军拼命抵抗，杀死杀伤英军 172 人，自身伤亡 571 人（包含绿营伤亡），敌我伤亡比例为 1∶3.3。鸦片战争中，清军实际布局在沿海参战省份的军队数量是 20 万，英军是 2 万，比例为 10∶1。

清军总兵力是 80 万，虽然大部分需要分散驻防，但仍有抽调潜力，尤其是最精锐主力在西北和北京还没有动。反观英国，2 万军队已是其殖民历史上最大规模的远征军。②北美独立战争的时候，英军为镇压北美独立投入的兵力虽然有 3 万多人，但大部分是在北美本土的驻军，从海外抽调来的还不如鸦片战争之时多。英军要想再抽调更强大的军力参与对华作战，肯定还有潜力，但考虑到中国战场的遥远距离和战略价值，2 万人的远征军应该已经达到或接近其所愿意投入资源的最高值了。

从双方兵力和杀伤比例看，如果清军这 20 万人都能按照八旗军的抵抗意志持续作战，不断按照 3.3∶1 的比例给予英军杀伤，英军就消耗不起——就算是翻一倍，变成 6.6∶1，英军也消耗不起。③而八旗军，也是严重腐化了的军队。跟绿营一样，吃空饷、年龄结构老化、官兵矛盾突出、武器缺乏保养、训练不到位等问题十分严重。相比于绿营他们只是多了一些国家意识罢了。

---

① 据茅海建估计，英国远征军在 1840 年的数量是 7000 人。那么，仅舟山一地病死的 448 人所占比例就为 6.4%，则估计全年在 7%~10% 之间。后来英军人数逐渐增加到了 2 万人，非战斗减员的数量也没有精确的统计，但疫情和沉船事故不断，若 1841 年香港疫情死亡人数与 1840 年舟山情况接近，再加上几次沉船事故的损失，非战斗减员接近 1000 人当为合理估计，也占了 1841 年英军总数的 5% 以上。即估算平均每年非战斗减员损失为 5%~10% 的区间。

② 以上数据均来自茅海建的《天朝的崩溃：鸦片战争再研究》。

③ 对清王朝而言，大运河的漕运被切断确实是一个可怕的威胁。但是，1842 年上半年的漕粮已经运输完成，再加上各大粮仓的战略储备，北京足够支撑很长时间。由于陆地运输完全安全，北方实在缺粮，也可以通过组织更大规模、更高成本的陆地运输及时补充。中国庞大的战略纵深决定了，即使大运河被切断一段时间，也不至于动摇国家统治根基。总体而言，在中国战场上，本土作战的清朝的战略忍受能力要强于跨洋远征的英国。清朝统治者完全可以让战争再拖上几年，但前提是战场局面要让他们能看到希望。

基于当时的中英实力差距——主要是武器装备方面的巨大差距，以及战略战术和对敌情报方面的巨大差距——中方要想在鸦片战争中取得完全的胜利是很困难的。但只需要参战士兵都跟八旗兵一样，把自己当成国家的主人奋力抵抗，仍然可以给予英军以较大的杀伤，使得英国人放弃过分的要求，最终将停战条约变成一个相对平等的条约（不放弃关税自主权、不割地赔款，而只以增加通商口岸和取消行商为条件换取停战），这是有可能实现的。这个目标可望实现的根本，在于中国并非英国的核心战略利益所在，犯不着为了打败中国去赌国运。英国在调动其殖民历史上最强大的军队之后，如果仍然面临激烈的抵抗，导致伤亡巨大而看不到战争可在短期内结束的前景，就只能选择放弃一些过分的停战条件。

更重要的是，"打得一拳开，免得百拳来"。鸦片战争的结局，让西方列强从此看透了清王朝软弱可欺的本质，此后侵略战争便滚滚而来。若在这第一仗中，军队坚决抵抗，让潜在的侵略者看到入侵中国的难度和需要付出的代价，中国就可以继续掌握打击鸦片走私的主动权，并且避免之后被西方列强排队入侵。这些目标，只要军队具有强烈的国家意识和坚强的战斗意志，都是可以实现的。

反之，即使武器得到改进，跟对手差距缩小，甚至比对手武器还好一些，但军队没有国家意识，也同样会遭遇惨败。后来的甲午战争就充分证明了这一点。

正因为如此，我们才说：军队缺乏国家意识、缺乏战斗意志，是鸦片战争清方惨败的主要原因。

我们如此强调军队的国家意识和战斗意志的重要性，是为了什么呢？在当时的情况下，要让非八旗士兵具备跟八旗士兵一样的国家意识和战斗意志，根本就不可能，比改进武器装备困难还要大。所以，我们强调主观意志，不是为清王朝的失败惋惜，想给它来个"马后炮"式的支招，更不是为了责备绿营的士兵们，这主要是为了澄清有关鸦片战争的两种错误认识。

一种错误认识是"武器决定论"，即把双方武器水平的差距当成失败的最主要原因。甲午战争将彻底推翻这种认识。

另一种错误的认识更具有迷惑性，就是"将领决定论"。也就是将战争的失败，归结于军事将领或者方面大员的软弱退让。

不管是武器的落后，还是指挥者的愚昧或软弱，都是战争失败的重要原因。但这两种"决定论"，都掩盖了战争失败的本质和核心问题。特别是后一种论点，将主要责任归结于少数将领的愚蠢或软弱，而认为绝大多数士兵们是"爱国的""勇敢的"，实际上是在为清王朝的腐朽落后"打掩护"，掩盖了问题的本质。

这个问题不讨论清楚，像鸦片战争这样，中国军队在对外战争中遇到强敌就一溃千里的根源就无法找到。个别将领或官员的英勇抵抗对战争结果甚至战争过程都不会产生值得一提的影响。

此外，阶级压迫和官僚腐败，也是军队中下层不能够团结起来抵抗外敌入侵的重要原因。这是一个立国200年的王朝绕不开的共性问题，不独为清朝所有。不过，明王朝立国200年后，军队还能够打赢万历朝鲜战争以及对葡萄牙殖民者的海战，相比之下，清军在鸦片战争中的表现更为糟糕。即使在关系国运的萨尔浒之战中，在统兵文官制定的战略战术出现严重错误的情况下，明军底层士兵还能坚持浴血奋战，这样的精神意志也远远超过了鸦片战争中的清军。清王朝在民族压迫方面的问题比明朝严重得多，宗法专制的程度也比明朝严重得多，官僚腐败的问题也比同时期的明朝严重得多。其军队在对外战争中的表现也就差得多。

即使是鸦片战争惨败的第二大原因——武器装备的落后、对英国人战略战术等情况的无知，同样也是清军入关后，大规模屠灭城市精英人群，然后推行在思想文化领域的对外闭关锁国和对内文化专制导致的结果。它让中国在已经加入全球贸易网络的情况下，在经过长达200年的贸易交流之后，竟然对国外的科学技术发展、军事思想进步、海洋战略格局等情况一无所知。

总的来说，鸦片战争的惨败，背后的根源是清王朝的政治体制和社会结构。

只有区分了失败原因的重要性顺序，并理清了它们背后的根源，我们才能理解此后中国在救亡图存和谋求民族复兴过程中艰苦探索的内在逻辑。

要从这样一场战争中翻过身来，按照重要性，应该完成以下任务：

首先，要推翻满洲皇权，建立一个废除民族特权、消灭民族歧视、实现民族平等的政权。

其次，要进行一场彻底的阶级革命，推翻儒家理学宗法专制，推翻腐朽的官僚士绅统治集团。

最后，要进行一场意识形态的革命。在进行以上两个革命的同时，彻底批判自宋朝以来形成的理学宗法思想，特别是清王朝通过文字狱建立起来的"忠君理学"思想，树立起来一个基于人人平等、符合现代社会基本理念的新国家意识形态。以此为引领，实现中国人的精神解放，唤醒中国人民的国家意识、主人意识。

只有在这个基础上，中国人才能团结起来，中国军队的面貌才能得到彻底的改观，才可能具备打退列强入侵、实现民族自立的目标。

后记　论文明史观与战略史观

本书从清军入关开始，到鸦片战争、中国遭遇西方文明入侵结束，涉及的问题变得空前广泛和复杂。既有清军入关和南明的抗争，又有西方的十字军东征和工业革命，还有雍正的改革和乾隆的文字狱，以及平定新疆、清查亏空、中西贸易和战争等。这些内容放到一本书里，看起来十分杂乱。这些内容之间有何内在的联系？讲这一时期的中国历史，为什么要讲这些内容，而不是别的内容？选择这些史料的立场、方法、标准是什么？又以什么样的逻辑来安排它们的顺序和主次关系？

这就需要从比较抽象的史观层面，统一予以论述。

本书所采用或试图构建的史观，主要有两个：文明史观与战略史观。前者是价值立场，后者是分析框架。

一、文明史观：一个价值立场

文明史观[①]，也可以称为进步史观。本书认为：人类区别于其他物种以及非生物世界的主要不同之处，就在于我们可以创造文明，也就是会基于主观意识驱动创造物质和精神财富。而且，人类文明总体来讲处在不断进步之中。评判文明是先进还是落后，是有标准的。

---

①　文明史观最初产生于启蒙运动时期，是西方史学研究中影响力颇大的一个派别。20世纪上半叶，以汤因比、斯宾格勒为代表的历史学家也用这个史观来解读历史。其基本观念与本书的历史观有很多相通之处。但本书关于文明史观的阐述完全出自作者对文明和进步的理解，与西方文明史观无直接联系，在写作本部分内容的过程中也没有参考西方文明史观的专业文献。

尽管我们对这个标准的认识还需要完善，在诸多方面还存在争议，但不同的文明一定有先进和落后之分。总体来讲，先进的文明可以创造更多有益于人类的物质财富和精神财富，可以让人类获得更长的寿命、更大的自由和更多的主观幸福感，这个标准虽然粗略，但大方向上不会错。

对文明的定义和对文明进步与否的评判标准，是本书的"公设"。就好像欧几里得假设两个点确定一条直线一样，不需要检验就可以假定为正确，作为一切推理的前提和出发点。这个公设或者说假定，跟纯客观的数学公理不同，它本质上是一种"立场"、一种价值观。

文明史观是一种可以普遍适用于整个人类文明发展的历史观。中国人在古代历史中创造出最先进的文明，并非来自什么天选、神选，我们也不是天生就比别的民族更优秀，而是中国人民正好生活在这片适合农耕文明发展的土地上，由于自身艰苦奋斗，并受地缘地理因素等多方面的影响，这才创造出来了更高的物质财富生产能力，创造出来了发达的政治文明和丰富的文化艺术成果，让人数如此众多的中国人在古代世界可以享受相对而言最好最幸福的世俗生活。我们因此而自豪，这无可厚非。

基于文明的视角，我们在讲述近代来临的中国历史之前，要讲述欧洲崛起的历史，而不是讲非洲、印度、美洲的发展历史，是因为欧洲文明发展超过中国了。而我们观察欧洲崛起的历史过程，也并不是基于单一的国家，而是把它当成一个文明——一个完整的物质与精神产品生产体系来看待。

比如，如果只是按照国家的视角，中国和英国进行单独比较就是合理的；如果按照文明的视角，就是不合理不公平的。中国既是一个国家，也是一个文明。而英国不同，作为一个国家，它跟中国平级；作为一个文明，它跟中国就不平级，不能作平级比较。与中华文明平级的，是基督教文明，或者西欧文明，只有把西欧国家和他们控制的全部殖民地加起来，才是一个跟中华文明同一层面的文明体系。从文明体系的视角，我们认为，西方殖民宗主国经济的发达和人民的富裕，是建立在对殖民地人民的残酷剥削和掠夺基础上的。这是一种和中华文明截然不同的发展模式。

在遭遇西方文明入侵的过程中，我们同样也只有从文明的视角出发才能全面看问题。如果只从国家的视角出发，这些战争就只是侵略与反侵略的战争，跟中国古代的少数民族入主中原区别不大。如果从文明的视角来看，它一方面给中国人民的生命财产造成了巨大的破坏，是非正义和反文明的；另一方面，跟传统的少数民族入主中原的战争不同，中方失败的原因很大程度上在于文明方面的大幅度落后。因此，必须先驱逐野蛮文明对中华文明的统治，同时学习先进文明的科学技术和人文思想意识形态，才可能赢得与西方文明竞争的胜利，实现国家和民族的伟大复兴。

　　汉族既是一个民族，也是一个文明，或者说是先进文明的民族载体。少数民族学习汉族的生产生活方式，甚至变成汉族的一部分，不是汉族融合了少数民族，而是少数民族自身的文明程度因为和先进文明的交流而进步了。在此过程中，少数民族文化中有一些优秀进步的东西，汉族也要学习。比如元明清时期，蒙古和满洲习俗反对民间殉葬，反对守寡，反对女性缠小脚，就是比同时期的汉族更先进更文明的做法。

　　同样，中华文明学习其他先进文明，也不是民族自卑，不是卖国主义。抵抗西方殖民入侵，也不是对抗先进文明、拒绝进步。西方的殖民入侵，是要将中国变成他们的殖民地而不是宗主国。殖民地人民的生活状态和权利保护，连清王朝统治下的中国人都不如。保护中国人民的生命财产安全，捍卫中国人民生存发展的底线，才是我们抵抗侵略的意义所在。学习先进文明，是为了让中国人民的生活水平向西方殖民宗主国看齐；抵抗西方列强入侵，是为了不让中国人民的生存状态向西方列强的殖民地看齐。二者并不矛盾。

　　文明是有多样性的，对于不涉及人类基本的生存发展权利的文明成果，应该广泛地互相交流学习借鉴、长期共存发展。和平与对话是文明发展的主流和方向。民族平等、信仰自由都是先进文明应该表现出来的特征。但是，对多样性的包容不应该以破坏文明的进步为代价，不能以牺牲人类基本的生存发展权利为代价。文明的多样性和文明的进步标准之间，是一个辩证统一的关系：多样性必须服从一些基本的文明发展进步标准，发展进步必须以多元宽容为基本特征。以多元性否定进步性，或者以进步性消灭多元性，都是错误的。

　　中华文明复兴之际，我们既要理直气壮地呼吁文明之间的和平与交流，又要理直气壮地和全世界追求进步与发展的人士一起，推广科学与理性，反对愚昧和落后。对于反对文明进步潮流的行为，要坚决予以抵制和谴责；对于严重践踏人类基本生存权利的行为，则应该联合一切进步力量予以惩戒和打击。文明在任何时候都只是包容，而不是软弱和无底线。

文明史观与阶级史观并不矛盾，但也略有差异。文明进步的标准是大多数人类的幸福，而在目前为止的各种社会形态中，经济上处于劣势的中下层阶级都占据了社会人口的绝大多数。如果统治阶层腐化堕落，没有履行好促进广大人民生活状态不断提高的责任，甚至疯狂剥夺人民创造的财富，导致民不聊生，那么，人民起来造反，推翻他们的统治，就是完全正义、正确的，符合文明进步的方向。在文明史观中，没有什么神仙上帝赋予任何人统治的特权，也没有比大多数人类幸福更重要的宗教或准宗教教条。

二、战略史观：一个分析框架

有了价值立场，我们还需要一个分析框架。研究历史，基本的原则是要实事求是，但仅有实事求是的态度是远远不够的，因为历史上的事实太多了，而且史料也不完全等于事实。我们选择什么、相信什么，都是很大的问题。

历史的发展，有人认为并没有什么内在逻辑，各种历史事件之间也没有什么必然的关联，历史是碎片化的。这种观点，我们可以称之为"碎片史观"。北京大学历史学系教授钱乘旦举过一个例子，就是美国人费尔南德兹·阿迈斯托的《世界：一部历史》。作者在前言中就说，他这本书不要体系，也绝对没有任何体系。他试图把整个世界从古到今各个地方、各种人群、所有文明、一切能够找得到的东西都写进书里。书写得非常精彩，也很耐看。但素材都是信手拈来的，并未精心挑选。如果他碰巧拈到了另外一些素材，就一定会写出另外一部历史了。读者看完了这本书，对于世界历史的发展，脑子里仍然只有一堆碎片。[1]

还有一种史观，可以称之为"偶然事件史观"，也就是认为历史是由一些

---

[1] 钱乘旦：《历史学研究离不开"体系"》，见观察者网专栏。

偶然发生的特殊事件改变的。香港《联合早报》2017 年 8 月刊登过历史学家尼尔·弗格森的一篇短文，认为世界历史经常受一些突发事件影响，那些突发事件就是人类历史的关键时刻。为了证明这个观点，他引用奥地利著名文学家茨威格的《人类星光灿烂时》中的几个故事。比如，1453 年君士坦丁堡陷落，按照茨威格的说法，只是因为一个不引人注意的小城门碰巧没有上锁，于是土耳其军队就从这个城门如同潮水一般涌进来，君士坦丁堡就此陷落。再比如，滑铁卢战役，碰巧法军元帅格鲁希恪守成命，普军已经投入战斗，可是他就老老实实地按照命令留在其他地方；拿破仑已经被打败了，格鲁希的军队还没上战场。还有就是十月革命，德军参谋本部允许列宁过境返回俄国，以为把他送去后就能将沙俄摧毁，但没想到把德意志帝国也摧毁了。弗格森说这些就是人类历史的关键时刻，一刹那就改变了整个历史的面貌。[1]

另外一种史观，是我们批评得比较多的，叫"英雄史观"，也就是认为历史的发展是由少数英雄人物决定的。这种史观，上中学历史课认真听过课的中国人都知道它是错误的。在历史发展中，英雄人物确实起到了非常重要的作用，但他们必然是一大群英雄或者说一个集团在背后支持的结果。

受记忆力和理解能力所限，大多数人对历史的认识仅限于知道少数人物和故事，天生容易接受英雄史观或者偶然事件史观。就好像我们前边分析的工业革命，瓦特改良蒸汽机，背后是无数科学家、工程师和技术人员上百年的积累推进。大部分人学完中学历史课，能记住工业革命的标志是瓦特改良蒸汽机就算不错了。瓦特这个人的出现，蒸汽机被改进，背后有着长达数百年的科学技术和工艺水平的进步，无数科学家和工程技术人员的努力，但他们并不了解，也不感兴趣。

不管英雄史观还是偶然事件史观，只需要专业人士稍微认真一点去考察，就很容易被推翻。无论具体某个英雄人物还是偶然事件，都不能大幅度地改写历史。当大的趋势已经形成以后，某个人物不出现，就会有另外一个人物来代替他发挥作用；某个事件不发生，就会有另外一个事件发生，以此推动历史按照

---

[1] 钱乘旦：《充满推理、想象的历史学还算历史学吗？》，见观察者网专栏。

既定的趋势向前发展。而且，一个英雄人物的产生，背后也有深刻的社会背景和利益集团来培养他或支持他，他在很多情况下只是一个代表符号，或者说是时代的产物。至于弗格森的短文，钱乘旦教授批评说，茨威格的书是小说而非历史，以小说细节证明人类历史是由"星光灿烂"的时刻所决定，那就更加站不住脚了。

以上这些史观，可以统称为随机史观，也就是认为历史的发展并无规律可循，而是由一些随机的因素影响或构成的，不管是无联系的碎片、偶然发生的事件，还是从天而降的英雄。为什么会出现都说不清楚，何时何地出现也全不可知，人类只能以随机的心态去看待历史。

与随机史观相对应的，是宿命史观，也就是认为历史背后有一个神一样的力量在推动着它前进，一切都是被决定的，人类无法改变。比如，基督教宣传的世界末日论，就是最典型的宿命史观。一切宗教几乎都是宿命史观。佛教虽然不认为有神灵在主宰一切，但它认为生命就是一遍又一遍的轮回，也是宿命史观。机械唯物论不认为有神灵存在，但它认为人类社会将完全按照已经被发现的固定规律演进，最终达到一个被设计好的完美社会，没有人能改变这个历史的进程和目标，因此也是一种宿命史观。

在随机史观中，历史没有意义；在宿命史观下，人类没有意义。

一个好的史观，或者说，一个正确的史观，应该介于随机和宿命之间。历史有它内在的发展逻辑，但也会被一些不确定性所左右；人类在面对这些不确定性的时候如何主观应对，也会对未来的历史发展产生深远影响。总之，就是既要让过去的历史有意义，给未来以启迪，又不要束缚人类的头脑，给现在和未来的人们留下创新探索的空间。

目前做得好的是辩证的唯物史观。

驱动人类文明发展的微观因素是人类的智力、体力和本能，而驱动文明发展的宏观因素核心是三个：科学技术、意识形态、组织能力。科学技术体现的是人类对客观世界的认识程度。意识形态体现的是人类对自身主观意识活动（包括个体、家庭、组织、人类社会与人类历史等）的认识角度和深度。生产组织的形式主要由技术水平决定；暴力组织的形式主要由意识形态决定；政府组织则是由生产组织和暴力组织共同决定。

总之，技术水平和生产组织形式共同决定了一个社会的生产能力；而意识形态水平、科技水平和暴力组织形式共同决定了一个社会的破坏能力，也就是暴力输出水平。一个社会组织即使具有很强大的生产能力，如果出现了意识形态的错误、暴力组织的腐坏等情况，就很有可能会被生产能力更加弱小的组织所消灭。清朝取代明朝就是典型的生产技术落后、生产能力弱小的政权，消灭了一个技术更加先进、经济更加发达的政权。一旦发生这种现象，人类历史的进程就会发生巨大的转折。

这三种组织——生产组织、暴力组织、政府组织的效率，在受科学技术和意识形态决定的同时，也会受到组织内部精英人物道德和素质的影响。组织能力相对于科技和意识形态具有一定的独立性，直接扎根于深层次的人性。组织体系中上层的腐败无能，可以毁掉任何形式的生产组织、暴力组织和政府组织。同样，组织内部精英的换血，也可以在科技水平和意识形态不变的情况下，让一个衰落的国家、民族重新焕发活力。中国历史上的底层革命，往往就起到了这样的作用。

国家力量主要由科学技术、意识形态和精英阶层的组织能力决定。这一点也可以与军队进行类比。一支军队的战斗力，主要由其武器技术水平、思想意识形态强度和军事组织能力决定。其中，非意识形态的军事组织能力主要由各级军官的道德水平和军事素质决定。

当然，文明发展还会受到自然环境和资源禀赋的影响。这是一个外部基础。

一个国家或文明的力量，主要也就包括两个：生产力和破坏力。它通过国际贸易和地缘政治关系与其他国家或文明发生关系，包括交流和竞争。

这个史观我们给它起个名字，叫作"战略史观"。因为它是从战略的视角来看待人类文明的发展，以及不同文明之间的交流和竞争的。它显然不是随机性的历史观。它认为科学技术和意识形态是文明发展的核心驱动力，也是文明之间交流竞争的力量源泉。同时，它也不是宿命论的，不管是科学技术还是意识形态，都是人类主观创造的，也可以因为人类的主观努力而改变。

总体而言，它是战略性的。

战略史观不赞同英雄史观，少数天才并不能单枪匹马改变历史发展的大趋势。但是，如果一定数量的人团结起来，共同努力和奋斗，与一定的历史条件相结合，就可能改变甚至扭转历史的走向，让文明从倒退变为进步，或者从进步变为倒退。个人的理想主义式的拼搏或牺牲对历史发展而言不会是决定性的，但也不会是无意义的。如果个人是分子，人类文明是分母，那么历史就是一个分母比分子大得多的分式，但分子并不是无穷小，分母也不是无穷大。

与文明史观不同，战略史观本身不带有价值判断，是一个纯粹的分析型史观。在这个框架内，野蛮可能战胜文明，反动阶级可以镇压进步阶级，军国主义的意识形态可能压过民族自立的意识形态，人类文明可能进步，也可能倒退。但是，它也可以解释为什么人民革命可以推翻专制政权，民族革命可以战胜殖民列强。

三、近代东西方的大分流为何发生？

文明史观是价值立场，战略史观是分析框架。坚持文明进步的立场标准，以战略分析的眼光去看待历史，才能真正理解历史。基于这两个概念，我们再回头来看本书对史料的选择、分析和评价，也就一目了然了。

在战略史观分析框架中，欧洲崛起最先是由意识形态驱动的，也就是"基督教文明共同体意识"。十多万人在共同意识的驱动下前往东方（还有西方的伊比利亚半岛）拼死作战，又正好赶上伊斯兰世界分裂衰落的历史机遇，从战争中得到了阿拉伯文明积累的科学技术知识和反宗教的理性意识形态。我们在介绍十字军东征的时候说："一切文明的崛起，最先都是从基于共同意识的牺牲开始的。"这句话不是煽情，而是从战略史观的分析框架中推理出来的严肃史学结论。中国近代的复兴崛起，从落后挨打、积贫积弱，到主权独立、经济腾飞，不也是最先从基于共同意识的牺牲开始的吗？南宋亡于元以后，明朝的建立和复兴，不也是从基于共同意识的牺牲开始的吗？"为有牺牲多壮志，敢教日月换新天"，说的就是这个意思。

古希腊科学理论和其他文明的科技成就传入欧洲以后，才点燃了文艺复兴之火。航海技术的进步，推动了全球海洋殖民网络的形成。全球市场的出现本质上是技术驱动的，而不是商业创新驱动的。诸如工场手工业这种东西，中国历史上很早就有了，汉朝时候汉武帝之前的私营冶铁工场就有几百人的规模了。明朝中后期，在纺织业、冶金业和榨油等食品产业中，都很早就有了较大规模的雇佣制手工工场。一个景德镇就聚集了外来务工人员数万人。所谓资本主义生产方式，不就是雇佣工人来干活吗？有什么特别稀奇神秘的呢？这种生产方式，汉、唐、宋、明都有，它是城镇经济和手工业经济繁荣之后的必然产物。欧洲中世纪太落后，没有出现过城镇和手工业经济的繁荣，所以欧洲的思想家们觉得稀奇，对此大谈特谈。中国没有爆发工业革命是因为中国的有钱人想不到雇人干活儿？想不到钱多了可以拿去放高利贷？不可能的。

中国古代的大一统王朝，很早就建立了大一统市场，实现了市场经济的高度繁荣。世界上最早的纸币、完善的金融网络、庞大的市场、手工业雇佣关系，中国全都有，但为什么爆发不了工业革命？每每说到这里，就有人就开始拿虚无缥缈的文明基因说事儿。

中国古代没有爆发工业革命的直接原因，主要还是科技水平没有发展到位。

我们在第五章详细回顾了瓦特改良蒸汽机的过程。从推导出空气的存在，到在实验室中算出大气压力，到发明活塞，到写出波义耳定律，到发现比热容公式，到造出蒸汽机模型，到冶金铸铁技术成熟，再到金属加工切削的镗床被发明出来，欧洲人用了200多年才走完这个过程。而他们这200多年的路程，是建立在从东方得到了人类古文明的几乎全部科技成就的基础之上的：航海技术、造纸术、印刷术、农耕技术、抽象科学的理论框架等。这些东西，靠工场手工业和信贷扩张，是搞不定的。科学技术有独立于经济需求的发展规律。科技往生产过程转化固然重要，但科技本身的发展水平更重要。

某些社会制度可以刺激技术进步，但技术进步的核心动力，还是人类的好奇心。科学技术在好奇心的驱使下，通过一代又一代科学家的传承，再按照自己内在的规律前进着。单就生产组织与科学技术的关系来看，科学技术是原初动力，生产组织以及围绕生产组织形成的诸多经济制度只是反作用力。

工业革命是人类文明的伟大飞跃，人类经过几千年的农耕时代，几千年的技术积累，才发展进入工业时代。中国在农耕时代经济最繁荣、技术最先进，但在人类古代文明积累到快要爆发工业革命的时候，却掉队了，特别是在古希腊抽象科学理论刚刚传入中国的时候。所以，近代落后了，这不是很正常吗？有什么值得大惊小怪的呢！认真学习西方先进的科学技术，我们很快就能追上来了。

不受暴力活动干涉的纯粹生产过程——包括科学技术改进和市场经济活动，是人类社会的共性特征，是超越东西方文明差异的。科学由好奇心驱使，市场经济由物质利益驱使，都直接来自人类本能。在没有破坏力参与的情况下，科技水平会不断进步，生产分工、商品交易、雇佣关系都会自发形成，企业家精神和劳动者创新会自然涌现，生产组织形式会不断得到改进。在这些方面，东西方文明没有区别。

中断生产力发展的主要因素是一定意识形态控制下的暴力行为，包括上层阶级依靠国家暴力支持剥夺中下层阶级，获得超过其贡献的财富；也包括强大的外敌入侵，还包括西欧中世纪在基督教这种反科学意识形态统治下对科学和商业活动的限制打击。正义的底层革命或民族革命则是以暴力中断非正义暴力的运用，让生产发展回到正常的轨道上来。而促进生产能力跳跃式发展的根本动力是科学创造，比如古希腊科学思想传入欧洲，以及牛顿力学、麦克斯韦方程组、爱因斯坦相对论的诞生等。

中国古代的大一统会促进技术进步和市场经济的繁荣。雇佣生产关系和货币信贷会自然而然地发生发展。欧洲在其世俗化民族国家形成发展的过程中，也伴随着工商业的繁荣。在这方面，东西方文明并无重大差别。导致近代东西方大分流的核心原因主要有两个，一个是中国的发展被暴力打断了，另一个是欧洲获得了古希腊人创造的抽象科学理论体系并由此引发了近代科学革命。

除了这两个最重要的原因以外，推动工业革命的另一个重要动力是基于民族国家和海权国家意识形态的对外战争。欧洲在工业革命之前，消费品的生产能力并不怎么样，它自身工场手工业的那点儿能量根本不可能让欧洲超过中国、印度、奥斯曼土耳其而率先爆发工业革命。在生产能力方面，重要的还是战争带动的军事产业，以及通过战争掠夺而来的财富资本。战争带来的资本和战争推动的技术进步，是工业革命爆发原因中仅次于科技进步的重要原因，比圈地运动和工场手工业的出现重要得多。

从战略史观的角度来看，中国近代失败的主要原因，并不是因为我们没有发展出工场手工业，不是因为中国的有钱人想不到雇佣工人来干活和开银行赚钱——也就是所谓的"没有资本主义萌芽"——这些东西中国古代全有。主要原因是理学意识形态的僵化和统治阶级腐化的双重影响，导致政府和军队组织能力崩溃，军队战斗力严重下降，在生产力水平远远超过满洲和欧洲的情况下，在陆地战场上，失败于少数民族；在海洋战场上，推行内敛政策。失败于少数民族，经济基础被摧毁，意识形态倒退；推行内敛政策，没能彻底引进、消化抽象科学理论体系，没有发展起来基于海洋航行和战争的军事产业体系。这才是真正的原因。

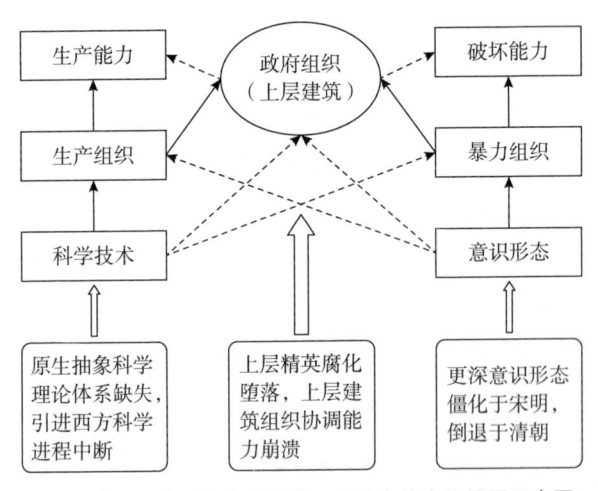

图1　中国明清时期未能爆发工业革命的主要原因示意图

从战略史观的角度来看，中国要从近代落后挨打的境地下重新崛起，首先应该干什么呢？是学习西方发展工场手工业，建立资本主义市场经济？不是。

第一步，是要在战场上打败西方侵略者。要在生产能力落后、生产方式落后、武器水平也落后的情况下，通过建立新的意识形态来指导建立一个强有力的军事组织，将中国人民团结起来，突破经济基础的制约，掌握更强的暴力，来获得国家独立。

第二步，也不是发展工场手工业，而是赶紧建立自己的科研体系、军事工业体系和重工业体系。还有就是利用暴力夺取国家政权，清算近代腐朽的统治阶级，清算理学思想意识形态；由通过革命战争筛选的道德水平和个人能力都更好的精英集团来治理国家；基于先进的意识形态来构建国家治理体系，进一步巩固军事胜利的成果。

第三步，在暴力问题和基础科学底子的问题得到有效解决以后，再让生产活动回到自然状态——搞市场经济，发展一般消费品的生产能力。在此过程中，不忘武备，不忘基础科研。

欧洲崛起的历史，就是这么一步一步走过来的。中国要崛起，也得这么来。这是战略史观下，文明崛起的一般规律。

（文明史观与战略史观的论述，涉及较多比较深刻的理论问题。读者朋友如果有兴趣，可以在我的微信公众号"李晓鹏博士"中找到《论文明史观与战略史观》一文作拓展阅读。）

从声音到文字，分享人类智慧

天壹文化